Qualitätssicherung durch Softwaretests

Stephan Kleuker

Qualitätssicherung durch Softwaretests

Vorgehensweisen und Werkzeuge zum Testen von Java-Programmen

2., Erweiterte und aktualisierte Auflage

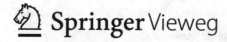 Springer Vieweg

Prof. Dr. Stephan Kleuker
Fak. Ingenieurwiss. und Informatik
Hochschule Osnabrück
Osnabrück, Deutschland

Ergänzendes Material zu diesem Buch finden Sie auf http://extras.springer.com

ISBN 978-3-658-24885-7   ISBN 978-3-658-24886-4 (eBook)
https://doi.org/10.1007/978-3-658-24886-4

Die Deutsche Nationalbibliothek verzeichnet diese Publikation in der Deutschen Nationalbibliografie; detaillierte bibliografische Daten sind im Internet über http://dnb.d-nb.de abrufbar.

Springer Vieweg
© Springer Fachmedien Wiesbaden GmbH, ein Teil von Springer Nature 2013, 2019

Springer Vieweg ist ein Imprint der eingetragenen Gesellschaft Springer Fachmedien Wiesbaden GmbH und ist ein Teil von Springer Nature.
Die Anschrift der Gesellschaft ist: Abraham-Lincoln-Str. 46, 65189 Wiesbaden, Germany

Vorwort

Das Ziel dieses Buches ist es, den Spaß an der systematischen Qualitätssicherung (QS), hier mit dem Schwerpunkt Testen in Java, zu vermitteln. Durch die kontinuierlich steigende Anzahl von Werkzeugen wird das Testen zu einer spannenden Herausforderung. Ziel ist es dabei, mit möglichst wenig Mitteln, eine größtmögliche Anzahl von für das untersuchte Software-Produkt relevanten Fehlern zu finden. Die monotone Arbeit von Testbeschreibungen wird durch den kreativen Prozess der Testerstellung und die Umsetzung mit flexiblen Werkzeugen zur Automatisierung der Tests ersetzt. Durch die Motivation und systematische Einführung verschiedener für das Testen elementarer Ansätze anhand von kleinen Beispielen wird so der Einstieg in das Thema QS ermöglicht. Durch die Vorstellung passender Beispielwerkzeuge mit einfach zu wiederholenden Experimenten, kann man selbst unmittelbar aktiv werden.

Das Buch wendet sich zunächst an Personen mit Java-Programmiererfahrung, die überlegen, wie sie ihre Software systematisch testen können. Dazu werden in den ersten Kapiteln des Buches nach einem Überblick grundlegende Begriffe des Testens, genauer die Erstellung von Testfällen mit Äquivalenzklassen und der Grenzwertanalyse, die Bewertung des mit Testfällen Erreichten mit Überdeckungen und der systematische Aufbau einer Testarchitektur, erklärt. Alle Begriffe werden an konkreten kurzen Beispielen erläutert, die mit vorgestellten Werkzeugen analysiert werden.

Die weiteren Kapitel dieses Buches beschäftigen sich mit typischen Spezialthemen des Testens und umfassen die Tests von Nutzungsoberflächen, Datenbanknutzungen und Web-Applikationen. Die Grundlagen werden mit Hilfe eines oder mehrerer Werkzeuge vorgestellt, für die es jeweils eine kurze Einführung gibt.

Die ersten beiden Kapitel beinhalten einen Überblick über das weite Feld der Qualitätssicherung und machen auch deutlich, welche Themengebiete nicht im Detail behandelt werden. Dies umfasst unter anderem die Organisation der Qualitätssicherung als Teilprozess der Software-Entwicklung. Solche Prozessideen und Begriffspräzisierungen werden u. a. in Schulungen vermittelt, die mit einem ISTQB- Zertifikat (International Software Testing Qualifications Board) abschließen. Dieses Buch hat nicht unmittelbar die Zertifizierung im Fokus, kann aber sehr gut als Grundlage für diverse Ideen genutzt werden, die in ersten Zertifizierungskursen nur angerissen werden können. Eine Nutzung des Buches, ohne die sicherlich sinnvolle ISTQB-Zertifizierung im Hinterkopf, ist natürlich auch möglich.

Ein wichtiger Schwerpunkt des Buches beschäftigt sich mit der Wiederverwendbarkeit und Erweiterbarkeit von Tests. Dazu wird der Begriff der Testarchitektur eingeführt, der ähnlich zur Software-Architektur die systematische Entwicklung unterstützen kann. Ziel ist es, Tests so zu strukturieren, dass Änderungen der zu testenden Software leicht in Änderungen der Tests übertragen werden können. Dazu werden häufig Möglichkeiten von Spezialwerkzeugen und Frameworks so gekapselt, dass sie auch von Testern ohne Spezialwissen genutzt werden können.

Alle Arbeitsschritte werden durch interessante, frei nutzbare Werkzeuge unterstützt, die jeweils exemplarisch in diesem Buch vorgestellt werden. Dabei werden grundlegende Informationen zur Installation und Nutzung so ergänzt, dass Leser ohne weitere Dokumentation die Beispiele nachvollziehen können. Da die meisten gezeigten Werkzeuge sehr viel mehr Möglichkeiten bieten, als in diesem Buch in einer kurzen Einführung gezeigt werden kann, ist es die Hoffnung, dass die ersten Experimente den Leser neugierig auf die weiteren Möglichkeiten machen, die man sich mit den zugehörigen Dokumentationen selbst erarbeitet.

Für die zum Test von Datenbank-Tabellenstrukturen, Webservices, Web-Applikationen und zum Lasttest eingesetzten Werkzeuge sei angemerkt, dass mit ihnen auch Software getestet werden kann, die nicht in Java geschrieben wurde. Die dort vorgestellten Konzepte und Umsetzungen mit Werkzeugen können damit auf eine große Anzahl von Projekten übertragen werden.

Die Abbildungen und Programme dieses Buches sowie weitere Information können von der Web-Seite

http://home.edvsz.hs-osnabrueck.de/skleuker/Testbuch.html

oder den Informationsseiten des Verlages zum Buch herunter geladen und unter Berücksichtigung des Copyrights und der jeweiligen Lizenz genutzt werden.

In diesem Buch benutze ich verkürzend, ohne Hintergedanken, bei der Einzahl wie Leser oder Entwickler die männliche Form. Natürlich möchte ich mit diesem Buch auch die weiblichen ~~Leser~~ Leserinnen ansprechen.

Zum Abschluss wünsche ich Ihnen viel Spaß beim Lesen. Konstruktive Kritik wird immer angenommen. Bedenken Sie, dass das Lesen nur ein Teil des Lernens ist. Ähnlich wie in diesem Buch kleine Beispiele eingestreut sind, um einzelne Details zu klären, sollten Sie sich mit den hier vorgestellten Ideen hinsetzen und meine, aber vor allem selbst konstruierte Beispiele durchspielen. Sie runden das Verständnis des Themas wesentlich ab.

Osnabrück, August 2012   Stephan Kleuker

Vorwort zur zweiten Auflage

Die erste Auflage des Buches hat sich bei Lesern und Veranstaltungsteilnehmern bewährt. Der Wunsch, Interesse an den Möglichkeiten der Testwerkzeuge zu wecken, wird erfüllt. Natürlich gibt es neue Entwicklungen und Erweiterungen existierender Werkzeuge, die eine überarbeitete Neuauflage sinnvoll machen. Dabei bleiben die generellen Konzepte, wie die Betonung einer modularen Testarchitektur, die flexibel auf Veränderungen reagieren kann, bestehen.

Eine wesentliche Erweiterung findet durch JUnit 5 statt, das die Möglichkeiten von JUnit 4 z. B. durch die Nutzung von Lambda-Ausdrücken und wesentlich flexiblere parametrisierte Tests erweitert. Dabei wird zunächst JUnit 4 betrachtet, da es noch einige Zeit der Standard in großen Projekten bleiben wird und es keine funktionale Notwendigkeit zum Wechseln gibt. Weiterhin wirkt JUnit 5 noch nicht ganz ausgereift. Ursache hierfür sind späte Änderungen sowie die Ergänzung von Funktionalität, die nur selten benötigt wird, da sie von anderen Werkzeugen der Prozesskette übernommen werden kann. Das Kapitel zu JUnit 5 gibt weiterhin die Möglichkeit die elementaren Begriffe des Testens, die jeder Software-Entwickler kennen muss und die in den vorhergehenden Kapiteln behandelt werden, auf Basis der neuen Technologie zusammenzufassen.

In einem weiteren neuen Kapitel wird Behaviour Driven Development als ein in der Praxis eingesetztes interessantes Vorgehensmodell vorgestellt, bei dem die Spezifikation der zu erstellenden Software in Form von ausführbaren Abnahmetests formuliert wird. Dabei werden diese Tests von Fachleuten des Anwendungsgebiets der neuen Software geschrieben. Dieses sehr interessante Konzept ist auch für Qualitätssicherer mit anderen Vorgehensmodellen spannend, da einige der Ideen und der Werkzeuge leicht in die klassische Qualitätssicherung zu übernehmen sind.

Abschließend sei der Wunsch verstärkt: Experimentieren Sie, verbessern Sie Ihre eigene Qualitätssicherung und geben Sie Feedback zu diesem Buch.

Osnabrück, Oktober 2018   Stephan Kleuker

Danksagung

Ein Buch kann nicht von einer Person alleine verwirklicht werden. Zu einer gelungenen Entstehung tragen viele Personen in unterschiedlichen Rollen bei, denen ich hier danken möchte.

Mein erster Dank geht an meine Ehefrau Frau Dr. Cheryl Kleuker, die nicht nur die erste Kontrolle der Inhalte und Texte vorgenommen hat, sondern mir erlaubte, einen Teil der ohnehin zu geringen Zeit für die Familie in dieses Buchprojekt zu stecken.

Dank gilt meinem Kollegen Prof. Dr. Frank Thiesing von der Hochschule Osnabrück, der sich Teile einer Vorversion dieses Buches kritisch durchgelesen hat und interessante Anregungen lieferte. Viele Studierende, die Veranstaltungen zum Thema Software-Entwicklung und Qualitätssicherung bei mir gehört haben, trugen durch ihre Fragen und Probleme wesentlich zu der Herangehensweise an die Themen des Buches bei. Besonders möchte ich den Studierenden danken, die mich in Forschungsprojekten und Hausarbeiten bei der Evaluation von Werkzeugen unterstützt haben, dies sind: Steffen Blome, Alexander Busse, Engin Cetinkaya, Julia Dreier, Max Felinger, Martin Filusch, Alexander Frase, Adrian Gehrke, Stefan Gommer, Andre Heidt, Dan Helmvoigt, André Himmighofen, Julian Horn, Bernd Kleine-Börger, Daniel Knott, Walter Laurito, Klaus Lipka, Andreas Lind, Philipp Lulay, Peter Mentz, Tobias Müller, Katharina Rakebrand, Saskia Rensinghoff, Marco Schaarschmidt, Alexander Schunk, David Sondermann, Jonas Tenberg, Marcel Teuber, Henry Trobisch, Daniel Wegener, Maxim Wiens, Torsten Windoffer, Sergej Wilzer, Jens Wuttke.

Abschließend sei den Mitarbeitern des Verlags Springer Vieweg für die konstruktive Mitarbeit gedankt, die dieses Buchprojekt erst ermöglichten.

Inhaltsverzeichnis

Abbildungsverzeichnis

Einleitung

Zusammenfassung

Die Qualitätssicherung (QS) in der Software-Entwicklung wird häufig als Nebentätigkeit unterschätzt, obwohl 30 % – 70 % der Entwicklungszeit normaler Software-Produkte mit dieser Tätigkeit verbracht werden. Die Gründe hierfür sind vielfältig.

Ein wichtiger Grund ist der leider oft verbreitete Ansatz, bei Entwicklungen, die mehr Zeit als geplant in Anspruch nehmen, einfach die Zeit für die QS, die dann auch ausschließlich am Ende stattfindet, zu kürzen. Die naive Hoffnung „die Software wird schon keine Fehler haben, da sie von erfahrenen Entwicklern erstellt wird" wird regelmäßig in allen Anwendungsbereichen der Software zerstört. Bananen-Software, die beim Kunden reift, ist ein längst angestaubter geflügelter Begriff. Der zunächst vermiedene Aufwand für die QS muss dann häufig in mehrfacher Form nachgeholt werden, da zu spät entdeckte Fehler oft zu großem Änderungsaufwand führen. Zum Glück gibt es mittlerweile viele Ansätze, die QS bereits in den Entwicklungsprozess durch agile oder iterativ-inkrementelle Vorgehensweisen zu integrieren, sodass die QS nicht mehr einfach gestrichen werden kann. Die Bedeutung der Tests vor einer Auslieferung ist spätestens dann verstanden worden, wenn man mit Bananen-Software negative Erfahrungen gemacht und vielleicht den Ruf eines Produkts beschädigt hat.

Ein weiterer zentraler Punkt für die mangelnde Akzeptanz der QS ist, dass sie als extrem monoton und unkreativ angesehen wird, was gerade für das Testen von Software, einer zentralen Tätigkeit der QS, gilt. Fasst man die QS-Tätigkeit ausschließlich als das Abarbeiten von Testfallspezifikationen der Form „schreibe in das Feld den Text ‚Name', drücke dann die Return-Taste, prüfe, dass der eingegebene Text in der Kopfzeile erscheint und hake dann Punkt 13 auf dem Testausführungsformular ab" auf, ist es schwer, gute Gegenargumente

© Springer Fachmedien Wiesbaden GmbH, ein Teil von Springer Nature 2019
S. Kleuker, *Qualitätssicherung durch Softwaretests*,
https://doi.org/10.1007/978-3-658-24886-4_1

gegen die spürbare Langweiligkeit dieser Art von Tätigkeit zu finden. Ist diese konkrete Ausführung aber nur ein Teil der Arbeit und gehören die Testfallerstellung und weitere Aufgaben der QS dazu, wird die Aufgabe sofort deutlich anspruchsvoller und kreativer. Gerade die Testfallerstellung ist oft ein sehr kommunikativer Prozess, der intensive Diskussionen mit den Erstellern der Anforderungen und teilweise auch den Entwicklern benötigt. Ein elementarer Schritt zur Beseitigung der Monotonie ist die Einführung von Software-Werkzeugen, die gleichartige Schritte übernehmen können und die eine systematische Planung einer Testarchitektur erfordern, mit der schnell wiederverwendbare und erweiterbare Tests erstellt werden können. Diese Möglichkeit zur Testautomatisierung ist eine wichtige Motivation dieses Buches. Nach der Vorstellung der Grundlagen der Testerstellung wird gezeigt, was man automatisieren kann. Da der Aufwand zur Automatisierung allerdings auch beträchtlich sein kann, wird immer diskutiert, wann sich dieser Aufwand lohnt.

Die beiden genannten Hauptgründe für die mangelnde Akzeptanz der QS können als Auslöser einer Negativspirale gesehen werden, die das Ansehen der QS weiter reduziert. Beispielhafte Schritte sind: durch das Abstempeln als monotone Arbeit werden entweder gering qualifizierte Mitarbeiter oder Mitarbeiter, die aus irgendwelchen Gründen im Produktionsprozess als nicht so wichtig angesehen werden (zu alt und nicht willig, sich in neue Technologien einzuarbeiten, zu kauzig, um mit anderen Leuten zu arbeiten, zu unzuverlässig, um an der Entwicklung teilzunehmen), für QS-Arbeiten angesetzt. Die QS wird dann auch nur maximal als „Dienst nach Vorschrift" abgehandelt, findet nicht alle gravierenden Fehler und ihr geringer Nutzen ist damit „bewiesen". Ein anderer Schritt besteht darin, dass das systematische Testen von Software in vielen Lehrplänen von Hochschulen und Ausbildungen nur eine geringe Rolle spielt. Lehrende wollen ihre Lernenden nicht mit angeblich monotonen Aufgaben langweilen, was dazu führt, dass der Ausbildungsstand zum Thema QS relativ gering ist. Absolventen „spüren" nicht die Bedeutung der QS und sehen Jobs in diesem Bereich als minderwertig an.

Dieses Buch will den Spaß an der QS zusammen mit einer dahinterliegenden Systematik vermitteln. Dieser Ansatz wird in dem folgenden Abschnitt in einem Überblick über die Inhalte des Buches beschrieben. Das gesamte Umfeld der QS kann in einem Buch niemals behandelt werden. Ein Überblick über die wichtigsten weiteren Themen wird im darauf folgenden Abschnitt gegeben. Abschließend wird exemplarisch betrachtet, warum die QS gerade bei dem Schritt von einem kleinen zu einem größeren Software-Entwicklungsunternehmen eine zentrale Bedeutung hat.

1.1   Wichtige QS-Dinge, die in diesem Buch stehen

Wesentlicher Bestandteil dieses Buches sind verschiedene Ansätze zur Testerstellung in verschiedenen Phasen der Software-Entwicklung und für bestimmte Teilaufgaben, die sich z. B. auf Tests ausgehend von der Nutzung von grafischen Oberflächen (GUI, Graphical User Interface) fokussieren. Um dort hinzukommen, ist es sinnvoll, einige Begriffe rund um das Thema Qualitätssicherung und Testen in Kap. 2 zu klären, die in den folgenden Kapiteln wiederholt genutzt werden.

Unabhängig von der entstehenden Software sollen Entwickler ihr eigenes Produkt zunächst selbst testen, was typischerweise mit den in Kap. 3 vorgestellten Unit-Tests geschieht. Weiterhin wird gezeigt, dass das verwendete Framework auch für weitere Aufgaben sehr sinnvoll nutzbar ist.

Nach der Vorstellung der ersten Umsetzung von Testfällen wird in Kap. 4 die systematische Testfallerstellung genauer beschrieben. Die hier behandelten Ansätze zur Äquivalenzklasse und Grenzwertanalyse werden in allen Bereichen des Testens benötigt. Es wird deutlich, dass sie eine intuitive Vorgehensweise, die jeder beim Begriff „Testen" im Hinterkopf hat, sauber präzisieren.

In Kap. 5 werden Überdeckungsmaße vorgestellt, die ein wichtiger Indikator für den Umfang der bereits durchgeführten Tests sind. Die kritische Analyse zeigt dabei auch, warum ein „blindes Vertrauen" in hohe Überdeckungsmaße gefährlich sein kann.

Oftmals muss in komplexen Systemen das Zusammenspiel unterschiedlicher Teilsysteme getestet werden, wobei nicht immer alle Systeme zur Verfügung stehen. In Kap. 6 werden Möglichkeiten gezeigt, wie man diese Systeme nachbilden kann, damit eigene Tests ausführbar werden. Der Ansatz ist generell nutzbar, wenn man auf eine nicht real zur Verfügung stehende Schnittstelle zugreifen will. Weiterhin wird in diesem Kapitel der zentrale Begriff der Testarchitektur eingeführt, der beinhaltet, dass man für Tests eine eigene Softwarearchitektur aufbaut. Dies erleichtert das Testen wesentlich, da nicht jeder Tester alle Spezialwerkzeuge kennen muss und sie erlaubt, Tests einfach änderbar und erweiterbar zu konzipieren.

Testwerkzeuge werden meist kontinuierlich weiterentwickelt. Ein Beispiel ist der Übergang von JUnit 4 zu JUnit 5. Da JUnit 4 zum Zeitpunkt der Bucherstellung sehr weit verbreitet ist und auch mittelfristig keine Notwendigkeit zum Übergang zu JUnit 5 besteht, ist JUnit 5 als Alternative anzusehen, die die Migration zwischen den Frameworks unterstützt. Im Rahmen von Kap. 7 wird der Überblick über JUnit 5 als Beispiel genommen, um zu klären, welche Funktionalität ein Unit-Testframework unabhängig von der Programmiersprache beinhalten sollte. Weiterhin werden so die elementaren Grundkonzepte zusammengefasst, die jeder Software-Entwickler verstanden haben muss.

Die Frage, wann Tests geschrieben werden, kann kontrovers diskutiert und projektindividuell unterschiedlich beantwortet werden. Die gemeinsame grundlegende Idee ist es, Entwicklung und Test eng zu verknüpfen Mit dem in Kap. 8 vorgestellten Vorgehen „Behaviour-Driven Development" wird ein weiterer konsequenter Schritt gemacht und Tests zur Grundlage der Entwicklung erhoben. Selbst wenn der Ansatz nicht genutzt wird, sind Teile der Ideen sehr gut in anderen Testansätzen nutzbar.

Als erster Spezialfall wird in Kap. 9 beschrieben, wie man beim Test von Oberflächen vorgehen kann und welche unterschiedlichen Ansätze es gibt. Dabei werden kritisch die leider oft zu stark betonten Vorteile der schnellen Testerstellung und das häufig angebrachte Argument der extrem aufwändigen Anpassungen hinterfragt.

Eine zentrale Forderung bei der Testfallerstellung ist die Schaffung der Möglichkeit zur Wiederholung der Tests. Dies ist gerade bei Datenbanken eine besondere Herausforderung, die zusammen mit Lösungsideen in Kap. 10 diskutiert wird. Das Kapitel beschäftigt sich auch mit der komplexen Frage, woher eigentlich gute Testdaten kommen.

Noch komplizierter wird die Situation bei Web-basierten Systemen, für die Ideen in Kap. 11 vorgestellt werden, wobei hier einige der vorher vorgestellten Ansätze vereinigt werden können.

Die bis dahin betrachteten Tests fokussieren auf die Funktionalität des zu testenden Systems, um festzustellen, ob genau das geforderte gewünschte Verhalten vorliegt. In Kap. 12 werden zur Prüfung zentraler nicht-funktionaler Anforderungen Ansätze für Performance- und Lasttests gezeigt.

Die bis dahin vorgestellten Ansätze werden alle durch Werkzeuge unterstützt, für die exemplarisch einzelne kostenfreie, meist Open-Source-Werkzeuge vorgestellt werden. Diese Werkzeuge müssen aber zunächst noch von Nutzern angestoßen werden. Im nächsten Schritt kann man die Testwerkzeuge automatisch z. B. zusammen mit der Übersetzung des eigentlichen Codes laufen lassen. Die Ideen zur Testautomatisierung werden in Kap. 13 betrachtet.

Es ist nicht das Ziel des Buches, in jedem Kapitel alle Möglichkeiten im Detail vorzustellen. Im Fokus dieses Buches steht es, die wichtigsten Ideen und ihre Umsetzungsmöglichkeiten mit Werkzeugen vorzustellen.

1.2   Wichtige QS-Dinge, die (fast) nicht in diesem Buch stehen

Durch den Fokus auf die Testfallerstellung und die Nutzung passender Werkzeuge kann hier nicht das gesamte Gebiet der QS behandelt werden. Ausgehend von diesem Buch gibt es verschiedene Themenbereiche, mit denen man den eher spielerisch ausgelegten Ansatz dieses Buches sehr gut weitervertiefen kann.

Einige Begriffe, die für die Nutzung des Buches sinnvoll sind, werden im folgenden Kapitel vorgestellt, aber nicht in allen Varianten diskutiert. Dies gilt insbesondere für die Organisation der Qualitätssicherung. Gerade in größeren Unternehmen spielen Prozesse, die spezifizieren, wer, was, wann, warum, mit wem, mit welchen Mitteln macht, eine zentrale Rolle. Z. B. müssen die Anforderungen des Kunden so aufgenommen werden, dass sie überhaupt testbar sind. Hierzu ist es sinnvoll, die Anforderungen manuell auf die Testbarkeit zu prüfen. Weiterhin ist es eine Frage der Größe der Software-Entwicklung, ob es eine eigene Abteilung gibt, die für die Durchführung der Qualitätssicherung verantwortlich ist, und wie deren Mitarbeiter in die Projekte eingebunden werden.

Auch die Prozesse innerhalb der QS kann man genauer beschreiben. Da es dabei generell sehr sinnvoll ist, einheitliche Begriffe zu nutzen, sei hier auf die Möglichkeiten eingegangen, die das ISTQB (International Software Testing Qualifications Board [@IST]) ermöglicht. Das ISTQB bietet im Bereich der QS verschiedene Zertifizierungs-Kurse an. Grundlage ist ein Kurs „Foundation Level", in dem die zentralen Abläufe mit ihren Rollen rund um die QS vorgestellt und ein Überblick über Testarten gegeben werden. Aufbauend auf diesem Kurs gibt es verschiedene Vertiefungsrichtungen, in denen man sich ebenfalls zertifizieren lassen kann; weitere Experten-Bereiche werden angeboten oder sind im Aufbau. Wesentlich verantwortlich für die Umsetzung, aber auch die kontinuierliche Aktualisierung der gelehrten Inhalte in Deutschland ist das GTB (German Testing Board [@GTB]), ein sehr interessanter Anlaufpunkt für weitere Informationen.

Ein wesentliches Ergebnis einer Mitarbeiter-Zertifizierung ist, dass alle Mitarbeiter das gleiche Vokabular für den gleichen Sachverhalt nutzen. Ein typischer Fehler bei der Software-Entwicklung ist, dass entweder gleiche Begriffe für unterschiedliche Dinge, also Homonyme, oder unterschiedliche Begriffe für gleiche Dinge, also Synonyme, genutzt werden. Ein einfaches Beispiel ist die Aufforderung, ein Klassenmodell für eine Klasse *Vorlesung* herzustellen. Vergleicht man entstehende Lösungen oder denkt frühzeitig darüber nach, so kann man zumindest folgende Ansätze finden.

- Eine Vorlesung ist ein Teil eines Studienplans, hat einen Namen, eine Beschreibung des Inhalts, ein Semester, dem sie zugeordnet wird, und eine Prüfungsform.
- Eine Vorlesung ist eine in einem Semester angebotene Veranstaltung, hat einen Dozenten, hat eine Liste von Terminen, wann sie stattfindet, hat einen Raum und einen Prüfungstermin.
- Eine Vorlesung ist ein Termin, zu dem ein Dozent in einem Raum gewisse Themen behandelt und an dem eine gewisse Anzahl von Studierenden teilnimmt.

Würde jemand festlegen, dass die erste Beschreibung zu einer „Lehrveranstaltung" und die letzte zu einem „Vorlesungstermin" gehört, wären die Missverständnisse beseitigt. Einen zentralen Beitrag zu einer einheitlichen Terminologie leistet das ISTQB. Ein wichtiges, frei zugängliches Ergebnis ist dabei ein Glossar [GTB18], das eine sehr große Menge von Begriffen rund um die QS präzisiert.

Dieses Buch ist allerdings nicht eng mit dem ISTQB-Ansatz verknüpft, da es hier eine Vielzahl interessanter Literatur, z. B. [SL10, GEV08, Ham10, SRW11] bereits gibt. Ein Ansatz ist es, mit diesem Buch einen Einstieg in die Faszination der QS zu finden und dann bei längerfristiger Beschäftigung das Wissen mit einer ISTQB-Zertifizierung zu fundieren. Alternativ ist dieses Buch auch ergänzend während der Vorbereitung auf eine Zertifizierung nutzbar, da hier im Bereich Test einige Techniken detaillierter und mit Beispielwerkzeugen plastischer vorgestellt werden.

Die Frage, ob ein QS-Mitarbeiter zertifiziert sein sollte, hängt von der Art seiner Tätigkeit und der Größe des Unternehmens ab, in dem er tätig ist. Für große Unternehmen, in denen sich Mitarbeiter vollständig mit der QS beschäftigen, ist eine Zertifizierung sehr sinnvoll, damit alle die gleichen Teilprozesse und Begriffe nutzen können. In vielen größeren deutschen Betrieben ist diese Zertifizierung schon weit vorangeschritten, wobei es auch schon QS-Abteilungen vor den Zertifizierungen gab und hier häufiger keine Anpassung an die ISTQB-Begriffe stattfand. Bei kleinen und mittelständischen Betrieben ist eine Zertifizierung sinnvoll, aber nicht notwendig, solange ein enger Austausch unter allen an der Software-Entwicklung beteiligten Mitarbeitern gewährleistet ist.

In Normen, die sich mit dem Qualitätsbegriff beschäftigen, z. B. [DIN04], werden weitere Software-Eigenschaften genannt, die in diesem Buch nicht behandelt werden. Ein wesentlicher Bereich ist der Usability-Test, mit dem die Benutzbarkeit einer Software analysiert werden soll. Gerade bei Software für Endkunden kommt diesem Bereich oft eine immense Bedeutung zu, wie der Erfolg von Apple drastisch zeigt. Auch für den Bereich der Usability [Nie04] und die zugehörigen Tests gibt es einige systematische Ansätze. Da diese aber meist nicht programmiersprachenabhängig und kaum automatisierbar sind, werden sie nicht in diesem Buch betrachtet. Verschiedene Ansätze findet man z. B. in [RC02, RC08, SP05, Bar11].

Weitere Qualitätskriterien für Software sind die Wartbarkeit und Portabilität, die hier nicht weiter betrachtet werden. Unter Wartbarkeit versteht man u. a., dass man relativ leicht den Programmcode zur Fehlersuche durcharbeiten und so Fehler lokalisieren kann. Ein zentraler Ansatz zur Erreichung von Wartbarkeit ist die Wahl einer geeigneten Software-Architektur [And04, Gri98, Sch06, Zwi03]. Durch ein klares Schichtenmodell und z. B. die Nutzung eines komponentenbasierten Ansatzes kann man Software so modular aufbauen, dass relativ übersichtliche Aufgaben in eng abgrenzbaren Programmcode-Fragmenten stattfinden. Die Überprüfung, ob ein solcher Ansatz auch eingehalten wird, kann zwar durch Software z. B. zur Analyse von Abhängigkeiten zwischen Klassen unterstützt werden, letztendlich ist hier aber eine manuelle Prüfung durch Experten notwendig. Die Organisation solcher Reviews und verwandter Prozesse, wie Walkthroughs und Inspektionen, werden nur kurz in Kap. 2 vorgestellt.

Portabilität spielt eine wichtige Rolle, wenn die entstehende Software auf mehr als einem Zielsystem laufen soll, wie es z. B. bei einer Software für verschiedene Android-Varianten der Fall ist. Generell ist Java hier ein guter Ausgangspunkt mit dem Ansatz „Write once, run anywhere". Ist aber der Zugriff auf spezielle Hardware-Komponenten nötig, wird meist eine hardware-abhängige Komponente genutzt. Zum Testen werden dann praktisch alle möglichen Zielsysteme betrachtet, wobei man dies meist auf die wichtigsten und bei ähnlichen Systemen auf einen Repräsentanten reduziert.

Neben dem reinen Testen gibt es weitere QS-Verfahren, die aber hier und leider häufig auch in der Software-Entwicklung keine Rolle spielen, da sie sehr hohes Expertenwissen benötigen und außerhalb der sehr hardware-nahen Entwicklung nicht eingesetzt werden. Die wichtigsten Ansätze können wie folgt charakterisiert werden:

- Model Checking: Beim Model Checking werden die Spezifikation und die Anforderungen beschrieben und durch den Modelchecker geprüft, ob die Anforderungen von der Spezifikation erfüllt werden. Die Anforderungen an die Anwendung werden in einer passenden Logik [Pnu77] formalisiert. Danach kann ein Model Checking-Algorithmus [BCM90] vollautomatisch prüfen, ob das Modell die Anforderungen erfüllt. Das so verifizierte Modell kann dann in weiteren Entwicklungsschritten genutzt werden. Dieser Ansatz ist 2007 mit dem Turing Award für Emerson, Clarke und Wolper [CES86] ausgezeichnet worden. Eine Einführung für interessierte Software-Entwickler ist in [Kle09] zu finden.

- Theorembeweiser: Wieder werden ein Modell der zu entwickelnden Anwendung und die Anforderungen in einer Logik erzeugt. Die Überprüfung erfolgt dann durch die Anwendung von Verifikationsregeln [ABO10, Hoa69], typischerweise mit Hilfe eines Werkzeugs, dem Theorembeweiser, mit dem schrittweise versucht wird zu zeigen, dass das Modell die Anforderungen erfüllt.

Weitere eng mit dem Testen verwandte Ansätze werden im folgenden Kapitel genauer diskutiert und mit Quellen zum weiteren Eigenstudium dokumentiert.

1.3   QS in kleinen und mittleren Unternehmen

Etwa ein Drittel aller Softwareprojekte laufen nach Plan, d. h. sie kosten so viel, dauern solange und setzen so viele Anforderungen um, wie geplant. Die übrigen Projekte dauern länger, kosten mehr, setzen weniger um oder verlaufen im Sande – so der aktuelle CHAOS-Report der Standish Group [Dom09]. Die Entwicklung von Software ist also eine komplexe Herausforderung, die scheitern kann, wenn man sie falsch angeht. Öffentlichkeitswirksam wird es vor allem dann, wenn große Projekte im öffentlichen Bereich scheitern (was Beispiele mit Software-Projekten für Finanzämter in Berlin und für Polizeibehörden exemplarisch zeigen); Softwareprojekte in großen Unternehmen anderer Branchen scheitern genauso häufig. Und auch in kleinen und mittleren Unternehmen (KMU) ist dies der Fall.

Häufig kann man beobachten, dass innovative KMU im Bereich der Software-Entwicklung für Spezialbereiche nach einer erfolgreichen Gründungsphase mit hoher Produktivität in der Software-Erstellung vom Markt wieder verschwinden, obwohl der Markt sich nicht wesentlich verändert. Die selbstentwickelte Basissoftware ist anfänglich sehr erfolgreich, muss aber für die jeweiligen Kunden individuell angepasst und erweitert werden. Insgesamt entsteht so eine Produktfamilie, bei der die Unternehmen mittelfristig die Übersicht verlieren, welche Änderung mit welcher Erweiterung wo zusammenläuft, wie bei auftretenden Doppelentwicklungen zu reagieren ist und welche Stammdaten wo verwaltet werden. Der anfängliche Vorteil des KMU, schnell auf Kundenwünsche reagieren zu können, wird zum Nachteil, da die Produktivität drastisch sinkt und neue Liefertermine bei teilweise erhaltener Vorkasse nicht mehr eingehalten werden können, was letztendlich zur Auflösung des Unternehmens und zum Verlust von Arbeitsplätzen führt, wie es in Abb. 1.1 skizziert ist.

Grundsätzlich bieten klassische und aktuell kontinuierlich weiterentwickelte Software-Engineering-Prozesse Lösungsideen. Ihre Übertragbarkeit auf kleine, im Wachstum befindliche Unternehmen stellt aber eine immense Herausforderung dar, da ein optimaler Weg für die aktuell anliegende schnelle Weiterentwicklung, verknüpft mit den Notwendigkeiten der langfristigen Wartbarkeit, unternehmensindividuell gefunden werden muss. Unabdingbar für die Sicherung der Qualität neuer und existierender Funktionalität ist der kontinuierliche Test der Software, der für komplexe Systeme schon aufgrund des stark

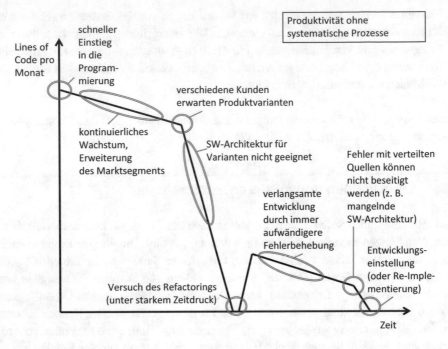

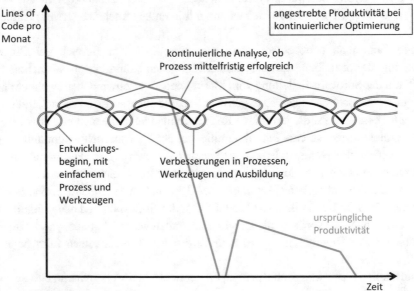

Abb. 1.1 Kontinuierliche Optimierung der Entwicklungsprozesse

wachsenden Testaufwands automatisiert werden muss. In diesem Buch werden verschiedene Testmöglichkeiten vorgestellt, die jeweils auf ihre individuelle Anwendbarkeit in jeder individuellen KMU, generell jedem Software-entwickelndem Unternehmen, untersucht werden muss. Die weiteren im vorherigen Abschnitt nur angedeuteten Ansätze z. B.
zur komponentenorientierten Entwicklung dürfen dabei nicht aus dem Bereich möglicher
Maßnahmen gestrichen werden.

Literatur

Webseiten zugegriffen am 18.10.2018

[@GTB]   German Testing Board. https://www.german-testing-board.info/
[@IST]   ISTQB International Software Testing Qualifications Board. http://www.istqb.org/
[ABO10] Apt, K.R., de Boer, F.S., Olderog, E.-R.: Verification of Sequential and Concurrent Pro-
         grams, 3. Aufl.. Springer, London (2010)
[And04] Andresen, A.: Komponentenbasierte Softwareentwicklung mit MDA, UML 2 und
         XML. Carl Hanser, München (2004)
[Bar11] Barnum, C.M.: Usability Testing Essentials: Ready, Set … Test! Morgan Kaufman, Bur-
         lington (2011)
[BCM90] Burch, J.R., Clarke, E.M., McMillan, K.L., Dill, D.L., Hwang, L.J.: Symbolic model
         checking: 1020 states and beyond. In: Proceedings of the 5th Annual Symposium on
         Logic in Computer Science, S. 428–439 (1990)
[CES86] Clarke, E.M., Emerson, E.A., Sistla, A.P.: Automatic verification of finite-state con-
         current systems using temporal logic specifications. ACM Trans. Program. Lang. Syst.
         8(2), 244–263 (1986)
[DIN04] DIN Deutsches Institut für Normung e. V: Qualitätsmanagement-Verfahren, DIN-
         Taschenbuch 226. Beuth, Berlin/Wien/Zürich (2007)
[Dom09] Dominguez, J.: The Curious Case of the CHAOS Report 2009. http://www.projectsmart.
         co.uk/the-curious-case-of-the-chaos-report-2009.html
[GEV08] Graham, D., Van Veenendaal, E., Evans, I., Black, R.: Foundations of Software Testing:
         ISTQB Certification. Thomson Learning, Boston (2008)
[Gri98] Griffel, F.: Componentware – Konzepte und Techniken eines Softwareparadigmas.
         dpunkt, Heidelberg/Berlin (1998)
[GTB18] German Testing Board e. V., ISTQB/GTB Standardglossar der Testbegriffe Deutsch/
         Englisch, Version 3.2, 03.09.2018. https://www.german-testing-board.info/wp-content/
         uploads/2018/09/ISTQB_GTB-Standardglossar-der-Testbegriffe-Versionshinweise.
         pdf. Zugegriffen im Oktober 2018 (s. auch https://www.german-testing-board.info/
         lehrplaene/istqbr-certified-tester-schema/glossar/)
[Ham10] Hambling, B. (Hrsg.): Software Testing: An ISTQB-ISEB Foundation Guide, 2. Aufl.
         British Informatics Society Ltd, GB (2010)
[Hoa69] Hoare, C.A.R.: An axiomatic basis for computer programming. Commun. ACM. **12**,
         576–583 (1969)
[Kle09] Kleuker, S.: Formale Modelle der Softwareentwicklung. Vieweg+Teubner, Wiesbaden
         (2009)
[Nie04] Nielsen, J.: Designing Web Usability, dt. Ausg. Markt Techn. (2004)

[Pnu77]   Pnueli, A.: The temporal logic of programs. In: Proceedings of the 18th IEEE Sympo-
            sium on Foundations of Computer Science, S. 46–57 (1977)
[RC02]   Rosson, M.B., Carrol, J.M.: Usability Engineering. Morgan Kaufmann, Burlington
            (2002)
[RC08]   Handbook of Usability Testing: How to Plan, Design, and Conduct Effective Tests,
            2. Aufl. Wiley, Indianapolis (2008)
[Sch06]   Scheben, U.: Simplifying and Unifying Composition for Industrial Component Models.
            Dissertation, Fernuniversität Hagen (2006)
[SL10]   Spillner, A., Linz, T.: Basiswissen Softwaretest, Aus- und Weiterbildung zum Certified
            Tester Foundation Level nach ISTQB® -Standard, 4. überarbeitete Aufl. dpunkt, Hei-
            delberg/Berlin (2010)
[SP05]   Shneiderman, B., Plaisant, C.: Designing the User Interface, 4. Aufl. Addison-Wesley
            Boston (2005)
[SRW11]   Spillner, A., Roßner, T., Winter, M., Linz, T.: Praxiswissen Softwaretest – Testmanage-
            ment, 3., überarb. u. erw. Aufl. dpunkt, Heidelberg/Berlin (2011)
[Zwi03]   Zwintzscher, O.: Komponentenbasierte & generative Software-Entwicklung. W3L,
            Herdecke-Dortmund (2003)

Grundbegriffe der Qualitätssicherung

2

Zusammenfassung

Wie in jeder ingenieurmäßigen Disziplin ist es auch in der Software-Qualitätssicherung sehr wichtig, dass alle Beteiligten die gleiche Sprache nutzen und unter den gleichen Fachbegriffen die gleichen Sachverhalte verstehen. Gerade die umgangssprachliche Formulierung von Anforderungen, die später auch Grundlage der Testfallentwicklung sind, ist häufig die Grundlage von Qualitätsproblemen. Da dieses Buch sich schwerpunktmäßig mit dem Testen beschäftigt, werden hier allerdings nur die dafür notwendigen Grundlagen genauer betrachtet. Dies umfasst typische Werkzeuge, Hintergründe der Qualitätssicherung und die Abklärung von Begriffen.

Im folgenden Abschnitt werden die Werkzeuge betrachtet, die ein Entwickler häufiger nutzt, ohne dabei unmittelbar über die Qualitätssicherung nachzudenken. Dabei ist gerade der systematische Einsatz von Debuggern eine zentrale Fähigkeit eines Entwicklers.

Neben dem Testen gibt es viele weitere Maßnahmen, die für eine systematische QS genutzt werden können. Generell gibt es dabei zwei wichtige Zeitpunkte für QS-Maßnahmen. Es gibt die konstruktiven Maßnahmen, die vor der eigentlichen Ausführung der Arbeit ergriffen werden und die dafür sorgen, dass die Arbeit selbst auf qualitativ hohem Niveau geschieht. Der nächste Zeitpunkt ist nach der Erstellung eines Produkts. Das entstandene Produkt, sei es ein Programm, Modell oder Dokument, ist zu überprüfen. Diese analytischen Maßnahmen sind wie die konstruktiven Maßnahmen bereits in der Projektplanung zu berücksichtigen.

Im Abschnitt über Testfälle wird dieser auch für dieses Buch zentrale Begriff genauer erklärt und seine Randbedingungen betrachtet.

© Springer Fachmedien Wiesbaden GmbH, ein Teil von Springer Nature 2019   11
S. Kleuker, *Qualitätssicherung durch Softwaretests*,
https://doi.org/10.1007/978-3-658-24886-4_2

Neben grundlegenden Begriffen werden in diesem Kapitel auch einige allgemeine Hinweise zur Vorgehensweise beim Testen gegeben. Dabei sind generell die Aufgaben festzulegen, was wann in welcher Form bei welchem erreichten Entwicklungsstand sinnvoll getestet wird. Im Abschnitt über Testebenen wird generell die Teilfrage diskutiert, was zu welchem Zeitpunkt getestet werden soll und welche Randbedingungen die Art des Testens beeinflussen können.

Als wichtiger Ausblick auf die systematische Nutzung der Qualitätssicherung wird beschrieben, wie die Nutzung von QS-Werkzeugen in den eigentlichen Build-Prozess eingebaut werden kann. Mit dem Build-Prozess wird dabei festgelegt, wie aus dem Programmcode das lauffähige Software-System kompiliert wird. Dazu werden verschiedene Ansätze kurz vorgestellt. Generell muss dann für alle benutzten Werkzeuge festgestellt werden, ob sie einfach in den Build-Prozess integrierbar sind.

Abschließend wird ein Java-Programm vorgestellt, das an verschiedenen Stellen im Buch als Beispiel zur Testfallerstellung genutzt wird. Im Rahmen des Beispiels werden einige Sprachkonstrukte von Java wiederholt und die im Buch verwendeten Begriffe aus der objektorientierten Programmierung vorgestellt.

Die Darstellung einiger Zusammenhänge ist teilweise an [Kle18] angelehnt.

2.1   Elementare QS-Werkzeuge der Entwicklung

Bereits beim Start der Programmierausbildung hat man ersten Kontakt zu einfachen QS-Werkzeugen und ersten Ansätzen zum systematischen Testen, die hier kurz rekapituliert werden sollen.

Parser
Absolute Programmieranfänger stehen vor der ersten Schwelle, ein eingegebenes Programm zum Laufen zu bringen. Dazu muss das Programm zunächst syntaktisch durch einen Parser überprüft werden. Erst wenn das Programm syntaktisch korrekt ist, kann es abhängig von der Art der Sprache direkt als Skript-Sprache oder nach der Übersetzung durch einen Compiler ausgeführt werden. Die Syntaxprüfung ist damit das erste Hilfsmittel der Qualitätssicherung, das bei der Entwicklung genutzt wird. Dabei sind gerade aussagekräftige Fehlermeldungen ein zentraler Indikator für die Qualität der Syntaxprüfung.

Jeder Parser und Compiler bietet Möglichkeiten, über Aufrufparameter das Verhalten im Detail zu ändern, oft werden weitere Möglichkeiten durch Entwicklungsumgebungen ergänzt. Abb. 2.1 zeigt einige der Einstellungsmöglichkeiten des Java-Compilers in Eclipse (unter Window → Preferences). Für jeden Detailpunkt gibt es die drei Möglichkeiten „Ignore" für keine Meldung, „Warning" für eine Ausgabe als Warnung und „Error" für eine Ausgabe als Fehler, mit der die Übersetzung des Quellcodes unterbrochen werden kann.

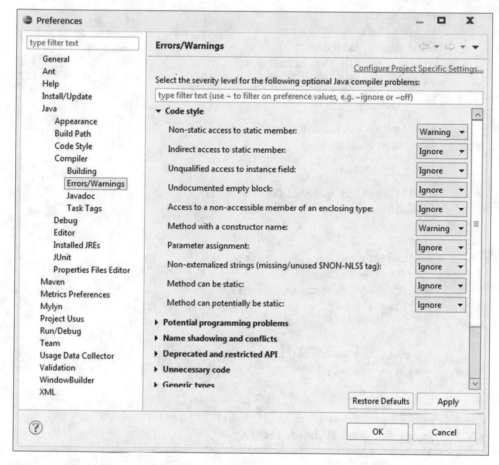

Abb. 2.1 Java-Compiler-Einstellungen in Eclipse

Bei den Einstellungsmöglichkeiten ist zu beachten, dass nicht jede Meldung automatisch auf einen Fehler hindeuten muss. So kann man in Java das Casten, also die Typumwandlung von Objekten, oft vermeiden. Allerdings kann dies bei Lese- und Schreiboperationen nicht immer gewährleistet werden, sodass mit den Standardeinstellungen eine Warnung (Warning) angezeigt wird. In Java gibt es die Möglichkeit, Methoden mit @SupressWarning zu annotieren, wobei als Parameter noch konkrete Warnungen angeben werden können. Der Ansatz ist bewusst zu verwenden und kann zu unsauberer Programmierung führen. Generell gilt es also, eine möglichst genaue Überprüfung auszuwählen, die möglichst wenige Warnungen erzeugt. Generell wird in Projekten gefordert, dass es beim Kompilieren keine Warnungen gibt, was gegebenenfalls durch Annotationen sichergestellt werden kann.

Das folgende Programm wird in Eclipse mit den Java-Standardeinstellungen ohne Warnung oder Fehlermeldung übersetzt.

```
package warnings;

public class Beispiel {
  private static int klassenvar = 1;
  private boolean bool = true;
  private String meldung = "bool ist false";

  public int getKlassenvar(){
    return klassenvar;
  }

  public boolean getBool(){
   return bool;
  }

  public void melden(int wert){
    if(bool = false){
    System.out.println(meldung);
    } else {

    }
    System.out.println("bool: "+bool);
    wert = wert+1;
  }

  public static void main(String[] s){
    new Beispiel().melden(42);
  }
}
```

Schaltet man alle Analysemöglichkeiten, die in Abb. 2.1 gezeigt werden, auf „Warning",
sieht das Programm auf einmal wie in Abb. 2.2 gezeigt aus. Man beachte, dass der Compiler noch viele weitere Einstellungsmöglichkeiten hat. Im konkreten Beispiel hat jede der
Warnungen einen Sinn.

Die Warnungen zur Zeile 6 und 22 weisen darauf hin, dass hier Strings direkt im Quellcode stehen, was bei Programmen für den internationalen Markt unüblich ist. Hier stehen
die Texte abhängig von der Sprache in Property- oder XML-Dateien. Möchte man den
Text trotzdem in dieser Form haben, kann in Eclipse ein Kommentar //$NON-NLS-1$ ergänzt werden, dabei steht NLS für „National Language Support".

Die Warnung in Zeile 8 weist darauf hin, dass dies eine Klassenmethode sein könnte,
da nur eine Klassenvariable gelesen wird. Geht es hier nur um die genutzte Klassenvariable, ist der Hinweis sehr sinnvoll, da auch der Methodenname suggeriert, dass es sich
um eine Exemplarvariable handelt. Die Warnung in Zeile 13, 17, 18 und die zweite
Warnung in Zeile 22 gibt an, dass der Zugriff auf Exemplarvariablen besser durch ein

```java
 1   package warnings;
 2
 3   public class Beispiel {
 4       private static int klassenvar = 1;
 5       private boolean bool = true;
 6       private String meldung = "bool ist false";
 7
 8       public int getKlassenvar(){
 9           return klassenvar;
10       }
11
12       public boolean getBool(){
13           return bool;
14       }
15
16       public void melden(int wert){
17           if(bool = false){
18               System.out.println(meldung);
19           } else {
20
21           }
22           System.out.println("bool: "+bool);
23           wert = wert+1;
24       }
25
26       public static void main(String[] s){
27           new Beispiel().melden(42);
28       }
29   }
```

Abb. 2.2 Mit Warnungen markiertes Programm

„this" gekennzeichnet sein sollte. Dies ist eine sinnvolle Programmierrichtlinie, da man so verschiedene Arten von Variablen bereits beim ersten Lesen unterscheiden kann.

Die Warnung zur Zeile 19 fordert, dass leere Programmblöcke zumindest dokumentiert werden sollen. Leere Blöcke werden beim Programmieren häufiger genutzt, um zunächst einen programmierten Fall auszuprobieren und dann später den leeren Block zu füllen. Damit kann ein leerer Block auf eine vergessene Teilimplementierung hindeuten.

Die Warnung in Zeile 23 deutet letztendlich auf einen sehr schlechten Programmierstil hin, da hier ein Parameter innerhalb einer Methode verändert wird, ohne dass es einen Effekt nach außen geben kann. In diesem Fall sollte immer eine lokale Variable eingeführt werden. Im konkreten Fall ist die Zeile sinnlos. Das Programm kann nach Bearbeitung der Warnungen wie folgt aussehen:

```
package warnings;

public class Beispiel {
  private static int klassenvar = 1;
  private boolean bool = true;
  private String meldung = "bool ist false"; //$NON-NLS-1$

  public static int getKlassenvar(){
    return klassenvar;
  }

  public boolean getBool(){
    return this.bool;
  }

  public void melden(int wert){
    if(this.bool = false){
      System.out.println(this.meldung);
    } else {
    // wohl nicht benoetigt
    }
    System.out.println("bool: "+this.bool); //$NON-NLS-1$
    //wert = wert+1;
  }

  public static void main(String[] s){
    new Beispiel().melden(42);
  }
}
```

Führt man das Programm aus, erhält man folgende, eventuell irritierende Ausgabe:

```
bool: false
```

Obwohl die Exemplarvariable *bool* den Wert *true* bei der Objekterstellung hat, wird am Ende der Wert *false*, allerdings nicht der Text der Variablen *Warnung* ausgegeben. Man beachte, dass im if in Zeile 17 kein wahrscheinlich gewünschter Wertvergleich, sondern eine Zuweisung steht. Im konkreten Fall hat eine Zuweisung immer den zuletzt zugewiesenen Wert als Ergebnis, wodurch die zum Glück selten genutzten Mehrfachzuweisungen wie z. B. a=b=c ermöglicht werden. In Eclipse ist die Regel „Possible accidental boolean assignment" auf „Warning" zu setzen, damit solche Probleme sofort sichtbar sind.

Logging

Im nächsten Schritt existiert ein ausführbares Programm, das analysiert und z. B. bei Ein- und Ausgaben ersten Tests unterzogen werden kann. Treten dabei Fehler auf, wird zunächst der Programm-Code kritisch gelesen und falls der Fehler nicht gefunden wird, muss ein neuer Ansatz gefunden werden. Ein oft gewählter Schritt ist es, sich zusätzliche Ausgaben auf dem Bildschirm, in Java durch den Befehl System.out.println(), anzeigen zu lassen. Der Ansatz klappt am Anfang meist gut, hat aber in der späteren Praxis oft gravierende Nachteile. Zum einen müssen diese zusätzlich eingefügten Befehle später wieder aus dem Programm gelöscht oder zumindest auskommentiert werden. Beim Auskommentieren müssen sie so gestaltet sein, dass ein anderer Entwickler ihren Mehrwert erkennen kann und z. B. für eigene Analysen wieder in den Programm-Code aufnimmt. Zum anderen existiert bei der Entwicklung verteilter Systeme meist keine Konsole, auf der man die Fehler ausgeben kann. Genauer befindet sich die Konsole dann an einem Ort, an dem ein Nutzer, z. B. ein Administrator, vor der Software sitzt und mit den Ausgaben mit großer Wahrscheinlichkeit nichts anfangen kann. Der Einbau zusätzlicher Ausgabefenster würde den ersten Nachteil noch wesentlich verschärfen. Es ist grundsätzlich zu vermeiden, dass Endnutzer interne Meldungen aus dem Software-Entwicklungsstadium auf dem Bildschirm sehen.

Die Idee mit den Ausgaben ist aber nicht grundsätzlich schlecht und wird durch sogenannte Logging-Frameworks unterstützt [@log]. Die Idee ist, statt der direkten Ausgaben Log-Informationen zu schreiben. Dabei unterstützt das Logging-Framework die Möglichkeit, festzulegen, wohin die Informationen, z. B. in eine Log-Datei, geschrieben werden und welcher Detaillierungsgrad genutzt wird. In der unmittelbaren Entwicklung werden dann sehr viele detaillierte Informationen geloggt, während bei der Auslieferung das Logging dann vollständig abgeschaltet wird. Häufig werden auch durch die Endprodukte noch Log-Informationen in einem engen Rahmen geschrieben, da man so Abläufe später nachvollziehbar machen kann und im Fehlerfall die Log-Dateien zur Analyse genutzt werden können. Abb. 2.3 zeigt den typischen Aufbau eines solchen Frameworks. Zunächst wird bei der Programmausführung – abhängig von einer Filtereinstellung zum Detaillierungsgrad der Log-Informationen – festgelegt, welche Informationen geloggt werden sollen. In einem zweiten Arbeitsprozess kann dann vom Handler entschieden werden, wie diese Informationen durch einen konfigurierbaren Formatter dargestellt werden sollen. Da abhängig von der Ausgabeart, die von einfachen Textdateien bis hin zu komplexen Grafiken gehen kann, evtl. nicht alle Informationen dargestellt werden können, gibt es hier einen zweiten Filter, der eng mit dem Formatter zusammenarbeitet.

Debugging

Auch durch Logging-Informationen kann es schwierig sein, nachzuvollziehen, was genau in einem Programm abläuft. Deshalb ist das erste eigenständige Hilfsmittel, das bei der systematischen Software-Entwicklung unterstützt und früh in der Programmierausbildung genutzt wird, ein Debugger. Der Einsatz eines Debuggers wird bereits sehr früh erklärt,

Abb. 2.3 Architektur eines
Logging-Frameworks

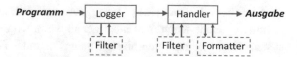

da er zur Fehlersuche und zum Aufbau des Verständnisses eines gegebenen Programms sehr hilfreich ist. Mit einem Debugger werden Möglichkeiten geschaffen, ein Programm Schritt für Schritt auszuführen und dabei nachzuvollziehen, welche Methoden ablaufen und welche Werte die Variablen aktuell haben.

Zum Einstieg in das Debugging wird zumindest eine Zeile des Programm-Codes mit einem Break-Point (also Unterbrechungspunkt) markiert. Wird das Programm dann ausgeführt – meist gibt es dazu einen eigenen Debug-Modus – hält das Programm am Break-Point an und übergibt die weitere Kontrolle an den Nutzer des Debuggers, üblicherweise den Entwickler. Die meisten Debugger bieten dabei folgende Möglichkeiten an:

- Analyse der Werte aller aktuell bekannten Variablen, also lokaler Variablen, Parameter und aller Variablen bisher genutzter Objekte und Klassen
- Schrittweise Ausführung eines Programms, dabei wird eine Zeile abgearbeitet, was durchaus bei verschachtelten Berechnungen in mehreren Teilschritten passieren kann
- Verfolgung der Aufrufstruktur, dabei wird ähnlich zur schrittweisen Ausführung vorgegangen, allerdings wird beim Aufruf von Methoden in die schrittweise Ausführung der Methode hineingesprungen; es besteht so die Möglichkeit, sehr detailliert in die Ausführung einzusteigen
- Verlassen einer Methode, dabei wird z. B. eine detaillierte Verfolgung abgebrochen und zur aufrufenden Methode zurückgekehrt
- Verlassen des Debug-Modus bis zum nächsten Break-Point, wodurch mehrere Schritte ausgeführt werden, bis der nächste Break-Point erreicht wird. Markiert dieser z. B. den Anfang einer Schleife, kann so die gesamte Ausführung eines Schleifendurchlaufs in einem Schritt ablaufen
- Abbruch des Debug-Modus

Eine weitere sinnvolle Funktionalität kann die Möglichkeit eines Debuggers sein, die Werte der aktuellen Variablen zu verändern, damit überprüft werden kann, wie sich das Programm mit diesen Daten verhalten würde.

Abb. 2.4 zeigt eine Debug-Situation für das vorher diskutierte Programm in Eclipse, bei dem in Zeile 17 ein Break-Point gesetzt und einige weitere Schritte ausgeführt wurden. Zeile 22 soll als Nächste aufgeführt werden. Man erkennt links oben die Steuerungsmöglichkeiten für den Debugger. Rechts oben werden die Werte der momentan bekannten Variablen angezeigt.

Statt zur Fehlersuche kann ein Debugger auch zur Programmanalyse genutzt werden, wobei dann einfach schrittweise verfolgt wird, was das zu analysierende Programm macht. Der Nutzer des Debuggers muss dann diese Schritte interpretieren, um so möglichst den genauen Sinn des Programms zu erfassen.

Auch beim Einsatz eines Debuggers kann man sich geschickt oder sehr ungeschickt anstellen, gerade wenn man nicht genau weiß, wo der eigentliche Fehler liegt. Eine sehr systematische Betrachtung dieses Themas befindet sich in [Zel09].

Abb. 2.4 Debugger in Eclipse

2.2   Konstruktive und analytische Qualitätssicherung

Offensichtlich ist es die Aufgabe der Qualitätssicherung, jedwede Art von Fehlern vor der
Auslieferung einer Software zu finden und das Auftreten von Fehlern beim Kunden zu
vermeiden. Betrachtet man diesen Wunsch etwas präziser, so kann man feststellen, dass
man meist nicht direkt Fehler beobachtet, sondern ein Fehlverhalten. Ein Fehlverhalten
oder Ausfall (failure) zeigt sich dynamisch bei der Benutzung eines Produkts, also hier der
zu erstellenden Software. Erst im nächsten Schritt kann dann die Ursache des Fehlverhal-
tens, also der Fehler, auch Defekt (fault, defect) genannt, gesucht werden. Dabei kann ein
Fehler eine einzelne Programmzeile, aber auch das Zusammenspiel von Teilprogrammen
bis zu einem falschen Verständnis der Anforderungen sein. Hieraus folgt auch unmittelbar,
dass die Fehlerbehebung eine sehr kostenintensive Aufgabe sein kann, wenn z. B. eine
Software-Architektur geändert werden muss, da sonst eine mangelnde Performance nicht
behoben werden kann.

Obwohl die Unterscheidung zwischen Fehlverhalten und Fehler formal klar getrennt werden kann, wird in diesem Buch die anschaulichere Formulierung von „der Suche nach Fehlern" für das Testen weiterhin genutzt. Man sollte trotzdem im Hinterkopf haben, dass Tests dazu geschrieben werden, um Fehlverhalten aufzudecken und dass die Suche nach dem zugehörigen Fehler ein zweiter Schritt ist, der z. B. ein systematisches Vorgehen beim Debugging benötigt.

Generell gibt es sehr viele sehr unterschiedliche Maßnahmen, mit denen man die Qualität in einem Software-Entwicklungsprojekt beeinflussen kann. Tests sind dabei nur ein – wenn auch zentraler – Bestandteil. Die Maßnahmen gehen von dem Einsatz qualifizierter, motivierter und teamorientiert arbeitender Mitarbeiter über die Auswahl der passenden Werkzeuge bis hin zu klaren Prozessbeschreibungen, wann welche der weiteren QS-Maßnahmen ergriffen werden sollen.

Die in den folgenden Kapiteln vorgestellten Testverfahren können erst angewendet werden, wenn das zu prüfende Produkt, z. B. die Software, bereits entwickelt wurde. Dieser Ansatz wird auch analytische Qualitätssicherung genannt.

Der Ansatz, bereits vor der Ausführung der eigentlichen Arbeit Qualitätsrichtlinien auszugeben, wird konstruktive Qualitätssicherung genannt. Diese Vorgaben können die Erstellung einzelner Produkte, wie der des Anforderungsanalyseergebnisses oder des Programm-Codes, aber auch ganze Prozesse betreffen.

Vorgaben

Generelle Prozessvorgaben ergeben sich für die gesamte Entwicklung durch die Auswahl des Vorgehensmodells, da hier bereits die Zusammenhänge zwischen den Arbeitsschritten und die notwendigen Produkte festgelegt werden. Dabei können die Vorgehensmodelle als erste konstruktive Qualitätssicherungsmaßnahme an das individuelle Projekt angepasst werden.

Weitere Vorgaben sind für die individuellen Produkte formulierbar. Dabei kann man immer zwischen unterschiedlichen Formalisierungsgraden unterscheiden. Recht allgemein ist z. B. die Vorgabe einer Use Case-Dokumentationsschablone. Diese Schablone kann dadurch mehr formalisiert werden, dass immer ein Aktivitätsdiagramm zur Dokumentation gewählt werden soll. Weiterhin kann man z. B. vorgeben, wie Namen von Use Cases aussehen dürfen. Jede zusätzliche Formalisierung bedeutet zunächst einen Entwicklungsaufwand für die Vorlage. Weiterhin müssen dann alle Anforderungen von den Nutzern der Vorgabe erfüllt werden. Wird eine Vorgabe dabei zu formal, kann der positive Beitrag zur einheitlichen Qualität durch zeitliche Verzögerungen und unzufriedene Nutzer verloren gehen. Der oftmals schmale Grat zwischen notwendiger Vorgabe und Behinderung der Arbeit muss individuell für Projekte gefunden werden. Dabei kann eine testweise Anwendung der Vorgaben sehr hilfreich sein, da danach Anpassungen – dies können zusätzliche Vorgaben oder Lockerungen sein – basierend auf fachlichen Erfahrungen möglich sind.

Bei der Programmierung gibt es sogenannte Coding-Guidelines, die den Stil von Programmen vorgeben. Um diese Vorgaben zu validieren, ist es sinnvoll, ein Werkzeug einzusetzen, da eine manuelle Überprüfung sehr aufwändig werden kann. Ein Beispiel aus den Coding-Guidelines von Sun für Java [Sun97] beschäftigt sich mit der Formatierung komplexer Boolescher Bedingungen.

Das folgende Teilprogramm ist schwer lesbar, da sich die eigentliche Befehlszeile nicht von der Bedingung absetzt.

```
if ((bedingung1 && bedingung2) || (bedingung3 && bedingung4)
    || !(bedingung1 && bedingung3))
    machWas();
```

Sinnvoll ist es, die Booleschen Bedingungen weiter einzurücken, um das genannte Problem zu umgehen. Weiterhin ist es immer sinnvoll, die Booleschen Verknüpfungsoperatoren am Anfang einer neuen Zeile zu platzieren, da man so leicht einen Überblick über die gesamte Bedingung erhalten kann, z. B.

```
if ((bedingung1 && bedingung2)
        || (bedingung3 && bedingung4)
        || !(bedingung1 && bedingung3))
    machWas();
```

Während Anforderungen an die Formatierung des Programmtexts noch leicht zu formulieren sind, ist die Beschreibung von Vorgaben für den Programmierstil wesentlich schwerer. Regeln der Form „es sind möglichst Design-Pattern zu verwenden", haben nur einen eingeschränkten Sinn, da ihre Überprüfung schwierig ist und es einige Ausnahmen gibt, in denen man auf den unbedingten Pattern-Einsatz verzichten kann. Ohne weiter auf die Details einzugehen, sind konstruktive Maßnahmen durch analytische Maßnahmen, also die Überprüfung von deren Einhaltung, zu ergänzen.

Mit Werkzeugen zur Quellcode-Analyse kann der gegebene Programm-Code auf verschiedene Eigenschaften, z. B. die korrekte Formatierung, aber auch die Komplexität der Software, untersucht werden. Zur Quellcode-Analyse, insbesondere zum Aufstellen oder Nutzen vorgegebener Coding-Guidelines, sei auf die folgenden Werkzeuge Checkstyle [@Che], FindBugs [@Fin], PMD [@PMD] und Lint4j [@Lin] hingewiesen, die sich in ihrer Funktionalität nur teilweise überschneiden. Alle Programme sind als Eclipse-Plug-Ins, aber auch ohne Oberfläche nutzbar, was sie mit Automatisierungswerkzeugen wie Ant und Maven integrierbar macht. Außer in Lint4j können eigene Regeln programmiert werden.

Manuelle Prüfung

Viele konstruktive Maßnahmen können nicht automatisch analytisch geprüft werden, hier kommen dann manuelle Prüfmethoden [Lig09] zum Einsatz. Dabei sind verschiedene Varianten möglich, abhängig davon, was von der Freigabe des Projekts abhängt. Die formalste Form der Prüfung ist eine Inspektion [Bal98]. Informelle und damit kürzere Verfahren sind das Review und der Walkthrough, die sich allerdings alle in ihren grundsätzlichen Abläufen nicht wesentlich unterscheiden. Beteiligt sind dabei ein Durchführender der Prüfung, Moderator genannt, die Prüfer selbst und der Autor des zu prüfenden Produkts. Für Prüfungen gilt immer, dass sie nur durchgeführt werden können, wenn der Autor des zu prüfenden Produkts der Meinung ist, dass er eine erste vollständige Version abgeschlossen hat. Prüftermine müssen in den Projektplan eingearbeitet werden, wobei immer Zeitpuffer für mögliche Verschiebungen eingeplant werden müssen.

Der Autor selbst nimmt an einer Inspektionssitzung nicht teil. Er erhält das Protokoll der Inspektion, um seine Überarbeitung durchzuführen. Der Moderator prüft dann, ob die geforderten Korrekturen durchgeführt wurden. Nur er kann das Produkt nach kleineren aus dem Protokoll folgenden Überarbeitungen freigeben oder, wenn das Produkt grundsätzlich geändert wurde, eine neue Inspektionssitzung einfordern.

Beim Review ist die Vorbereitung informeller, wobei auch wieder alle Inspektoren oder Reviewer das Produkt durchsehen, dann alle gefundenen Probleme mit Rot markieren und aus ihrer Sicht kommentieren. Bei der Review-Sitzung ist der Autor anwesend, er kann befragt werden, sollte aber selbst nicht aktiv werden. Der Autor erhält später alle markierten Rot-Strich-Exemplare, wobei die Reviewer während der Durchsprache der gefundenen Probleme ihre Kommentare gegebenenfalls anpassen.

Beim Walkthrough übernimmt der Autor selbst die Moderation der Durchsprache. Er ist die treibende Kraft und stellt sein Produkt vor. Die weiteren Teilnehmer hören zu und sind zu kritischen Fragen und Anregungen aufgefordert. Auch beim Walkthrough wird die Qualität des Ergebnisses erhöht, wenn die Teilnehmer vorher das Produkt analysieren.

Dadurch, dass zumindest drei Personen an einer manuellen Prüfung beteiligt sein sollten, folgt unmittelbar, dass diese Prüfungen einigen Aufwand bedeuten. Dieser kann bei kritischen Prüfungen bis zu 20 % der Erstellung betragen. Da aber nur Menschen die Semantik von Texten prüfen können, sind manuelle Prüfmethoden in größeren Software-Projekten unverzichtbar.

Neben dem zu beachtenden Aufwand gibt es weitere Gefahren für die Nützlichkeit manueller Prüfverfahren. Werden zu viele Personen an den Prüfungen beteiligt, kann der Kommunikationsaufwand die Effizienz wesentlich verringern. Es sollten nur fachlich qualifizierte Personen an solchen Sitzungen teilnehmen. Manuelle Prüfungen werden kritisch, wenn sie zur Prüfung der Qualität des Autors werden. Diese Form der Überprüfung des Autors ist unbedingt zu vermeiden, da die genannten Prüfungen als Chancen zur Qualitätsverbesserung angesehen werden und nicht Quelle von Prüfungsangst sein sollen. Hieraus folgt unmittelbar, dass der Vorgesetzte des Autors sich möglichst nicht im Prüfteam befinden soll.

Für räumlich verteilte Projekte kann man sich Varianten von Reviews ausdenken. Möglichkeiten bestehen durch die Nutzung einer zentralen Informationsplattform im Web, z. B. einem Wiki, in dem Dokumente eingestellt werden können. Die Dokumente werden mit einer Statusinformation, z. B. „zur Prüfung" markiert und ein Endtermin angegeben, bis wann Kommentare anderer Nutzer möglich sind.

Metriken

Weitere konstruktive Maßnahmen, die sich oft analytisch vollständig automatisiert prüfen lassen, sind Metriken. Zur Bewertung der Qualität wird ein Kriterienkatalog aufgestellt, dann für jedes Kriterium ein Bewertungsbereich sowie eine Gewichtung festgelegt und daraus dann ein Wert, d. h. ein Maß für die Qualität, berechnet. Diese Idee, Indikatoren zu bewerten und daraus dann Schlüsse zu ziehen, ist auch in anderen Bereichen wie der Betriebswirtschaft mit Balanced Scorecards zur Bewertung von Firmensituationen [FS04] verbreitet.

Der Ansatz, die Qualität eines Produkts mit Maßzahlen zu bewerten, die nach bestimmten Regeln erstellt werden, ist auch auf Programme übertragbar. Der Vorteil ist hier sogar, dass die Maßzahlen meist automatisch berechnet werden können. Wie bei allen solchen Bewertungssystemen muss man die Qualität des eigentlichen Maßsystems immer im Hinterkopf haben. Es muss immer das Ziel der qualitativ hochwertigen Software im Vordergrund stehen, das durch eine geschickte Auswahl von Metriken zur Beurteilung von Programmen unterstützt werden soll. Werden Werte für falsche Schwerpunkte erhoben oder wichtige Aspekte nicht bewertet, kann ein Maßsystem sogar Schaden anrichten, wenn sich alle Entwickler an einem mangelhaften Maßsystem ausrichten. Misst man die Qualität der Software z. B. ausschließlich am Verhältnis zwischen Programmcode und Kommentarzeilen, so fördert man die sehr kompakte und damit schwer lesbare Programmierung sowie überflüssige Kommentare wie „Die Liste wird mit dem Iterator *it* durchlaufen.".

Trotzdem können Metriken ein wertvolles Hilfsmittel bei der Bestimmung der Softwarequalität sein. In diesem Unterkapitel werden einige sehr unterschiedliche Maße vorgestellt, weitere findet man z. B. in [Hen96] und [Mar03].

Die bereits genannten Maße zur Projektgröße können die Grundlage einiger einfacher Qualitätsmaße sein. Durch die Berechnung des Verhältnisses von Kommentarzeilen zu eigentlichen Programmzeilen erhält man einen Indikator für die Intensität der Kommentierung. Zählt man die Programmzeilen in Methoden und teilt diese durch die Anzahl der Methoden, so erhält man die durchschnittliche Methodenlänge. Im Gegensatz zu prozeduralen Programmiersprachen mit anderen älteren Richtlinien wie C ist die Forderung nach kurzen Methoden, deren Sinn man bereits aus dem Methodennamen ableiten kann, von besonderer Bedeutung, wie er auch in Clean Code-Bewegungen betont wird [Mar08]. Aus diesem Grund spielen nicht nur Mittelwerte, sondern weitere statistische Werte, wie minimale und maximale Werte sowie die Standardvarianz, eine Rolle. Die Statistik zu den Methodenlängen kann man dabei auf Klassen- und Paketebene erheben. Eine einfache automatisch zu prüfende Regel ist z. B., dass Methoden niemals länger als 12–20 Zeilen sein sollten. Ausnahmen, die z. B. beim Zusammenbau grafischer Oberflächen erlaubt werden können, müssen begründet werden.

Es gibt weitere Indikatoren, die auf verschiedenen Ebenen erhoben werden können und die eine gewisse Aussagekraft haben, die allerdings nicht überbetont werden sollten. Beispiele sind:

- Längen von Variablen- und Methodennamen geben gewisse Informationen über die Lesbarkeit.
- Parameteranzahlen geben Aufschluss über die Komplexität von Methoden.
- Die Anzahl von Exemplarvariablen pro Klasse ist ein Indiz für die Informationsvielfalt pro Klasse.
- Längen der Vererbungshierarchien geben Auskunft darüber, ob Vererbung eingesetzt wurde, wobei hohe Werte für zu starken Vererbungseinsatz sprechen können, was die Wiederverwendbarkeit erschwert.

Für alle genannten Indikatoren kann man projektindividuell weiche und harte Grenzen
definieren. Eine weiche Grenze beinhaltet die Aufforderung, dass dieser Wert nur mit
guter Begründung verletzt werden soll, während harte Grenzen nicht verletzt werden
dürfen. Die Grenzen sind projektindividuell, da es bei der starken Nutzung von Klas-
senbibliotheken z. B. für grafische Oberflächen oder bei der Neuerstellung eines Frameworks ganz andere Vererbungstiefen geben kann als bei klassischen Entwicklungspro-
jekten.

Neben diesen recht allgemeinen statistischen Erhebungen gibt es weitere Überlegungen, welche Indikatoren es für qualitativ hochwertige Software geben kann, die auch von
einem Werkzeug berechnet werden können.

Als Beispiel wird hier zur Messung der Komplexität und damit auch der Lesbarkeit von
Methoden die McCabe-Zahl [McC76], auch zyklomatische Zahl nach McCabe genannt,
vorgestellt. Anschaulich wird die Zahl der Verzweigungen einer Methode plus 1 berechnet. Genauer gesagt hat eine Methode ohne Verzweigungen den Wert 1, der für jedes if, für
jedes while, für jedes switch und jedes case um eins erhöht wird. Dies ist generell ein guter
Indikator für die Lesbarkeit.

Um die McCabe-Zahl einer Methode zu verringern, hat ein Entwickler typischerweise
folgende Möglichkeiten:

- Optimierung der Methode: man kommt durch intensivere Überlegungen zu einer ein-
  facheren Ablaufstruktur.
- Aufteilung der Methoden: Enthält ein if-Befehl weitere if-Befehle, kann man die zum
  ersten if-Befehl gehörenden Programmteile in lokale Methoden ausgliedern, wie es
  beim Refactoring üblich ist, was teilweise von Werkzeugen unterstützt wird.
- Verwendung von Polymorphie: dadurch wird die Ablaufalternative nicht vom Entwickler, sondern von der ausführenden Programmumgebung zur Laufzeit bestimmt.

Häufig wird auch eine erweiterte McCabe-Zahl betrachtet, bei der neben den Verzweigungen auch die Komplexität der Booleschen Bedingungen eine Rolle spielt. Dazu wird die
bisher berechnete McCabe-Zahl erhöht um die

Anzahl der atomaren Bedingungen – Anzahl der genutzten Bedingungen

Dabei steht die Anzahl der genutzten Bedingungen für alle möglichen Verzweigungen im
Programm, also werden z. B. alle Bedingungen in if(<Bedingung>) und while(<Bedin-
gung>) gezählt. Bei den atomaren Bedingungen werden alle nicht weiter aufteilbaren Bedingungen gezählt. Der Wert ist z. B. für eine Bedingung

$$(a \| x > 3) \&\& y < 4$$

drei, da drei atomare Formeln vorkommen. Die erweiterte McCabe-Zahl unterscheidet
sich damit von der einfachen McCabe-Zahl nur, wenn zusammengesetzte Boolesche Bedingungen in Entscheidungen genutzt werden. Die Aussage hinter dieser Berechnung ist
damit, dass komplexe Boolesche Bedingungen die Lesbarkeit von Methoden verringern.

Für die McCabe-Zahl stellt der Wert fünf eine recht strenge, realistische Obergrenze für die objektorientierte Programmierung dar.

Für Eclipse gibt es das Plugin Metrics [@Met2], das allerdings lange Zeit nicht mehr gepflegt wurde [@Met], aber zumindest in der Eclipse-Version 4.9.0 läuft. Abb. 2.5 zeigt eine Beispielnutzung von Metrics, wobei die Methoden in der gezeigten Klasse prüfen, ob genau zwei der drei übergebenen Werte gleich sind. Eine Aktualisierung von Metrics kann unter [@Met3] verfolgt werden.

```java
public class Vergleich {

    public boolean genauZweiGleiche(int a, int b, int c){
        if(a==b){
            return a!=c;
        }
        if(a==c){
            return a!=b;
        }
        if(b==c){
            return a!=c;
        }
        return false;
    }

    public boolean ersteZweiGleichDritterNicht(int a, int b, int c){
        if(a==b){
            return a!=c;
        }
        return false;
    }

    public boolean genauZweiGleicheVersion2(int a, int b, int c){
        boolean ergebnis = ersteZweiGleichDritterNicht(a, b, c);
        ergebnis = ergebnis || ersteZweiGleichDritterNicht(a, c, b);
        ergebnis = ergebnis || ersteZweiGleichDritterNicht(b, c, a);
        return ergebnis;
    }
}
```

Problems | @ Javadoc | Declaration | Console | Metrics - TestBuchMetrics - McCabe

Metric	Total	Mean	Std. Dev.	Maximum
McCabe Cyclomatic Complexity (avg/max per		3	0,816	4
src		3	0,816	4
(default package)		3	0,816	4
Vergleich.java		3	0,816	4
Vergleich		3	0,816	4
genauZweiGleiche	4			
genauZweiGleicheVersion2	3			
ersteZweiGleichDritterNicht	2			

Abb. 2.5 Nutzung von Metrics

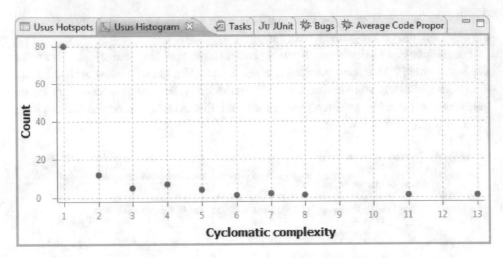

Abb. 2.6 McCabe-Komplexität mit Usus

Die McCabe-Zahl von genauZweiGleiche(.) ist 4, da es drei Verzweigungen gibt, die McCabe-Zahl von ersteZweiGleichDritterNicht(.) ist 2, da es nur eine Verzweigung gibt. In genauZweiGleicheVersion2 gibt es keine Verzweigungen, sodass die einfache McCabe-Zahl 1 ist, da aber die erweiterte McCabe-Zahl berechnet wird und es zwei Boolesche Verknüpfungen gibt, ist die McCabe-Zahl 3. Im unteren Teil der Abbildung sind die Ergebnisse des Plugins dargestellt, das für jede Klasse die durchschnittliche und die maximale McCabe-Zahl berechnet. Mit Metrics kann man weiterhin die Abhängigkeiten zwischen den Software-Paketen visualisieren.

Das Plugin Usus [@Usu] ermöglicht u. a. auch die Berechnung der McCabe-Zahl. Weiterhin dient es als Übersichtsplattform zur kompakten Präsentation der Ergebnisse verschiedener anderer Werkzeuge wie Checkstyle und kann auch Abhängigkeiten zwischen Klassen visualisieren. Abb. 2.6 zeigt einen Ausschnitt der Ergebnispräsentation von Usus für ein anderes Eclipse-Projekt, das unter anderem eine Methode mit der McCabe-Zahl 13 und 80 Methoden mit der McCabe-Zahl 1 hat.

2.3   Was ist ein Testfall?

Anschaulich beschreibt ein Testfall das Ausprobieren einer Software. Möchte man dies präzisieren, kommt man darauf, dass man drei Teilschritte erfassen muss: die Vorbedingungen, die Ausführung und die Nachbedingungen. Generelles Ziel der Testfallspezifikation muss es sein, den gleichen Test unter den gleichen Vorbedingungen immer wieder durchzuführen und dann zu den gleichen Ergebnissen zu kommen. Dies mag für den Aufruf einer Methode und die Analyse des Rückgabewertes trivial sein, wird aber bei verteilten Systemen, bei denen unterschiedliche Software auf einem Betriebssystem läuft, wenn man z. B. Performancemessungen machen will, zu einer häufig nicht vollständig lösbaren Aufgabe.

Aus der Forderung nach der Wiederholbarkeit kann man leicht den Ansatz zum Aufbau einer Testumgebung ableiten, die eine Garantie für mögliche Wiederholbarkeit von Testdurchführungen bietet. Hierbei spielt die Frage nach den Kosten und der Notwendigkeit für eine solche Testumgebung eine wesentliche Rolle. Die deutsche Marine hat z. B. zum Test ein sogenanntes „Betonschiff", bei dem an Land der Aufbau der Hard- und Softwaresysteme verschiedener Schiffe simuliert werden kann. Ein solches Szenario erlaubt es, Aktualisierungen der Software und den Einbau neuer Komponenten an Land zu testen, bevor dann abschließende Tests auf realen Schiffen laufen. Oftmals ist der Aufbau einer Testumgebung sehr teuer, sodass man über alternative Nutzungen, wie z. B. Schulungen von Endnutzern, nachdenken sollte.

Eine präzise Erfassung der Vorbedingungen kann eine sehr aufwändige Aufgabe sein. Beim Test eines Methodenaufrufs eines Programms muss neben den Werten der Parameter der Methode der Zustand des umgebenden Programms festgelegt sein. Dazu muss entweder beschrieben werden, wie man nach dem Start des Programms zum gewünschten Zustand des Programms kommt oder es muss für alle betroffene Objekte deren Zustand, also die Werte ihrer Variablen, festgelegt sein.

Nutzt die Software externe Systeme, wie das Dateisystem oder eine Datenbank, muss auch für diese Systeme die Ausgangssituation genau beschrieben werden. Wird z. B. ein Verzeichnis zum Speichern der Nutzereinstellungen genutzt, muss definiert werden, ob dieses Verzeichnis vor der Testdurchführung bereits existieren soll und welcher Inhalt sich in dem Verzeichnis befindet. Wird man noch genauer, muss für das Verzeichnis und die Dateien auch festgelegt werden, welcher Nutzer mit welchen Rechten zugreifen darf. Dies mag beim ersten Lesen sehr penibel klingen, werden aber solche Gedanken vernachlässigt, führt man Tests immer nur mit einer schon erfolgreich initialisierten Software durch und vergisst zu prüfen, was passiert, wenn aus irgendwelchen Gründen das Verzeichnis nicht existiert oder eine erwartete Datei nicht zugreifbar ist.

Noch komplexer wird die präzise Definition von Vorbedingungen, wenn nichtfunktionale Anforderungen wie die Performance getestet werden sollen. Dazu müssen die benutzte Hardware und alle relevante Software auf der Hardware mit ihren aktuellen Zuständen genau bekannt sein.

Bei der Ausführung oder Testdurchführung muss genau beschrieben werden, was wann gemacht werden soll. Im einfachsten Fall eines Methodenaufrufs können dies der Aufruf selbst und das Warten auf das Ergebnis sein. Wird aber interaktive Software getestet, muss festgelegt werden, wann was passiert.

In den Nachbedingungen wird das erwartete Testergebnis festgehalten. Bei einem Methodenaufruf kann dies der erwartete Rückgabewert sein. Aber selbst bei einfachen Programmen kann wieder der gesamte Zustand des umgebenden Systems eine Rolle spielen. Welche anderen Objekte sollen welche Werte enthalten, welchen Zustand sollen andere Systeme angenommen haben? Es gibt aber auch einige Bereiche, in denen nicht der präzise zu erreichende Zustand angebbar ist, wenn es sich z. B. um physikalische Messreihen handelt. Oftmals können hier Toleranzintervalle eine Rolle spielen. Weiterhin kann man dann nicht einfach festhalten, dass ein Test bestanden wurde oder nicht. Man kann dann bestandene Tests weiterhin nach ihrer Güte qualifizieren. Generell muss aber gelten, dass ein erfolgreich durchgeführter Test von allen Beteiligten auch als solcher eingestuft werden muss.

2.4   Testebenen

Abb. 2.7 zeigt in der Mitte das klassische V-Modell [Boe79] der Software-Entwicklung. Dabei sei bereits jetzt betont, dass die QS-Ansätze zunächst unabhängig vom konkreten Vorgehensmodell gewählt werden. Das beschriebene V kann damit Wochen oder Monate umfassen, wie es bei einem klassischen Vorgehensmodell wie dem RUP [Kru04] und dem V-Modell XT [HH08] der Fall ist oder sehr kleine Entwicklungszyklen von wenigen Tagen, wie es bei agilen Vorgehensmodellen [Coc06] wie Scrum [SB08, Sch04] oder Extreme Programming (kurz XP) [Bec00] der Fall ist. Allen Ansätzen ist gemein, dass zunächst der linke Entwicklungszweig durchlaufen wird, für den die maßgeblichen Rollen am Rand notiert sind. Ausgehend von der Idee eines Kunden oder einer Geschäftsidee wird der Wunsch nach einer Software geäußert. Diese Wünsche werden durch den Anforderungsanalytiker systematisch und präzise erfasst, sodass sie für die Folgeschritte zur Verfügung stehen. Für große Software-Systeme ist die systematische Planung des Aufbaus sehr wichtig, damit langfristig einfach Änderungen und Erweiterungen möglich sind. Diese Planung übernimmt der Software-Architekt, der oft Teil des Modellierungsteams in der Design-Phase ist. Die eigentliche Realisierung findet durch die Entwickler statt.

Auf der rechten Seite des V stehen die Prüfaktivitäten. Dabei beschreiben die Pfeile in der Mitte, woher die Grundlage der Prüfungen kommt. So sind die Vorgaben für die Entwicklung Grundlage der Entwicklertests. Beim Entwicklertest, oft auch Klassentest oder Unit-Test genannt, steht der Test der einzelnen, meist gerade entwickelten Funktionalität

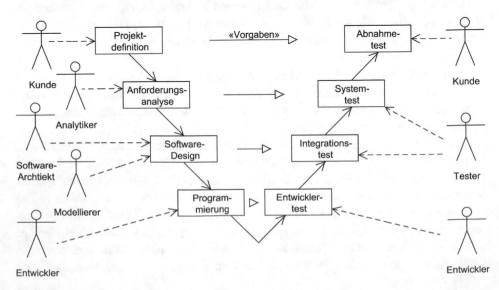

Abb. 2.7 V-Modell mit Entwicklung und Test

im Vordergrund. Diese Testart wird meist vom Entwickler selbst durchgeführt, wobei
Vorgaben aus der QS zu berücksichtigen sind. Diese Vorgaben enthalten z. B. Regeln, für
jede Methode mindestens einen eigenen Test zu schreiben und zumindest die Anweisungsüberdeckung von 95 % zu erreichen, die im Kap. 5 vorgestellt wird.

Beim Integrationstest werden die einzelnen Klassen zu Paketen oder auch Software-
Einheiten schrittweise zusammengesetzt. Für jede neue Klasse werden dabei Tests geschrieben, die das Zusammenspiel mit den anderen Klassen testen. Diese Tests sind nicht
so detailliert und konzentrieren sich auf die Schnittstellen zwischen den vorher einzeln
getesteten Bausteinen. Im nächsten Schritt werden die einzelnen Pakete als Komponenten
zum vollständigen System integriert. Dabei sind das Zusammenspiel der Komponenten
untereinander und das Zusammenspiel mit anderen Programmen, die die Schnittstelle zum
gesamten Anwendungssystem bilden, beim Systemtest zu beachten. All diese Tests finden
üblicherweise beim Hersteller der Software statt. Der Abnahmetest findet dann beim Kunden statt, wobei häufig die Systemtests in der realen Umgebung wiederholt werden; weiterhin wird auf besondere Testwünsche des Kunden eingegangen.

Man kann die Testansätze auch nach ihren Detaillierungsgraden unterscheiden, was in
Abb. 2.8 beschrieben ist. Der White-Box-Test oder auch Glass-Box-Test beschäftigt sich
mit den internen Details des zu untersuchenden Objekts; dies findet meist auf Klassentestebene statt. Der Gray-Box-Test entspricht meist dem Integrationstest, da hier nicht
mehr die Details der Klassen geprüft werden, wohl aber deren Zusammenspiel. Beim
System- und Abnahmetest handelt es sich üblicherweise um Black-Box-Tests, bei dem
keine Details des zu testenden Systems bekannt sein müssen; es wird nur das äußere Verhalten betrachtet.

Die angedeutete Zuordnung der Testphasen zu den Sichtweisen muss nicht in dieser
Form passieren. Stellt sich der Integrationstest z. B. als zu aufwändig heraus, da die schrittweise Ergänzung von Software-Paketen durch eine komplexe Hardwarenetzwerkstruktur
erschwert wird, kann ein Gray-Box-Test auch auf Systemebene stattfinden.

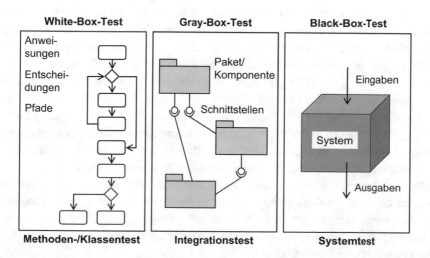

Abb. 2.8 Detaillierungsgrade von Tests [Kle18]

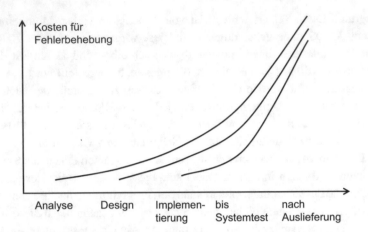

Abb. 2.9 Kosten für Fehlerbeseitigung [Kle18]

Ein weit verbreiteter Ansatz, alle Tests auf Systemebene durchzuführen, kann zu neuen unkalkulierten Aufwänden führen, wenn für einen gefundenen Fehler erst lange untersucht werden muss, welche Klassen warum für diesen Fehler verantwortlich sind. Dieser Zusammenhang wird durch die Kurve in Abb. 2.9 sichtbar, die zeigt, dass die Kosten für die Behebung eines Fehlers sich meist drastisch erhöhen, je länger der Zeitabstand im Projekt zwischen dem Auftreten des Fehlers und seiner Erkennung ist.

Generell sind die vorgestellten QS-Ansätze für jedwede Art von Software-Entwicklung interessant, da es plattformunabhängig fast immer Umsetzungsmöglichkeiten gibt. Wie bereits erwähnt, sind die Ansätze auch unabhängig vom Vorgehensmodell, da es keine Anforderungen gibt, wie oft und wie schnell das skizzierte V-Modell durchlaufen wird. Auch der Einsatz der UML (Unified Modeling Language) [OB09, Kle18, RQZ07], die sich als Standard in der Dokumentation der Software-Entwicklung durchgesetzt hat, ist nicht gefordert – er kann aber die systematische Testfallerstellung vereinfachen. In Abb. 2.10 wird der Zusammenhang zwischen den verschiedenen Entwicklungsphasen mit zugeordneten UML-Sprachelementen und den Testphasen verdeutlicht. Wichtig ist dabei die Grundidee, dass bereits bei der Entwicklung darüber nachgedacht werden sollte, ob und wie z. B. die korrekte Umsetzung eines Aktivitätsdiagramms später geprüft werden kann.

Bei der Erstellung von Tests geht man – wenn möglich – „Bottom Up" vor. Dies bedeutet, dass man mit einfachen Methoden anfängt und, wenn diese erfolgreich getestet sind, dann Tests für die nächst komplexeren Methoden schreibt, die auf den einfachen Methoden aufbauen. Diese Schritte gehen so weiter, bis einfache Klassen ohne Abhängigkeiten getestet sind, um dann weitere davon abhängige Klassen zu testen. Bei der Erstellung neuer Tests geht man von der Korrektheit bereits getesteter Klassen und Methoden aus.

Falls der „Bottom Up"-Ansatz nicht konsequent durchführbar ist, sei es wegen zu hoher Kosten oder eng vernetzter Klassen, kann in der Teststrategie ein Einstieg auf höherer Ebene festgelegt werden, der auch „Middle out" genannt wird. Dabei werden mehrere Klassen zusammen getestet, wobei man grundsätzlich nur davon ausgehen darf, dass die vorher getestete Funktionalität korrekt ist.

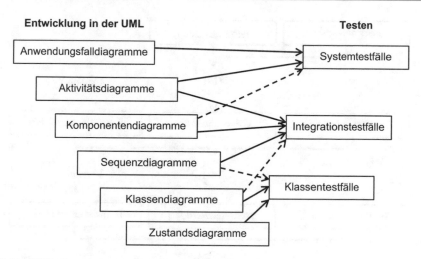

Abb. 2.10 UML-Sprachelemente zur Testfindung [Kle18]

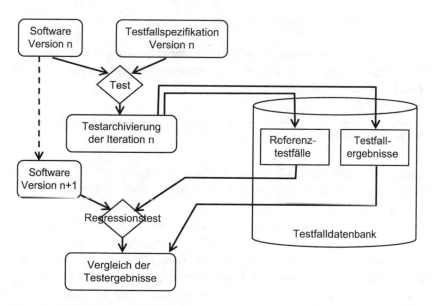

Abb. 2.11 Testfallverwaltung [Kle18]

Grundsätzlich gilt, dass alle geschriebenen Tests einer zentralen Verwaltung zugeführt werden müssen. Dabei muss für jeden Test eindeutig sein, unter welchen Bedingungen er laufen soll und wie das erwartete Testergebnis aussieht. Dies ist gerade bei der inkrementellen Entwicklung von Bedeutung, da die Tests vorheriger Iterationen für eine neue Iteration wiederholt werden sollen. Bei diesem Ansatz spricht man von dem in Abb. 2.11 skizzierten Regressionstest, bei dem die Testdatenbank in jeder Iteration mit weiteren Tests gefüllt wird und für jede Iteration alle vorhandenen Tests erfolgreich durchlaufen werden müssen.

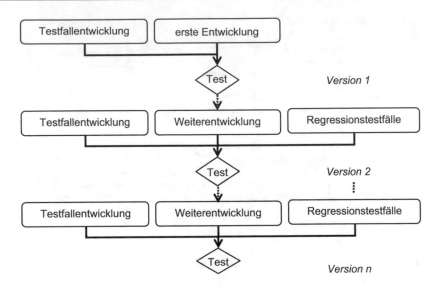

Abb. 2.12 Anwachsen von Testsystemen [Kle18]

Insgesamt ergibt sich dann das in Abb. 2.12 beschriebene Bild, bei dem mit jeder Iteration die Menge der Tests wächst. Nach jeder Iteration werden die alten und die neu entwickelten Tests durchgeführt.

2.5   Testautomatisierung

Die Aufgabe des Build-Managements kann man zunächst direkt als den Aufbau des endgültigen Software-Produkts beschreiben. Bei kleinen Entwicklungen bedeutet dies nur, den
Compiler aufzurufen, abhängig von der Programmiersprache einen Linker zu nutzen und
dann das ausführbare Programm zu starten. Bereits bei kleineren Projekten hängt der Erfolg
dieser elementaren Schritte von einigen Randbedingungen ab, wie z. B. der, dass der Compiler gefunden wird und man die Rechte hat, eine Datei mit dem kompilierten Ergebnis in
dem Ergebnisverzeichnis zu erstellen. Schnell kommen weitere Randbedingungen hinzu,
die die Einbindung von Bibliotheken und Komponenten sowie die dazugehörigen Pfade
und die Nutzung des Versionsmanagements betreffen. In größeren Projekten müssen weiterhin nicht immer alle Dateien neu kompiliert werden, sodass zunächst festgestellt werden
soll, welche Dateien überhaupt verändert wurden.

Neben der reinen Kompilierung gibt es weitere wichtige Aufgaben im Umfeld der be-
arbeiteten Dateien. Es wird eine Beschreibung benötigt, wie die entwickelte Software
unter welchen Randbedingungen, wie z. B. Vorgaben für Systemvariablen, wo installiert
werden soll. Weiterhin muss bei der Entwicklung der Entwicklungsstand in die Arbeits-
bereiche der Entwickler kopiert werden.

All die bisher genannten Arbeitsschritte kann man immer wieder von Hand mit der direkten Nutzung eines Befehlszeileninterfaces, auch Shell, Command-Tool oder DOS-Box genannt, ausführen. In einem ersten Optimierungsschritt werden diese Informationen dann in einer Datei, einem Shell-Skript oder einer Batch-Datei zusammengefasst. Dieser Ansatz kann schon relativ weit führen, allerdings ist es der nächste Schritt in einer wartbaren Software-Entwicklungsumgebung, dass dann ein Build-Management-Werkzeug eingesetzt wird.

In diesen Build-Prozess sollen dann auch QS-Werkzeuge eingebunden werden. Betrachtet man z. B. das erwähnte Werkzeug *Checkstyle* zur Prüfung von Coding-Guidelines, so kann man dies beim Abspeichern in Eclipse einfach „mitlaufen" lassen und erhält unmittelbar die Prüfergebnisse von *CheckStyle*, was einem ersten Automatisierungsschritt entspricht. Nun möchte man das Werkzeug aber nicht immer selbst anstoßen, es soll im Build-Prozess mitlaufen und möglichst seine Meldungen zentral zur Verfügung stellen und direkt z. B. per E-Mail an die betroffenen Entwickler senden. Eventuell möchte man bei groben Verstößen z. B. gegen eine als obere Grenze definierte McCabe-Zahl sogar den Build-Prozess abbrechen. Diese Möglichkeiten werden alle durch eine echte Automatisierung gegeben. Ein nächster Schritt ist es dann, dass der Build-Prozess automatisch z. B. um 01:00 Uhr nachts als Nightly Build angestoßen wird. In den folgenden Abschnitten werden beispielhaft einige Werkzeuge vorgestellt, die diesen Prozess unterstützen und erfolgreich in der Praxis eingesetzt werden.

Ant

Für Entwicklungsumgebungen, die kein eigenes Teilwerkzeug für diese Aufgaben zur Verfügung stellen, haben sich auf dem Markt im C/C++-Bereich das Werkzeug make [Mec05] und im Java-Bereich das Werkzeug Ant [@Ant, HL03] durchgesetzt, deren auf oberster Ebene gemeinsames Konzept hier am Beispiel von Ant genauer betrachtet werden soll.

Bereits aus den beschriebenen Anwendungsbereichen kann man zwei zentrale Aufgaben für Ant und make feststellen.

1. Verwaltung von Randbedingungen wie Systemeinstellungen und weitere Variablen
2. Abarbeitung von Befehlsketten, die beschreiben, wie aus bestimmten Objekten neue Objekte konstruiert und an bestimmte Orte verschoben werden

Der zweite Punkt beinhaltet z. B., dass Dateien mit der Endung .java mit Hilfe des Compilers in .class-Dateien übersetzt werden, die in einem Verzeichnis namens /bin stehen sollen. Die Befehlsketten bestehen aus einem zu erreichenden Ziel und einer Menge von Voraussetzungen, die erfüllt werden müssen, damit das Ziel erreicht wird. Diese Struktur wird in Ant und make ausgenutzt, d. h. es werden immer Ziele angegeben und dazu die Voraussetzungen, die zur Erreichung des Ziels benötigt werden. Da diese Voraussetzungen auch wieder kleinere Teilziele sein können, ergibt sich so insgesamt eine baumartige Hierarchie. Dies soll mit folgendem Beispiel verdeutlicht werden.

```xml
<?xml version="1.0"?>

<project name="AntSpiel" default="default">
  <description>
            Etwas Spielerei mit ant
  </description>

  <property name="srcdir"
            location="src/kapitel12_Antspielerei/de/kleuker"/>
  <property name="builddir" location="build"/>
  <property name="destdir" location="dest"/>

  <!-- clean üblicherweise nicht immer -->
  <target name="default"
          depends="clean,compile,pack,execute"
          description="mach alles">
    <echo message="in default"/>
  </target>

  <target name="clean" description="aufräumen">
    <delete dir="${builddir}"/>
    <delete dir="${destdir}"/>
    <echo message="in clean"/>
  </target>

  <target name="start" description="initialisieren">
    <tstamp/>
    <mkdir dir="${builddir}"/>
    <mkdir dir="${destdir}"/>
    <echo message="in start"/>
  </target>

  <!-- classpath enthält meist mehr Informationen -->
  <target name="compile" depends="start" description="kompiliere">
    <javac srcdir="${srcdir}"
           destdir="${builddir}"
           classpath="."
           debug="on">
    </javac>
    <echo message="in compile"/>
  </target>

  <!-- alternativ existierendes Manifest mit attribut file="" einbinden -->
  <target name="pack" depends="compile" description="packe">
    <jar destfile="${destdir}/gepackt${DSTAMP}.jar"
```

```
    basedir="${builddir}">
    <manifest>
      <attribute name="Main-class"
             value="kapitel12_Antspielerei.de.kleuker.XStarter"/>
    </manifest>
  </jar>
  <echo message="in pack"/>
</target>


<!-- sehr ungewöhnlich, aber zeigt, wie Windows-Programm
     gestartet wird -->
<target name="execute" depends="pack" description="ausführen">
  <exec dir="${destdir}" executable="cmd.exe"
       os="Windows XP" spawn="true">
    <arg line="/c java -jar gepackt${DSTAMP}.jar"/>
  </exec>
  <echo message="in execute"/>
</target>
</project>
```

Das vorherige Ant-Skript zeigt eine Build-Datei im XML-Format, die mit Ant verarbeitet werden kann. In der zweiten Zeile steht das zentrale Ziel „default", das Ant zu konstruieren versucht, wenn kein anderes Ziel als Parameter angegeben wird. Die property-Einträge dienen dazu, Werte von Variablen aufzunehmen und werden immer als Wertepaar der Form Name=Wert angegeben. Einen Spezialfall stellen dabei Pfadangaben dar, bei denen statt „value" dann „location" zur Beschreibung des Wertes genutzt wird. Auf Variablenwerte kann mit ${<Variablenname>} zugegriffen werden. Die Pfadbegrenzer „/" und „\" aus Windows und Unix können in beiden Formen genutzt werden, was ein wichtiger Beitrag zur Nutzungsmöglichkeit über Betriebssystemgrenzen hinweg ist.

Zentrale Bestandteile des Skripts sind die Ziele „target", zu denen immer die Voraussetzungen in einer mit „depends" bezeichneten Liste angegeben werden. Die Vorgehensweise von Ant ist es dann, zu analysieren, welche Voraussetzungen insgesamt erfüllt sein müssen, um dann schrittweise die eigentliche Bearbeitung durchführen zu können. Dabei sind zyklische Abhängigkeiten natürlich nicht erlaubt.

Die Bearbeitung erfolgt in sogenannten Ant-Tasks. Dies sind vorgegebene Befehle mit optionalen Parametern im XML-Format, die dann, wie in der target-Beschreibung angegeben, nacheinander abgearbeitet werden.

Im Beispielskript werden einige Ant-Tasks genutzt. Ein besonders einfaches Beispiel stellt <echo message="Text"/> dar, mit dem der Message-Text auf der Konsole ausgegeben wird, auf der Ant ausgeführt wird. Die Teilziele „clean" und „start" zeigen die Möglichkeit, Dateien und Verzeichnisse zu löschen und anzulegen. Die ebenfalls von Ant unterstützten Möglichkeiten zur Prüfung bestimmter Werte und zur Prüfung, ob Dateien und Verzeichnisse existieren sowie bearbeitbar sind, wurden im Beispiel nicht genutzt. Die Teilziele „compile" und „pack" zeigen exemplarisch Möglichkeiten zur Kompilierung von

Java-Dateien, die dann in einem bestimmten Verzeichnis abgelegt und anschließend mit dem Java-üblichen Pack-Programm jar zu einer ausführbaren Komponente zusammengesetzt werden. In „pack" wird die Variable *DSTAMP* genutzt, die im Target „start" mit der Ant-Task <\tstamp> implizit initialisiert wurde. Diese Variable enthält das aktuelle Entstehungsdatum, sodass man unterschiedliche Varianten ausführbarer Programme, hier z. B. gepackt20120209.jar, an ihrem Entstehungstermin unterscheiden kann. Das Teilziel „execute" soll zeigen, dass man, wenn es unbedingt notwendig ist, auch auf betriebssystemspezifische Befehle zugreifen kann.

In Ant sind bereits viele der Ant-Tasks definiert, die z. B. für die Java-Entwicklung benötigt werden. Weiterhin ist es bei Werkzeugen üblich, eine Ant-Task beizulegen, die die Nutzung des Werkzeugs von Ant aus ermöglicht. Es ist relativ leicht, selbst weitere Ant-Tasks zu schreiben, da Ant ein kleines Java-Framework bietet, mit dem man weitere Tasks und ihre Abarbeitung beschreiben kann. Dies ist besonders dann hilfreich, wenn man eine individuelle Entwicklungsumgebung aufgebaut hat, die kleinere Lücken z. B. beim Umkopieren von Dateien in den Arbeitsbereich eines nächsten Werkzeugs besitzt, indem leicht individuelle Ant-Tasks für solche Aufgaben ergänzt werden können. Damit kann die auch als „Klebesoftware" bezeichnete Ergänzung nahtlos in die Bearbeitung einbezogen werden und so zu einer in sich abgeschlossenen Entwicklungsumgebung führen.

Maven
Maven [@Mav] ist wie Ant ein Werkzeug zur Unterstützung des Build-Prozesses. Der Ansatz von Maven unterscheidet sich allerdings grundlegend von dem von Ant. Ein Ant-Skript ist aus einer Menge von Targets aufgebaut, die die einzelnen Build-Ziele realisieren. Insgesamt kann so ein sehr komplexer Prozess entstehen, der oft nur durch den Skript-Ersteller selbst gewartet werden kann. Dies ist besonders bei flexiblen Skripten mit Alternativen der Fall. Mit der Entwicklung von Maven sollen solche Probleme, wie auch die Wiederverwendung von bestimmten Zielen, gelöst werden. Der Implementierungsaufwand kann sich damit für den Build-Prozess stark reduzieren.

Maven basiert auf einem modellbasierten, deklarativen Ansatz zur Realisierung des Build-Prozesses. Anstatt wie bei Ant die einzelnen Build-Ziele zu implementieren, werden in einem sogenannten Projektmodell (meistens pom.xml) nur die Metadaten des Projekts beschrieben. Zu den Metadaten gehören Angaben über die verwendete Projektstruktur, wie auch die Spezifizierung der externen Bibliotheken. Bei einem von Ant gesteuerten Ablauf muss der Entwickler vieles selbst beschreiben, wobei er einen sehr großen Freiheitsgrad hat. Maven hingegen setzt auf eine Menge von Annahmen, die den Ablauf des Build-Prozesses bestimmen. Dadurch ist die Gestaltungsfreiheit bei einem Maven-Build-Prozess zwar eingeschränkt, bietet dem Entwickler aber dafür eine hohe Wiederverwendung und einen kleineren Aufwand.

Bei Maven stehen unterschiedliche Repositories zur Verfügung, die u. a. dafür da sind, die richtigen Versionen von Bibliotheken zu nutzen. Leider ist es ab und zu der Fall, dass Programme, die mit einer Bibliothek der Version x laufen, mit der Folgeversion x+1 nicht mehr zusammenarbeiten können. In den Repositories können verschiedene Versionen von

Bibliotheken verwaltet werden und stehen so dem Build-Prozess zur Verfügung. Aus dem lokalen Repository werden alle bestehenden Abhängigkeiten für ein Projektmodell heruntergeladen und es stellt somit die erste Anlaufstelle für den Maven-Build-Prozess dar. Wenn die bestehende Abhängigkeit nicht aufgelöst werden kann, wird vollautomatisch das Remote-Repository angefragt und die benötigten Bibliotheken werden heruntergeladen. Weiterhin ist es möglich, dass eigene Bibliotheken in das lokale Repository eingetragen werden; dies gilt auch für die Veröffentlichung im Remote-Repository.

Jenkins

Jenkins [@Jen] (ehemals Hudson) ist ein webbasiertes Open Source Continuous Integration System, also zur kontinuierlichen Integration. Die Idee der kontinuierlichen Integration ist es, dass die Entwickler frühzeitig und regelmäßig Änderungen in das Versionsmanagement einchecken. Diese Änderungen sollten funktionsfähig sein, sodass die gesamte Applikation auf Integrationsprobleme geprüft werden kann. Durch die Nutzung dieses Ansatzes ist fast immer die Verfügbarkeit einer lauffähigen Version gegeben, die dann z. B. für anderweitige Testzwecke oder Vertriebszwecke genutzt werden kann. Eine typische Anwendung sind Nightly Builds, bei denen zu einer vorgegebenen Uhrzeit der aktuelle Programmcode übersetzt wird und dabei Tests mit der erstellten Software automatisch ausgeführt werden. Bei gefundenen Problemen kann ein Entwickler dann z. B. direkt per E-Mail über das gefundene Problem informiert werden. Man kann von Jenkins aus Maven oder Ant nutzen – diese beiden Werkzeuge sind aber auch für die Testautomatisierung als völlig unabhängig von Jenkins zu betrachten.

Jenkins ist in Java geschrieben und plattformunabhängig. Die Basis von Jenkins unterstützt zahlreiche Werkzeuge, darunter das Versionsmanagementwerkzeug SVN, Ant, Maven sowie JUnit. Eine Erweiterbarkeit ist durch eine Plugin-Architektur gegeben. Dadurch lässt sich Jenkins für jedes Projekt individuell anpassen. Auch für Projekte mit anderen Sprachen/Technologien, wie z. B. PHP, Ruby oder .NET ist Jenkins geeignet. Testwerkzeuge lassen sich über Plugins über die intuitive Benutzeroberfläche integrieren. Builds können durch verschiedene Auslöser gestartet werden, z. B. durch das Einchecken einer neuen Version oder durch ein Zeitplan-Ereignis zum Anstoßen eines Nightly Build.

Jenkins wird üblicherweise als Service in einem Web-Server installiert, wodurch auch eine verteilte Entwicklung an mehreren Orten leicht unterstützt wird. Alternativ kann Jenkins auch direkt als Windows-Service laufen. Der eigentliche Prozess zur Nutzung von Jenkins wird durch eine grafische Oberfläche unterstützt, durch die man im Wesentlichen deklarativ beschreibt, was gemacht werden soll.

Sonar

Zur Abrundung der in diesem Abschnitt vorgestellten Werkzeug-Suite wird hier kurz Sonar [@Son] vorgestellt. Wiederum gilt, dass es keinen Zwang gibt, Sonar zusammen mit Jenkins, Maven oder Ant zu nutzen, es sich in der Praxis aber als sinnvoller Ansatz herausgestellt hat. Sonar dient zur Überwachung verschiedener anderer Werkzeuge und bereitet deren Ergebnisse grafisch auf. Dies kann Testergebnisse, Resultate von Metriken oder

auch Quellcode-Analysen beinhalten. Da die Ergebnisse in einer lokalen Datenbank gespeichert werden, hat man so den Zugriff auf eine Projekt-Historie und kann Trends erkennen. Sonar hat auch eine Plugin-Architektur, sodass neben schon vorhandenen
Werkzeug-Integrationen, wie für Jenkins, neue Anschlüsse leicht geschrieben werden
können. Sonar läuft als Service in einem Web-Server.

2.6   Zentrales Beispiel

Dieses Buch handelt vom Test von Java-Programmen. Dazu werden Beispiele benötigt,
die intuitiv verständlich und doch realistisch sein sollen. Da beide Ziele schwer vereinbar
sind, liegt der Schwerpunkt hier auf einem intuitiven Beispiel und dem Versprechen, dass
alle Ideen auch auf komplexe Beispiele übertragbar sind. Das folgende Beispiel wird in
mehreren Kapiteln genutzt und basiert nur auf der Grundfunktionalität von Java. Das Beispiel wird hier präsentiert, da darin die benutzten Begriffe der Objektorientierung erwähnt
werden und bereits eine erste Diskussion verschiedener Programmierstile möglich wird.
Das Beispiel enthält absichtlich mehrere typische Fehler, die bereits hier erläutert werden.
Erfahrene Entwickler werden dabei vielleicht denken, dass sie genau diese Fehler nicht
machen würden, was vielleicht stimmt, aber die Erfahrung sollte auch zeigen, dass man
z. B. bei der Veränderung des Programm-Codes von anderen doch schnell vermeintlich
einfache Fehler einbaut.

Eine zentrale Aussage der bisher beschriebenen Grundlagen ist, dass man nur auf das
prüfen kann, was irgendwo präzise spezifiziert ist. Werden Anforderungen nur ungenau
definiert, können die Tests diese Ungenauigkeit nicht auflösen, nur bei der Entdeckung
helfen. Für Tests müssen Vorbedingungen, Ausführung und gewünschte Ergebnisse präzise angegeben werden, damit eine Testerstellung ermöglicht wird.

Für das folgende Beispiel liegt diese Spezifikation vor:

- Zu verwalten sind die Fachgebiete, in denen Mitarbeiter des Unternehmens eingesetzt
  werden können. Dabei interessiert nur, ob eine Fähigkeit vorhanden ist oder nicht.
- Für jeden Mitarbeiter sollen folgende Daten mit den zugehörigen Randbedingungen
  erfasst werden:
  - Jeder Mitarbeiter hat eine Kennzeichnung (id), mit der er eindeutig identifiziert
    wird.
  - Jeder Mitarbeiter kann einen Vornamen haben, der geändert werden kann.
  - Jeder Mitarbeiter muss einen Nachnamen haben, der mindestens zwei Zeichen um-
    fasst.
- Zu jedem Mitarbeiter gibt es eine Zuordnung von maximal drei Fachgebieten, in denen er
  eingesetzt werden kann. Die Zuordnung kann ergänzt und Werte daraus gelöscht werden.

Die präzise Formulierung von Anforderungen ist eine sehr komplexe Aufgabe. Ansätze
zur systematischen Erstellung kann man z. B. in [OB09, RR06, Rup14] finden.

Die zu untersuchende Implementierung sieht wie folgt aus; der Programmcode steht auf der Webseite zum Buch zur Verfügung. Die Fachgebiete werden als Aufzählungstyp realisiert.

```
package verwaltung.mitarbeiter;
public enum Fachgebiet {
   ANALYSE, DESIGN, JAVA, C, TEST
}
```

Die weiteren ab Java 1.5 möglichen Ergänzungen von Enumeration-Klassen mit weiteren Methoden werden hier nicht genutzt.

Die Klasse *Mitarbeiter* sieht wie folgt aus:

```
package verwaltung.mitarbeiter;
import java.io.Serializable;
import java.util.HashSet;
import java.util.Set;

public class Mitarbeiter implements Serializable{


   private static final long serialVersionUID = 4580760693260429411L;
   private int id;
   private static int idGenerator=100;
   private String vorname;
   private String nachname;
   private Set<Fachgebiet> fachgebiete;

   public Mitarbeiter(String vorname, String nachname) {
      if (nachname == null || nachname.length() <2)
         throw new IllegalArgumentException("Nachname mit mindestens"
                                 + "zwei Zeichen");
      this.vorname = vorname;
      this.nachname = nachname;
      this.id = idGenerator++;
      fachgebiete = new HashSet<Fachgebiet>();
   }

   public Mitarbeiter(){ // nur für Serialisierung
      fachgebiete = new HashSet<Fachgebiet>();
   }

   public int getId() {
      return id;
   }
```

```java
public void setId(int id) {
  this.id = id;
}

public String getVorname() {
  return vorname;
}

public void setVorname(String vorname) {
  this.vorname = vorname;
}

public String getNachname() {
  return nachname;
}

public void setNachname(String nachname) {
  this.nachname = nachname;
}

public Set<Fachgebiet> getFachgebiete() {
  return fachgebiete;
}

public void setFachgebiete(Set<Fachgebiet> fachgebiete) {
  this.fachgebiete = fachgebiete;
}

public void addFachgebiet(Fachgebiet f){
  fachgebiete.add(f);
  if(fachgebiete.size() > 3){
    fachgebiete.remove(f);
    throw new IllegalArgumentException("Maximal 3 Fachgebiete");
  }
}

public void removeFachgebiet(Fachgebiet f){
  fachgebiete.remove(f);
}

public boolean hatFachgebiet(Fachgebiet f){
  return fachgebiete.contains(f);
}

@Override
```

```java
public int hashCode() {
  return id;
}

@Override
public boolean equals(Object obj) {
  if (obj == null || getClass() != obj.getClass())
    return false;
  Mitarbeiter other = (Mitarbeiter) obj;
  return (id == other.id);
}

@Override
public String toString(){
  StringBuffer erg= new StringBuffer(vorname +
    " " + nachname + " (" + id + ")[ ");
  for(Fachgebiet f:fachgebiete)
    erg.append(f + " ");
  erg.append("]");
  return erg.toString();
}

public static void main(String... s){
  Mitarbeiter m = new Mitarbeiter("Uwe","Mey");
  m.addFachgebiet(Fachgebiet.ANALYSE);
  m.addFachgebiet(Fachgebiet.C);
  m.addFachgebiet(Fachgebiet.JAVA);
  System.out.println(m+ " " + m.equals(m));
  m.addFachgebiet(Fachgebiet.TEST);
}
}
```

Zur Realisierung der eindeutigen Kennzeichnung wird eine Klassenvariable *idGenerator*, auch static-Variable genannt, genutzt, die bei jedem neuen Mitarbeiter hochgezählt wird. Würde man eine Möglichkeit zum Laden und Speichern von Mitarbeitern ergänzen, müsste man garantieren, dass beim Laden die Variable immer einen eindeutigen Wert, z. B. maximale id plus eins, erhält.

Die eigentlichen Eigenschaften eines Mitarbeiters werden in den Exemplarvariablen *id*, *vorname*, *nachname* und *fachgebiete*, manchmal auch Instanzvariablen, Objektvariablen oder Attribute genannt, festgehalten. Die Erfahrungen in den Fachgebieten werden sinnvoll in einer Menge gespeichert, da die Erfahrungen nicht mehrfach aufgenommen werden sollen und ihre Reihenfolge irrelevant ist.

Der erste Konstruktor für ein Mitarbeiter-Objekt erhält einen Vor- und einen Nachnamen übergeben. Dabei wird die Forderung geprüft, dass ein echter Nachname mit zwei

Zeichen übergeben wird. Dies deutet eine häufige Aufgabenstellung in der Programmierung an, die Validierung von Daten bezüglich ihrer Plausibilität. Ähnliches gilt für Nutzereingaben auf Webseiten, wenn z. B. ein Datum oder eine E-Mail-Adresse als Eingabe gefordert wird. Bei der Validierung ist grundsätzlich zu beachten, dass man alle Fälle beachtet, in denen der Wert verändert werden kann. Hier findet man bereits den ersten Fehler in der Implementierung, da es wenig später eine setNachname-Methode gibt, mit der der Nachname beliebig verändert werden kann. Da es das Ziel ist, jede Funktionalität, hier die Überprüfung des Nachnamens, nur einmal zu realisieren, ist es sinnvoll, dies in der setNachname-Methode zu implementieren. Im Konstruktor und allen anderen Methoden, die den Nachnamen ändern, muss dann die set-Methode genutzt werden. Um die Validierung zu vereinfachen, gibt es auch die Möglichkeit, ein Validierungs-Framework einzusetzen [@BV], das es ermöglicht, alle Anforderungen als Annotationen an den Exemplarvariablen festzuhalten.

Schaut man die aktuell implementierte Überprüfung des Strings genauer an, fällt weiterhin auch auf, dass nicht überprüft wird, um was für Zeichen es sich im String handelt. Zurzeit könnte ein Nachname bestehend aus zwei Leerzeichen eingegeben werden. Generell muss man bei Texteingaben aber beachten, dass es schwierig ist, den erlaubten Zeichensatz festzulegen, wenn man Umlaute, innere Leerzeichen wie bei „von Guttenberg" oder andere Spezialzeichen anderer Sprachen erlauben möchte.

Auch der zweite Konstruktor ist aus der Sicht der Qualitätssicherung diskutabel. Erfüllt eine Klasse die Bean-Spezifikation, genauer:

- es gibt einen sichtbaren parameterlosen Konstruktor,
- für jede Exemplarvariable gibt es sichtbare get- und set-Methoden,

können Objekte sehr einfach mit Hilfe der Klassen *XMLEncoder* und *XMLDecoder* in Dateien geschrieben bzw. wieder gelesen werden. Diese Technik ist sehr hilfreich bei der Persistierung, wenn keine Datenbank benötigt wird, wenn z. B. Einstellungen einzelner Nutzer verwaltet werden sollen. Kritisch ist allerdings, dass dann ein Konstruktor zur Verfügung steht, mit dem ein Mitarbeiter-Objekt mit Wert null für den Nachnamen erzeugt werden kann. Dieses einfache Beispiel zeigt, dass der Wunsch, die Bean-Technologie zu nutzen, zusammen mit den Anforderungen der Spezifikation nicht erfüllt werden kann. Hier muss im Projekt ein individueller Kompromiss vereinbart werden.

Eine ähnliche Diskussion wie vorher kann über die Methode *setId* geführt werden, da sie zur Bean-Serialisierung benötigt wird, es allerdings ermöglicht, dass eine id mehrfach vergeben wird. In diesem Fall kann man allerdings erwarten, dass es eine Klasse gibt, die alle Mitarbeiter-Objekte kennt, die dann für eine garantiert eindeutige id sorgt. In der Realität wird man hierzu ein Persistierungs-Framework wie JPA [@JPA] oder Hibernate [@Hib] nutzen, das das Speichern und Laden von Objekten aus einer darunterliegenden Datenbank wesentlich vereinfacht. Die Verknüpfung von Persistierungs- und Validierungs-Framework ist machbar, sodass z. B. beim Speichern eines Objektes immer alle Validierungsregeln geprüft werden. Damit wären zwischenzeitliche Verstöße, wie im Beispiel die

Nutzung des parameterlosen Konstruktors erlaubt, da erst zum Zeitpunkt des Speicherns ein erfolgreich validierbares Objekt vorliegen muss.

Bei der Methode *setFachgebiete* gilt wieder, dass hier nicht geprüft wird, wie viele Elemente sich in der übergebenen Menge befinden. Weiterhin wird hier auch nicht geprüft, ob ein null-Wert übergeben wird, der später für NullPointerExceptions verantwortlich sein könnte. Diese Überlegungen spielen bei der Methode *addFachgebiet* eine Rolle, da hier vorausgesetzt wird, dass die Variable *fachgebiete* keinen null-Wert enthält. Da es sich bei dieser Variable um eine Menge handelt, wird in der Implementierung erlaubt, dass ein vorhandenes Fachgebiet noch einmal hinzugefügt wird, was die Anzahl der enthaltenen Elemente nicht ändert, und erst dann geprüft wird, ob nicht zu viele Fachgebiete zugeordnet wurden.

Die Methoden *hashCode*, *equals* und *toString* werden von der Basisklasse *Object* geerbt und sollten in jeder Klasse überschrieben werden. Die Methode *hashCode* muss für zwei identische Objekte den gleichen Code liefern und dürfte das auch mit unterschiedlichen Objekten. Die Idee ist hier, dass vor einer aufwändigen Gleichheitsprüfung von Objekten erst geprüft wird, ob die *hashCode*-Werte übereinstimmen und nur bei Übereinstimmung die Gleichheit weiter untersucht wird. Die Gleichheit wird mit der Methode *equals* überprüft. Wird die Methode nicht überschrieben, findet eine Prüfung auf Identität, also wie bei „==" statt. Bei der Implementierung muss man beachten, dass das Vergleichsobjekt vom Typ *Object* ist. Die Implementierung zeigt weiterhin, dass zur Gleichheit nur gleiche id-Werte gefordert werden. Die Methode *toString* wird bei Ausgaben auch im Debugger genutzt und sollte möglichst alle Variablenwerte eines Objekts umfassen. Alle Methoden sind mit @Override annotiert, womit dokumentiert wird, dass eine Methode einer Oberklasse überschrieben wird. Der Compiler würde bei der Übersetzung einen Fehler melden, falls keine Methode überschrieben würde, wie es z. B. bei einem Schreibfehler wie „tostring" der Fall wäre. Generell sind die seit Java-Version 5 möglichen Annotationen eine wichtige sprachliche Ergänzung. Der dadurch mögliche deklarative Programmierstil erlaubt es, festzulegen, welche Eigenschaften Klassen, Variablen, Methoden und Parameter haben können oder was mit ihnen gemacht wird, ohne dass man selbst programmieren muss, wie diese Bearbeitung erfolgt.

Die angegebene main-Methode zum Start des Programms zeigt ein Beispiel, wie man exemplarisch das Verhalten der Klasse *Mitarbeiter* prüfen kann. Einem Mitarbeiter werden mehrere Fähigkeiten zugeordnet, die Mitarbeiter-Daten werden ausgegeben und dann wird versucht, eine Exception für das vierte Fachgebiet zu erzeugen. Die folgende Ausgabe des Programms zeigt das erwartete Verhalten:

```
Uwe Mey (100)[ C JAVA ANALYSE ] true
Exception in thread "main" java.lang.IllegalArgumentException: Maximal 3
Fachgebiete
    at
verwaltung.mitarbeiter.Mitarbeiter.addFachgebiet(Mitarbeiter.java:71)
    at
verwaltung.mitarbeiter.Mitarbeiter.main(Mitarbeiter.java:112)
```

An dieser Stelle sollte beim Lesen deutlich werden, dass die einfache Überprüfung in der main-Methode bei Weitem nicht ausreicht, um ein genügendes Vertrauen in die untersuchte Implementierung zu liefern.

Literatur

Webseiten zugegriffen am 18.10.2018

[@Ant]	Apache Ant. http://ant.apache.org/
[@BV]	JSR-000303 Bean Validation 1.0 Final Release. http://download.oracle.com/otndocs/jcp/bean_validation-1.0-fr-oth-JSpec/
[@Che]	Checkstyle. http://checkstyle.sourceforge.net/index.html
[@Fin]	FindBugs – Find Bugs in Java Programs. http://findbugs.sourceforge.net/
[@Hib]	JBoss Community Hibernate. http://www.hibernate.org/docs
[@Jen]	Jenkins. http://jenkins-ci.org/
[@JPA]	JSR-000220 Enterprise JavaBeans 3.0 Final Release (persistence). http://download.oracle.com/otndocs/jcp/ejb-3_0-fr-eval-oth-JSpec/
[@Lin]	Lint4j. http://www.jutils.com/
[@log]	Apache Logging Services Project – Apache log4j. http://logging.apache.org/log4j/
[@Mav]	Apache Maven Project. http://maven.apache.org/
[@Met]	Metrics 1.3.6. http://metrics.sourceforge.net/
[@Met2]	Eclipse Metrics plugin continued. http://metrics2.sourceforge.net/
[@Met3]	GitHub – qxo/eclipse-metrics-plugin. https://github.com/qxo/eclipse-metrics-plugin
[@PMD]	PMD – Welcome to PMD. http://pmd.sourceforge.net/
[@Son]	Sonar. http://www.sonarsource.org/
[@Usu]	Project Usus. http://www.projectusus.org/
[Bal98]	Balzert, H.: Lehrbuch der Software-Technik: Software-Management Software-Qualitätssicherung Unternehmensmodellierung. Spektrum Akademischer, Heidelberg/Berlin/Oxford (1998)
[Bec00]	Beck, K.: Extreme Programming. Addison-Wesley, München (2000)
[Boe79]	Boehm, B.W.: Guidelines for verifying and validating software requirements and design specifications. EURO IFIP. **79**, 711–719. North Holland (1979)
[Coc06]	Cockburn, A.: Agile Software Development: The Cooperative Game, 2. Aufl. Addison-Wesley Longman, Amsterdam (2006)
[FS04]	Friedag, H.R., Schmidt, W.: Balanced Scorecard. Haufe, Planegg (2004)
[Hen96]	Henderson-Sellers, B.: Object-Oriented Metrics, Measures of Complexity. Prentice Hall, Upper Saddle River (1996)
[HH08]	Höhn, R., Höppner, S.: Das V-Modell XT. Springer, Berlin/Heidelberg (2008)
[HL03]	Hatcher, E., Loughran, S.: Java Development with Ant. Manning, Greenwich (2003)
[Kle18]	Kleuker, S.: Grundkurs Software-Engineering mit UML, 4. aktualisierte Aufl. Springer Vieweg, Wiesbaden (2018)
[Kru04]	Kruchten, P.: The Rational Unified Process, 2. Aufl. Addison-Wesley, Boston (2004)
[Lig09]	Liggesmeyer, P.: Software-Qualität. Testen, Analysieren und Verifizieren von Software, 2. Aufl. Spektrum Akademischer, Heidelberg/Berlin/Oxford (2009)
[Mar03]	Martin, R.C.: Agile Software Development, Principles, Patterns and Practices. Prentice Hall, Upper Saddle River (2003)

[Mar08]   Martin, R.C.: Clean Code: A Handbook of Agile Software Craftsmanship. Prentice Hall, Upper Saddle River (2008)

[McC76]   McCabe, T.J.: A complexity measure. IEEE Trans. Softw. Eng. **SE-2**, 308–320 (1976)

[Mec05]   Mecklenburg, R.: GNU Make. O'Reilly, Köln (2005)

[OB09]   Oestereich, B., Bremer, S.: Analyse und Design mit UML 2.3, 9. Aufl. Oldenbourg, München (2009)

[RQZ07]   Rupp, C., Queins, S., Zengler, B.: UML 2 glasklar, 3. Aufl. Carl Hanser, München/Wien (2007)

[RR06]   Robertson, S., Robertson, J.: Mastering the Requirements Process, 2. Aufl. Addison-Wesley, Boston (2006)

[Rup14]   Rupp, C.: Requirements-Engineering und -Management, 6. Aufl. Carl Hanser, München/Wien (2014)

[SB08]   Schwaber, K., Beedle, M.: Agile Software Development with Scrum. Pearson Studium, International Edition, New York (2008)

[Sch04]   Schwaber, K.: Agile Project Management with Scrum. Microsoft Press, Redmond (2004)

[Sun97]   http://java.sun.com. Java Code Conventions. https://www.oracle.com/technetwork/java/codeconventions-150003.pdf (1997)

[Zel09]   Zeller, A.: Why Programs Fail, 2. Aufl. Elsevier, Burlington (2009)

JUnit

3

Zusammenfassung

Das manuelle Ausführen von Tests kann leicht zu einer monotonen und dadurch selbst wieder zu einer fehleranfälligen Arbeit werden. Tests sollten einfach wiederholbar und schnell zu erstellen sein. Dies war die Motivation zur Erstellung von JUnit, einem Test-Framework für klassische Java-Programme. Genauer spricht man gerne von XUnit-Testwerkzeugen, da die Idee, Tests in der jeweiligen Programmiersprache der Programme zu schreiben, für viele Sprachen umgesetzt wird. Am Anfang stand die Umsetzung für Smalltalk [@SUn: http://sunit.sourceforge.net/]; weitere Sprachen, wie Java, aber auch C++, C# und PHP folgten.

In diesem Kapitel wird zunächst die Erstellung einfacher Testfälle beschrieben und so eine Einführung in die Konzepte von JUnit gegeben. Danach wird vorgestellt, wie man Testumgebungen, sogenannte Fixtures, programmiert. Ein weiterer wichtiger Punkt ist die Verwaltung größerer Mengen von Tests, die teilweise auch von JUnit unterstützt wird. Oftmals müssen auch Testfälle mit ähnlich strukturierten Daten erstellt werden. Hierzu gibt es in JUnit Möglichkeiten, diese Herausforderung systematisch abzuarbeiten.

In diesem Kapitel wird JUnit 4.x betrachtet, ein Framework, das im Wesentlichen Annotationen nutzt, um Tests und Eigenschaften von Tests zu definieren. JUnit 5 hat mittlerweile die ersten Versionen durchlaufen, ist aber noch nicht sehr verbreitet und bietet gegenüber JUnit 4 und den dazu vorhandenen Erweiterungen keine riesigen Vorteile. JUnit 5 wird deshalb später in einem eigenen Kapitel vorgestellt, das so eine gute Möglichkeit bietet, bis dahin behandelte Testkonzepte kompakt zu rekapitulieren.

© Springer Fachmedien Wiesbaden GmbH, ein Teil von Springer Nature 2019
S. Kleuker, *Qualitätssicherung durch Softwaretests*,
https://doi.org/10.1007/978-3-658-24886-4_3

Das Kapitel schließt mit einer kurzen Vorstellung weiterer Werkzeuge, die auf ähnlichen Konzepten wie JUnit beruhen.

Einleitend ist festzuhalten, dass der Name Unit-Test suggeriert, dass dieses Werkzeug ausschließlich von Entwicklern genutzt wird, um auf elementarer Ebene einzelne Methoden zu testen. Diese Aufgabe wird von JUnit sehr gut erfüllt, allerdings kann man JUnit noch für deutlich mehr Aufgaben einsetzen. Abhängig von den Technologien, die im Projekt genutzt werden, sind reine Java-Anteile fast immer mit JUnit testbar. JUnit ist damit oft auch für Integrations- und Systemtests nutzbar, wobei teilweise auch Erweiterungen von JUnit eingesetzt werden.

3.1   Einfache Tests in JUnit

Tests werden direkt in Java programmiert und können mit Hilfe von JUnit ausgeführt werden. Die ersten Tests für die Klasse *Mitarbeiter* aus dem Abschn. 2.6 sehen wie folgt aus:

```
package verwaltung.mitarbeiter;
import org.junit.Assert;
import org.junit.Test;
public class Mitarbeiter1Test {

  @Test
  public void testKonstruktor(){
    Mitarbeiter m = new Mitarbeiter("Ute" , "Mai");
    Assert.assertTrue("korrekter Vorname"
        ,m.getVorname().equals("Ute"));
    Assert.assertTrue("korrekter Nachname"
        ,m.getNachname().equals("Mai"));
  }

  @Test
  public void testEindeutigeId(){
    Assert.assertTrue("unterschiedliche ID"
        , new Mitarbeiter("Ute" , "Mai").getId()
        != new Mitarbeiter("Ute" , "Mai").getId());
  }
}
```

Am Anfang ist zu klären, wo die einzelnen Testklassen abgelegt werden. Generell kann man sie im gleichen Paket wie die zu testende Klasse ablegen, was den wesentlichen Vorteil hat, dass die Verknüpfung der Klassen unmittelbar sichtbar wird. Alternativ kann man sich überlegen, dass alle Testklassen getrennt von den zu testenden Klassen abgelegt werden sollen; so werden Test-Code und produktiver Code nicht gemischt. Zur Umsetzung kann man die Paketstruktur der Software z. B. in einem eigenen Paket namens „test" spiegeln und so die gesamte Struktur übernehmen. Die Entwicklungsumgebung *NetBeans* erkennt z. B. Testklassen und stellt sie im Projekt-Browser getrennt von den zu testenden Klassen dar, wobei die Testklassen dann im gleichen Verzeichnis wie der Quellcode liegen. In den hier benutzten Beispielen liegen die Tests in den Verzeichnissen der zu testenden Klassen.

Die zentralen Klassen von JUnit liegen im Paket *org.junit*. Bei „Test" handelt es sich um eine Annotation, die für Methoden genutzt werden kann. Alle mit @Test markierten Methoden werden von JUnit als Testfälle interpretiert und beim Testen ausgeführt.

Die Klasse *Mitarbeiter1Test* zeigt den üblichen Ansatz, die Testklasse wie die zu testende Klasse zu nennen und „Test" anzufügen. Diese Namensregel muss nicht eingehalten werden, erhöht aber die Lesbarkeit von Paketübersichten. Die Nummer im Namen wurde nur ergänzt, um die schrittweise Entwicklung der Tests in diesem Kapitel in den zu diesem Buch herunterladbaren Quellen nachvollziehen zu können. Die zweite Namensregel, die nicht eingehalten werden muss, besagt, dass alle Testfälle mit dem Namensbestandteil „test" beginnen. Anders als im Beispiel ist es auch üblich, dass die zu testende Methode im Namen des Testfalls direkt angegeben wird. Alternativ gibt der Testfallname noch detaillierteren Aufschluss über die Art des Tests.

Praktisch jeder Testfall nutzt eine Klassenmethode der Klasse *Assert*, um eine gewünschte Eigenschaft zu überprüfen. Diese Überprüfungen werden auch Zusicherungen genannt. Im Beispiel wird die Methode *assertTrue* genutzt, mit der man alle anderen Möglichkeiten der Zusicherungen auch beschreiben kann. Die Methode hat zwei Parameter. Der erste Parameter ist vom Typ *String* und wird von JUnit nur ausgegeben, falls der Testfall scheitern sollte. Daraus ergibt sich unmittelbar, dass man in diesem String den Fehlerfall möglichst genau beschreiben sollte. Typisch ist der Aufbau, dass zunächst beschrieben wird, worum es bei einem Test geht und dies mit dem erwarteten und den vorgefundenen Werten verknüpft wird. Dabei sind die toString-Methoden der betrachteten Objekte sehr hilfreich. Sollten die Tests nicht für eine langfristige Wiederholung von Tests in weiteren Entwicklungsstufen genutzt werden, kann man wie im Beispiel die Präzision des Textes etwas vernachlässigen. Generell gilt für alle Überprüfungsmethoden der Klasse *Assert*, dass es immer zwei Varianten gibt, wobei die eine immer diesen beschreibenden String als ersten Parameter enthält und die andere diesen String einfach weglässt.

Der zweite Parameter von *assertTrue* ist eine Boolesche Bedingung, die überprüft werden soll. Wird diese Bedingung nicht erfüllt, hat der Testfall einen Fehler gefunden und der Test wird von JUnit als nicht erfolgreich interpretiert. Gilt die Bedingung und läuft der Testfall bis zur schließenden Klammer, wird er von JUnit als erfolgreicher Testfall verbucht.

In der Testmethode *testKonstruktor* wird zunächst ein Mitarbeiter-Objekt angelegt und dann geprüft, ob der Vorname und der Nachname korrekt übernommen wurden. Hier stellt sich die Frage, ob man get- und set-Methoden wirklich testen soll, gerade da sie oft von Entwicklungsumgebungen einfach generiert werden können. Deshalb wird auf ihren Test meist verzichtet. Sollte die Implementierung allerdings angepasst werden, z. B. durch eine Datenvalidierung in der set-Methode, sollten auch solche elementaren Tests durchgeführt werden.

Betrachtet man dieses einfache Beispiel genau, verstößt es gegen eine häufig bei der Nutzung von JUnit verfolgte Regel, dass in jedem Testfall nur eine Überprüfung stehen sollte. Die Motivation hierfür ist, dass JUnit nur protokollieren würde, dass die erste Zusicherung nicht zutrifft, die zweite aber gar nicht mehr ausführen würde. Dies bedeutet, dass nach der Korrektur des Fehlers, der zum Scheitern des Testfalls führte, die zweite Zusicherung dann zum ersten Mal überprüft werden würde und man bei einem gefundenen Fehler einen zusätzlichen Testdurchlauf machen müsste. Im Beispiel ist die Auftrennung in zwei Testfälle durchaus machbar, da aber hier unmittelbar zusammenhängende Informationen geprüft werden sollen, ist die Nacheinanderausführung der Zusicherungen akzeptabel.

Die nächste brennende Frage, ob dieser eine Test zur Prüfung des Konstruktors ausreicht, wird im Verlauf dieses Kapitels genauer diskutiert und systematisch bei der Testerstellung im folgenden Kapitel geklärt.

Im Test *testEindeutigeId* werden zwei Mitarbeiter-Objekte erzeugt, wobei beide Mitarbeiter den gleichen Namen haben, und die Forderung geprüft, dass die vergebenen Ids unterschiedlich sind.

Am Rande sei bemerkt, dass es Java ab der Version 5 mit sogenannten „static Imports" erlaubt, die Klassenmethoden einer Klasse zu importieren, sodass man diese ohne Nennung der Klasse nutzen kann. Der Import muss wie folgt aussehen:

```
import static org.junit.Assert.*;
```

Danach kann an jeder Stelle, an der `Assert.assert`True genutzt wird, einfach `assertTrue` stehen. Da der Autor dieses Buches meint, dass so die Lesbarkeit von Programmen etwas erschwert wird, wird in diesem Buch auf diesen Ansatz verzichtet.

Die Klasse *Assert* bietet eine Vielzahl von Methoden an. Abb. 3.1 stellt einen Ausschnitt basierend auf der Originaldokumentation [@JUn] dar. Man beachte, dass es jede der genannten Methoden mit gleicher Semantik und zusätzlichem ersten Parameter gibt, in dem als String ein Kommentar zum gescheiterten Test festgehalten wird.

Interessant ist die angegebene Version der Methode *assertEquals*, die double-Werte überprüft. Da man mit double-Werten nicht mit beliebiger Präzision rechnen kann, wird hier als letzter Parameter eine erlaubte Abweichung als nicht negativer double-Wert angegeben. Es gibt auch eine assertEquals-Methode mit nur zwei double-Werten als Parametern, bei der implizit eine Abweichung von 0d, also keine Abweichung erlaubt ist.

Die Methode *assertThat* als generische Methode erlaubt es, für Objekte einer Klasse *T* ein sogenanntes Matcher-Objekt anzugeben, das zur Überprüfung von Objekten der Klasse *T* eingesetzt werden kann. Eine genauere Diskussion der Klasse *Matcher* erfolgt in einem späteren Kapitel im Zusammenhang mit Mocks.

Die Methode *fail* sorgt dafür, dass ein Testfall garantiert scheitert. Mit dieser Methode werden Zeilen des Tests markiert, die nicht erreicht werden sollen, wie es z. B. bei einer erwarteten, aber nicht eingetretenen Exception der Fall ist.

Die Ausführung von Tests bieten Entwicklungsumgebungen meist über einfache Klicks an. Obwohl JUnit in wohl alle größeren Java-Entwicklungsumgebungen integriert ist, muss es meist erst aktiviert werden. Eine der Möglichkeiten in Eclipse ist in Abb. 3.2 dargestellt. Mit einem Rechtsklick auf der Testdatei kann man den Test unter „Run As"

```
assertArrayEquals(java.lang.Object[] expecteds,
                        java.lang.Object[] actuals)
    Asserts that two object arrays are equal.
```

```
assertEquals(double expected, double actual, double delta)
    Asserts that two doubles or floats are equal to within a positive delta.
```

```
assertFalse(boolean condition)
```

```
assertNotNull(java.lang.Object object)
```

```
assertNull(java.lang.Object object)
```

```
assertSame(java.lang.Object expected,
            java.lang.Object actual)
    Asserts that two objects refer to the same object.
```

```
assertThat(T actual, org.hamcrest.Matcher<T> matcher)
    Asserts that actual satisfies the condition specified by matcher.
```

```
assertTrue(boolean condition)
```

```
fail()
    Fails a test with no message.
```

Abb. 3.1 Ausschnitt mit einigen Methoden der Klasse *Assert*

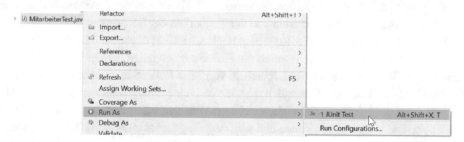

Abb. 3.2 Start eines JUnit-Tests in Eclipse

ausführen. Detailliertere Informationen zur Werkzeugnutzung können von den JUnit-Seiten und der Webseite zu diesem Buch entnommen werden.

Das Testergebnis wird in einem zusätzlichen Reiter in Eclipse, typischerweise auf der linken Seite, wie in Abb. 3.3 ersichtlich, dargestellt. Der zentrale Balken ist grün, wenn alle Tests erfolgreich waren oder rot, wenn mindestens ein Test gescheitert ist.

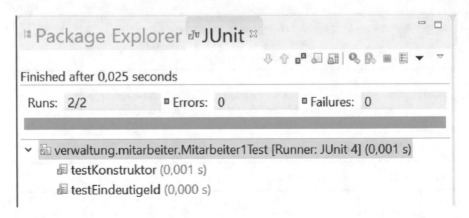

Abb. 3.3 Ergebnisausgabe von JUnit

JUnit kann auch aus Build-Werkzeugen und von der Kommandozeile aus genutzt werden. Dabei ist zur Ausgabe eine einfache grafische Oberfläche oder eine textuelle Ausgabe einsetzbar.

Abschließend sei noch bemerkt, dass Testfälle ab JUnit 4.x nicht mehr in eigenen Klassen stehen müssen, sondern z. B. im Quellcode einer Klasse ergänzt werden können. Dieser Ansatz hat den wesentlichen Vorteil, dass der Test auf alle Inhalte des Objekts, insbesondere sonst nicht sichtbare Variablen und Methoden, zugreifen kann. Der wesentliche Nachteil dieses Ansatzes ist es, dass Entwicklungs- und Testergebnisse unmittelbar miteinander verwoben sind und gegebenenfalls auch so an Kunden ausgeliefert werden. Die Diskussion für und wider dieser Vermischung muss projektindividuell geführt werden, wobei eine Trennung meist ein sauberer Ansatz ist. Nebenresultat dieser Diskussion ist es, dass man bei der Programmierung darüber nachdenken muss, ob man wirklich Methoden privat und get- und set-Methoden für einzelne Variablen weglassen soll. Hier muss ein Kompromiss zwischen optimaler Nutzung der Sichtbarkeiten und der Testbarkeit der Software gefunden werden.

Da es mit Java möglich ist, über Reflection [GH16, McC98] direkt auf nicht sichtbare Variablen und Methoden zuzugreifen, insofern die Sicherheitsrichtlinien dem nicht widersprechen, kann man auch darüber nachdenken, innerhalb von Tests Reflection zu nutzen. Da dies allerdings die Lesbarkeit der Tests wesentlich reduziert und keine Entwicklungsumgebung z. B. über die Änderung des Namens einer nicht sichtbaren Variablen informiert, ist dieser Ansatz mit größter Vorsicht in Betracht zu ziehen und wird deshalb getrennt im Abschn. 3.6 vorgestellt.

3.2   Aufbau von Test-Fixtures

Grundsätzlich sind alle Tests in JUnit voneinander unabhängig und können in beliebiger Reihenfolge ausgeführt werden. In den allgemeinen Bemerkungen zu Testfällen im Abschn. 2.3 wurde bereits die Bedeutung der nachvollziehbaren und wiederholbaren Vorbedingungen für einen Test betont. Beim Testen von Programmen wird man dazu oft Objekte nutzen, die in mehreren Tests vorkommen. Generell könnte man diese Objekte in jedem Test neu anlegen, was aber zu langen Tests und fehleranfälligen sowie schwer wartbaren Kopieraktionen führen kann. Eine Möglichkeit besteht darin, in Testklassen Hilfsmethoden zu definieren, die von Tests aufgerufen werden. Die Grundregel, dass diese Methoden das Testumfeld nicht ändern, also z. B. Dateien löschen, muss dabei eingehalten werden. Der üblicherweise genutzte Ansatz ist der einer Test-Fixture, einer gemeinsamen Grundlage für alle Tests. Testklassen können dazu normale Exemplarvariablen enthalten, die dann in speziellen Startmethoden, die mit der Annotation @Before gekennzeichnet sind, initialisiert werden. Die Grundidee ist dann, dass diese Startmethode vor jedem Test ausgeführt wird und so jeder Test die gleiche Situation vorfindet. Müssen nach einem Test bestimmte Testobjekte wieder zurückgeändert werden, die JUnit nicht beeinflussen kann, wie z. B. Datenbankinhalte, können sie in einer mit @After markierten Methode zurückgesetzt werden. Das folgende Beispiel zeigt eine Test-Fixture, die zur Überprüfung der Methode *hatFachgebiet* genutzt wird.

```java
package verwaltung.mitarbeiter;

import org.junit.Assert;
import org.junit.Before;
import org.junit.Test;

public class Mitarbeiter2Test {
    Mitarbeiter m1;

    @Before
    public void setUp() throws Exception {
      m1 = new Mitarbeiter("Uwe","Mey");
      m1.addFachgebiet(Fachgebiet.ANALYSE);
      m1.addFachgebiet(Fachgebiet.C);
      m1.addFachgebiet(Fachgebiet.JAVA);
    }

    @Test
    public void testHatFaehigkeit1(){
      Assert.assertTrue("vorhandene Faehigkeit"
          ,m1.hatFachgebiet(Fachgebiet.C));
    }

    @Test
    public void testHatFaehigkeit2(){
      Assert.assertTrue("nicht vorhandene Faehigkeit"
          ,!m1.hatFachgebiet(Fachgebiet.TEST));
    }
}
```

Das Beispiel zeigt, wie ein Mitarbeiter-Objekt angelegt wird, dem drei Fähigkeiten zugeordnet werden. Dann werden in getrennten Tests eine vorhandene und eine nicht vorhandene Fähigkeit abgeprüft.

Da das Erstellen von Datenbankverbindungen oder anderen für Tests benötigten Objekten oft einige Zeit dauern kann, gibt es auch die Möglichkeit, solche Aktionen nur einmal für alle Tests der Klasse durchzuführen und die Verbindungen dann nur einmal nach der Ausführung aller Tests zu beenden. Hierzu werden Klassenmethoden genutzt, die mit @BeforeClass und @AfterClass markiert sind. Das folgende Beispielprogramm soll die Aufrufreihenfolge für die Tests noch einmal verdeutlichen. Die Klassenmethoden werden nur einmal zum Start und zum Ende ausgeführt. Jeder der Testfälle ist in die Ausführung der mit @Before und @After annotierten Klassen eingebettet.

```
package spielerei;

import org.junit.After;
import org.junit.AfterClass;
import org.junit.Before;
import org.junit.BeforeClass;
import org.junit.Test;

public class Ablaufanalyse {
  @BeforeClass
  public static void setUpBeforeClass() throws Exception {
    System.out.println("setUpBeforeClass");
  }

  @AfterClass
  public static void tearDownAfterClass() throws Exception {
    System.out.println("tearDownAfterClass");
  }

  @Before
  public void setUp() throws Exception {
    System.out.println("setUp");
  }

  @After
  public void tearDown() throws Exception {
    System.out.println("tearDown");
  }

  @Test
  public void test1() {
    System.out.println("test1");
  }
```

```
    @Test
    public void test2() {
      System.out.println("test2");
    }
}
```

Neben der JUnit-Ausgabe, dass alle Tests erfolgreich verlaufen, wird die folgende Ausgabe in der Konsole generiert:

```
setUpBeforeClass
setUp
test1
tearDown
setUp
test2
tearDown
tearDownAfterClass
```

Das vorherige Beispiel zeigt, dass auch kleine, inhaltlich vielleicht unwichtige Programme das Verständnis von Programmen, in diesem Buch von Test-Frameworks, erhöhen können. Generell seien alle Leser immer dazu aufgefordert, mit den neuen Werkzeugen zu spielen, um ihr Verhalten in Extremsituationen kennenzulernen. Neben dem tieferen Verständnis kann dies auch helfen, Fehler bei der Testerstellung zu erkennen.

Ein Beispiel zum Test des Verhaltens von JUnit bei Klassenvariablen wird im Folgenden durchgeführt.

```
package spielerei;

import java.util.ArrayList;
import java.util.List;

import org.junit.Test;
import org.junit.runner.JUnitCore;
import org.junit.runner.Result;
import org.junit.runner.notification.Failure;

import junit.framework.Assert;

public class StaticAnalyse {
  public static int wert=42;
  public static List<Integer> liste = new ArrayList<Integer>();
  private int lokalwert=53;

  @Test
  public void test1(){
```

```
    lokalwert++;
    StaticAnalyse.wert++;
    liste.add(wert);
    Assert.assertEquals(wert, 43);
}

@Test
public void test2(){
    lokalwert++;
    StaticAnalyse.wert++;
    liste.add(wert);
    Assert.assertEquals("Erwartet:44 Gefunden:"+wert, wert, 44);
}

@Test
public void test3(){
    lokalwert++;
    liste.add(wert);
    Assert.assertEquals("Erwartet:3 Gefunden:"+liste.size()
                , liste.size(), 3);
    Assert.assertEquals("Erwartet:56 Gefunden:"+lokalwert
                , lokalwert, 56);
}

public static void main(String[] s){
    Result rs = JUnitCore.runClasses(StaticAnalyse.class);
    for(Failure fail: rs.getFailures())
        System.out.println(fail.getMessage());
}
}
```

Man sieht, dass eine Klassenvariable *wert* in zwei der drei Tests erhöht und ihr jeweiliger Wert in eine klassenweit verfügbare Liste *liste* eingefügt wird. Es stellt sich die Frage, ob auch Klassenvariablen automatisch zurückgesetzt werden. Ein ähnlicher Test wird parallel mit der Exemplarvariablen *lokalwert* durchgeführt. Nebenbei wird noch gezeigt, wie man JUnit-Tests als einfache Java-Programme ausführen kann. Die resultierende Ausgabe sieht wie folgt aus:

```
Erwartet:56 Gefunden:54 expected:<54> but was:<56>
```

Nur die letzte Zusicherung in test3 scheitert; Klassenvariablen werden nicht, Exemplarvariablen schon zurückgesetzt, genauer wird immer ein neues Testobjekt erzeugt. Man erkennt, dass man Klassenvariablen nutzen kann, um Informationen zwischen Tests auszutauschen, was aber nicht dem eigentlichen Konzept von JUnit entspricht und nur mit äußerstem Bedacht genutzt werden sollte.

Mit Hilfe der systematischen Exception-Analyse kann z. B. auch ein Fehler des Beispielprogramms gefunden werden. Zur Überprüfung, ob ein Nachname mindestens zwei Zeichen hat, müssen der Konstruktor und die set-Methode analysiert werden, da dies die einzigen Methoden sind, die die Variable *nachname* verändern. Die zugehörigen Tests können wie folgt aussehen:

```java
package verwaltung.mitarbeiter;

import org.junit.Assert;
import org.junit.Before;
import org.junit.Test;
import org.junit.runner.JUnitCore;
import org.junit.runner.Result;
import org.junit.runner.notification.Failure;

public class Mitarbeiter4Test {
  Mitarbeiter m1;

  @Before
  public void sctUp() throws Exception {
    m1 = new Mitarbeiter("Uwe", "Mey");
    m1.addFachgebiet(Fachgebiet.ANALYSE);
    m1.addFachgebiet(Fachgebiet.C);
    m1.addFachgebiet(Fachgebiet.JAVA);
  }

  @Test
  public void testAddKonstruktor2() {
    try {
      new Mitarbeiter(null, null);
      Assert.fail("fehlt Exception");
    } catch (IllegalArgumentException e) {
    }
  }

  @Test
  public void testAddKonstruktor3() {
    try {
      new Mitarbeiter(null, "X");
      Assert.fail("fehlt Exception");
    } catch (IllegalArgumentException e) {
    }
  }
```

```java
@Test
public void testSetNachname1() {
  m1.setNachname("Mai");
  Assert.assertEquals(m1.getNachname(), "Mai");
}

@Test
public void testSetNachname2() {
  try {
    m1.setNachname("X");
    Assert.fail("fehlt Exception ");
  } catch (IllegalArgumentException e) {
  }
}

public static void main(String[] s) {
  Result rs = JUnitCore.runClasses(Mitarbeiter4Test.class);
  for (Failure fail : rs.getFailures())
    System.out.println(fail.getMessage()
        +": "+fail.getTestHeader());
}
}
```

Die resultierende Ausgabe macht deutlich, dass ein Fehler aufgetreten ist.

```
fehlt Exception : testSetNachname2(verwaltung.mitarbeiter.Mitarbei-
ter4Test)
```

3.3   Testen von Exceptions

Neben den Rückgabewerten und Veränderungen weiterer Objekt-Eigenschaften muss man beim Test von Methoden auch das Verhalten bezüglich der Exceptions (Ausnahmen) analysieren. Hierzu gibt es in JUnit verschiedene Möglichkeiten, die mit ihren kleinen Vor- und Nachteilen hier vorgestellt werden und im folgenden Testprogramm zusammengefasst sind.

```java
package verwaltung.mitarbeiter;

import org.junit.Assert;
import org.junit.Before;
import org.junit.Test;

public class Mitarbeiter3Test {
    Mitarbeiter m1;
```

```
@Before
public void setUp() throws Exception {
  m1 = new Mitarbeiter("Uwe","Mey");
  m1.addFachgebiet(Fachgebiet.ANALYSE);
  m1.addFachgebiet(Fachgebiet.C);
  m1.addFachgebiet(Fachgebiet.JAVA);
}

@Test
public void testKonstruktor(){
  new Mitarbeiter(null,null);
}

@Test(expected=IllegalArgumentException.class)
public void testAddFaehigkeit1(){
  m1.addFachgebiet(Fachgebiet.TEST);
}

@Test(expected=IllegalArgumentException.class)
public void testAddFaehigkeit2(){
  m1.addFachgebiet(Fachgebiet.C);
}

@Test
public void testAddFaehigkeit3(){
  try{
    m1.addFachgebiet(Fachgebiet.TEST);
    Assert.fail("fehlende Exception");
  }catch(IllegalArgumentException e){
    Assert.assertNotNull(e.getMessage());
  }catch(Exception e){
    Assert.fail("unerwartet "+e);
  }
}

@Test
public void testAddFaehigkeit4(){
  try{
    m1.addFachgebiet(Fachgebiet.C);
  }catch(Exception e){
    Assert.fail("unerwartet"+e);
  }
}
}
```

Die Ausgabe des Programms sieht wie in Abb. 3.4 gezeigt aus und wird schrittweise erläutert.

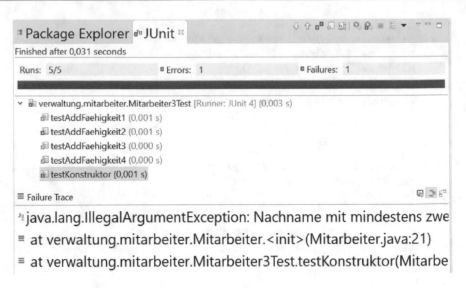

Abb. 3.4 Ergebnisse der Exception-Tests

Erwartet man keine Exceptions, muss darauf in einem Test auch nicht eingegangen werden. Sollte dann doch eine Exception auftreten, wird dies von JUnit als Fehler erkannt, wie der Test *testKonstruktor* zeigt. Da die auftretende Exception nicht abgefangen wird, bricht der Testfall ab und wird als „Error" markiert. JUnit unterscheidet zwischen Error und Failure, wobei erstere für Abbrüche von Tests stehen und Failures mit Zusicherungen gefundene Fehler zählen. Obwohl es sich um einen Error handelt, könnte der Test so stehenbleiben, wobei es sinnvoll ist, Errors generell nicht in JUnit zu nutzen, da letztendlich immer der „grüne Balken" das zentrale Ziel ist.

Der Test *testaddfaehigkeit1* zeigt eine kompakte Variante, eine erwartete Exception zu behandeln. Dazu wird die erwartete Exception in der @Test-Annotation als Parameter dem Attribut *expected* zugewiesen. Der Test *testaddfaehigkeit2* zeigt, dass eine Exception erwartet wird, aber nicht auftritt. Da die erwartete Ausnahme als Zusicherung angesehen wird, hat JUnit hier einen einfachen Fehler (Failure) gefunden, der protokolliert wird.

Der kompakte Test auf Exceptions hat den Nachteil, dass man die geworfene Exception nicht genau analysieren kann, wenn man z. B. auch den Text der Exception analysieren möchte. Eine Analyse der Exception ist in den Tests *testAddFaehigkeit3* und *testFaehigkeit4* möglich. In *testAddFaehigkeit3* soll eine Exception nach *m.addFachgebiet* auftreten. Sollte die Exception nicht geworfen werden, wird die folgende Zeile ausgeführt, die als Zusicherung die Aussage enthält, dass die Zeile nicht erreicht werden durfte. In den catch-Blöcken kann die Exception genauer betrachtet werden, wobei der Block theoretisch auch leer bleiben könnte, was dann den ersten Testfällen entspricht. Das Beispiel zeigt auch, dass nur eine bestimmte Exception erwartet wird und andere unerwünscht sind.

Im Test *testAddFaehigkeit4* wird geprüft, ob eine Exception auftritt, deshalb steht das fail im catch-Block.

3.4 Verwaltung von Tests

Unabhängig von der Strategie, wann welche Tests entwickelt werden, sammelt sich im Laufe der Entwicklung eine große Menge von Tests an. Oftmals sind dies wertvolle Tests, die auch bei Weiterentwicklungen der Software wiederholt werden sollen. Daraus ergibt sich die Aufgabe, die große Menge der Einzeltests oder der Testklassen sinnvoll zu verwalten, sodass einfach viele Tests gestartet werden können, man aber auch bestimmte Testfälle auswählen kann. Diese Testverwaltung kann teilweise durch Werkzeuge unterstützt werden, die Grundlage bieten hier aber auch einige Ansätze, die bereits direkt in JUnit vorhanden sind.

Bei der Entwicklungsstrategie *Test-First* werden für eine Entwicklungsaufgabe zunächst die Tests für die zu entwickelnde Software geschrieben und danach die Implementierung entwickelt. Der Vorteil des Ansatzes besteht darin, dass man zunächst intensiv über Tests nachdenkt und dann in die Entwicklung geht. Beim meist üblichen Ansatz, erst zu implementieren und dann zu testen, steckt oft im Hinterkopf der Gedanke, dass man schon entwickelt hat und lieber zu neuen Entwicklungsaufgaben übergehen will. Dieser Gedanke kann die Qualität der Tests drastisch senken. Bei der Nutzung des Ansatzes hat man bei der inkrementellen Implementierung aber das Problem, dass viele Tests scheitern, da einfach die getestete Funktionalität noch nicht entwickelt wurde, da sie für ein späteres Inkrement geplant ist. Auch bei anderen Entwicklungen kann es durchaus der Fall sein, dass man Tests schreibt, die erst später erfüllt werden sollen. Weiterhin kann es sein, dass man bestimmte Tests nicht immer durchführen will, da sie viel Zeit oder Ressourcen in Anspruch nehmen. Hierfür können Tests mit @Ignore gekennzeichnet werden, wodurch die Tests nicht durchgeführt, allerdings der Test auch als „nicht durchgeführt" protokolliert wird. Ein Beispiel der Nutzung von @Ignore zeigt das folgende Programm.

```
package verwaltung.mitarbeiter;

import org.junit.Assert;
import org.junit.Ignore;
import org.junit.Test;

public class Mitarbeiter5Test {

    @Ignore("im nächsten Release lauffähig")
    @Test
    public void testChefIstNummer1(){
      Mitarbeiter chef = new Mitarbeiter("Ego","Ich");
      Assert.assertEquals("Nr.1", chef.getId(),1);
    }
```

```
@Test(timeout=2000)
public void testGodot(){
Mitarbeiter godot = new Mitarbeiter("Uwe", "Godot");
godot.addFachgebiet(Fachgebiet.C);
  while (!godot.getFachgebiete().isEmpty())
    Assert.assertFalse(godot.hatFachgebiet(Fachgebiet.TEST));
}
}
```

Der Test *testGodot* weist auf eine Möglichkeit hin, die die Unabhängigkeit der Tests zerstören kann. Sollte ein Test in eine Endlosschleife laufen, wird JUnit nicht terminiert, keine weiteren Tests durchgeführt und die gesamte Ausführung liefert nur bis zum Test vor der Endlosschleife Ergebnisse. Um diese Problematik zu umgehen, kann man bei der @Test-Annotation beim Attribut *timeout* eine obere Zeitgrenze für die Ausführung in Millisekunden angeben. Diese Möglichkeit sollte immer genutzt werden, wenn eine Endlosschleife als möglich erscheint. Die Zeitgrenze muss allerdings so gesetzt werden, dass die normale Testausführung auch in abgebremster Form, wenn z. B. gerade ein Betriebssystemprozess mit höherer Priorität gestartet wird, innerhalb der Zeitgrenze durchgeführt werden kann. Der Test im Beispiel kann nicht terminieren, da die Anzahl der Fachgebiete des Mitarbeiters innerhalb der Schleife nicht verringert wird. Die Ausgabe für die Tests der Klasse *Mitarbeiter5Test* sieht wie in Abb. 3.5 gezeigt aus.

Bisher wurden in diesem Kapitel fünf Klassen zum Test von Mitarbeiter-Objekten geschrieben, die bis jetzt einzeln gestartet werden müssen. JUnit bietet eine recht einfache Möglichkeit, solche Testklassen zu kombinieren. Die Art und Weise der Kombination sieht etwas gewöhnungsbedürftig aus, da sie im Wesentlichen durch Annotationen mit ihren Attributen erfolgt. Die folgende Klasse zeigt die Kombination der ersten drei Testklassen.

Abb. 3.5 Mögliche Ausgaben bei @Ignore und Timeout

```
package verwaltung.mitarbeiter;

import org.junit.runner.RunWith;
import org.junit.runners.Suite;
import org.junit.runners.Suite.SuiteClasses;

@RunWith(Suite.class)
@SuiteClasses({ Mitarbeiter1Test.class
    , Mitarbeiter2Test.class,Mitarbeiter3Test.class })
public class Mitarbeiter123Test {
  // Klasse ist leer!
}
```

Die JUnit-Runner-Klassen steuern die Ausführung der Tests, die Variante der Steuerung wird durch die Annotation @RunWith festgelegt, die hier Suite.class für die Ausführung aller Tests übergeben bekommt, was die typische Nutzung ist. Bei einer Standard-Entwicklung muss man sich um die zugehörigen Klassen nicht kümmern, man kann aber bei Bedarf andere Varianten von Teststeuerungen realisieren, die z. B. nur Teilmengen von Tests auswählen. Die zu kombinierenden Tests werden der Annotation @SuiteClasses als Array übergeben. Die eigentliche Klasse enthält keine weiteren Informationen. Bei der Ausführung werden alle Testklassen abgearbeitet; Abb. 3.6 zeigt die resultierende Ausgabe.

Alle Tests werden in einer baumartigen Struktur angezeigt und können aufgeklappt werden. Die Abbildung zeigt alle Details zu den Tests der Testklassen.

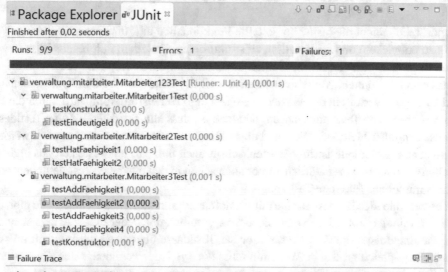

Abb. 3.6 Gemeinsame Ausführung von Testklassen

Da die Klasse *Mitarbeiter123Test* wieder als normale Testklasse behandelt wird, kann auch diese Klasse zur Kombination von Tests in der @SuiteClasses-Annotation genutzt werden. Das folgende Beispiel zeigt damit, wie alle bisherigen Tests zu einer Test-Suite zusammengefasst werden können.

```
package verwaltung.mitarbeiter;
import org.junit.runner.RunWith;
import org.junit.runners.Suite;
import org.junit.runners.Suite.SuiteClasses;

@RunWith(Suite.class)
@SuiteClasses({ Mitarbeiter123Test.class, Mitarbeiter3Test.class
    , Mitarbeiter4Test.class,Mitarbeiter5Test.class })
public class MitarbeiterAllTest {
}
```

Der gewählte Klassenname *MitarbeiterAllTest* ist dabei typisch für eine Zusammenfassung aller Tests. Die Zusammenfassung aller Tests des Pakets *verwaltung* würde dann *VerwaltungAllTest* heißen. Bei einer kritischen Analyse des vorherigen Programmcodes fällt auf, dass die Tests der Klasse *Mitarbeiter3Test* zweimal ausgeführt werden. Der sinnvolle Aufbau der Test-Suiten ist Aufgabe des Entwicklers und wird nicht direkt von JUnit abgeprüft. Eine ergänzende Werkzeugunterstützung ist hier natürlich denkbar.

3.5   Fortgeschrittene Testerstellungskonzepte

Grundsätzlich reicht die bisher vorgestellte Funktionalität aus, um eine große Menge von Tests zu entwickeln und systematisch zu strukturieren. Trotzdem fällt bereits bei den wenigen Tests auf, dass Tests sehr ähnlich aussehen und durch Kopieren eines vorherigen Tests entstehen können. Weiterhin müssen aktuell alle Testdaten direkt in JUnit stehen und sind auch noch verteilt in den einzelnen Tests. Diese Herausforderung wird durch die Parametrisierung von Tests angegangen. Die Idee ist, dass alle Testdaten für eine Testklasse in einer zentralen Methode stehen und diese Testdaten dann für alle Tests genutzt werden. Diese zentrale Methode ist im nächsten Schritt auch nutzbar, um Testdaten aus anderen Quellen einzulesen, was natürlich vorher auch schon in den einzelnen Testmethoden, aber jeweils immer nur für einen Test, möglich war.

Die zentrale Idee ist, dass es eine mit @Parameters annotierte Klassenmethode gibt, die eine Sammlung (Collection) von Object-Arrays zurückgibt. Jeder dieser Arrays steht für eine Parameterliste, die dem Konstruktor der Testklasse übergeben wird. Damit müssen diese Arrays gleich groß sein. Weiterhin muss der Typ jedes Parameters des Konstruktors zum Typ des jeweiligen Elements des Arrays passen. Der Zusammenhang ist auch in Abb. 3.7 skizziert. Die folgende Testklasse zeigt eine Beispielnutzung.

```
public class ParametrisierterTest{
```

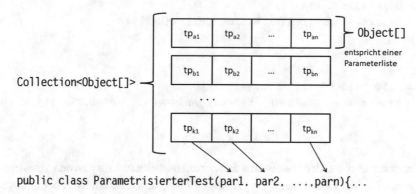

```
public class ParametrisierterTest(par1, par2, ...,parn){...
```

Abb. 3.7 Aufbau von parametrisierten Tests

```
package verwaltung.mitarbeiter;

import java.util.Arrays;
import java.util.Collection;
import org.junit.Assert;
import org.junit.Test;
import org.junit.runner.RunWith;
import org.junit.runners.Parameterized;
import org.junit.runners.Parameterized.Parameters;


@RunWith(value = Parameterized.class)
public class Mitarbeiter6Test {

  @Parameters
  public static Collection<Object[]> daten() {
    Object[][] testdaten = {
        {Fachgebiet.ANALYSE, Fachgebiet.C, Fachgebiet.C}
      ,{Fachgebiet.ANALYSE, Fachgebiet.C, Fachgebiet.ANALYSE}
      ,{Fachgebiet.C, Fachgebiet.C, Fachgebiet.C} };
    return Arrays.asList(testdaten);
  }
  private Mitarbeiter m1;
  private Fachgebiet hat;

  public Mitarbeiter6Test(Fachgebiet f1, Fachgebiet f2,
                          Fachgebiet f3) {
    m1 = new Mitarbeiter("Oh", "Ha");
    m1.addFachgebiet(f1);
    m1.addFachgebiet(f2);
    hat = f3;
  }
```

```
@Test
public void testHat() {
  Assert.assertTrue(m1.hatFachgebiet(hat));
}

@Test
public void testHatNicht() {
  Assert.assertFalse(m1.hatFachgebiet(Fachgebiet.TEST));
}
}
```

Als Testparameter werden jeweils drei Fähigkeiten in einem Array an den Testkonstruktor übergeben. Der Sinn ist, dass die ersten beiden Fähigkeiten einem Mitarbeiter zugeordnet werden und dann geprüft wird, ob der Mitarbeiter wirklich die dritte Fähigkeit hat. Um die Testdatengenerierung von den eigentlichen Tests zu trennen, sind die Exemplarvariablen der Testklasse, die hier zur Übernahme der Testparameter dienen, erst nach der Methode zur Erzeugung der Testdaten aufgeschrieben, was sicherlich Geschmackssache ist. Für jeden Array mit Testparametern werden dann die beiden Tests durchlaufen. der zweite Test zeigt, dass die Tests dabei durchaus nicht alle Parameter benutzen müssen. Würde ein Test allerdings keine Parameter nutzen, würde er einfach k-mal ausgeführt, wenn k die Anzahl der Object-Arrays wäre. Das Testergebnis in Abb. 3.8 zeigt auch, dass alle Tests für jede Parameterliste durchgeführt wurden.

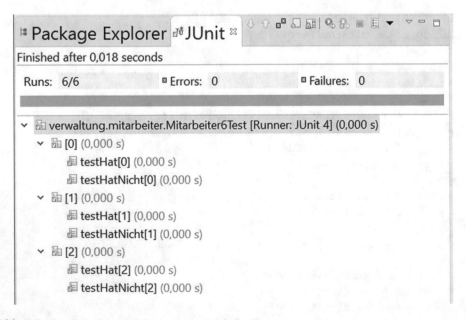

Abb. 3.8 Ergebnis der Ausführung parametrisierter Tests

Mit etwas Java-Erfahrung kann man es durchaus hinbekommen, dass nicht alle Object-Arrays die gleiche Größe haben müssen, da man auch Konstruktoren mit dynamischer Parameteranzahl schreiben kann. Weiterhin kann man jedem Testparameter eine Bedeutung zuordnen, sodass er bei der Erstellung der Tests besonders gedeutet werden soll und zu unterschiedlichen Testarten im Konstruktor führt. Solche Basteleien können beim Erproben recht interessant sein, sind aber in der Praxis möglichst zu vermeiden, da die Lesbarkeit der Tests so stark abnimmt.

Mit dem vorgestellten Ansatz, Testdaten zu generieren, besteht auch die Möglichkeit, Testdaten aus externen Quellen einzulesen. Die Idee ist dabei, dass die Testdaten in einem externen Dokument eventuell in einem bestimmten Format, z. B. als Excel-Dokument, vorliegen und dann systematisch in der Testparameterkonstruktionsmethode eingelesen werden. Dieser Ansatz hat den wesentlichen Vorteil, dass bei Teständerungen nicht das gesamte Programm neu übersetzt werden muss, sondern einfach die Daten in der einzulesenden Datei geändert werden. Um die Wiederholbarkeit der Tests zu gewährleisten, muss allerdings garantiert sein, dass die Datei mit den Testdaten versioniert wird, um so bei späteren Ausführungen weiter zur Verfügung zu stehen.

Ein weiterer Vorteil der Beschreibung der Testfälle in externen Dateien ist, dass auch Programmiersprachen-unerfahrene Personen, die sich dafür aber im Fachgebiet auskennen, Testfälle spezifizieren können. Um dies zu ermöglichen, müssen sie bestimmte Vorgaben, wie z. B. die Struktur einer Excel-Datei, einhalten.

Dieser Ansatz soll mit einem kleinen Beispiel vorgestellt werden. Dabei wird ausgenutzt, dass Java-Klassen, die einen parameterlosen Konstruktor sowie get- und set-Methoden für jede Exemplarvariable besitzen, also die elementaren Java-Bean-Anforderungen erfüllen, einfach als XML-Dateien abgespeichert werden können. Das folgende Programm zeigt, wie verschiedene Daten mit Hilfe der XMLEncoder-Klasse in einer Datei abgespeichert werden. Die Exception-Behandlung könnte dabei noch präziser sein.

```java
package testdatenerzeugung;

import java.beans.XMLEncoder;
import java.io.BufferedOutputStream;
import java.io.FileNotFoundException;
import java.io.FileOutputStream;

import verwaltung.mitarbeiter.Fachgebiet;
import verwaltung.mitarbeiter.Mitarbeiter;

public class Datenerzeugung {
  private final String DATEI = "daten.xml";

  public Datenerzeugung() throws FileNotFoundException {
    XMLEncoder out = new XMLEncoder(new BufferedOutputStream(
        new FileOutputStream(DATEI)));
```

```
        out.writeObject(new Mitarbeiter("Hai", "Wo"));
        out.writeObject(Fachgebiet.TEST);
        out.writeObject(true);
        out.writeObject(Fachgebiet.TEST);
        out.writeObject(new Mitarbeiter("Su", "Se"));
        out.writeObject(Fachgebiet.TEST);
        out.writeObject(false);
        out.writeObject(Fachgebiet.C);
        out.close();
    }

    public static void main(String[] args) throws FileNotFoundException {
        new Datenerzeugung();
    }
}
```

Der Anfang der gespeicherten Klasse sieht wie folgt aus:

```
<?xml version="1.0" encoding="UTF-8"?>
<java version="1.6.0_12" class="java.beans.XMLDecoder">
 <object class="verwaltung.mitarbeiter.Mitarbeiter">
  <void property="id">
   <int>100</int>
  </void>
  <void property="nachname">
   <string>Wo</string>
  </void>
  <void property="vorname">
   <string>Hai</string>
  </void>
 </object>
...
```

Die folgende Testklasse nutzt die erstellte XML-Datei und fasst für einen Test jeweils vier Werte zu Parametern zusammen.

```
package verwaltung.mitarbeiter;

import java.beans.XMLDecoder;
import java.io.BufferedInputStream;
import java.io.FileInputStream;
import java.io.FileNotFoundException;
import java.util.ArrayList;
import java.util.Collection;
import java.util.List;
```

```java
import org.junit.Assert;
import org.junit.Test;
import org.junit.runners.Parameterized.Parameters;

public class Mitarbeiter7Test {
  static private final String DATEI = "daten.xml";

  @Parameters
  public static Collection<Object[]> daten()
                    throws FileNotFoundException {
    List<Object[]> ergebnis = new ArrayList<Object[]>();
    XMLDecoder in = new XMLDecoder(new BufferedInputStream(
        new FileInputStream(DATEI)));
    boolean neuerWert = true;
    while (neuerWert) {
      Object[] tmp = new Object[3];
      try {
        Mitarbeiter m = (Mitarbeiter) in.readObject();
        m.addFachgebiet((Fachgebiet) in.readObject());
        tmp[0] = m;
        tmp[1] = (Boolean) in.readObject();
        tmp[2] = (Fachgebiet) in.readObject();
        ergebnis.add(tmp);
      } catch (ArrayIndexOutOfBoundsException e) {
        neuerWert = false;
      }
    }
    in.close();
    return ergebnis;
  }

  private Mitarbeiter m;
  private boolean erwartet;
  private Fachgebiet pruef;

  public Mitarbeiter7Test(Mitarbeiter m, Boolean b, Fachgebiet f) {
    System.out.println(m + " : " + b + " : " + f);
    this.m = m;
    this.erwartet = b;
    this.pruef = f;
  }

  @Test
  public void testHat() {
    Assert.assertTrue(m.hatFachgebiet(pruef) == erwartet);
  }
}
```

Es wird jeweils ein Mitarbeiter-Objekt erstellt und eine Fähigkeit übergeben. Danach folgt
ein Boolescher Wert, der angibt, ob der Mitarbeiter die als nächstes angegebene Fähigkeit
haben soll. Die zur Anschauung in den Test eingebaute Konsolen-Ausgabe liefert folgenden Text.

```
Hai Wo (100)[ TEST ] : true : TEST
Su Se (101)[ TEST ] : false : C
```

Gerade auf dem Gebiet der parametrisierten Tests kann eine Weiterentwicklung von JU-
nit stattfinden, die eine noch einfachere Nutzung verschiedener Dateitypen als Quellen
ermöglicht.

3.6   Testen von privaten Methoden

Wie bereits angedeutet, besteht auch in JUnit 4 die Möglichkeit, als „private" markierte
Methoden zu testen, solange es keine besonderen Security-Einstellungen für das Projekt
gibt. Hat man diese bisher nicht beachtet, ist es standardmäßig möglich, Reflection zu
nutzen. Dieser Abschnitt ist keine detaillierte Einführung in Reflection, wird aber die wesentlichen Prinzipien anhand eines Beispiels erklären. Konkret wird im Beispiel die Methode zum Hinzufügen einer Fähigkeit geändert, sodass sie eine lokale Methode nutzt. Der
neue Programmausschnitt sieht wie folgt aus:

```
public void addFachgebiet(Fachgebiet f){
  if(fachgebietErlaubt(f)){
    fachgebiete.add(f);
  } else{
    throw new IllegalArgumentException("Maximal 3 Fachgebiete");
  }
}

private boolean fachgebietErlaubt(Fachgebiet f){
  return fachgebiete.size()<3 || hatFachgebiet(f);
}
```

Generell kann man hier den Standpunkt vertreten, dass die lokale Methode nicht explizit
getestet werden muss, da dies durch Tests von *addFaehigkeit* erledigt werden kann. Dies
stimmt im konkreten kleinen Beispiel. Da aber unbekannt ist, ob diese Methode später
noch an anderen Stellen genutzt wird, ist es schon bei solch kleinen Beispielen sinnvoll,
Tests für die private Methode zu ergänzen. Eine Testklasse, die sich nur auf diese eine
Methode konzentriert, kann wie folgt aussehen:

```java
package verwaltung.mitarbeiter;

import java.lang.reflect.Method;

import org.junit.Assert;
import org.junit.Before;
import org.junit.Test;

public class MitarbeiterTest {
  Mitarbeiter m1;
  String methodenname = "fachgebietErlaubt";

  @Before
  public void setUp() throws Exception {
    m1 = new Mitarbeiter("Uwe","Mey");
    m1.addFachgebiet(Fachgebiet.ANALYSE);
    m1.addFachgebiet(Fachgebiet.C);
    m1.addFachgebiet(Fachgebiet.JAVA);
  }

  @Test
  public void testFachgebietErlaubtWahr() throws Exception{
    Class<Mitarbeiter> cl = Mitarbeiter.class;
    Method m = cl.getDeclaredMethod(methodenname, Fachgebiet.class);
    m.setAccessible(true);
    Object ergebnis = m.invoke(m1, Fachgebiet.C);
    Assert.assertTrue((Boolean) ergebnis);
  }

  @Test
  public void testFachgebietErlaubtFalsch() throws Exception{
    Class<Mitarbeiter> cl = Mitarbeiter.class;
    Method m = cl.getDeclaredMethod(methodenname, Fachgebiet.class);
    m.setAccessible(true);
    Object ergebnis = m.invoke(m1, Fachgebiet.TEST);
    Assert.assertTrue(!(Boolean) ergebnis);
  }
}
```

Die zentrale Idee bei der Reflection ist es, dass es zu jeder Klasse in Java eine sogenannte Metaklasse gibt, die alle Eigenschaften der Klasse kennt und wiederum selbst über Methoden zugänglich macht. Der detaillierte Ansatz ist es jetzt, dieses Metaklassen-Objekt zu nutzen, um auf dem konkreten Objekt, der Klasse, die bekannte Methode auszuführen. Da diese Kenntnis zentral in einem String hinterlegt ist, wird auch schon die Problematik dieses Ansatzes sichtbar. Eine einfache Umbenennung der privaten Methode würde dazu führen, dass die Testfälle nicht mehr laufen.

Im Programm selbst werden folgende Schritte durchlaufen. Zunächst wird das Metaklassen-Objekt zur Klasse *Mitarbeiter* berechnet, was auch durch *m1.getClass()* möglich gewesen wäre. Die Klasse *Class* ist generisch, in den spitzen Klammern steht der Typ der zu untersuchenden Klasse, wobei hier auch auf die generische Angabe einfach verzichtet werden könnte. Dann wird eine Methode mit dem gewünschten Namen und den danach folgenden Parametern gesucht. Für die Parametertypen müssen die zugehörigen Metaklassen-Objekte angegeben werden. Durch den Methodennamen und die Parametertypen, also die Signatur, kann es nur maximal eine Methode geben. Danach wird das Methodenobjekt so verändert, dass man es ausführen kann. Dieser Schritt ist notwendig, da man sonst in der folgenden Zeile eine IllegalAccessException erhalten würde. Danach kann man das Methoden-Objekt nutzen, um die Methode auf dem Objekt m1 mit dem nachfolgenden Parameter aufzurufen. Über das Ergebnis ist zunächst nichts bekannt, sodass es den Typ *Object* haben muss. Abschließend wird das Ergebnis-Objekt in ein Objekt vom Typ *Boolean* gecastet, dessen Wahrheitswert mit *Assert* überprüft wird. Sollte einer der genannten Schritte eine Exception werfen, würde dies bei der Testfallausführung erkannt und als Fehler (Error) protokolliert.

Reflection ermöglicht es, für ein Objekt all seine Klassen- und Exemplarvariablen sowie alle seine Klassen- und Exemplarmethoden über Methoden berechnen zu lassen. Für alle Variablen – unabhängig von ihrer Sichtbarkeit – besteht die Möglichkeit, die Werte für ein Objekt der Klasse zu verändern. Alle Methoden sind mit Parametern ausführbar und ein Ergebnisobjekt des Methodenaufrufs wird zurückerhalten. Weiterhin bietet Reflection Möglichkeiten, Objekte von den betrachteten Klassen zu erstellen. Insgesamt ist dieser Ansatz sehr mächtig, bei der eigenen Nutzung ist allerdings zu bedenken, dass die Nutzung von Reflection wesentlich langsamer als normale Methodenaufrufe ist.

3.7   Erweiterungen von JUnit 4

JUnit 4 ist als Grundlage von Tests hervorragend geeignet. Allerdings gibt es abhängig von der im Projekt genutzten Technologie oft die Notwendigkeit, relativ ähnlichen Code immer zu wiederholen. Generell können natürlich Hilfsmethoden und weitere Klassen bei der Testerstellung genutzt werden, allerdings kann z. B. die Nutzung von weiteren Annotationen die Arbeit deutlich erleichtern, was an zwei Beispielen gezeigt werden soll.

Die Erstellung parametrisierter Tests ist direkt in JUnit 4 etwas unkomfortabel und hölzern umgesetzt. An dieser Stelle setzt das ergänzende Framework JUnitParams [@Par] an, das komfortabel verschiedene Versionen von Annotationen zur Erstellung parametrisierter Tests zur Verfügung stellt. In Abb. 3.9 sind die zur Nutzung von JUnitParams benötigten Bibliotheken zu sehen, wobei hier auch die beiden für JUnit 4 benötigten, junit-4.12.jar und hamcrest-core-1.3.jar, mitangegeben sind.

Die Parametrisierungsmöglichkeiten werden jetzt mit kleinen Beispielen vorgestellt, die die Konzepte verdeutlichen. Die Beispielklasse beginnt wie folgt:

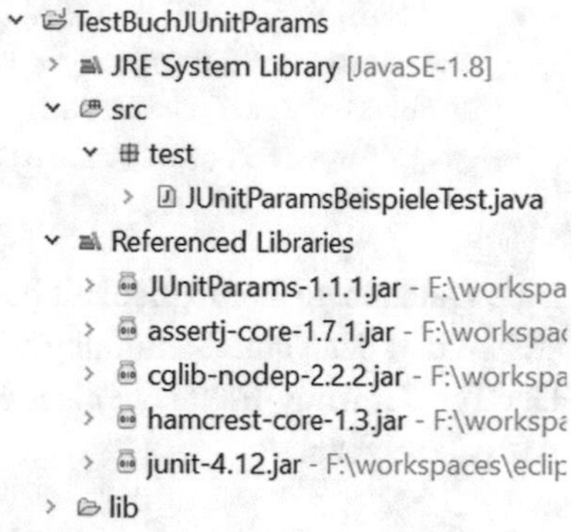

Abb. 3.9 Bibliotheken für
JUnitParams

```
v 🗁 TestBuchJUnitParams
   > ⊒ JRE System Library [JavaSE-1.8]
   v 🗁 src
      v ⊞ test
         > Ⓙ JUnitParamsBeispieleTest.java
   v ⊒ Referenced Libraries
      > 🗄 JUnitParams-1.1.1.jar - F:\workspa
      > 🗄 assertj-core-1.7.1.jar - F:\workspa
      > 🗄 cglib-nodep-2.2.2.jar - F:\workspa
      > 🗄 hamcrest-core-1.3.jar - F:\workspa
      > 🗄 junit-4.12.jar - F:\workspaces\eclip
   > 🗁 lib
```

```java
@RunWith(JUnitParamsRunner.class)
public class JUnitParamsBeispieleTest {

    @Before
    public void setUp(){
        System.out.println("before");
    }

    @Test
    @Parameters({"IA,42", "AO,73"})
    public void testDirektAnnotiert(String s, int z) {
        System.out.println(s + " " +z);
    }
```

Die setUp-Methode ist nur zur Verdeutlichung des Starts eines neuen Tests angegeben. In der ersten Version werden die Parameter direkt in die Annotation geschrieben; dabei trennt ein Komma in dem String die Parameter. Generell können durch Umwandlungen von Strings natürlich immer andere Objekte erstellt werden. Die zugehörige Ausgabe sieht wie folgt aus:

```
before
IA 42
before
AO 73
```

Flexibler werden die Tests, wenn die Datenerzeugung in eine Methode ausgelagert wird.

```java
    private String[][] daten0 = {{"Hai", "wo", "da"}
            , {"Um", "Lei", "Tung"}
    };

    public Object datenmethode1(){
        return daten0;
    }
```

```
@Test
@Parameters(method = "datenmethode1")
public void test1(String s1, String s2, String s3){
    System.out.println("t1: " + s1 +s2 + s3);
}
```

Eine Datenübergabemöglichkeit besteht darin, dass die Daten eines Tests in einem Array stehen und dann eine Sammlung von Tests aus einem Array von Arrays konstruiert wird. Der Typ der Array-Elemente muss zu dem der Testparameter passen. Es wird die folgende Ausgabe erzeugt:

```
before
t1: Haiwoda
before
t1: UmLeiTung
```

Das nachfolgende Programmfragment zeigt drei weitere Möglichkeiten zur Datenübergabe. Dabei werden nicht nur Strings übergeben.

```
    private Object[][] daten1 = {{"IA", 42, Instant.MIN}
            ,{"AO", 73, new Date().toInstant()}
    };

    public Object datenmethode2(){
        return daten1;
    }

    public List<Object> datenmethode3(){
        List<Object> tmp = new ArrayList<>();
        for (Object[] d:daten1) {
            tmp.add(d);
        }
        return tmp;
    }

    public Iterator<Object[]> datenmethode4(){
        return Arrays.asList(daten1).iterator();
    }

    @Test
    @Parameters(method = "datenmethode2, datenmethode3
                    , datenmethode4")
    public void test2(String s1, int s2, Instant s3){
        System.out.println("t2: " + s1 + " " + s2 + " " + s3);
    }
}
```

Das Grundkonzept mit den geschachtelten Arrays bleibt erhalten, allerdings wird hier der allgemeinere Typ *Object* genutzt. In der Testmethode können dann andere Typen genutzt werden, für die eine automatische Umwandlung existieren muss. Weiterhin zeigt *datenmethode3*, dass auch eine Liste von Testdaten in Array-Form übergeben werden kann, was stark an den JUnit 4-Ansatz erinnert. Gerade bei größeren Datenmengen oder Daten, die blockweise z. B. aus einer Datenbank gelesen werden, ist die Variante mit einem Iterator über Arrays mit Testdaten sehr hilfreich. Die zugehörige Ausgabe sieht wie folgt aus:

```
before
t2: IA 42 -1000000000-01-01T00:00:00Z
before
t2: AO 73 2018-09-20T14:07:59.392Z
before
t2: IA 42 -1000000000-01-01T00:00:00Z
before
t2: AO 73 2018-09-20T14:07:59.392Z
before
t2: IA 42 -1000000000-01-01T00:00:00Z
before
t2: AO 73 2018-09-20T14:07:59.392Z
```

JUnit 4 bietet selbst an, Regeln zu definieren, die die Testablaufsteuerung vereinfachen und so z. B. die Überfrachtung von @Before- und @After-annotierten Methoden reduzieren. Einige Regeln sind bereits in JUnit 4 enthalten, eigene können leicht ergänzt werden. Wird z. B. eine temporäre Datei benötigt, in der Ergebnisse gespeichert und später weiterverarbeitet werden sollen, kann der Testaufbau wie folgt aussehen:

```
@Test  // alte Variante
public void mitDatebearbeitungTest() throws IOException {
  File verzeichnis = new File("subfolder");
  verzeichnis.mkdir();
  File datei= new File("subfolder/myfile.txt");
  datei.createNewFile();
  Assert.assertTrue(datei.exists());
  // ... muss alles von Hand aufgeräumt werden
}
```

Es wird ein Verzeichnis und dann die Datei erstellt. Damit die Ausgangssituation wieder identisch wird, muss im Test oder der mit @After-annotierten Methode die Datei und das Verzeichnis wieder gelöscht werden. Eine vereinfachte Version sieht wie folgt aus:

```
@Rule  // neue Variante
public TemporaryFolder folder = new TemporaryFolder();

@Test
public void nutzungVonTempFolderTest() throws IOException {
  File verzeichnis = this.folder.newFolder("subfolder");
  File datei = this.folder.newFile("subfolder/myfile.txt");
  Assert.assertTrue(datei.exists());
  // ...
}
```

Die mit @Rule annotierte Exemplarvariable hat den Typen *TemporaryFolder*, der zum Framework JUnit gehört. Die Klasse bietet einige Methoden zum Erzeugen von Verzeichnissen und Dateien. Das Interessante ist aber, dass die so erstellten Verzeichnisse und Dateien nach der Testausführung automatisch wieder gelöscht werden. Die jeweilige Überprüfung, dass die Datei existiert, dient nur zur Sicherstellung, dass der danach folgende eigentliche Test die gewünschten Voraussetzungen hat.

Das Konzept der Regeln ist recht einfach an der Erstellung von eigenen Regeln erklärbar. Das folgende Beispiel zeigt, dass es möglich ist, Code vor und nach Tests auszuführen. Eigene Regeln müssen dazu von TestRule erben und die Methode *apply()* überschreiben. Dies wird mit einem minimalen Beispiel veranschaulicht.

```
public class MeineRegel implements TestRule{
  @Override
  public Statement apply(Statement base, Description desc) {
    System.out.println(desc);
    return new Statement(){
      @Override
      public void evaluate() throws Throwable {
        System.out.println("folge meinen Regeln");
        base.evaluate(); // eigentlichen Test ausfuehren
        System.out.println("folgtet meinen Regeln");
      }
    };
  }
}
```

Vereinfacht gibt die Methode *apply()* einen neuen Test zurück, dabei wird der ursprüngliche Test mit der Variablen *base* übergeben. Das Ergebnis ist hier ein anonymes Objekt vom Typ *Statement*, das direkt in der return-Zeile erzeugt wird. Im Statement-Objekt selbst muss die Methode *evaluate()* überschrieben werden. In dieser Methode wird mit *base.evaluate()* der ursprüngliche Test ausgeführt, so dass dann noch die Möglichkeit besteht, vor und nach der Ausführung beliebigen Code zu ergänzen. Dies ist ein Ansatz, der vom Decorator-Pattern [Kle18] bekannt ist.

Die neue Regel wird im folgenden Beispiel angewandt.

```
public class RuleAnalyseTest {

  @Rule
  public MeineRegel mr = new MeineRegel();

  @Test
  public void test1(){
    System.out.println("in test1");
  }

  @Test
  public void test2(){
    System.out.println("in test2");
  }
}
```

Die Ausgabe in der Konsole zeigt das erwartete Verhalten.

```
test1(test.RuleAnalyseTest)
folge meinen Regeln
in test1
folgtet meinen Regeln
test2(test.RuleAnalyseTest)
folge meinen Regeln
in test2
folgtet meinen Regeln
```

3.8   Weitere Unit-Testwerkzeuge

Ausgehend von der SUnit-Idee von Kent Beck wurde bzw. wird für jede Programmiersprache ein Unit-Testwerkzeug entwickelt. Da die Entwicklung von JUnit längere Zeit
nicht auf die neuen Sprachmöglichkeiten von Java 5, wie z. B. Annotationen, reagiert
hatte, wurde TestNG [@Tng, BS08] als Alternative entwickelt. Generell kann man beide
Frameworks als funktional fast identisch ansehen. Die meisten Testfälle können leicht
von JUnit- in TestNG-Testfälle verwandelt werden und umgekehrt. Im Detail betrachtet
bietet TestNG einige weitere Optionen für die Gruppierung von Testfällen, zugehörigen
Methoden, die davor und danach ausgeführt werden, und weitere Annotationen. Interessant ist auch die Möglichkeit, Abhängigkeiten zwischen den Tests zu spezifizieren und so
dafür zu sorgen, dass ein Test nur startet, wenn ein anderer bereits erfolgreich ausgeführt
wurde. So kann z. B. erst eine Anmeldung getestet werden. Testfälle, die ebenfalls die
Anmeldung nutzen, werden nur ausgeführt, wenn die Anmeldung erfolgreich getestet

wurde. Weiterhin kann man das Reporting, also die Aufbereitung der Testergebnisse, etwas flexibler gestalten.

Generell können die Arbeitsabläufe zur Nutzung von JUnit und TestNG problemlos z. B. mit Ant und Maven automatisiert werden. JUnit ist in den meisten Entwicklungsumgebungen für Java schon eingebaut, TestNG kann sehr schnell integriert werden.

Aus der Sicht von Java-Projekten kann man es als relativ egal ansehen, für welches Framework man sich entscheidet, wobei JUnit ab und zu den stabileren Eindruck hinterlässt und ein etwas größeres Enwicklerteam hat.

3.9   Fazit

Unit-Testing-Werkzeuge gehören zu den Grundlagen eines jeden Entwicklers. Da jeder Entwickler zunächst selbst verpflichtet ist, seinen Programm-Code auf Fehler zu prüfen, muss er sein Programm ablaufen lassen. Statt dies in kleinen Hilfsprogrammen zu machen, kann dies sehr oft durch eine Test-Fixture ersetzt werden, sodass der eventuelle Mehraufwand für die Testerstellung sich sehr schnell mehrfach bezahlt macht.

Generell sollen nach Abschluss der Entwicklung Testfälle vorliegen, mit denen die wesentliche Funktionalität des gerade entwickelten Teilprogramms getestet werden kann. Solche Tests sind so zu verwalten, dass sie ohne Probleme „nebenbei" im Build-Management ausgeführt werden können und so langfristig sicherstellen, dass sich keine Fehler einschleichen. Dabei könnten diese Fehler durch vermeintlich schnelle Änderungen, aber auch durch Änderungen an benutzten Komponenten entstehen, wodurch ursprünglich bei der Entwicklung getroffene Annahmen dann nicht mehr zutreffen.

Der Detaillierungsgrad der Unit-Tests ist durchaus diskutabel und kann unmittelbar abhängig von der Wichtigkeit der entstehenden Software gesehen werden. Indikatoren dafür, ob genügend getestet wurde, werden im Kap. 5 definiert.

JUnit ist aber bei Weitem nicht nur für Entwickler-Tests geeignet, da man durch den geschickten Aufbau von Test-Fixtures auch komplex zusammengestellte Systeme testen kann. Aus diesem Grund sind Kenntnisse von JUnit für QS-Mitarbeiter wichtig. Weiterhin ist JUnit Grundlage vieler weiterer Test-Frameworks, die sich mit speziellen Aufgaben z. B. rund um Web-Technologien oder Datenbanken kümmern. Hier werden wieder genaue Kenntnisse von JUnit als Grundlage benötigt. Meist kann auch TestNG statt JUnit eingesetzt werden.

In verteilten Systemen kann der Aufbau einer Test-Fixture recht aufwändig sein, sodass man versucht ist, auf Unit-Tests zu verzichten. Dies ist sicherlich diskutabel und muss genau abgewogen werden, da man für größere Systeme meist keine so detaillierten Tests mehr durchführen kann, da es nicht einfach ist, bestimmte Situationen, wie den Verlust einer Verbindung, zu simulieren. Alternativ kann man darüber nachdenken, für verbundene Systeme einfache Mocks zu schreiben, die diese Systeme simulieren und nur die wichtigsten Reaktionen generieren. Die Mock-Nutzung wird in Kap. 6 beschrieben.

Literatur

Webseiten zugegriffen am 18.10.2018

[@JUn]   JUnit. https://github.com/junit-team/junit4/wiki

[@Par]   GitHub – Pragmatists. https://github.com/Pragmatists/JUnitParams

[@Tng]   TestNG. http://testng.org/doc/index.html

[BS08]   Beust, C., Suleiman, H.: Next Generation Java Testing. Addison Wesley, Boston (2008)

[GH16]   Goll, J., Heinisch, C.: Java als erste Programmiersprache, 8. Aufl. Springer Vieweg, Wiesbaden (2016)

[Kle18] Kleuker, S.: Grundkurs Software-Engineering mit UML, 4. aktualisierte Aufl. Springer Vieweg, Wiesbaden (2018)

[McC98] McCluskey, G.: Using Java Reflection. https://www.oracle.com/technetwork/articles/java/javareflection-1536171.html (1998)

Testfallerstellung mit Äquivalenzklassen

4

Zusammenfassung

Sollen erste Testfälle entwickelt werden, ist es auch ohne Schulung möglich, erste systematische Ideen zu generieren. Typischerweise wird überlegt, was die wichtigsten Aufgaben der Software sind, und überprüft, ob die Funktionalität gegeben ist. Mit etwas leidvoller IT-Erfahrung ist auch schnell klar, dass Randfälle zu untersuchen sind, da hier oft Probleme auftreten. Eine weitere Idee ist, viele einzelne Schritte zusammenzufassen und das Ergebnis genau zu analysieren.

In diesem Kapitel werden diese intuitiven Ideen weiter strukturiert, sodass beim Lesen die „Sehschärfe" für potenzielle Software-Fehler geschult wird. Es wird gezeigt, wie systematisch nach verschiedenartigen Fehlern gesucht wird, wobei es gleichzeitig ein Ziel ist, möglichst wenige Testfälle für die Entdeckung potenzieller Fehler zu benötigen. So kann der Aufwand für die Testrealisierung und Testausführung verringert werden.

Ohne weiteres Grundwissen ist Testen eine tendenziell eher langweilige und monotone Aufgabe, bei der Testprozeduren immer wieder abgearbeitet und Ergebnisse protokolliert werden müssen. Schaut man sich die Aufgabe der Testerstellung allerdings genauer an, stellt sich hier eine besondere Herausforderung, da das kombinatorische Geschick bei der Aufdeckung von Fehlern gefordert wird. Erfahrene Tester können meist nach einem kurzen Kontakt mit einer Software „verwinkelte" Testfälle erstellen, die eine große Aufdeckungswahrscheinlichkeit für Fehler haben. Oft wird dieses Gespür durch eigene Entwicklungserfahrungen geschult, da man sich erinnert, wo Fehler in der eigenen Software gefunden wurden, an die man nie gedacht hätte. Verdächtige Software soll auf Grundlage von Erfahrungen und unterschiedlichen Hilfswerkzeugen, also Software-Werkzeugen, bis zur letzten Schwachstelle, dem letzten Fehler (Bug), analysiert werden. Damit die spätere

© Springer Fachmedien Wiesbaden GmbH, ein Teil von Springer Nature 2019
S. Kleuker, *Qualitätssicherung durch Softwaretests*,
https://doi.org/10.1007/978-3-658-24886-4_4

Ausführung nicht immer personalintensiv wiederholt werden muss, spielen die genannten Werkzeuge, wie mit JUnit eines im vorherigen Kapitel vorgestellt wurde, eine wichtige Rolle. Weitere Werkzeuge werden in den Folgekapiteln andiskutiert.

Der Ansatz zur systematischen Testfallerstellung basiert meist auf der Äquivalenzklassenanalyse und der Untersuchung von Grenzfällen. Hier kann man bei der Software verschiedene Arten von Analysen unterscheiden, die beginnend mit dem einfachsten Ansatz schrittweise in den folgenden Teilkapiteln erläutert werden. Eine zentrale Rolle spielt die zunächst einfach klingende Forderung für einen Testfall, dass die Ausgangssituation immer eindeutig beschrieben werden soll. Anschließend wird in einem Abschnitt beschrieben, wie weitere Testfälle entdeckt werden können. Dieses Kapitel ist eng mit dem Folgekapitel 5 verbunden, da es mit Hilfe der dort vorgestellten Maße möglich ist, gute Indikatoren für die erreichte Testqualität zu bekommen.

4.1   Testarten

In der Literatur werden unterschiedliche Varianten genannt, die sehr unübersichtliche Menge an verschiedenen Testarten aufzuteilen. In diesem Buch wird eine recht einfache Aufteilung genutzt, an der sich die nachfolgenden Kapitel orientieren.

Ein entscheidendes Kriterium ist die Grundlage des Tests, wie viele Informationen über das zu testende Objekt genau vorliegen und auf wie viele Details des Testobjekts zugegriffen werden kann. Im Abschn. 2.4 wurden bereits einige Testarbeiten besprochen, die sich im Detaillierungsgrad, ausgehend von allen Quellcodezeilen, von Schnittstellenbeschreibungen über Komponenten bis hin zu informellem Text unterscheiden. Das zentrale Entscheidungskriterium ist dabei, ob das System mit seinen Details bekannt ist und analysiert werden soll, oder ob das System als Black-Box betrachtet wird und auf Grundlage von Beschreibungen des gewünschten Verhaltens getestet wird.

Im ersten Fall spricht man von ablaufbezogenen Testfällen, die genau die Struktur des zu untersuchenden Systems mit seinen gesamten Ablaufalternativen untersuchen. Dabei steht der Programmcode im Mittelpunkt und es soll festgestellt werden, was der Programmcode wirklich macht. Neben der einzelnen Ausführung von Anweisungen spielt es dabei auch eine Rolle, welche Anweisungen unter welchen Ranrdbedingungen zusammen in einem Testablauf vorkommen. Diese mehr nach innen auf das Programm ausgerichtete Sichtweise spielt im Kap. 5 eine wesentliche Rolle.

Im zweiten Fall spricht man von datenbezogenen Tests oder auch spezifikationsorientierten Tests. Dabei werden die Testfälle auf Grundlage einer vorliegenden Beschreibung, also Spezifikation, entwickelt. Diese Beschreibung kann in unterschiedlichen Formen, häufig als Fließ- oder strukturierter Anforderungstext, aber auch in Diagrammform vorliegen. Die Aufgabe der Testermittlung ist es dann, aus der vorliegenden Beschreibung systematisch Testfälle abzuleiten, um dann nachzuprüfen, ob das beschriebene gewünschte Verhalten auch zumindest in den Testfällen eintritt. Dieser Ansatz wird in diesem Kapitel genauer beschrieben, da er natürlich auch für konkret vorliegenden Programmcode und eine vorliegende Beschreibung der Programmieraufgabe genutzt werden kann. Insgesamt ist der Ansatz mit Äquivalenzklassen und Grenzwertanalysen damit auf allen Testebenen relevant. Er wird vom Entwickler zum systematischen Test einzelner Methoden, aber genauso auch bei Gesamtprüfungen der Funktionalität (sogenannte End-to-End-Tests) bei System- und Abnahmetests genutzt.

Für die Erstellung spezifikationsorientierter Testfälle spielt die Qualität der Spezifikation eine entscheidende Rolle. Dabei muss das gewählte Vorgehensmodell zum Projekt und zum gewählten Qualitätssicherungsansatz passen. Wichtig ist insbesondere die systematische Ermittlung von Anforderungen, wie sie in [RR06] und [Rup14] gezeigt wird. Generell muss bei jedem Entwicklungsschritt die Testbarkeit im Hinterkopf bleiben. Einige dieser Regeln zur Förderung der Testbarkeit, die durchaus zu Kompromissen bei der Entwicklung führen können, wie z. B. die konsequente Nutzung von get- und set-Methoden sowie der Verzicht auf private-Methoden oder lokale Klassen, werden in diesem Buch kurz angesprochen. Hieraus wächst die Forderung, dass Entwickler den Qualitätssicherungsansatz verstehen und unterstützen sollen, damit insgesamt ein hochwertiges Produkt entsteht.

4.2   Äquivalenzklassenanalyse und Grenzwertbetrachtungen

Der Begriff Äquivalenzklasse kommt ursprünglich aus der Mathematik. Er beschreibt die vollständige Aufteilung einer Menge in überschneidungsfreie – also disjunkte – Teilmengen, deren Elemente sich bzgl. einer mathematischen Operation gleichartig verhalten. Dies soll mit einem kleinen Beispiel konkretisiert werden, ehe der Ausflug in die Mathematik schnell beendet wird.

Betrachtet werden die natürlichen Zahlen inklusive der Null. Die Operation ist die Berechnung des Restes bei der ganzzahligen Division durch drei, also „modulo 3" oder in Java „% 3"-Rechnung. Dann gibt es drei verschiedene mögliche Ergebnisse für den Rest, nämlich null, eins oder zwei. Diese sogenannten Restklassen kann man auch wie folgt darstellen. Dabei gibt die Zahl in eckigen Klammern den resultierenden Rest an.

$$[0] = \{0,3,6,9,12,15,\ldots\}$$

$$[1] = \{1,4,7,10,13,16,\ldots\}$$

$$[2] = \{2,5,8,11,14,17,\ldots\}$$

Es ist egal, welches Element, auch Repräsentant genannt, man aus einer der drei Teilmengen nimmt, bei der Rechnung „modulo 3" kommt immer das gleiche Ergebnis heraus. Diese auch Restklassen genannten Teilmengen können bei weiteren Untersuchungen eine Bedeutung haben. Es gilt z. B., dass, wenn man jeweils einen Repräsentanten aus einer Klasse zu einer anderen Klasse addiert, das Ergebnis immer in der gleichen Restklasse liegt, wie 2 + 1, 5 + 7 und 11 + 4 als Beispiele zeigen.

Möchte man diese Idee auf Programme übertragen, so kann man die Menge aller möglichen Eingaben für ein Programm als die Ausgangsmenge betrachten. Die erwähnte Operation ist in diesem Fall die Ausführung des zu testenden Programms. Es sollen dann alle Eingaben in einer Klasse zusammengefasst werden, die zu einem „gleichartigen" Verhalten führen. Da der Begriff „gleichartig" nicht immer präzise gefasst werden kann, wird die Äquivalenzklassenbildung für Tests nicht ganz so präzise wie in der Mathematik möglich sein. Trotzdem ist dieser Klassenbegriff hilfreich, um systematisch die Tests zu finden. Dabei ist die Ausgangsidee, dass man aus jeder Klasse einen Wert testen muss. Weiterhin ist der Klassenbegriff hilfreich, um die Anzahl der Tests klein zu halten. Weiß man, dass es für ein Programm keinen Unterschied macht, ob ein Text mit 17 oder 24 Zeichen eingegeben wird, reicht es aus, eine der Varianten bei der Testerstellung zu berücksichtigen.

Generell ist eine Klassenerstellung nur möglich, wenn das zu untersuchende Programm eindeutig beschrieben ist. Das interessante an der Äquivalenzklassenanalyse ist dabei, dass sie für jede Art der Programmbeschreibung genutzt werden kann. Je detaillierter dabei eine Beschreibung ist, desto präzisere Testfälle können abgeleitet werden.

Ist der Ausgangspunkt eine Beschreibung eines komplexen Systems in einem kurzen Text, wird man die Möglichkeit haben, gewünschte Abläufe und einige mögliche Spezialabläufe zu identifizieren. Diese Abläufe sind dann Grundlage der Klassenbildung. Je präziser eine Beschreibung ist, desto detailliertere Klassenbildungen werden oft möglich. Da es weiterhin bei der Erstellung von Anforderungen immer sinnvoll ist, sich zu fragen, wie sie getestet werden, kann man hier sofort konstruktiv tätig werden. Dabei werden zu allen Anforderungen Testfälle geschrieben, meist zunächst vollständig in natürlicher Sprache.

In diesem Abschnitt wird der grundlegende Ansatz vorgestellt, dass jede Eingabe, also z. B. jeder Parameter eines Konstruktors, einzeln betrachtet und der zugehörige Wertebereich in Klassen zerlegt wird. In weiteren Abschnitten dieses Kapitels werden dann Grenzen dieses Ansatzes und weitergehende Möglichkeiten basierend auf der Äquivalenzklassenidee vorgestellt.

Am einfachsten kann man meist für ganze Zahlen Äquivalenzklassen bestimmen. Steht z. B. in einer Spezifikation, dass nur ein Alter von 18 bis 118 Jahren eingegeben werden darf, muss zunächst die Spezifikation mit der Angabe, dass die angegebenen Zahlen zum erlaubten Bereich gehören, präzisiert werden. Weiterhin muss man bei der Programmierung festlegen, wie mit unerwünschten Werten umgegangen wird. Eine Möglichkeit besteht darin, dass ein Boolescher Rückgabewert angibt, ob eine Nutzung des übergebenen Wertes erlaubt ist. Die zweite Möglichkeit besteht darin, dass eine Ausnahme (Exception) geworfen werden soll, mit der die übliche Berechnung abgebrochen und eine Ausnahmebehandlung angesprungen wird. Bei der ersten Möglichkeit kann man von drei möglichen Äquivalenzklassen ausgehen: dass der eingegebene Wert kleiner 18, dass der Wert größergleich 18 und kleiner-gleich 118 und dass der Wert größer als 118 ist. Mathematisch kann man überlegen, dass die erste und dritte Äquivalenzklasse zusammen gehören, weil Werte aus beiden verboten sind. Da man mit Entwicklungserfahrung weiß, dass die Werteprüfung aus zwei Teilprüfungen besteht, ist die Aufteilung in zu kleine und zu große Werte sinnvoll. Wird mit Exceptions gearbeitet, kommt ein weiterer wichtiger Aspekt zur

Äquivalenzklassenbildung hinzu. Es ist die Unterscheidung in Äquivalenzklassen mit gültigen und Äquivalenzklassen mit ungültigen Werten, die zu Exceptions führen. Für das
genannte Beispiel erhält man weiterhin die drei Klassen, allerdings handelt es sich bei der
ersten und der dritten Äquivalenzklasse um ungültige Werte.

Betrachtet man das Alterseingabe-Beispiel noch genauer, muss man zur Äquivalenzklassenbildung auch wissen, in welcher Form die Eingabe erfolgt. Im vorherigen Absatz
wurde die implizite Annahme genutzt, dass es sich um einen Parameter einer Java-Methode
vom Typ *int* handelt. Findet die Eingabe allerdings über eine grafische Oberfläche statt, so
muss man abhängig von der genauen Eingabeart, z. B. ob nur drei Stellen eingebbar sind,
weitere Fälle unterscheiden. Handelt es sich um ein beliebiges Feld, muss zunächst geprüft werden, ob das Feld nicht leer ist und dass es nur Ziffern enthält. Im nächsten Schritt
müssen die Ziffern zu einer int-Zahl gehören, also z. B. nicht aus zehn oder mehr Ziffern
bestehen. Erst dann können die drei genannten Äquivalenzklassen betrachtet werden. Bei
freien Eingaben kommen also immer Prüfungen bezüglich des Eingabeformats und damit
weitere Äquivalenzklassen mit ungültigen Werten hinzu. Wenn nicht explizit erwähnt,
werden hier „nur" Parameter von Methoden betrachtet, was bezüglich des Konzeptes der
Äquivalenzklassenbildung aber keine Einschränkung ist.

Bei Zahleneingaben und Berechnungen ist weiterhin zu berücksichtigen, wie in der
Programmiersprache mit Typen für Zahlen umgegangen wird. Dabei spielt es eine wich-
tige Rolle, wie sich die Programme bei zu kleinen und bei zu großen Werten sowie dem
Teilen durch die Zahl Null verhalten. Das folgende minimale Programm gibt einen kleinen
Einblick, wie das Verhalten in Java aussieht, das sich in ähnlicher Form in C, C++ und C#
wiederfindet.

```
package wertebereiche;

public class Analyse {

  public static void main(String[] args) {
    Double dmax = Double.MAX_VALUE;
    Double dmin = -dmax;
    Double c = 1.0E300;
    System.out.println("dmax: "+dmax);
    System.out.println("dmin: "+dmin);
    System.out.println("dmax+c: "+(dmax+c));
    System.out.println("dmin+c: "+(dmin+c));
    System.out.println("dmax-c: "+(dmax-c));
    System.out.println("dmin-c: "+(dmin-c));
    System.out.println("dmax durch 0.0: "+(dmax/0.0));
    System.out.println("dmin durch 0.0: "+(dmin/0.0));
    System.out.println("0.0 durch 0.0: "+(0.0/0.0));
    int max = Integer.MAX_VALUE;
    int min = Integer.MIN_VALUE;
```

```
        System.out.println("max: "+max);
        System.out.println("min: "+min);
        System.out.println("max+1: "+(max+1));
        System.out.println("min+1: "+(min+1));
        System.out.println("max-1: "+(max-1));
        System.out.println("min-1: "+(min-1));
        System.out.println("durch 0: "+(max/0));
    }
}
```

Das Programm liefert folgende Ausgabe:

```
dmax: 1.7976931348623157E308
dmin: -1.7976931348623157E308
dmax+c: Infinity
dmin+c: -1.7976931248623157E308
dmax-c: 1.7976931248623157E308
dmin-c: -Infinity
dmax durch 0.0: Infinity
dmin durch 0.0: -Infinity
0.0 durch 0.0: NaN
max: 2147483647
min: -2147483648
max+1: -2147483648
min+1: -2147483647
max-1: 2147483646
min-1: 2147483647
Exception in thread "main" java.lang.ArithmeticException: / by zero
    at wertebereiche.Analyse.main(Analyse.java:26)
```

Bei double-Werten werden zu kleine Zahlen als –Infinity, zu große Zahlen als Infinity und z. B. das Teilen von Null durch Null als NaN (Not a Number) als spezielle erlaubte Werte dargestellt, mit denen auch weitergerechnet werden kann. Die int-Werte sind „zyklisch" organisiert, d. h. nach der größten darstellbaren Zahl folgt die kleinste darstellbare Zahl, beim Rückwärtszählen ist es genau andersherum. Das Teilen durch Null führt zu einem Programmabbruch. Werden Zahlen aus diesen Bereichen betrachtet, müssen die Grenzwerte berücksichtigt werden. Gerade beim Rechnen mit Geldsummen muss weiterhin die Genauigkeit der Berechnungen mit teilweise gesetzlich bestimmten Rundungsregeln beachtet werden. Oftmals ist dann ein double-Wert wenig geeignet und es wird eine eigene Klasse *Geld* mit selbstentwickelten Rechenoperationen entwickelt. Java bietet als Besonderheit Klassen wie *BigInteger* und *BigDecimal* an, die beliebig große Zahlen aufnehmen können, aber natürlich ähnlich wie eine eigene Klasse *Geld* bei Berechnungen deutlich langsamer sind.

Die Bildung von Äquivalenzklassen ist bei Nichtzahlenwerten meist etwas komplizierter, wobei für Aufzählungen z. B. mit den erlaubten Werten ROT, GELB und GRUEN einfach jeder einzelne Wert eine Äquivalenzklasse darstellt. Falls kein anderer Wert eingegeben werden kann, wie es z. B. bei Enumeration-Typen der Fall ist, gibt es keine Äquivalenzklasse mit ungültigen Werten. Handelt es sich nicht um eine Enumeration, sondern z. B. um ein Textfeld, in das ein Nutzer beliebige Zeichen eingeben kann, gibt es eine weitere Klasse mit allen ungültigen Eingaben.

Als Beispiel dient eine Methode, genauer ein Konstruktor, zur Verwaltung von Studierendendaten, der ein Name, ein Geburtsjahr und ein Fachbereich übergeben werden. Dabei darf das Namensfeld nicht leer sein, das Geburtsjahr muss zwischen 1900 und 2000 liegen und es können nur die Fachbereiche FBING, FBBWL und FBPOL aus einer Aufzählung übergeben werden. Insgesamt gibt es dann folgende Äquivalenzklassen für die Eingabewerte.

Ä1) Name nicht leer (gültig)
Ä2) Name leer (ungültig)
Ä3) Geburtsjahr kleiner 1900 (ungültig)
Ä4) Geburtsjahr größer-gleich 1900 und kleiner-gleich 2000 (gültig)
Ä5) Geburtsjahr größer 2000 (ungültig)
Ä6) Fachbereich FBING (gültig)
Ä7) Fachbereich FBBWL (gültig)
Ä8) Fachbereich FBPOL (gültig)

Diese Äquivalenzklassen sind zu testen. Da man aber bei einem Methodenaufruf mehrere Parameter zusammen übergeben kann, kann man die Anzahl der Tests verringern. Dabei gilt, dass man beliebig viele gültige Werte aus Äquivalenzklassen zu einem Test kombinieren kann, so kann ein Test gleich die Äquivalenzklassen Ä1, Ä4 und Ä6 abdecken. Bei ungültigen Äquivalenzklassen muss man vorsichtiger sein. Hier gilt die Regel, dass ein Wert aus einer ungültigen Äquivalenzklasse nur zusammen mit gültigen Werten anderer Klassen geprüft werden darf. Man stellt so sicher, dass dieser eine ungültige Wert die Problembehandlung auslöst. Dieser Testfall erlaubt damit auch keine Aussagen über die genutzten gültigen Äquivalenzklassen.

Man kann dann die in Abb. 4.1 beschriebenen Testfälle konstruieren. Sind Klassen in Klammern genannt, bedeutet dies, dass sie bereits mit einem anderen Testfall abgedeckt werden.

Kritische Leser haben sicherlich darauf gewartet, dass man die Grenzen von den Äquivalenzklassen genauer betrachtet, da jeder erfahrene Programmierer weiß, dass hier häufiger Fehler eingebaut werden. So ist ein Fehler für das Geburtsjahr 1986 unwahrscheinlich, eher kann es passieren, dass das Geburtsjahr 2000 als ungültig angenommen wird. Aus diesem Grund wird bei der Testfallerstellung zusätzlich die Grenzwertanalyse genutzt, d. h., dass für jede Äquivalenzklasse, wenn möglich, genau die Grenzen getestet werden, an denen der Übergang zu einer anderen Klasse stattfindet. Dies ist bei Zahlenbereichen

Testnummer	1	2	3	4	5
geprüfte Äquivalenz-klassen	Ä1 Ä4 Ä6	(Ä1) (Ä4) Ä7	(Ä1) (Ä4) Ä8	Ä2	Ä3
Name	„Meier"	„Schmidt"	„Schulz"	„"	„Meier"
Geburtsjahr	1987	1989	1985	1988	1892
Fachbereich	FBING	FBBWL	FBPOL	FBING	FBING
Ergebnis	ok	ok	ok	Abbruch	Abbruch

Abb. 4.1 Testfälle zu Äquivalenzklassen

Testnummer	1	2	3	4	5	6
geprüfte Äquivalenz-klassen	Ä1 Ä4U Ä6	(Ä1) Ä4O Ä7	(Ä1) (Ä4) Ä8	Ä2	Ä3O	Ä5U
Name	„Meier"	„Schmidt"	„Schulz"	„"	„Meier"	„Meier"
Geburtsjahr	1900	2000	1985	1988	1899	2001
Fachbereich	FBING	FBBWL	FBPOL	FBING	FBING	FBING
Ergebnis	ok	ok	ok	Abbruch	Abbruch	Abbruch

Abb. 4.2 Erweiterung um Grenzwertanalyse

sehr gut möglich, da es hier zumeist eine obere oder eine untere Grenze gibt. Die Äquiva-lenzklasse Ä3 hat die obere Grenze 1899, die Äquivalenzklasse Ä5 die untere Grenze 2001, die Äquivalenzklasse Ä4 die untere Grenze 1900 und die obere Grenze 2000.

Bei der Zahlendarstellung im Computer ist zu beachten, dass es kleinste und größte Zahlen bei den zugehörigen Datentypen gibt. Können diese Grenzen eine Rolle spielen, muss man sie bei der Grenzwertanalyse berücksichtigen. Dies ist im vorgestellten Beispiel nicht der Fall. Bei Fließkommazahlen ist gegebenenfalls noch zu beachten, dass es zwischen der Zahl Null und der kleinsten positiven bzw. negativen Zahl immer eine kleine Lücke gibt, sodass man gegebenenfalls mit diesen kleinsten Zahlen ungleich Null auch testen sollte. Da alle Grenzwerte immer zu einer Äquivalenzklasse gehören, kann man dies bei der Erstellung der Testfälle berücksichtigen.

In Abb. 4.2 sind die Testfälle unter Berücksichtigung der Grenzen angegeben, dabei steht ein „U" für eine berücksichtigte untere und ein „O" für eine berücksichtigte obere Grenze. Durch die Grenzwertanalyse kann es passieren, dass sich die Anzahl der benötigten Testfälle um zwei zu testende Grenzen erhöht.

Jeder der gefundenen Testfälle kann dann in einen getrennten Unit-Testfall umgesetzt werden, wie es hier beispielhaft für die Fälle 1 und 4 beschrieben ist.

```
@Test
public void test1(){
  try{
    new Immatrikulation("Meier",1900,Bereich.FBING);
  }catch(ImmatrikulationsException e){
```

```
      Assert.fail("falsche Exception");
    }
  }


  @Test
  public void test4(){
    try{
      new Immatrikulation("",1988,Bereich.FBING);
      Assert.fail("fehlende Exception");
    }catch(ImmatrikulationsException e){
    }
  }
```

Mit etwas formal-mathematischer Bildung ist die Forderung, dass jede Äquivalenzklasse mit jeder anderen zusammen geprüft wird, was hier grob zu 2 * 3 * 3 = 18 Testfällen führen würde. Da man aber bei der Wahl der Klassen davon ausgeht, dass sich diese nicht gegenseitig beeinflussen und die Anzahl der Testfälle sonst auch sehr schnell enorm wachsen würde, wird häufiger auf diesen Ansatz verzichtet.

4.3 Analyse abhängiger Parameter

Was passiert, wenn das Ergebnis von der Kombination der Eingabewerte abhängig ist? In diesem Fall sollte man Äquivalenzklassen als Kombinationen der Eingabewerte bilden. Dies kann allerdings leicht zu sehr komplexen Strukturen führen, sodass man als Kompromiss dann wieder zu der ursprünglich getrennten Betrachtung der Eingabeparameter zurückkehrt. Die komplexere Betrachtung von sich gegenseitig beeinflussenden Eingabeparametern wird jetzt mit einem Beispiel verdeutlicht. Es soll eine Methode geschrieben werden, die das Maximum aus den drei übergebenen Zahlen berechnet. Die fehlerhafte Beispielimplementierung sieht wie folgt aus:

```
package abhaengigeParameter;

public class Maxi {
  public static int max(int x, int y, int z) {
    int max = 0;
    if (x > z) {
      max = x;
    }
    if (y > x) {
      max = y;
    }
    if (z > y) {
      max = z;
```

```
        }
    return max;
    }
}
```

Wird der einfache Äquivalenzklassenansatz genutzt, so kann jeder Parameter beliebige Werte annehmen, sodass es für jeden Parameter genau eine Äquivalenzklasse gibt, die alle int-Werte enthält. Es würde dann reichen, einen Testfall zu schreiben, der z. B. die Werte x = 7, y = 5 und z = 4 umfasst. Die Programmausführung liefert das erwartete Ergebnis 7.

Systematischer ist die Überlegung, dass es drei verschiedene Lösungen für die Fälle geben kann und dass das Maximum an erster, zweiter oder dritter Stelle steht. Die zugehörige Testklasse sieht dann wie folgt aus:

```
package abhaengigeParameter;

import org.junit.Assert;
import org.junit.Test;

public class MaxiTest {

  @Test
  public void testErstesMax() {
    Assert.assertEquals("Maximum an erster Stelle"
        , 7, Maxi.max(7, 5, 4));
  }

  @Test
  public void testZweitesMax() {
    Assert.assertEquals("Maximum an zweiter Stelle"
        , 7, Maxi.max(5, 7, 4));
  }

  @Test
  public void testDrittesMax() {
    Assert.assertEquals("Maximum an dritter Stelle"
        , 7, Maxi.max(4, 5, 7));
  }

  @Test
  public void testXZY() {
    Assert.assertEquals("X>Z>Y"
        , 7, Maxi.max(7, 4, 5));
  }
}
```

Auch diese Tests laufen erfolgreich, man kann aber eine noch genauere Analyse durchführen und die alternativen Anordnungen der Werte berücksichtigen, wo der größte, der zweitgrößte und der kleinste Wert steht. Weiterhin sind noch die Fälle zu berücksichtigen, bei denen zwei oder mehr Parameter den gleichen Wert haben. Insgesamt ergeben sich dann folgende Äquivalenzklassen:

x>y=z	y=z>x	y>x=z	x=z>y	z>y=x
y=x>z	z>y>x	z>x>y	y>z>x	y>x>z
x>z>y	x>y>z	x=y=z		

Bei der Ausführung der zugehörigen Testfälle scheitern mehrere dieser Fälle. Ein Beispiel sieht wie folgt aus; das falsche Ergebnis ist 5:

```
@Test
public void testXZY() {
   Assert.assertEquals("X>Z>Y", 7, Maxi.max(7, 4, 5));
}
```

Dieses kleine Beispiel deutet bereits an, dass die systematische Ableitung von Testfällen, die möglichst alle Probleme aufdecken, eine komplexe und teilweise sehr aufwändige Aufgabe ist. Tests zeigen nur die Abwesenheit von Fehlern in konkreten Situationen, nämlich genau den getesteten Fällen. Eine Garantie der Korrektheit kann so nicht erreicht werden, weshalb in sehr kritischen Fällen über den Einsatz formaler Ansätze nachgedacht werden muss.

4.4 Äquivalenzklassen und Objektorientierung

Die bisher gezeigten Fälle berücksichtigen die Objektorientierung nicht, da der Zustand eines Objekts bei den bisherigen Betrachtungen eines Konstruktors und einer Klassenmethode keine Rolle spielte. Setzt man den Äquivalenzklassenansatz konsequent für Objekte um, dann ist der Objektzustand ein weiterer Eingabeparameter. Man muss dazu untersuchen, welche unterschiedlichen Objektzustände das Berechnungsergebnis beeinflussen können. Damit werden Äquivalenzklassen für alle möglichen Objektzustände gebildet, die dann bei der Testfallerstellung berücksichtigt werden müssen. Die Komplexität der Objekt-Äquivalenzklassen hängt unter anderem stark von der Anzahl der Exemplarvariablen ab. Im folgenden Beispiel gibt es nur eine Exemplarvariable, was die Betrachtung vereinfacht.

In einem Bestellsystem wird für jeden Kunden im Objekt einer Klasse *Zuverlaessigkeit* festgehalten, wie er bezüglich seines Bezahlverhaltens eingestuft wird. Diese Einstufung wird durch die folgende Aufzählung beschrieben.

```
package kapitel04_OOTestZuverlaessigkeit;
public enum Bezahlstatus {
  STANDARD, GEPRUEFT, KRITISCH;
}
```

Die Klasse *Zuverlaessigkeit* soll eine Methode anbieten, mit der geprüft werden kann, ob
eine Bestellung über eine bestimmte Summe ohne eine weitere Liquiditätsprüfung erlaubt
wird. Die Bestellung soll für geprüfte Kunden immer und für kritische Kunden nie ohne
zusätzliche Prüfung möglich sein. Für sonstige Kunden muss eine Prüfung ab einer Be-
stellsumme von 500 € erfolgen. Die zu testende Implementierung sieht wie folgt aus:

```
package kapitel04_OOTestZuverlaessigkeit;
public class Zuverlaessigkeit {
  private Bezahlstatus status;

  public void setStatus(Bezahlstatus status){
    this.status=status;
  }

  public boolean einkaufssummePruefen(int wert){
    switch(status){
      case GEPRUEFT:{
        return true;
      }
      case STANDARD:{
        return wert<500;
      }
    }
    return false;
  }
}
```

Bei der reinen Äquivalenzklassenanalyse würde man nur den Eingabeparameter *wert* untersuchen und zwei Intervalle für gültige Äquivalenzklassen, kleiner 500 € und größer-
gleich 500 €, definieren. Diese Betrachtung berücksichtigt die Einstufung des Kunden
nicht. Aus diesem Grund werden drei gültige Äquivalenzklassen für die möglichen Objektzustände ergänzt.

Bei einer reinen Betrachtung der zwei getrennten Eingabeparameter *Bestellwert* und
Objektzustand würde man auch bei der Berücksichtigung von Grenzfällen auf drei Tests
kommen, bei denen die unterschiedlichen Objektäquivalenzklassen mit jeweils einem der
Bestellwerte 499 und 500 kombiniert werden.

Da man weiß, dass die Parameter zusammen das Ergebnis beeinflussen, müssen die
kombinierten Äquivalenzklassen aus *Objektzustand* und *Bestellwert* betrachtet werden, wodurch zumindest für Standardkunden die Werte 499 und 500 in einem vierten Test geprüft

werden. Bei sehr kleinen Anzahlen von Äquivalenzklassen kann man auch zur Kombination aller Einzelklassen übergehen und die Überprüfung mit den Werten 499 und 500 auch für die anderen Objektzustände durchführen, da dies durchaus zusätzliche Fehlerquellen bei der Realisierung sein könnten. Insgesamt enthält man dann die folgenden sechs Tests, die keine Fehler in der Implementierung zeigen. Man erkennt weiterhin, dass es zur Testerstellung wichtig ist, dass man von außen leicht Objektzustände durch set-Methoden erreichen können muss. Diese Methoden müssen gegebenenfalls zum Testen ergänzt werden.

```java
package kapitel04_OOTestZuverlaessigkeit;
import junit.framework.TestCase;

public class ZuverlaessigkeitTest extends TestCase {

  private Zuverlaessigkeit zvl;

  protected void setUp() throws Exception {
    super.setUp();
    zvl= new Zuverlaessigkeit();
  }

  public void testGeprueft1(){
    zvl.setStatus(Bezahlstatus.GEPRUEFT);
    assertTrue(zvl.einkaufssummePruefen(499));
  }

  public void testGeprueft2(){
    zvl.setStatus(Bezahlstatus.GEPRUEFT);
    assertTrue(zvl.einkaufssummePruefen(500));
  }

  public void testKritisch1(){
    zvl.setStatus(Bezahlstatus.KRITISCH);
    assertTrue(!zvl.einkaufssummePruefen(499));
  }

  public void testKritisch2(){
    zvl.setStatus(Bezahlstatus.KRITISCH);
    assertTrue(!zvl.einkaufssummePruefen(500));
  }

  public void testStandard1(){
    zvl.setStatus(Bezahlstatus.STANDARD);
    assertTrue(zvl.einkaufssummePruefen(499));
  }
```

```
  public void testStandard2(){
    zvl.setStatus(Bezahlstatus.STANDARD);
    assertTrue(!zvl.einkaufssummePruefen(500));
  }
}
```

Die Äquivalenzklassenmethode kann auch bei Tests auf abstrakterer Ebene eingesetzt werden, wenn man z. B. nur den Text einer Anforderung als Grundlage hat. Dabei muss man sich nur unterschiedliche Eingabebereiche ausdenken. Damit ist dieses Konzept der systematischen Konstruktion von kritischen Parametern und Objektzuständen die zentrale Idee zur Testfallerstellung.

Man kann den Äquivalenzklassenansatz auch umkehren, indem man sich ausgehend von unterschiedlichen Ergebnissen überlegt, welche Form die Eingaben haben müssen. Man spricht dann von Ausgabeäquivalenzklassen. Es ist dann zu beachten, dass ein Ergebnis wie eine Exception unterschiedliche Gründe in der Eingabe haben kann.

4.5   Analyse der Fallstudie

Die bisher vorgestellten Ansätze sollen jetzt auf die Fallstudie aus dem Abschn. 2.6 angewandt werden. Dabei wird jetzt nur die textuelle Spezifikation betrachtet, um deutlich zu machen, dass die Äquivalenzklassenbildung sehr gut auch für nur in Textform vorliegende Anforderungen eingesetzt werden kann. Die Anforderungen werden zunächst einzeln betrachtet, müssen aber häufiger im erweiterten Kontext zusammen mit den anderen Anforderungen betrachtet werden.

- Zu verwalten sind die Fachgebiete, in denen Mitarbeiter des Unternehmens eingesetzt werden können. Dabei interessiert nur, ob eine Fähigkeit vorhanden ist oder nicht.

Dieser Satz beschreibt eher eine Einleitung in die folgenden Anforderungen. Für eine Testfallbeschreibung kann nur untersucht werden, ob man Mitarbeiter überhaupt Fähigkeiten zuordnen kann und dass bei der Zuordnung keine weiteren Informationen, wie ein Befähigungsgrad, ergänzt werden können.

- Für jeden Mitarbeiter sollen folgende Daten mit den zugehörigen Randbedingungen erfasst werden:

Unabhängig vom Äquivalenzklassenansatz muss geprüft werden, dass die genannten – und nur die genannten – Eigenschaften eingetragen werden können.

- Jeder Mitarbeiter hat eine eindeutige Kennzeichnung (id), mit der er eindeutig identifiziert wird.

Zunächst kann festgestellt werden, dass der id-Wert beliebig sein kann; es gibt keine illegalen Werte. Die Forderung nach Eindeutigkeit bedeutet eigentlich, dass jeder Mitarbeiter in eine eigene Äquivalenzklasse fällt und sich damit unterscheiden muss. Es folgt, dass man alle Varianten zur Erzeugung eines Mitarbeiters z. B. durch die Dateneingabe oder das Einlesen aus einer Datenbank exemplarisch betrachten muss und prüft, dass die vergebenen id-Werte unterschiedlich sind.

- Jeder Mitarbeiter kann einen Vornamen haben, der geändert werden kann.

Diese Anforderung ist sehr allgemein. Es wird ein Text-Objekt übergeben und kann als Vorname genutzt werden. Formal ist das Thema damit mit einer Äquivalenzklasse abgehakt. Aus Sicht der Programmierung kann man die Äquivalenzklasse eventuell aufspalten, sodass der null-Wert getrennt von echten Texten betrachtet wird.

Aus der Sicht eines QS-Mitarbeiters stellt sich hier die Frage, ob die Anforderung präzise genug formuliert ist. Werden Anforderungen z. B. nicht kritisch aus der Sicht der QS gelesen, muss diese Frage spätestens im Testprozess aufgeworfen werden. Sollen hier beliebige Textzeichen mit führenden Leerzeichen, Steuerungszeichen und Spezialtexten wirklich erlaubt sein? Bei Spezialtexten stellt sich die Frage, ob die Eingabe von HTML-Steuersymbolen oder Befehlen aus Skriptsprachen erlaubt sein sollen, die gegebenenfalls zum Problem der Code Injection führen, da bei der Darstellung auf einer Webseite dann der Code ausgeführt wird. Man sieht hier exemplarisch, dass ein erfahrener Testfallersteller bereits mehrere Äquivalenzklassen mit kritischen Textarten im Hinterkopf haben muss.

Typisch ist an dieser Stelle, dass entweder individuell für jeden Text oder allgemein für Texteingaben festgelegt wird, welche Form Texteingaben haben sollen, sodass sich hieraus zumindest die Äquivalenzklassen der gültigen und ungültigen Eingaben ergeben. Aus Sicht der Endnutzer dürfen die Eingabemöglichkeiten allerdings auch nicht zu stringent sein, da es auch z. B. in Deutschland viele Namen gibt, die spezielle Zeichen aus anderen Sprachräumen beinhalten. Als Beispiele seien das Cedille-Zeichen unter Buchstaben u. a. im Türkischen wie in Şahin, die Akzentzeichen in spanischen und französischen Texten wie in Raúl und der Kreisakzent im Dänischen wie in Småland genannt. Sind solche Namen für eine Anwendung relevant, in der man es z. B. vermeiden möchte, Kunden doppelt einzutragen, muss der Umgang mit Sonderzeichen einheitlich berücksichtigt werden.

- Jeder Mitarbeiter muss einen Nachnamen haben, der mindestens zwei Zeichen umfasst.

Diese Anforderung zerfällt in zwei Äquivalenzklassen mit gültigen und nicht gültigen Texten. Betrachtet man den Programmcode, sollte wieder über null-Werte nachgedacht werden.

- Zu jedem Mitarbeiter gibt es eine Zuordnung von maximal drei Fachgebieten, in denen er eingesetzt werden kann. Die Zuordnung kann ergänzt und Werte daraus gelöscht werden.

In dieser Anforderung werden zumindest zwei Funktionen zum Hinzufügen und Löschen beschrieben, die getrennt betrachtet werden sollen. Weiterhin geht es hier um Fachgebiete, die in der Realisierung durch eine Aufzählung umgesetzt werden. Für Aufzählungen muss genau wie bei anderen Wertebereichen überlegt werden, ob diese in mehrere Klassen zu zerlegen sind. Im konkreten Fall ist dies nicht notwendig, da alle Fachgebiete gleichwertig sind und sich bezüglich der geforderten Funktionen nicht unterschiedlich verhalten sollen. Bei der Betrachtung des Programmcodes muss gegebenenfalls wieder über null-Werte nachgedacht werden.

Macht man für die geforderten Funktionalitäten nur eine reine Betrachtung der Parameter, wird jeweils nur eine Eigenschaft übergeben, wodurch es nur eine Äquivalenzklasse gibt. Dies macht gerade hier keinen Sinn, da das Verhalten unmittelbar von den vorhandenen Eigenschaften, also einer Exemplarvariablen im Code mitabhängt. Hier spielt die Zahl drei eine wichtige Rolle, da sie eine Grenze angibt. Aus der Anforderung geht nicht unmittelbar hervor, was passieren soll, wenn eine Eigenschaft mehrfach zugeordnet oder eine nicht vorhandene Eigenschaft gelöscht werden soll. Dies muss entweder direkt spezifiziert werden oder es gibt andere Quellen, in denen z. B. das GUI zur Funktionalität beschrieben wird, das sicherstellt, dass nur noch nicht hinzugefügte Eigenschaften ergänzt und nur vorhandene Eigenschaften gelöscht werden können.

Werden die Tests über die Oberfläche gemacht, kann hier schon sichergestellt werden, dass nur maximal drei Eigenschaften zugeordnet werden können. Dies ist dann zu überprüfen. Typischerweise ergibt sich für das Hinzufügen eine Äquivalenzklasse mit zugeordneten Eigenschaften. Durch die Grenzfallanalyse ergeben sich dann folgende drei Testfälle:

- Mitarbeitern ohne Eigenschaft wird eine Eigenschaft zugeordnet, die sie dann auch haben müssen.
- Mitarbeitern mit drei Eigenschaften wird eine schon vorhandene Eigenschaft zugeordnet, die sie dann auch haben müssen.
- Mitarbeitern mit drei Eigenschaften wird eine nicht vorhandene Eigenschaft zugeordnet, die sie dann auch nicht haben. Das weitere Verhalten des Programms in diesem Fehlerfall ist hier nicht weiter spezifiziert, müsste aber bei der konkreten Testfallerstellung berücksichtigt werden.

Es wird davon ausgegangen, dass generell kein Mitarbeiter mit mehr als drei Eigenschaften erzeugt werden kann, sodass es keine ungültige Klasse gibt.

Für das Löschen ergeben sich weniger Fälle, da die obere Grenze nicht überschritten werden kann. Dabei hängt es wieder von der Realisierung ab, ob überhaupt Eigenschaften entfernt werden können, die nicht zugeordnet wurden.

Konkret gibt es folgende Testfälle:

- Einem Mitarbeiter wird eine Eigenschaft weggenommen, die er hatte und die er danach nicht mehr haben darf, andere Eigenschaften werden nicht beeinflusst.

- Einem Mitarbeiter wird eine Eigenschaft weggenommen, die er nicht hatte und die er danach weiterhin nicht haben darf, andere Eigenschaften werden nicht beeinflusst. Ein Fehlerverhalten hängt von der detaillierteren Spezifikation und der Umsetzung ab.

Die Umsetzung der genannten Testfälle ist teilweise schon im vorherigen Kapitel beschrieben, die restlichen Fälle werden zur Übung überlassen.

4.6   Testfallermittlung für nicht-funktionale Anforderungen

Die Idee der logischen Aufteilung der Testmöglichkeiten kann natürlich auch auf andere Bereiche übertragen werden. Es bleibt dabei auch das Problem, dass man nicht alle beliebigen Möglichkeiten kombinieren kann, da die Anzahl zu groß wird. Ein Beispiel kann die Unterstützung unterschiedlicher Hardware-Plattformen sein. Dies ist z. B. bei Android-Realisierungen kritisch, da es immer kleine Unterschiede zwischen den Android-Varianten und Handys mit unterschiedlicher Display- sowie auch Pixel-Größe gibt. Im konkreten Fall muss man sich dann auf bestimmte Android-Varianten und Handys konzentrieren, sodass zumindest jede bei der Veröffentlichung relevante Betriebssystem-Variante und jede Darstellungsvariante einmal beachtet wird.

Auch wenn man die Nutzbarkeit untersucht, wird man Äquivalenzklassen von verschiedenen Nutzergruppen betrachten, die dann die Applikation testen.

4.7   Fazit

Die Äquivalenzklassenanalyse ist die Formalisierung des Ansatzes des systematischen Ausprobierens. Es wird gefordert, möglichst viele Varianten zu betrachten, die ein unterschiedliches Verhalten liefern sollen. Weiterhin müssen alle Randfälle betrachtet werden. Wichtig ist die Ergänzung um die Betrachtung, dass man beliebiges gewünschtes Verhalten in Tests kombinieren kann, jedes unerwünschte oder besonders zu behandelnde Verhalten aber getrennt getestet werden muss.

Der Ansatz eignet sich auf allen Testebenen, kann auf sehr allgemein gehaltene Beschreibungen, aber auch konkrete Methoden angewandt werden. Gerade durch die Suche nach Grenzfällen werden auch mögliche Spezifikationsprobleme aufgedeckt. Dies kann Details betreffen, z. B. wie ist wirklich kleiner oder kleiner-gleich gemeint, aber auch generelle Design-Fragen, wie die, ob die Aufteilung der Nutzer in verschiedene Rechte-Rollen-Gruppen in der aktuellen Form sinnvoll ist.

Generell gibt es nicht das Werkzeug zu diesem Ansatz, weil die Ideen in fast allen Arten der Testerstellung und der Umsetzung mit Werkzeugen eine zentrale Rolle spielen. Der Ansatz ist auch mit der später noch detaillierter im Kap. 10 diskutierten Frage, woher die Testdaten kommen, verbunden. Generell fordert der Äquivalenzklassenansatz keine Informatikfähigkeiten, es wird nur ein logischer, kritischer Menschenverstand benötigt.

Aus diesem Grund kann man darüber nachdenken, ob nicht die eigentlichen Kunden der Software, also die echten Anwendungsexperten, bei der Testfallerstellung mit ihrem Wissen unterstützen können. Zur Umsetzung dieses Ansatzes gibt es einige Varianten. Ein manchmal genutzter Ansatz ist es, dass Anwendungsexperten ihre Testdaten in vorher nach bestimmten Rahmenbedingungen strukturierten Excel-Sheets eintragen, die dann in Testfälle verwandelt werden. Einen Schritt weiter gehen das Testwerkzeug Fit (Framework for Integrated Test) [@Fit, MC05] und die Nachfolgerwerkzeugfamilie FitNesse [@Fis], die es nach etwas Vorbereitung Anwendungsexperten ermöglicht, Testdaten in einer Word-Datei oder einem Wiki in Tabellen zu definieren und teilweise die Tests sogar selbst auszuführen. Zum Einstieg in diesen Ansatz wird hier kurz das Konzept von Fit vorgestellt, das in FitNesse verallgemeinert wird. Konkret sollen Testfälle für unsere Mitarbeiter und ihre Fachgebiete erstellt werden.

Abb. 4.3 zeigt ein Word-Dokument, das erklärenden Text und mehrere Tabellen enthält, in denen konkrete Testfälle beschrieben sind. Fit ist ein Framework, das den Testersteller dabei unterstützt, die Testdaten aus solchen Dokumenten zu lesen. Dabei werden neben einfachen Tabellen wie in diesem Beispiel auch komplexere Strukturen unterstützt. Damit die Daten verarbeitet werden können, muss das Word-Dokument im HTML-Format abgespeichert werden.

Der generelle Aufbau der Tabelle ist zwischen Anwendungsexperten und Testerstellern zu besprechen. Formal steht in der ersten Zelle oben links der Name einer Klasse, in der die Tests realisiert werden, die voll qualifiziert mit Paketen angegeben wird. In der zweiten Zeile stehen ohne Klammern die Namen der Testparameter. Mit Klammern stehen hier die Namen der Methoden, die zum Testen aufgerufen werden sollen. Anders als im Beispiel können hier auch mehrere Methoden stehen, sodass z. B. die letzte Spalte der zweiten Tabelle einfach als letzte Spalte an die erste Tabelle angehängt werden könnte, wenn man einen einheitlichen Parameternamen für *gebietNeu* und *gebietPruef* nutzen würde.

Jede Zeile der Tabelle definiert dann einen Testfall, d. h. es werden Werte für die Parameter und das erwartete Ergebnis der aufgerufenen Methode angegeben. Fit versteht zunächst Basistypen wie String, int und boolean, komplexere Objekte müssen dann aus ihnen zusammengebaut werden. Im konkreten Fall wird eine Methode benötigt, die aus einem String ein Fachgebiet konstruiert, die in der Aufzählung *Fachgebiet* wie folgt ergänzt wird:

```
public enum Fachgebiet implements Serializable {
   ANALYSE, DESIGN, JAVA, C, TEST;

   public static Fachgebiet fachgebietErstellen(String g) {
      Object zuordnung[][] = { { "C", Fachgebiet.C },
         { "Analyse", Fachgebiet.ANALYSE },
         { "Design", Fachgebiet.DESIGN },
         { "Java", Fachgebiet.JAVA },
         { "Test", Fachgebiet.TEST } };
      for (Object[] paar : zuordnung) {
```

```
      if (g.equals(paar[0])) {
        return (Fachgebiet) paar[1];
      }
    }
    throw new IllegalArgumentException(g + " ist kein Fachgebiet");
  }
}
```

Die eigentlichen Testklassen haben die Parameternamen aus den Tabellen als Exemplarvariablen mit der Sichtbarkeit *public*. Im Hintergrund wird Reflection (s. auch S. 71) genutzt,
um Klassen zu finden, Objekte zu erstellen und die Testmethoden aufzurufen.

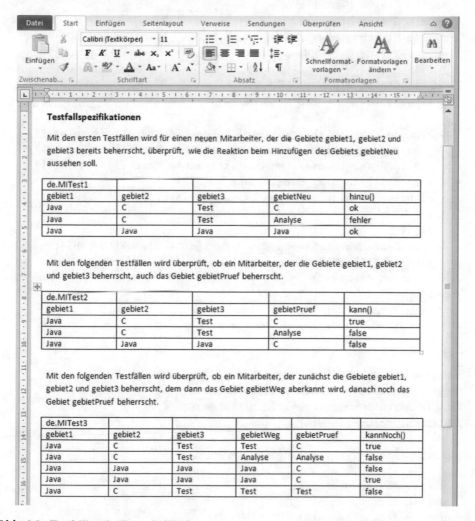

Abb. 4.3 Testfallbeschreibung in Word

Die hier benötigten Testklassen sehen wie folgt aus. Man beachte, dass genau geprüft wird, dass die in einigen Fällen gewünschte Exception nicht zu früh geworfen wird. Erst wenn drei Fähigkeiten ergänzt wurden, darf gegebenenfalls die Exception auftreten.

```
package de;
import verwaltung.mitarbeiter.Fachgebiet;
import verwaltung.mitarbeiter.Mitarbeiter;
import fit.ColumnFixture;

public class MITest1 extends ColumnFixture{

  public String gebiet1;
  public String gebiet2;
  public String gebiet3;
  public String gebietNeu;

  public String hinzu(){
    Mitarbeiter ma = new Mitarbeiter();
    try {
      ma.addFachgebiet(Fachgebiet.fachgebietErstellen(gebiet1));
      ma.addFachgebiet(Fachgebiet.fachgebietErstellen(gebiet2));
      ma.addFachgebiet(Fachgebiet.fachgebietErstellen(gebiet3));
    } catch (IllegalArgumentException e) {
      throw new IllegalArgumentException("Verfruehte Ausnahme");
    }
    try {
      ma.addFachgebiet(Fachgebiet.fachgebietErstellen(gebietNeu));
    } catch (IllegalArgumentException e) {
      return "fehler";
    }
    return "ok";
  }
}

package de;
import verwaltung.mitarbeiter.Fachgebiet;
import verwaltung.mitarbeiter.Mitarbeiter;
import fit.ColumnFixture;

public class MITest2 extends ColumnFixture{

  public String gebiet1;
  public String gebiet2;
  public String gebiet3;
  public String gebietPruef;
```

```
  public boolean kann(){
    Mitarbeiter ma = new Mitarbeiter();
    try {
      ma.addFachgebiet(Fachgebiet.fachgebietErstellen(gebiet1));
      ma.addFachgebiet(Fachgebiet.fachgebietErstellen(gebiet2));
      ma.addFachgebiet(Fachgebiet.fachgebietErstellen(gebiet3));
    } catch (IllegalArgumentException e) {
      throw new IllegalArgumentException("Verfruehte Ausnahme");
    }
    return ma.hatFachgebiet(Fachgebiet.fachgebietErstellen(gebietPruef));
  }
}


package de;
import verwaltung.mitarbeiter.Fachgebiet;
import verwaltung.mitarbeiter.Mitarbeiter;
import fit.ColumnFixture;

public class MITest3 extends ColumnFixture{


  public String gebiet1;
  public String gebiet2;
  public String gebiet3;
  public String gebietWeg;
  public String gebietPruef;

  public boolean kannNoch(){
    Mitarbeiter ma = new Mitarbeiter();
    try {
      ma.addFachgebiet(Fachgebiet.fachgebietErstellen(gebiet1));
      ma.addFachgebiet(Fachgebiet.fachgebietErstellen(gebiet2));
      ma.addFachgebiet(Fachgebiet.fachgebietErstellen(gebiet3));
    } catch (IllegalArgumentException e) {
      throw new IllegalArgumentException("Verfruehte Ausnahme");
    }
    ma.removeFachgebiet(Fachgebiet.fachgebietErstellen(gebietWeg));
    return ma.hatFachgebiet(Fachgebiet.fachgebietErstellen(gebietPruef));
  }
}
```

Die Klasse *ColumnFixture* ist eine der bereits im Framework realisierten Möglichkeiten zur Verarbeitung einfacher Tabellen. Neben den weiteren angebotenen Varianten können Entwickler hier eigene Klassen erstellen, die die Analyse von HTML-Dokumenten und die resultierende Erstellung von Testfällen unterstützen.

Fit ist ursprünglich so konzipiert, dass es von der Kommandozeile aufgerufen wird. Dazu werden neben der Startklasse eine HTML-Seite mit den Testfällen und eine dann neu erstellte HTML-Seite für die Ergebnisse übergeben. In Eclipse muss hierzu eine „Run Configuration" erstellt werden. Abb. 4.4 zeigt die Auswahl der zu startenden Klasse. Der Reiter in Abb. 4.5 zeigt die Parameter mit der Eingabe und der Ausgabedatei.

Nach der Programmausführung wird eine Ausgabedatei erzeugt, bei der alle erfolgreich validierten Testergebnisse grün und gescheiterte Testfälle rot mit dem erwarteten und berechneten Ergebnis zu sehen sind. In Abb. 4.6 wird ein Teil der Ausgabe gezeigt, die visualisiert, dass der vorletzte Testfall, hier ein falsch geschriebener Testfall, gescheitert ist.

Insgesamt sind Fit und FitNesse damit interessante Kandidaten, über die man beim Aufbau einer Werkzeuglandschaft zur Qualitätssicherung nachdenken kann. Kritisch ist anzumerken, dass komplexe Testfälle teilweise nur schwer zu spezifizieren sind, wobei natürlich nicht jede Methode immer erst ein Objekt erstellen muss, dies könnte auch bereits im Konstruktor der Klasse passieren. Weiterhin laufen die Testfälle ohne JUnit, was bei einer möglichen Testautomatisierung zu zusätzlichen Aufwänden führt, da die Fit-Ergebnisse in die Gesamtergebnisse integriert werden müssen. Da man aber mit Sicherheit nicht alle Tests mit Fit ablaufen lassen will, kann man das Werkzeug in seiner Nische, dem Kunden die direkte Möglichkeit zu schaffen, Tests zu spezifizieren und mit wenig Aufwand sogar auszuführen, als sehr interessantes Werkzeug einstufen. Ein typisches Anwendungsszenario ist eine Versicherung, in der Versicherungsexperten die Testfälle für die Kalkulation eines Tarifs zusammen mit dem gewünschten Ergebnis in Tabellen festhalten können.

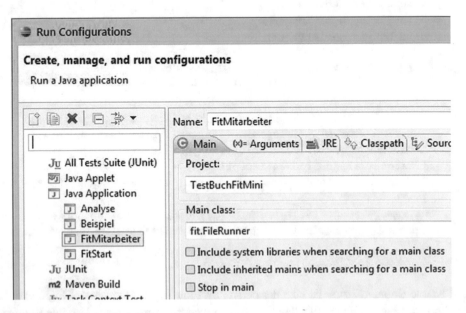

Abb. 4.4 Auswahl der Start-Klasse für Fit

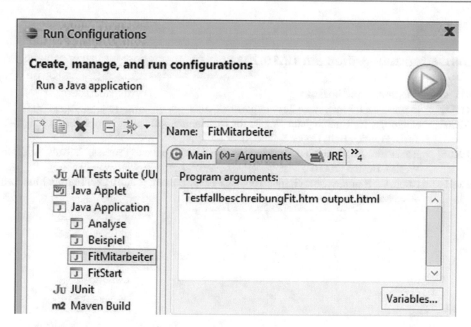

Abb. 4.5   Startparameter für Fit

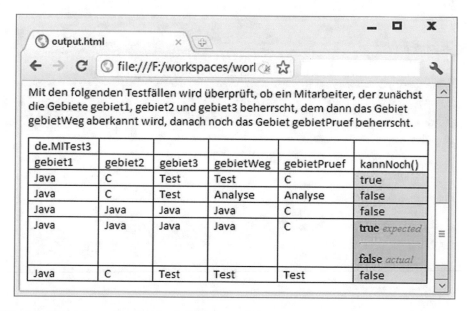

Abb. 4.6   Beispielausgabe von Fit mit Fehler

Literatur

Webseiten zugegriffen am 18.10.2018

[@Fis]   FitNesse. http://fitnesse.org/
[@Fit]   Framework for Integrated Test. http://fit.c2.com/
[MC05]   Mugridge, R., Cunningham, W.: Fit for Developing Software: Framework for Integrated
           Tests. Prentice Hall, Upper Saddle River (2005)
[RR06]   Robertson, S., Robertson, J.: Mastering the Requirements Process, 2. Aufl. Addison-
           Wesley, Boston (2006)
[Rup14]   Rupp, C.: Requirements-Engineering und -Management, 6. Aufl. Carl Hanser, München/
           Wien (2014)

Überdeckungsmaße

5

Zusammenfassung

Nachdem in den vorherigen Kapiteln beschrieben wurde, wie man systematisch Tests mit Äquivalenzklassen und Grenzwerten erstellen und mit JUnit umsetzen kann, stellt sich unmittelbar die Frage: „Wann habe ich genug getestet?" Die Testerstellung benötigt einiges an Zeit und man muss wirtschaftlich diese Erstellungszeit und die Kosten möglicher Fehler gegenrechnen. Bei diesen Kosten sind nicht nur die Wartungsarbeiten, sondern auch ein möglicher Image-Schaden bei auftretenden Fehlern zu beachten. Diese Betrachtungen sind wieder projektindividuell durchzuführen, da hier z. B. für Werbe-Spiele und Software aus dem Medizin-, Luftfahrt-, aber auch Banken- und Versicherungsbereich andere Forderungen gelten.

Trotzdem steht die Frage im Raum, ob es wenigstens Indikatoren gibt, die andeuten, dass zumindest jeder Bereich der Software etwas getestet wurde. Hier liefern verschiedene Varianten von Überdeckungsmaßen eine interessante Antwort, da so z. B. festgestellt werden kann, dass jede Programmanweisung mindestens einmal ausgeführt wurde. In diesem Kapitel werden einige verschiedene Maße vorgestellt. Vorweg sei aber angemerkt, dass auch gezeigt wird, dass diesen Maßen niemals blind vertraut werden darf. Auch eine vollständige Überdeckung garantiert keine Abwesenheit gravierender Fehler, was allerdings generell für das Testen gilt. Anhand von Beispielen wird deshalb gezeigt, welche Fehler sich verstecken können, obwohl eine hohe Überdeckung erreicht wurde.

Generell muss und lässt sich die Berechnung von Überdeckungen effizient nur mit Werkzeugen durchführen, für die abschließend einige Beispiele vorgestellt werden.

In diesem Kapitel wird für die Einführung in die Überdeckungen eine einfache in Java programmierte Methode genutzt, die zunächst vorgestellt werden soll. Generell wird nach

© Springer Fachmedien Wiesbaden GmbH, ein Teil von Springer Nature 2019
S. Kleuker, *Qualitätssicherung durch Softwaretests*,
https://doi.org/10.1007/978-3-658-24886-4_5

einer Methode gesucht, die folgende Spezifikation, z. B. aus dem Versicherungs- oder Kreditsektor, erfüllt.

> „Zu entwickeln ist eine Methode zur Berechnung eines Bonus eines Kunden. Hierbei wird der interne Score und das Alter des Kunden berücksichtigt. Liegt der Score über 2600, wird der Ausgangswert des Bonus mit 20, sonst mit 5 festgelegt. Liegt das Alter des Kunden über 42 und der Score über 900, wird der Bonus um 10 erhöht.“

Die Realisierung erfolgt in folgender Klasse, deren weitere Funktionalität hier nicht betrachtet wird. Vorweg sei angemerkt, dass die Methode korrekt ist.

```
package kunden.verwaltung;

public class Bonusrechnung {
  public int bonus(int score, int alt) {
    int ergebnis = 0;
    if (score > 2600) {
      ergebnis = 20;
    } else {
      ergebnis = 5;
    }
    if (alt > 42 & score > 900) {
      ergebnis += 10;
    }
    return ergebnis;
  }
}
```

Der übliche Weg der Testfallerstellung mit Äquivalenzklassen und Grenzwerten wird in den folgenden einführenden Überlegungen nicht vollzogen, um den Fokus auf die zu erklärenden Überdeckungsarten zu legen. Für die Praxis ist aber immer zu bedenken, dass man zunächst Testfälle für das typische sowie die alternativen Verhalten erstellt, dann die Überdeckung misst und dann gegebenenfalls entscheidet, weitere Testfälle zu ergänzen.

5.1   Kontrollflussgraph

Die vorher vorgestellte Äquivalenzklassenmethode betrachtet die zu untersuchende Funktionalität von außen. Es wird nur das Ein-/Ausgabeverhalten betrachtet, was auch Black-Box-Sicht genannt wird. Bei der Erstellung der Methoden weiß der Entwickler, warum er eine bestimmte Struktur aus Schleifen und Alternativen gewählt hat. Damit eine Methode vollständig getestet wird, muss zumindest jedes Programmteilstück einmal ausgeführt werden.

Dies wird durch die Äquivalenzklassenmethode nicht garantiert, auch wenn sich aus den Eingabeäquivalenzklassen die Gründe für Verzweigungen in den Methoden ergeben sollten.

Die jetzt vorgestellten Überdeckungsverfahren orientieren sich an der detaillierten Programmstruktur. Es wird genau in die untersuchten Methoden hineingeschaut. Dies wird auch White-Box-Sichtweise genannt.

Zu jedem Programm kann man einen gerichteten Kontrollflussgraphen angeben, der die möglichen Programmausführungen beschreibt. Dabei sind die Knoten des Graphen ausgeführte Befehle, die durch gerichtete Kanten verbunden werden. If-Befehle, switch-Befehle und Schleifen führen dabei zu Verzweigungen im Graphen, wobei nicht erkennbar ist, welcher Zweig zu welchem Fall gehört.

Abb. 5.1 zeigt links die Methode und daneben den zugeordneten Graphen. Bei der Erstellung des Graphen gibt es einige Freiheiten, z. B. kann man sich fragen, ob schließende Klammern oder Zeilenumbrüche eigene Knoten sind. Um die Graphen zu vereinheitlichen, gibt es folgende Regeln, mit denen mehrere Knoten k_1, k_2, ..., k_n, die nacheinander durchlaufen werden können, also $k_1 \rightarrow k_2 \rightarrow ... \rightarrow k_n$, zu einem Knoten verschmolzen werden.

a) Die Knotenfolge wird bei jedem Durchlauf immer nur über k_1 betreten, es gibt außer den genannten Kanten keine weiteren Kanten, die in k_2, ..., k_n enden.

b) Die Knotenfolge wird bei jedem Durchlauf immer nur über k_n verlassen, es gibt außer den genannten Kanten keine weiteren Kanten, die in k_1, ..., k_{n-1} beginnen.

c) Die Knotenfolge ist maximal bezüglich a) und b).

Abb. 5.2 skizziert ein allgemeines Beispiel, wie der Graph auf der linken Seite durch die angegebenen Regeln zum Graphen auf der rechten Seite verschmolzen werden kann. Die Knoten 1, 2 und 3 können zusammengefasst werden, da sie nur in dieser Reihenfolge durchlaufen werden können. Der Knoten 0 kann nicht dazu genommen werden, da eine

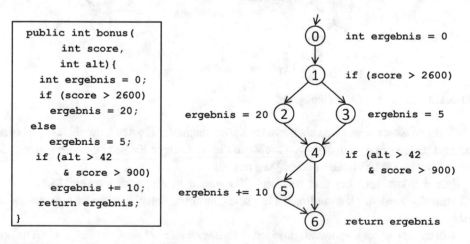

Abb. 5.1 Programm mit zugehörigem Kontrollflussgraphen

Abb. 5.2 Vereinheitlichter
Kontrollflussgraph

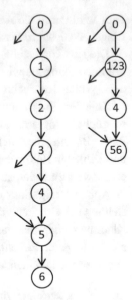

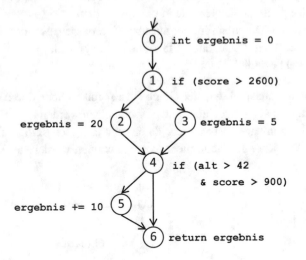

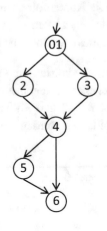

Abb. 5.3 Normierter Kontrollflussgraph

zusätzliche Kante zeigt, dass als nächster Knoten nicht der Knoten 1 durchlaufen werden
muss. Der Knoten 4 kann ebenfalls nicht mit den vorherigen Knoten vereinigt werden, da
nach Knoten 3 auch ein alternativer Weg besteht.

Für das konkrete Beispiel bedeutet dies nur, dass die beiden ersten Knoten verschmolzen werden. Der minimale Graph zu unserem Beispiel befindet sich rechts in
Abb. 5.3.

Abschließend sei angemerkt, dass sich ein Entwickler bei dem Einsatz von Werkzeugen nie um diese Normierung kümmern muss, da die Werkzeuge nicht Normieren und pro

Knoten mit einer Anweisung arbeiten. Wichtig ist allerdings ein Programmierstil, bei dem niemals zwei Anweisungen, die zu unterschiedlichen Knoten gehören, in einer Zeile stehen, da es dann schwierig wird, Überdeckungen mit einer Farbe pro Zeile zu visualisieren. Konkret betrifft dies if-Anweisungen, bei denen die Bedingung und eine Anweisung nicht in der gleichen Zeile stehen sollen. Ein schlechtes Beispiel ist:

```
if (alt > 42 & score > 900) ergebnis += 10;
```

5.2 Anweisungsüberdeckung

Bei allen beschriebenen Überdeckungen ist es der Fall, dass zunächst beschrieben wird, was überdeckt werden soll und man dann überprüft, was konkret von den Tests überdeckt wird. Generell soll der Grad der Überdeckung möglichst groß, also nahe einem Normwert 1 bzw. 100 % liegen. In Anforderungen an den Qualitätssicherungsansatz kann dann z. B. vereinbart werden, dass die Tests zumindest eine 90-%-Überdeckung garantieren.

Bei der Anweisungsüberdeckung, oft auch C0-Überdeckung genannt, wird berechnet, wie viele der Programmanweisungen durch die Tests ausgeführt wurden. Statt Anweisungen werden formal die Knoten des Kontrollflussgraphen betrachtet. Das Maß berechnet sich damit als

$$\frac{\text{Anzahl der besuchten Knoten}}{\text{Anzahl aller Knoten}}$$

In Abb. 5.4 sind drei Testfälle für das konkrete Beispiel mit den Eingabeparametern und dem gewünschten Ergebnis angegeben. Unter jedem Testfall ist visualisiert, welche der Knoten besucht wurden, woraus dann die Überdeckung berechnet werden kann. Es folgt unmittelbar aus dem Programmaufbau, dass eine vollständige Überdeckung nicht mit einem Testfall erreicht werden kann, da es eine if-else-Anweisung mit zwei Wegen gibt, die nicht mehrfach, z. B. in einer Schleife, besucht werden kann. Weiterhin macht die Abbildung deutlich, dass man hier mit zwei Testfällen eine vollständige Überdeckung erreicht, wie die Zusammenfassung der Testfälle T1 und T3 auf der rechten Seite zeigt.

Wenn man den Ansatz genau durchliest, sollte auffallen, dass das Testergebnis eine untergeordnete Rolle spielt und nicht in die Überdeckungsberechnungen einfließt. Wird das erwartete Ergebnis nicht angegeben, könnte man Testfälle realisieren, die alle Programmzeilen ausführen, aber keine inhaltliche Überprüfung durchführen. Dies ist ein wichtiger Kritikpunkt an Überdeckungsmaßen – dass man nur erkennt, dass etwas gemacht wurde, aber den eigentlichen Programmzustand nicht untersucht. Im konkreten Fall muss man zumindest fordern, dass am Ende des Tests der erreichte Zustand samt berechnetem Ergebnis genau überprüft wird und dass nur erfolgreiche Testfälle in die Überdeckungsrechnung eingehen.

Test	T1	T2	T3	T1+T3
score	2601	900	2600	
alt	43	43	88	
ergebnis	30	5	15	

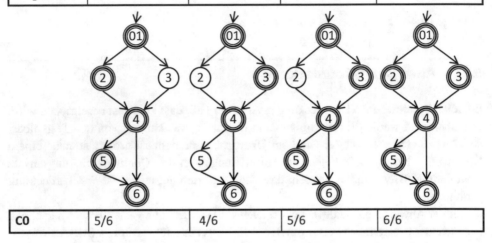

| C0 | 5/6 | 4/6 | 5/6 | 6/6 |

Abb. 5.4 Anweisungsüberdeckung (C0) durch einzelne Testfälle

5.3   Zweigüberdeckung

Die Anweisungsüberdeckung ist ein sehr grobes Maß, da hier nur Knoten, aber nicht die
Ausführungspfade betrachtet werden. So führen die Testfälle T1 und T3 aus Abb. 5.4 zwar
zu einer vollständigen Anweisungsüberdeckung, es werden aber nicht alle möglichen
Pfade durchlaufen. Die Kante vom Knoten 4 zum Knoten 6 wird nie benutzt; anschaulich
werden nicht alle möglichen Ablaufschritte betrachtet. Dies führt zur Definition der
Zweigüberdeckung, auch C1-Überdeckung genannt, die fordert, dass alle Kanten überdeckt, also alle Zweige des Programms mindestens einmal durchlaufen werden. Das Maß
ist damit wie folgt definiert:

$$\frac{\text{Anzahl der besuchten Kanten}}{\text{Anzahl aller Kanten}}$$

In Abb. 5.5 sind für die bereits genannten Testfälle die erreichten Zweigüberdeckungen
durch fett gezeichnete Kanten visualisiert. Man erkennt, dass die Testfälle T1 und T3 zusammen keine vollständige Überdeckung erreichen. Durch die Kombination von T1 und
T2 ist garantiert, dass jeder Programmzweig einmal ausgeführt wurde. Formal entsteht
der Unterschied zur Anweisungsüberdeckung dadurch, dass es Alternativen gibt, in denen keine Anweisung steht, typischerweise ein if ohne else-Zweig oder ein switch ohne
Anweisungsblock oder ohne zutreffenden case-Fall.

Test	T1	T2	T3	T1+T3	T1+T2
score	2601	900	2600		
alt	43	43	88		
ergebnis	30	5	15		

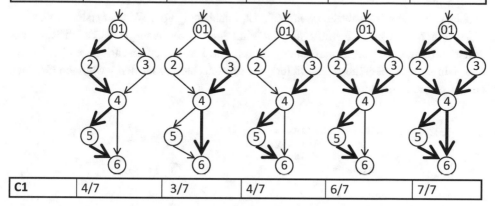

C1	4/7	3/7	4/7	6/7	7/7

Abb. 5.5 Zweigüberdeckung (C1) durch einzelne Testfälle

Aus einer vollständigen Zweigüberdeckung folgt aus der Definition der Graphen eine vollständige Anweisungsüberdeckung, sodass die Zweigüberdeckung einen echten Mehrwert darstellt. In der Praxis ist die Zweigüberdeckung eine wichtige, eigentlich minimale Grundlage, die immer gemessen werden sollte, wenn dies automatisiert möglich ist.

Falls man nach der Erstellung von Tests z. B. durch die Äquivalenzklassen und Grenz fallanalyse merkt, dass man keine genügend hohe Überdeckung erreichen kann, muss man auf Basis der vorliegenden Implementierung überlegen, welche Testfälle ergänzt werden können. Oftmals sind diese Überlegungen aus unterschiedlichen Gründen recht komplex. Gerade Programm-Code, der in Ausnahmebehandlungen programmiert wurde, ist oft schwer zu testen, da Ausnahmen, wie z. B. Verbindungsabbrüche zu Datenbank-Servern, nur selten auftreten und deshalb explizit simuliert werden müssen. Eine schwierige Überdeckung kann aber auch andeuten, dass die untersuchte Software schwer zu analysieren ist, da z. B. zu lange und mit vielen if- und while-Anweisungen verschachtelte Methoden genutzt werden. Im Extremfall kann eine nicht erreichbare Überdeckung darauf hindeuten, dass nicht ausführbarer Programm-Code programmiert wurde – ein sicherlich sehr interessantes Nebenergebnis der Überdeckungsanalyse.

Abschließend soll für die beiden vorgestellten kontrollflussorientierten Überdeckungen ein kleines mahnendes Beispiel vorgestellt werden, bei dem die Überdeckungen versagen können und das bereits ab Seite 89 wegen der schwierigen Äquivalenzklassenbildung betrachtet wurde. Zur Erinnerung lautet die Aufgabe: zu entwickeln ist eine Methode, der drei ganze Zahlen übergeben werden und die die Größte dieser Zahlen zurückgibt.

Der Ansatz ist, eine Hilfsvariable für das Ergebnis zu definieren, zunächst die erste und die dritte Zahl, dann die erste mit der übrig gebliebenen zweiten Zahl und zuletzt die dritte mit der zweiten Zahl zu vergleichen, sodass alle Zahlen miteinander verglichen wurden und das Maximum bestimmt ist. Die zugehörige Realisierung mit dem nicht normierten Kontrollflussgraphen auf der rechten Seite ist in Abb. 5.6 dargestellt. Beim kritischen Lesen sollte aufgefallen sein, dass die Methode zwei Fehlerquellen enthält. Zum einen ist das Ergebnis für drei gleiche übergebene Zahlen immer Null, weiterhin ist die dritte Zahl immer das Ergebnis, wenn sie größer als die zweite Zahl ist, unabhängig vom Wert der ersten Zahl.

Abb. 5.7 zeigt zwei Testfälle mit den einzelnen Zwischenergebnissen, die zu einer vollständigen Anweisungsüberdeckung führen und keinen der beschriebenen Fehler finden. Die Progammausführungen liefern die gewünschten, über den jeweiligen Graphen beschriebenen Ergebnisse.

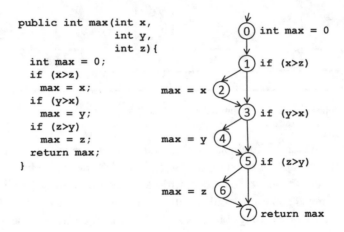

Abb. 5.6 Maximumberechnung mit Kontrollflussgraph

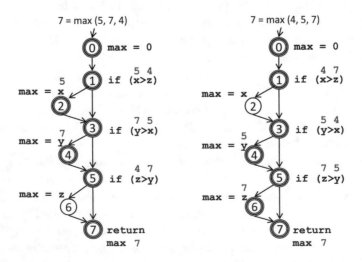

Abb. 5.7 Maximumberechnung mit Anweisungsüberdeckung

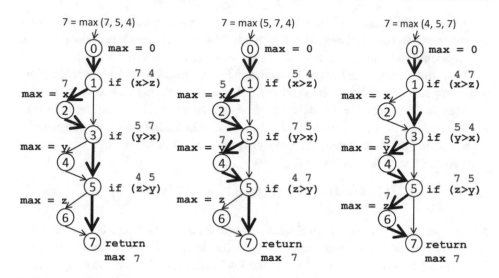

Abb. 5.8 Maximumberechnung mit Zweigüberdeckung

Abb. 5.8 zeigt drei Testfälle mit den einzelnen Zwischenergebnissen, die zu einer vollständigen Zweigüberdeckung führen und keinen der beschriebenen Fehler finden. Die Progammausführungen liefern die gewünschten, über den jeweiligen Graphen beschriebenen Ergebnisse.

Natürlich können beide Fehler auch mit Testfällen gefunden werden, die für die Überdeckungen nutzbar sind. Systematischer ist es aber, zunächst über Äquivalenzklassen nachzudenken, diese in Tests umzusetzen und dann die erreichte Überdeckung zu prüfen. Die Äquivalenzklassen sind im Kap. 4 auf Seite 91 aufgeführt.

Abschließend sei angemerkt, dass es weitere kontrollflussorientierte Überdeckungsmaße gibt. Zu nennen ist insbesondere die Pfadüberdeckung, die fordert, dass jeder mögliche Pfad durch einen Kontrollflussgraphen benutzt wird. Da Schleifen in Programmen zu Schleifen im Kontrollflussgraphen führen, kann es möglich sein, dass nicht alle Pfade durchlaufen werden können, wenn diese Anzahl unendlich wird. Schleifen können auch mit der Zweigüberdeckung behandelt werden, da alle Schleifen mindestens einmal durchlaufen werden und einmal abweisend sein müssen. Trotzdem kann man für Schleifen zusätzliche Forderungen stellen, dass sie z. B. in einem Test nicht und in anderen Tests einmal und/oder mehrmals durchlaufen werden müssen. Diese Maße spielen aber in der Praxis eine untergeordnete Rolle.

5.4 Einfache Bedingungsüberdeckung

Auch die Zweigüberdeckung garantiert nicht, dass wirklich alle programmierten Alternativen getestet werden. Betrachtet man eine bedingte Anweisung der Form if (a || b), so reicht es für eine Zweigüberdeckung aus, dass b den Wert *false* und a einmal den Wert *true* sowie einmal den Wert *false* hat. Durch diese Tests wird die Variable b nicht genau betrachtet, da die Variable nie den Wert *true* haben muss. Diese Überlegung führt zu einem alternativen Überdeckungsmaß, das sich nicht am Programmablauf, sondern an den im Programm vorkommenden Booleschen Bedingungen orientiert.

Dazu wird zunächst der Begriff des atomaren Booleschen Ausdrucks, vereinfacht Atom genannt, geklärt. Dies ist ein Boolescher Ausdruck, der sich nicht weiter in Teilformeln zerlegen lässt. Im einführenden Beispiel wären damit a und b Atome. Da Negationen immer die gesamte Bedeutung eines Booleschen Ausdrucks umdrehen, werden sie hier nicht als besonderer Bestandteil betrachtet, wodurch auch !a und !b Atome sind.

In Abb. 5.9 wird der Boolesche Ausdruck

$$\Big(\big((x == 1) \,\|\, (x == 2)\big) \& \& \big((y == 3) \,\|\, (y == 4)\big)\Big)$$

genauer betrachtet. Über der Formel steht ein sogenannter Syntaxbaum, der andeutet, dass sich jeder Boolesche Ausdruck als Baum darstellen lässt. Dabei sind Atome mit A, Disjunktionen (Oder-Verknüpfungen) mit D und Konjunktionen (Und-Verknüpfungen) mit K gekennzeichnet. Genauer ist es immer ein Binärbaum, da immer zwei Boolesche Teilausdrücke zusammen ausgewertet werden. Bei einer Formel a && b && c wird auch immer erst von links nach rechts a && b berechnet und erst dann das Ergebnis mit c verknüpft. Der Boolesche Ausdruck beinhaltet damit die vier Atome x==1, x==2, y==3, y==4. Jeder Boolesche Teilausdruck, der bei der Auswertung des Baumes genutzt wird, wird hier Teilbedingung genannt; dies umfasst alle Atome und ihre Verknüpfungen. Im konkreten Beispiel sind dies die folgenden sieben Teilbedingungen: x==1, x==2, y==3, y==4, (x==1)||(x==2), (y==3)||(y==4), (((x==1)||(x==2))&&((y==3)||(y==4))).

Ein besonderes Problem aus Sicht des Tests stellt in Java, C#, C++, C und anderen Sprachen die sogenannte Kurzschlussauswertung dar. Dies bedeutet, dass z. B. bei a||b die Auswertung endet, wenn a nach *true* ausgewertet wird und damit der gesamte Ausdruck wahr ist. Dies spart Rechenzeit und ist logisch sinnvoll, da das Ergebnis des gesamten Ausdrucks nach dem ersten Schritt bereits bekannt ist. Kritisch wird es, wenn b einen gewollten, damit aber programmiertechnisch sehr unschönen Seiteneffekt hat. Ein einfaches Beispiel ist die Bedingung x<4 || x/0==42. Für x-Werte kleiner 4 wird die Bedingung problemlos ausgewertet, da das illegale Teilen durch Null nie stattfindet. In Java kann man die Kurzschlussauswertung verhindern, indem | statt || und & statt && genutzt wird. Die Möglichkeit zur Kurzschlussauswertung wird hier zunächst außer Acht gelassen, da diese in der als Beispiel genutzten Methode nicht angewandt wird.

Abb. 5.9 Boolescher
Ausdruck aus Atomen

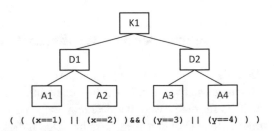

Die einfache Bedingungsüberdeckung, vereinzelt auch C2-Überdeckung genannt, fordert, dass jedes im Programm vorkommende Atom einmal nach wahr und einmal nach falsch ausgewertet werden soll. Formal ist das Maß wie folgt definiert:

$$\frac{\text{Anzahl aller nach wahr ausgewerteten Atome} + \text{Anzahl aller nach falsch ausgewerteten Atome}}{2^* \text{ Anzahl Atome}}$$

Abb. 5.10 zeigt für verschiedene Testfälle die zugehörige einfache Bedingungsüberdeckung. Dabei werden alle im Programm vorkommenden Atome aufgezählt und bei der Auswertung mit t für *true* (wahr) und f für *false* (falsch) gekennzeichnet. Die Tests T2 und T4 zusammen führen zu einer vollständigen Überdeckung.

Wichtig ist, dass die einfache Bedingungsüberdeckung nichts mit der Anweisungs- oder Zweigüberdeckung zu tun hat, d. h. man kann weder aus einer vollständigen einfachen Bedingungsüberdeckung auf eine vollständige Zweig- oder Anweisungsüberdeckung noch aus einer vollständigen Anweisungs- oder Zweigüberdeckung auf eine vollständige einfache Anweisungsüberdeckung schließen. Betrachtet man die Bedingung

a | b

so genügen für eine vollständige einfache Bedingungsüberdeckung die beiden Fälle a=true mit b=false sowie a=false mit b=true. In beiden Fällen wird die gesamte Bedingung nach *true* ausgewertet und so bei einer if-Anweisung die Kanten und Knoten des else-Zweiges nicht durchlaufen, sodass weder eine Anweisungs- noch eine Zweigüberdeckung erreicht werden.

Betrachtet man den gleichen Booleschen Ausdruck aus Sicht der vollständigen Zweigüberdeckung, so reichen hierfür die Fälle a=true mit b=false sowie a=false mit b=false aus, um alle Kanten und Knoten zu durchlaufen. Dies genügt aber den Anforderungen der einfachen Bedingungsüberdeckung nicht.

Nur im Fall, dass ausschließlich Atome in Booleschen Bedingungen des Programms stehen, kann man von der einfachen Bedingungsüberdeckung auf die Zweigüberdeckung und auch umgekehrt schließen.

Test	T1	T2	T3	T1+T2	T4	T2+T4
`score`	2601	900	2600		2601	
`alt`	43	43	88		42	
`ergebnis`	30	5	15		20	
`score > 2600`	t	f	f	t f	t	f t
`alt > 42`	t	t	t	t	f	t f
`score > 900`	t	f	t	t f	t	f t
C2	3/6	3/6	3/6	5/6	3/6	6/6

Abb. 5.10 Einfache Bedingungsüberdeckung (C2) durch einzelne Testfälle

5.5   Minimale Mehrfachüberdeckung

Die verschiedenen bisher genauer behandelten Überdeckungsarten werden bei der minimalen Mehrfachüberdeckung, vereinzelt auch C3-Überdeckung genannt, zusammenge-
führt, da hier nicht nur alle Atome, sondern alle Teilbedingungen betrachtet werden. Die
formale Definition der minimalen Mehrfachüberdeckung lautet:

$$\frac{\text{Anzahl aller nach wahr ausgewerteten Teilbedingungen} + \text{Anzahl aller nach falsch ausgewerteten Teilbedingungen}}{2^* \text{Anzahl aller Teilbedingungen}}$$

Abb. 5.11 zeigt einige Berechnungen für die minimale Mehrfachüberdeckung für unser
Beispiel. Man kann leicht aus der Definition folgern, dass aus einer vollständigen minima-
len Mehrfachüberdeckung unmittelbar eine einfache Bedingungsüberdeckung als echte
Teilmenge, aber auch eine Zweigüberdeckung folgt, da jede vollständige im Programm-
Code vorkommende Bedingung nach Definition auch eine Teilbedingung ist und einmal
wahr und einmal falsch sein muss.

Abb. 5.12 zeigt die Zusammenhänge zwischen den unterschiedlichen Überdeckungen.
In der Literatur gibt es weitere Überlegungen zu Überdeckungen. Ein weiteres recht pro-
minentes Beispiel ist die Modified Condition/Decision Coverage, MC/DC abgekürzt. Bei
dieser Variante geht es darum, dass jedes Atom einmal den Booleschen Ausdruck schalten
muss. Man benötigt dazu zwei Tests, bei denen das betrachtete Atom einmal den Wert
wahr und einmal den Wert *falsch* annimmt, alle anderen Atome genau gleich ausgewertet
werden und der gesamte Boolesche Ausdruck so einmal nach wahr und einmal nach falsch
ausgewertet wird. Durch diese Überdeckung findet für jedes Atom einmal eine Analyse
seiner besonderen Bedeutung statt.

Hat man in einem Programm nur Atome, so fordern MC/DC, die minimale Mehrfachüberdeckung, die einfache Bedingungsüberdeckung und die Zweigüberdeckung genau

Test	T1	T2	T3	T5	T1+T2	T1+T5
score	2601	900	2600	900		
alt	43	43	88	42		
ergebnis	30	5	15	5		
score > 2600	t	f	f	f	t f	t f
alt > 42	t	t	t	f	t	t f
score > 900	t	f	t	f	t f	t f
alt > 42 && score >900	t	f	t	f	t f	t f
C3	4/8	4/8	4/8	4/8	7/8	8/8

Abb. 5.11 Minimale Mehrfachbedingungsüberdeckung (C3) durch einzelne Testfälle

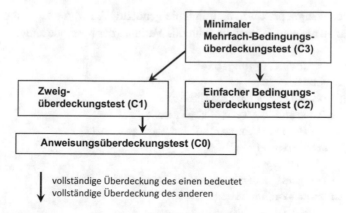

Abb. 5.12 Zusammenhänge zwischen den Überdeckungen

das gleiche. Deshalb macht es aus Sicht des Testens Sinn, dass möglichst einfache Boolesche Ausdrücke gefordert werden.

Man beachte, dass das Beispiel zur Maximum-Berechnung aus dem vorherigen Abschnitt auch hier Probleme macht. In dem Beispiel wurden ausschließlich atomare Bedingungen genutzt, sodass die vorgestellte Zweigüberdeckung auch eine minimale Mehrfachüberdeckung und eine MC/DC ist.

Typischerweise können mit den bisher genannten Überdeckungsmaßen keine in der Programmausführung implizit durch die dynamische Polymorphie versteckten alternativen Pfade untersucht werden. Dies wird mit folgendem minimalem Beispiel verdeutlicht. Angenommen, es gibt im Beispiel der Fachgebietsverwaltung für Mitarbeiter eine Klasse *Projektleiter*, in der die Methode *hatFachgebiet(.)* aus der Mitarbeiter-Klasse überschrieben wird, da z. B. ein Projektleiter automatisch und unlöschbar das Fachgebiet „Leitung" vertreten kann. Weiterhin gibt es eine Klasse *Mitarbeiterverwaltung*, die alle Mitarbeiter in einer Collection *mitarbeiter* verwaltet. Möchte man dann zählen, wie viele Mitarbeiter mit einer bestimmten Fähigkeit existieren, kann man folgende Methode nutzen:

```
public int anzahl(Fachgebiet f){
  int ergebnis = 0;
  for(Mitarbeiter m:mitarbeiter)
    if(m.hatFachgebiet(f))
      ergebnis++;
  return ergebnis;
}
```

Betrachtet man die Methode genauer, wird zur Laufzeit für jedes Objekt entschieden, ob die Methode *hatFachgebiet(.)* von der Klasse *Mitarbeiter* oder von der Klasse *Projektleiter* genutzt wird. Dieses implizite if wird von keinem bekannten Überdeckungswerkzeug analysiert. Der einzige, praktisch natürlich nie genutzte Weg wäre es, das if explizit durch Casts sichtbar zu machen, wie es die folgende Variante der Methode zeigt:

```
public int anzahl(Fachgebiet f){
  int ergebnis = 0;
  for(Mitarbeiter m:mitarbeiter)
    if(m instanceof Projektleiter){
      if (((Projektleiter)m).hatFachgebiet(f))
        ergebnis++;
    }
    else // muss hier einfacher Mitarbeiter sein
      if(m.hatFachgebiet(f))
        ergebnis++;
  return ergebnis;
}
```

Bei jeder der in diesem Abschnitt genannten Überdeckungen kann es durch die bereits beschriebene Kurzschlussauswertung zu weiteren Problemen kommen, da Teilbedingungen teilweise nicht ausgewertet werden und man so eine Überdeckung eventuell gar nicht für beide Wahrheitswerte erreichen kann. Generell gilt allerdings, dass man durch die hier geforderte Analyse der Booleschen Bedingungen genau überprüft, ob die Ausdrücke in der gewählten Form wirklich Sinn machen. Oftmals lassen sich schwierige Ausdrücke durch semantisch äquivalente Umformungen, also die Anwendung von Rechenregeln der Aussagenlogik, vereinfachen. Eine weitere Alternative zur Vereinfachung ist die Aufteilung komplexer Ausdrücke in einfachere Ausdrücke, die dann statt in einer in mehreren if-Anweisungen überprüft werden.

Einen gelungenen Überblick über weitere Überdeckungsmöglichkeiten findet man in [Lig09]. Da der Aufwand für die Berechnung der Überdeckungen immer komplexer wird, es leider nur wenige Werkzeuge gibt, die Bedingungsüberdeckungen berechnen und die Entwicklung von Tests, die eine Überdeckung von 96 % auf 97 % erhöhen, sehr aufwändig sein können, spielt in der Praxis meist nur die Zweigüberdeckung eine Rolle. Dabei werden weitergehende Überdeckungen teilweise auch in Standards für kritische Software, z. B. in der Norm RTCA DO-178C aus dem Avionik-Bereich, gefordert. Für solche Spezialbereiche gibt es dann meist extrem teure Werkzeuge, die auch MC/DC z. B. für die Programmiersprache C oder Ada messen können.

Die verschiedenen Arten von Bedingungsüberdeckungen sind nur relevant, wenn es zusammengesetzte Boolesche Ausdrücke im Programm gibt, was nicht der Fall sein muss. Mit kleinen Umformungen ist es möglich, generell auf zusammengesetzte Ausdrücke zu verzichten, wodurch nur noch Zweigüberdeckungen relevant sind, da hierfür jeder Boolesche Ausdruck in if-Anweisungen einmal *false* und einmal *true* sein muss. Diese Überlegung kann wie folgt präzisiert werden:

Jeder Boolesche Ausdruck lässt sich mit Rechenregeln umformen. Typische Arten von Regeln zeigen die folgenden Zeilen, wobei jeweils der Ausdruck auf der linken Seite durch den Ausdruck auf der rechten Seite und auch umgekehrt ersetzt werden kann.

$$!(a\,\&\,\&\,b) \equiv !a\,||\,!b$$

$$!(a\,||\,b) \equiv !a\,\&\,\&\,!b$$

$$a\,\&\,\&\,(b\,||\,c) \equiv (a\,\&\,\&\,b)\,||\,(a\,\&\,\&\,c)$$

$$a\,||\,(b\,\&\,\&\,c) \equiv (a\,||\,b)\,\&\,\&\,(a\,||\,c)$$

$$a\,\&\,\&\,!a \equiv false$$

$$a\,||\,!a \equiv true$$

$$true\,\&\,\&\,a \equiv a$$

$$true\,||\,a \equiv true$$

$$false\,\&\,\&\,a \equiv false$$

$$false\,||\,a = a$$

Durch die ersten beiden Regeln ist es möglich, dass es keine Negationen mehr vor zusammengesetzten Booleschen Ausdrücken gibt. Weiterhin sind Boolesche Ausdrücke so in verschiedene Arten von Normalformen umformbar. Abb. 5.13 zeigt die Wahrheitstabelle für den Booleschen Ausdruck a && (b || c). Eine solche Tabelle ist für jeden Booleschen Ausdruck angebbar. Soll zu einer solchen Tabelle ein Boolescher Ausdruck erstellt werden, ist ein möglicher Ansatz, alle Zeilen zu nutzen, in denen das Ergebnis *true* ist. Jede solche Zeile kann genau durch einen Boolschen Ausdruck beschrieben werden, für die zweite Zeile ist es z. B. a && b && !c. Der gesamte Ausdruck setzt sich dann aus allen mit Oder verknüpften Zeilen zusammen, die als Ergebnis *true* haben. Der resultierende Boolesche Ausdruck im konkreten Beispiel ist dann

$$(a\,\&\,\&\,b\,\&\,\&\,c)\,||\,(a\,\&\,\&\,b\,\&\,\&\,!c)\,||\,(a\,\&\,\&\,!b\,\&\,\&\,c)$$

Eine solche Form nennt sich disjunktive Normalform, die für jeden Booleschen Ausdruck existiert. Daraus lässt sich ableiten, dass bei einer Bearbeitung von Booleschen Ausdrücken angenommen werden kann, dass sich jeder Ausdruck aus einfachen Und- und Oder-Verknüpfungen zusammensetzt, so dass nur solche Ausdrücke bei Umformungen betrachtet werden müssen.

Eine if-Anweisung der folgenden Form mit beliebigen Programmblöcken X und Y

```
if (a && b){
   X
} else {
   Y
}
```

Abb. 5.13 Wahrheitstabelle
für Beispielausdruck

$! (a \,\&\&\, b) \equiv !a \,||\, !b$

$!(a \,||\, b) \equiv !a \,\&\&\, !b$

$a \,\&\&\, (b \,||\, c) \equiv (a \,\&\&\, b) \,||\, (a \,\&\&\, c)$

$a \,||\, (b \,\&\&\, c) \equiv (a \,||\, b) \,\&\&\, (a \,||\, c)$

$a \,\&\&\, !a \equiv false$

$a \,||\, !a \equiv true$

$true \,\&\&\, a \equiv a$

$true \,||\, a \equiv true$

$false \,\&\&\, a \equiv false$

$false \,||\, a \equiv a$

a	b	c	a && (b || c)
true	true	true	true
true	true	false	true
true	false	true	true
true	false	false	false
false	true	true	false
false	true	false	false
false	false	true	false
false	false	false	false

kann damit durch folgendes Programm ohne zusammengesetzte Ausdrücke ersetzt werden.

```
boolean ausgefuehrtZeileZ = false;
if (a) {
  if (b) {
    X
    ausgefuehrtZeileZ = true;
  }
}
if (! ausgefuehrtZeileZ) {
    Y
}
```

Für jeden Booleschen Ausdruck wird eine Hilfsvariable eingeführt, die den Wert *true* erhält, wenn der if-Zweig ausgeführt wurde, um die danach folgende mögliche Ausführung des ursprünglichen else-Zweigs zu verhindern. Die Hilfsvariable garantiert bei komplexeren Ausdrücken, dass ein Programmblock nicht mehrfach angegeben werden muss.

Für zusammengesetzte Ausdrücke mit Oder wird eine kleiner Trick angewandt. Es wird von den folgenden Befehlen ausgegangen.

```
if (a || b){
  X
} else {
  Y
}
```

Mit Hilfe der Rechenregeln wird hieraus ein mit Und verknüpfter Ausdruck, indem der Ausdruck negiert und dazu if- und else-Zweig vertauscht werden. Das äquivalente Programmstück sieht wie folgt aus:

```
if (!a && !b){
  Y
} else {
  X
}
```

Jetzt ist wieder der vorherige Ansatz nutzbar.

Bei komplexeren Ausdrücken wird schrittweise übersetzt. Dabei wird der zentrale Operator, der im Syntaxbaum, siehe Abb. 5.9, ganz oben steht, zuerst übersctzt. Als Beispiel wird das folgende Programmstück betrachtet.

```
if (a && (b || c)){
  X
} else {
  Y
}
```

Im ersten Schritt wird das Und wegtransformiert, das Zwischenergebnis sieht wie folgt aus:

```
boolean ausgefuehrtZeileZ = false;
if (a) {
  if (b || c) {
    X
    ausgefuehrtZeileZ = true;
  }
}
if (! ausgefuehrtZeileZ) {
  Y
}
```

Nun wird der innere Oder-Ausdruck ersetzt und das Ergebnis enthält dann keinen zusammengesetzten Ausdruck mehr. Das Programm sieht deutlich komplexer aus, zeigt aber, welche Überlegungen und Varianten ein Entwickler bei der Konstruktion eines Booleschen Ausdrucks im Kopf haben muss.

```
boolean ausgefuehrtZeileZ = false;
if (a) {

  boolean ausgefuehrtZeileZ2 = false;
  if (!b) {
    if (!c} {
      // gibt keinen else Block
      ausgefuehrtZeileZ2 = true;
    }
  }
  if (! ausgefuehrtZeileZ2) {
      X
      ausgefuehrtZeileZ = true;
  }

}
if (! ausgefuehrtZeileZ) {
    Y
}
```

Für den Teilausdruck wurde eine weitere Hilfsvariable eingeführt. Ein solches Programm muss „nur" bezüglich der Zweigüberdeckung überprüft werden. Sollte ein Zweig nicht überdeckbar sein, ist wieder die Frage zu stellen, ob der richtige Boolesche Ausdruck genutzt wurde.

Solche Transformationen sind automatisierbar und können z. B. dann interessant sein, wenn als Hilfsmittel nur ein Programm zur Zweigüberdeckungsanalyse zur Verfügung steht. Würden fehlende else-Zweige durch else-Zweige mit Dummy-Befehlen ohne Auswirkungen ersetzt, reicht die Analyse der Anweisungsüberdeckung.

5.6   Datenflussorientierte Überdeckungen

Das generelle Problem der bisher betrachteten Überdeckungen ist, dass sie sich praktisch nicht um den Pfad kümmern, wie ein gerade betrachteter Knoten erreicht wurde. Es wird nur die Frage gestellt, ob ein Knoten im Kontrollflussgraphen erreicht oder ob eine gerade erreichte Boolesche Bedingung in der geforderten Form ausgewertet werden kann. Dieses Problem wird mit der folgenden Klasse verdeutlicht:

```
package datenfluss;

public class Problem {
  public static int mach(boolean a, boolean b) {
    int x = 0;
    if (a) {
      x = 2;
    } else {
      x = 3;
    }
    if (b) {
      return (6 / (x - 3));
    } else {
      return (6 / (x - 2));
    }
  }


  public static void main(String[] args) {
    System.out.println(mach(true, true));
    System.out.println(mach(false, false));
  }
}
```

Dieses Beispiel zeigt wieder eine Methode, die nur atomare Boolesche Ausdrücke enthält und die durch die beiden in der main-Methode beschriebenen Aufrufe vollständig bezüglich der minimalen Mehrfachüberdeckung überdeckt wird. Durch die Aufrufe von mach(true,false) und mach(false,true) bricht das Programm aber jeweils ab, da ein int-Wert durch die Zahl Null geteilt wird. Das Problem ist, dass bei der Überdeckung der Zusammenhang zwischen früherer Zuweisung im ersten if und Nutzung der Werte im zweiten if nicht beachtet wird. Um diese Zusammenhänge zu erfassen, wird der bisher schon bekannte Kontrollflussgraph um zusätzliche Markierungen erweitert. Dabei können Knoten und Kanten Mengen von Markierungen zugeordnet werden.

Ein Datenflussgraph ist ein wie folgt erweiterter und markierter Kontrollflussgraph:

- Der Kontrollflussgraph wird um einen neuen Startknoten *in* erweitert, der mit dem alten Startknoten verbunden ist.
- Findet im Knoten die Definition (oder Deklaration) einer Variablen x oder eine Zuweisung an x statt, wird dieser mit def(x) markiert.
- Enthält die Parameterliste der Methode eine Variable d, so wird der Knoten *in* mit def(d) markiert.
- Wird eine Variable y zur Berechnung in einer Zuweisung genutzt, wird der entsprechende Knoten mit c-use(y) (computational use) markiert.
- Wird in einem Knoten eine Variable z zur Berechnung in einer Fallunterscheidung genutzt, so werden die ausgehenden Kanten mit p-use(z) (predicative use) markiert.

Der Ansatz sei durch folgende Beispiele der Markierungen für einzelne Anweisungen illustriert.

- int x=0
  - Knoten mit def(x) markiert
- int y=x+1
  - Knoten mit def(y) und c-use(x) markiert
- z=f(a,b,c)
  - Knoten mit def(z) sowie c-use(a), c-use(b) und c-use(c) markiert
- i++
  - Knoten wird mit def(i) und c-use(i) markiert
- if (a>b)
  - alle ausgehenden Kanten werden mit p-use(a) und p-use(b) markiert

Abb. 5.14 zeigt den zur Methode *mach* gehörenden Datenflussgraphen. Anschaulich geben die def-Knoten an, dass hier Variablenwerte gesetzt und in c-use- sowie p-use-Knoten genutzt werden. Die im Folgenden definierten Überdeckungen ermöglichen die Überprüfung von Zusammenhängen zwischen diesen beiden Knotenarten. Eine wichtige Frage ist dabei, ob die Auswirkung einer Veränderung einer Variablen zumindest einmal oder sogar an allen Stellen mit möglichen Auswirkungen mit Tests überprüft wird. Um die Aussagen präzisieren zu können, wird dazu zunächst der Begriff des definitionsfreien Pfades definiert.

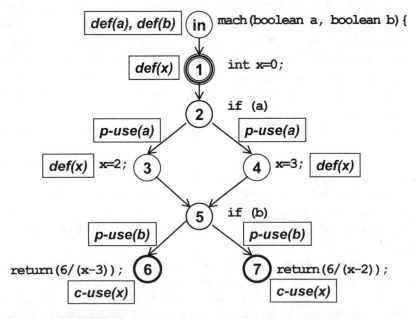

Abb. 5.14 Datenflussgraph

Ein Pfad $p = (n_1, ..., n_m)$, der nach n_1 keine Definition einer Variablen x in $n_2, ..., n_{m-1}$ enthält, heißt definitionsfrei bezüglich x

Anschaulich bedeutet dies: wenn in n_1 eine Definition von x stattfindet, hat diese Auswirkungen auf alle Nutzungen von x in Berechnungen auf diesem Pfad. Der Pfad (in,1,2,3,5,6) ist definitionsfrei bezüglich a und b. Dies bedeutet, dass in jedem Knoten und auf jeder Kante des Pfades die Werte von a und b relevant sind. Der Pfad (1,2,3,5) ist nicht definitionsfrei bezüglich x, da x im Knoten 3 verändert wird und so der Wert von x aus dem Knoten 1 im Knoten 5 keine Bedeutung mehr hat.

Die folgenden beiden Definitionen sollen mit zwei Varianten von Einflussmengen festhalten, auf welche Knoten eine Definition einer Variablen Auswirkungen haben kann.

dcu(x,n_i): Für einen Knoten n_i und eine Variable x, wobei n_i mit def(x) markiert ist, ist dcu(x,n_i) die Menge aller Knoten n_j, für die n_j mit c-use(x) markiert ist und für die *ein* definitionsfreier Pfad bezüglich x vom Knoten n_i zum Knoten n_j existiert.

Anschaulich kann die Definition def(x) Auswirkung auf jeden Knoten dieser Menge haben. Man beachte das Wort „kann"; da es durchaus verschiedene Pfade von einem zum anderen Knoten geben kann, ist es auch möglich, dass auf einem anderen Pfad x verändert wurde.

dpu(x,n_i): Für einen Knoten n_i und eine Variable x, wobei n_i mit def(x) markiert ist, ist dpu(x,n_i) die Menge aller Kanten (n_j, n_k), die mit p-use(x) markiert sind und für die ein definitionsfreier Pfad bezüglich x von n_i nach n_j existiert.

Analog befinden sich in dpu(x,n_i) alle Kanten, die x nutzen und für die x seit n_i eventuell nicht geändert wurde.

Abb. 5.15 zeigt den Datenflussgraphen mit den vorher definierten Mengen, die angeben, an welchen Stellen eine Definition, also eine Deklaration oder Werteänderung, einer Variablen eine Auswirkung haben kann. Diese Einflussmengen werden auch in Compilern bei der Optimierung von Programmen genutzt, da man mit ihnen auch berechnen kann, ob Anweisungen im Programm verschoben werden können. Da die Definition von x im Knoten 1 zwei leere Einflussmengen hat, erkennt man weiterhin sofort, dass die Zuweisung hier überflüssig ist. Da es sich hier um die Deklaration einer Hilfsvariablen handelt, ist das Ergebnis nicht relevant. Trotzdem deuten leere Einflussmengen auf überflüssige Programmzeilen hin.

Ausgehend von den Markierungen können dann verschiedene Varianten von Kriterien für Überdeckungen gefordert werden.

all defs-Kriterium: Jede Wertzuweisung soll mindestens einmal benutzt werden, d. h. für jeden Knoten n_i und jede Variable x, für die n_i mit def(x) markiert ist, soll ein definitionsfreier Pfad zu einem Knoten aus dcu(x,n_i) oder einer Kante aus dpu(x,n_i) führen, insofern mindestens eine Menge nicht leer ist.

Anschaulich bedeutet dies, dass jede Definition einmal in irgendeiner Form genutzt wird. Die beiden Tests für das Beispiel, die die Pfade (in,1,2,3,5,6) und (in,1,2,4,5,7) durchlaufen,

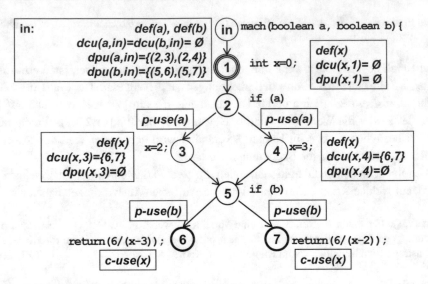

Abb. 5.15 Datenflussgraph mit Einflussmengen

erfüllen das all defs-Kriterium, ohne das Problem zu finden. Das Kriterium garantiert keine Anweisungs- und damit auch keine Zweigüberdeckung.

> all p-uses-Kriterium: Für jeden Knoten n_i und jede Variable x, wobei n_i mit def(x) markiert ist, muss ein definitionsfreier Pfad bezüglich x zu allen Elementen aus dpu(x,n_i) in der Menge der getesteten Pfade enthalten sein.

Anschaulich bedeutet dies, dass jede Definition, die eine Entscheidung beeinflussen kann, auch in dieser Form genutzt wird. Die beiden Tests für das Beispiel, die die Pfade (in,1,2,3,5,6) und (in,1,2,4,5,7) durchlaufen, erfüllen das all p-uses-Kriterium, ohne das Problem zu finden. Das Kriterium garantiert eine Anweisungs- und auch Zweigüberdeckung, da alle ausgehenden Kanten von Entscheidungen durchlaufen werden müssen.

> all c-uses-Kriterium: Für jeden Knoten n_i und jede Variable x, wobei n_i mit def(x) markiert ist, muss ein definitionsfreier Pfad bezüglich x zu allen Elementen aus dcu(x,n_i) in der Menge der getesteten Pfade enthalten sein.

Anschaulich bedeutet dies, dass jede Definition, die eine Berechnung beeinflussen kann, auch in dieser Form genutzt wird. Die vier Tests für das Beispiel, die die Pfade (in,1,2,3,5,6), (in,1,2,3,5,7), (int,1,2,4,5,6) und (in,1,2,4,5,7) durchlaufen, erfüllen das all c-uses-Kriterium und finden die Problemfälle. Das Kriterium garantiert keine Anweisungs- und damit auch keine Zweigüberdeckung.

> all uses-Kriterium: Für jeden Knoten n_i und jede Variable x, wobei n_i mit def(x) markiert ist, muss ein definitionsfreier Pfad bezüglich x zu allen Elementen aus dcu(x,n_i) und dpu(x,n_i) in der Menge der getesteten Pfade enthalten sein.

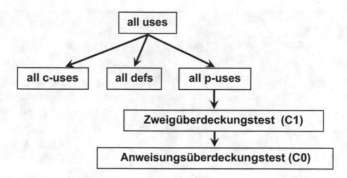

Abb. 5.16 Zusammenhänge der Überdeckungen

Dieses Kriterium fasst die beiden vorherigen Kriterien zusammen und garantiert, dass alle drei bisher genannten Kriterien auch erfüllt sind. Die Zusammenhänge sind in Abb. 5.16 visualisiert. Als konkretes Beispiel können die gleichen Pfade wie bei all-c-uses genutzt werden.

5.7 Werkzeugunterstützung von Überdeckungen

Die Berechnung von Überdeckungsmaßen muss immer durch ein Software-Werkzeug erfolgen. Eine systematische Erweiterung von Programmen von Hand zur Messung einer Überdeckung macht wenig Sinn, da der Quellcode recht aufwändig annotiert werden muss. In diesem Abschnitt werden Beispiele für Werkzeuge vorgestellt, wobei gerade in diesem Bereich häufiger interessante neue Werkzeuge entwickelt werden. Die Überdeckungsmessung wird aber auch von vielen kommerziellen Werkzeugen für viele andere Programmiersprachen sehr intensiv bearbeitet, da es gerade bei Sicherheitsnormen öfter Forderungen nach bestimmten Überdeckungen gibt.

Das hier betrachtete Werkzeug heißt EclEmma [@Ecl], ist in den Eclipse Java-Versionen bereits vorinstalliert und kann sonst sehr einfach z. B. über den Eclipse Marketplace in Eclipse integriert werden. Man erhält einen zusätzlichen Knopf in der oberen Bedienleiste, wie in Abb. 5.17 links-oben gezeigt, mit dem beliebige Java-Programme gestartet werden können. Unabhängig davon, ob es sich um Tests handelt oder normale Programme, wird während der Ausführung die Überdeckung gemessen und nach dem Ende der Ausführung die Überdeckung angezeigt. Dies bedeutet auch, dass auf diesem Weg sehr gut die Überdeckung von nur auf dem Papier spezifizierten Tests gemessen werden kann.

Als konkretes Beispiel wird die Problemklasse aus dem vorherigen Abschnitt ausgeführt. Nach der Ausführung sind alle ausgeführten Programmzeilen grün (hell schattiert), nicht ausgeführte Programmzeilen rot (dunkel schattiert) und nur teilweise ausgeführte Programmzeilen gelb. In Abb. 5.18 wird ein kleines Problem vieler Überdeckungswerkzeuge deutlich, und zwar dass rein deklarative Programmzeilen, in denen kein Befehl ausgeführt wird, nicht als ausgeführt erkannt werden. Das ist im Beispiel mit der Kopfzeile der

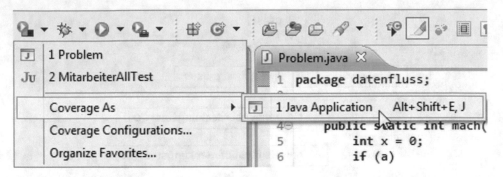

Abb. 5.17   EclEmma-Startknopf in Eclipse

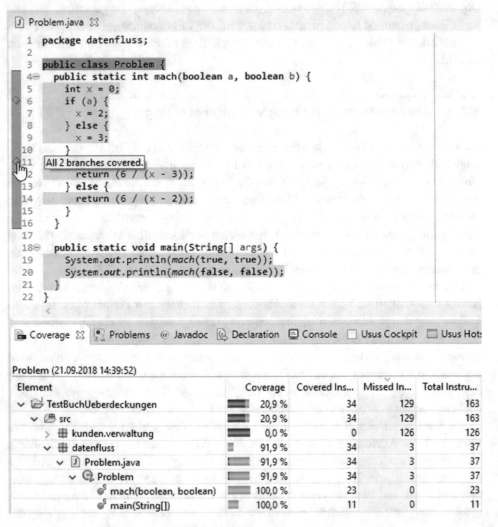

Abb. 5.18   Ausgabe der berechneten Überdeckung

Methode der Fall. Dies verdeutlicht, dass eine vollständige Überdeckung gegebenenfalls von den Werkzeugen nicht erkannt wird. EclEmma visualisiert mit den Farben die Anweisungsüberdeckung und durch die kleinen Rauten am Rand wird die Ausführung von Bedingungen visualisiert. Man sieht für die Summe der Atome, ob sie jeweils wahr und fasch waren. In der Abbildung zeigt der eingeblendete Kommentar, dass die beiden Alternativen ausgewählt wurden. Neben der Einfärbung des Codes werden im unteren Bereich detaillierte Angaben zur Überdeckung im genutzten Projekt angegeben. Man kann die Darstellung soweit aufklappen, dass die Überdeckung für jede Methode angezeigt wird.

Führt man die bisher entwickelten Tests für die Fachgebietsverwaltung von Mitarbeitern aus, so erhält man eine Überdeckung von 71,8 %. Abb. 5.19 zeigt, dass die equals-Methode noch nicht vollständig getestet wurde, da kein Vergleich mit einem Nicht-Mitarbeiter-Objekt stattfand. Weiterhin zeigt die Analyse der Alternative, die gelb eingezeichnet ist, dass EclEmma für alle Booleschen Atome überwacht, ob diese einmal wahr und einmal falsch waren. Dabei werden Kurzschlussauswertungen und normale Auswertungen getrennt betrachtet. Im Fall (x>0 && y>0) muss jedes Atom einmal wahr und einmal falsch sein; EclEmma nennt dies „4 branches". Im Fall (x>0 & y>0) nennt EclEmma „6 branches", da der Gesamtausdruck zusätzlich betrachtet wird. Dadurch werden Probleme der normalen Auswertung erkannt, wenn z. B. die Testfälle (x==1, y==0) und (x==0, y==1) betrachtet werden. Bei der normalen Auswertung wären alle Atome einmal wahr und falsch, der Gesamtausdruck aber immer falsch. Durch die Angabe „1 of 6 branches missed" wird das Problem sichtbar. Bei der Kurzschlussauswertung wird der Fall, in dem y>0 ist, nie wahr, da mit x==0 die Auswertung bereits beendet wird. Dies wird durch die Ausgabe „1 of 4 branches missed" deutlich.

EclEmma bietet weiterhin die Möglichkeit, die Testergebnisse zu verwalten. So können mehrere hintereinander ausgeführte Überdeckungsmessungen vereinigt werden. Basierend auf der Klassenbibliothek von EclEmma gibt es das Überdeckungswerkzeug Jacoco [@Jac], das sich sehr gut in automatisierte Prozesse samt einer visuellen Aufbereitung der Ergebnisse einbauen lässt.

5.8   Fazit

Überdeckungstests sind ein wichtiges Hilfsmittel, um den Testfortschritt und die Genauigkeit von Tests zu messen. In großen Projekten werden eine oder mehrere Überdeckungen automatisch bei der Erstellung der Software im Build-Prozess während der automatischen Ausführung von Tests gemessen und stehen am Ende als Daten zur Verfügung. In der Praxis wird häufig auf den Zweigüberdeckungstest gesetzt, für den verschiedene, auch freie Werkzeuge zur Verfügung stehen. Durch den Anstieg oder das Fallen von Überdeckungswerten erhält man einen guten Indikator, wie es um die aktuelle Testsorgfalt im Projekt steht.

Elementar wichtig ist, dass Überdeckungstests niemals allein genutzt werden dürfen, da sie nicht in der Lage sind, Fehler zu finden, die auf einer falschen Interpretation der Anforderungen beruhen. Wird ein Teil der Anforderungen z. B. schlicht nicht

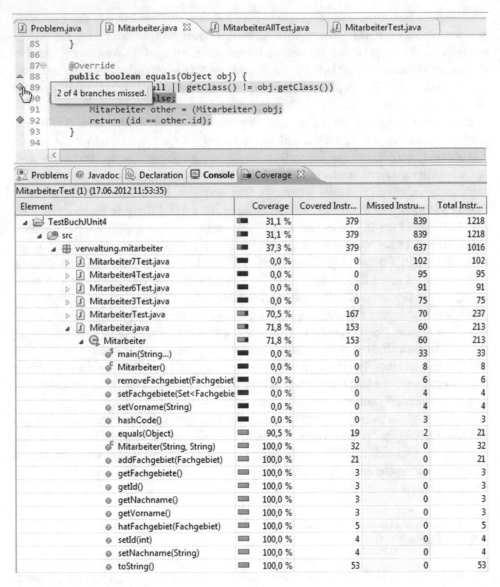

Abb. 5.19 Analyse der Mitarbeiter-Tests

implementiert, kann trotz einer vollständigen Überdeckung das Programm funktional unvollständig sein.

Sollten Anforderungen von Entwicklern und Testern missverstanden worden sein, würden falsche Tests die falsche Software erfolgreich überprüfen und so zu erfolgreichen Tests mit durchaus hohen Überdeckungsraten führen.

Die typische Testfallerstellung mit Äquivalenzklassen und Grenzwerten muss immer der Ausgangspunkt der Testfallerstellung sein. Überdeckungswerte sind ein Mittel zum Zweck, dürfen aber nie als einziges bzw. zentrales Qualitätskriterium der Qualitätssicherung dienen. Gerade durch einfache Tests von get- und set-Methoden können zügig recht hohe Überdeckungswerte erreicht werden, die nicht überinterpretiert werden dürfen. Ein weiterer formal wichtiger Aspekt ist auch, dass Überdeckungen prüfen, ob etwas ausgeführt wurde, nicht dass das Ergebnis richtig ist. Wird die Überdeckungssoftware manuell genutzt und findet keine visuelle Ergebnisprüfung statt oder werden JUnit-Tests ohne Assert-Befehle genutzt, sind gute Überdeckungen ohne jedwede Prüfung umsetzbar. Weiterhin haben die Beispiele in diesem Kapitel gezeigt, dass selbst vollständige Überdeckungen keine Sicherheit gegenüber gravierenden Fehlern bieten.

Fehlermöglichkeiten mit Testüberdeckungen

▶ Selbst vollständige Überdeckungen garantieren nicht die Abwesenheit gravierender Fehler.

▶ Es werden Tests programmiert, die schnell hohe Abdeckungen bringen, sich aber nicht an der typischen Nutzung der Software orientieren und so in für Kunden elementaren Abläufen Fehler hinterlassen können.

▶ Wird vergessen, etwas zu implementieren, kann dies durch Überdeckungsmessung nicht gefunden werden.

▶ Werden Tests von Entwicklern geschrieben und enthalten die implementierten Algorithmen Fehler, ist es möglich, dass sich diese „Fehlerlogik" auch in den Tests befindet und so falsche Tests zur Überdeckung beitragen.

▶ Enthalten die Tests keine inhaltlichen Überprüfungen mit Zusicherungen, wird nur geprüft, ob eine Zeile ausgeführt wurde, nicht ob ihre Aktion sinnvoll ist.

▶ Es werden einfache get- und set-Methoden intensiv getestet, um hohe Überdeckungen zu erreichen.

Überdeckungsverfahren eignen sich für alles, was durch einen Ablaufgraphen dargestellt werden kann. Dies bedeutet, dass man den Ansatz z. B. auch für Aktivitätsdiagramme und Zustandsdiagramme nutzen kann.

Literatur

Webseiten zugegriffen am 18.10.2018

[@Ecl]   Java Code Coverage for Eclipse. http://www.eclemma.org/
[@Jac]   JaCoCo Java Code Coverage Library. http://www.eclemma.org/jacoco/index.html
[Lig09] Liggesmeyer, P.: Software-Qualität. Testen, Analysieren und Verifizieren von Software, 2. Aufl. Spektrum Akademischer, Heidelberg/Berlin/Oxford (2009)

Testarchitektur und Mocking

6

Zusammenfassung

In allen modernen Software-Entwicklungsprozessen ist das Testen eng in die Entwicklung integriert und beginnt nicht erst nach der Fertigstellung einer ersten vollständigen Version. Dabei stellt sich die Frage, ob und wie getestet werden kann, wenn eine weitere in Entwicklung befindliche Teilsoftware, die man für eigene Tests benötigt, noch nicht vorliegt oder aus anderen Gründen nicht nutzbar ist. Die Antwort wird in diesem Kapitel mit der Erstellung einer minimalen Software, die das Testen ermöglicht, sogenannten „Mocks", gegeben.

Die nächste Frage danach ist oft, ob man Mocks immer selbst herstellen muss oder ob es nicht zumindest Unterstützung dabei gibt. Diese wird hier in Form eines Frameworks vorgestellt. Die Antwort, ob pauschal immer ein solches Framework eingesetzt oder ob selbst solch einen Mock programmiert oder vielleicht doch gewartet wird, bis die benötigte Software vorliegt, hängt wieder von der individuellen Situation im Projekt ab und wird im Rahmen der Vorstellung des Frameworks diskutiert.

Die Auswahl der Vorgehensweise beim Test großer und komplexer Systeme beeinflusst dern Testaufwand und von projektindividuellen Faktoren abhängig. Die hier typischen Ansätze werden in dem folgenden einführenden Abschnitt diskutiert. Eng mit der Auswahl hängt auch der Ansatz zusammen, dass nicht jeder Entwickler oder Tester jedes für eine Projektaufgabe zentrale Framework verstehen muss. Es ist oft sinnvoll, solche Frameworks in allgemein verständlichen Methoden und Klassen zu kapseln, sodass gute Java- und JUnit-Kenntnisse für die meisten Entwickler von Tests ausreichen. In diesem Zusammenhang wird der Begriff der Testarchitektur eingeführt.

© Springer Fachmedien Wiesbaden GmbH, ein Teil von Springer Nature 2019
S. Kleuker, *Qualitätssicherung durch Softwaretests*,
https://doi.org/10.1007/978-3-658-24886-4_6

6.1   Wann was wie testen?

Selten hat man in der Entwicklung die Möglichkeit, neu entwickelte Software zu testen, ohne dass zusätzliche Software benötigt wird. Kann man frei entscheiden, was wann getestet werden soll, gilt trotzdem, dass man mit dem Baustein beginnt, der am wenigsten Abhängigkeiten hat. In diesem Abschnitt wird absichtlich der nicht sehr fachliche Begriff „Baustein" verwendet, da man, abhängig von der Testebene, beim Methodentest weitere Methoden als Bausteine berücksichtigen muss, beim Test von Klassen andere Klassen als Bausteine eine Rolle spielen oder beim Integrationstest andere Komponenten als Bausteine berücksichtigt werden müssen.

Abb. 6.1 stellt eine solche Ausgangssituation dar, in der verschiedene Bausteine als Kästen mit ihren Abhängigkeiten dargestellt werden. Bei den Abhängigkeiten wird der möglichst zu erreichende Fall skizziert, dass sie nicht zyklisch sind, also z. B. A nicht auf weiteren Wegen von B oder D von B abhängig ist, sodass man so wieder den Pfeilen folgend zu A gelangen könnte.

Hat man die freie Auswahl, sollte man im Beispiel mit dem Test von Baustein G beginnen, da dieser von keinen anderen Bausteinen abhängig ist. Danach testet man nur Bausteine, die ausschließlich von getesteten Bausteinen abhängen. Dabei kann es durchaus verschiedene Möglichkeiten für die Reihenfolge, wie z. B. F, D, A, H, E, C, B oder F, H, D, E, A, C, B geben. Die Auswahl der Reihenfolge hängt dann auch von der Reihenfolge der Fertigstellung der anderen Blöcke ab.

Generell gilt beim Testen, dass man sich ausschließlich auf die zu testende Funktionalität konzentriert und die restliche Funktionalität als korrekt annimmt. Nachdem z. B. G getestet wurde, geht man bei der Erstellung der Tests für F davon aus, dass G korrekt ist und schreibt keine weiteren zeit- und ressourcenfressenden Tests, um diese Korrektheit erneut zu prüfen. Dies ist vergleichbar damit, dass man die Korrektheit von Klassen aus der Java-Klassenbibliothek als gegeben annimmt. Erst wenn man es für wahrscheinlich hält, dass ein vorher getesteter Baustein doch einen Fehler enthält, kann man weitere Tests für diesen Baustein entwickeln.

Ähnliches gilt auch für den Test von Schnittstellen, bei denen man sich ausschließlich auf diese, aber nicht auf die Bausteine konzentriert, deren Funktionalität ohne die Schnittstellen bereits überprüft wurde.

Abb. 6.1 Visualisierung von
Abhängigkeiten

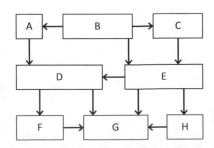

Oftmals ist es in der Praxis so, dass der vorgestellte sehr sinnvolle Ansatz aus verschiedenen Gründen nicht nutzbar ist. Das ist z. B. der Fall, wenn sich die Erstellung des Bausteins G als komplexer herausstellt, die Entwickler von D aber trotzdem schon eine Möglichkeit zum Testen haben wollen. Dies führt zu der Entwicklung von Mocks, die in den Folgeschritten vorgestellt werden.

Häufig ist es bei komplexen Systemen aber auch der Fall, dass gewisse Bausteine nur sehr aufwändig zu testen sind, da es sich z. B. um Datenbanken oder Web-Server handelt. In unserem Beispiel könnten die Bausteine A, B und C z. B. für eine Web-Oberfläche stehen, die mit einem Server verbunden ist, auf dem die Fachlogik in den Bausteinen D und E realisiert wird. Die Fachlogik nutzt dann die Bausteine F, G und H zur effizienten Datenhaltung. Auch hier muss zunächst der Ansatz versucht werden, Schichten getrennt zu testen und dann bei der Verknüpfung der Schichten davon auszugehen, dass die vorher getestete Kernfunktionalität korrekt ist. Gerade der Ansatz, möglichst die gesamte Funktionalität über die Oberfläche zu testen, scheitert nämlich oft an verschiedenen Gründen. Häufig kann nicht die gesamte Funktionalität einfach über die Oberfläche angesprochen werden und oft ist es technisch sehr aufwändig, für alle Tests die benötigte Hard- und Software für alle Tester zur Verfügung zu stellen. Auch in diesem Fall kann es sinnvoll sein, auf Mocks zurückzugreifen, die dann die benötigten Teile der benutzten Bausteine simulieren. Gerade Datenbanken, Netzwerkverbindungen oder angeschlossene, eventuell teure externe Software sind damit interessante Kandidaten für eine Umsetzung als Mocks, um das Testen effizienter zu machen.

Im nächsten Schritt stellt sich die Frage, ob damit alle Tester Experten in Mock-Frameworks oder auch den anderen vorgestellten Frameworks sein müssen. Dies ist bei größeren Projekten typischerweise nicht der Fall, da die Mock- oder Framework-Nutzung so von den anderen Testern weggekapselt wird, dass diese nur noch Wissen darüber besitzen müssen, was getestet werden soll. Diese Abstraktion der konkreten Test-Frameworks wird auch Testarchitektur genannt. Neben der durch die Abstraktion ermöglichten wesentlich effizienteren Entwicklung von Tests spielt auch die Chance eine wichtige Rolle, dass man bei kleineren Änderungen im Umfeld der zu testenden Software oder des benutzten Frameworks nur eine beziehungsweise wenige Stellen ändern muss und so die meisten Tests und Tester von den Änderungen nicht betroffen sind.

6.2   Manuelle Mock-Erstellung

Bei der Erstellung von Tests ist das Vorgehen wenn möglich „Bottom Up". Falls dieser Ansatz nicht konsequent durchführbar ist, sei es wegen zu hoher Kosten oder eng vernetzter Klassen, kann in der Teststrategie ein Einstieg auf höherer Ebene festgelegt werden. Dabei werden mehrere Klassen zusammen getestet, wobei man grundsätzlich nur davon ausgehen darf, dass vorher getestete Funktionalität korrekt ist.

Häufig tritt bei der parallelen Entwicklung durch mehrere Personen der Fall auf, dass man zum Test seiner eigenen Klassen die Klassen anderer Leute benötigt, die diese aber noch nicht implementiert haben. Statt zu warten, gibt es dann den Ansatz, sich diese Klassen in minimaler Form selbst zu schreiben. Dieser Ansatz wird als Erstellung sogenannter Mocks bezeichnet. Man sucht dabei nach einer möglichst einfachen Implementierung, sodass man seine eigenen Tests sinnvoll ausführen kann.

Die einfachste Implementierung besteht darin, einen Default-Wert zurückzugeben. Für den Rückgabetypen *void* kann man eine vollständig leere Implementierung nutzen. Soll ein echtes Objekt zurückgegeben werden, reicht es für eine lauffähige Implementierung aus, null zurückzugeben. Bei Rückgabetypen wie boolean oder int muss man sich auf Standardwerte wie *false* und 0 einigen.

Mit der einfachst möglichen Implementierung kann man dann feststellen, ob die eigene Klasse übersetzbar ist. Dies reicht aber häufig nicht aus, um die eigene Klasse vollständig zu testen. Benötigt man z. B. die Implementierung einer Methode mit Booleschem Rückgabewert der Form

```
public boolean entscheide(int i){
  return false;
}
```

so kann man bei seinen eigenen Tests immer nur den Fall berücksichtigen, dass diese Methode *false* zurückgibt. Dadurch können z. B. keine vollständigen Testüberdeckungen der eigenen Klasse erreicht werden. Aus diesem Grund wählt man zum Testen eine etwas kompliziertere Mock-Implementierung, bei der man selbst den Ergebnisparameter steuern kann. Dies kann z. B. in der Form

```
public boolean entscheide(int i){
  return i==42;
}
```

passieren, sodass man beim Test beide Alternativen als Rückgabewert zur Verfügung hat. Der Grenzwert sollte mit dem eigentlichen Implementierer der Klasse abgesprochen werden, damit die Tests nicht oder nur gering geändert werden müssen, wenn die richtige Implementierung der mit dem Mock simulierten Klasse vorliegt. Der Ansatz wird mit einem kleinen Beispiel verdeutlicht. Zu testen ist die Methode *abbuchen* der folgenden Klasse *Buchung*.

```
package mockme;
public class Buchung {
  public static LogDatei logging;
  ...
  public synchronized void abbuchen(int id, Konto konto, int betrag)
                                    throws BuchungsException{
    if(konto.istLiquide(betrag)){
      konto.abbuchen(betrag);
```

```
      logging.schreiben(id + " bearbeitet");
    }
    else{
      logging.schreiben(id +" insolvent");
      throw new BuchungsException("insolvent");
    }
  }
}
```

mit folgender Exception-Klasse:

```
package mockme;
public class BuchungsException extends Exception {

  public BuchungsException(String s){
    super(s);
  }
}
```

Leider liegen weder die Implementierungen der Klasse *LogDatei* noch die der Klasse *Konto* vor. Von der Klasse *LogDatei* wird nur eine Methode ohne Rückgabewert genutzt. Hier kann die einfachst mögliche Implementierung genutzt werden. Die zugehörige Klasse sieht wie folgt aus:

```
package mockme;
public class LogDatei { // Mock für Buchung
  public void schreiben(String s){
  }
}
```

Von der Klasse *Konto* werden die beiden Methoden *abbuchen* und *istLiquide* benötigt. Für *abbuchen* kann man wieder leicht argumentieren, dass die einfachst mögliche Implementierung sinnvoll ist. Bei *istLiquide* sieht es etwas anders aus, da zum Test der eigenen abbuchen-Methode benötigt wird, dass beide Booleschen Werte als Rückgabewerte möglich sind. Eine sinnvolle mögliche Mock-Implementierung sieht wie folgt aus:

```
package mockme;
public class Konto { //Mock für Buchung
  public boolean istLiquide(int betrag){
    return betrag<1000;
  }

  public void abbuchen(int betrag){}
}
```

Damit können nun die Tests für die Klasse *Buchung* geschrieben werden. Diese Klasse kann für eine vollständige Zweigüberdeckung wie folgt aussehen:

```
package mockme;

import org.junit.Assert;
import org.junit.Before;
import org.junit.Test;

public class BuchungTest {
  private Konto konto;
  private Buchung buchung;

  @Before
  public void setUp() throws Exception {
    Buchung.logging= new LogDatei();
    buchung= new Buchung();
    konto= new Konto();
  }

  public void tearDown() throws Exception {
    // LogDatei schließen
  }

  @Test
  public void testErfolreicheBuchung(){
    try {
      buchung.abbuchen(42,konto,100);
      Assert.assertTrue(true);
    } catch (BuchungsException e) {
      Assert.fail();
    }
  }

  @Test
  public void testErfolgloseBuchung(){
    try {
      buchung.abbuchen(42,konto,2000);
      Assert.fail();
    } catch (BuchungsException e) {
      Assert.assertTrue(true);
    }
  }
}
```

Wie bereits angedeutet, ist es sinnvoll, sich frühzeitig in Projekten über Testdaten Gedanken zu machen, die allen Testern dann auch bei der Mock-Erstellung bekannt sind. Konkret könnte es z. B. auch in dem kleinen einführenden Beispiel sinnvoll sein, die Methode flexibler und z. B. abhängig von einer vorher definierten Kontonummer zu machen. Die Variante der Klasse *Konto* sieht dann wie folgt aus:

```
public class Konto { //Mock für Buchung mit vereinbartem Problemkonto
   private int kontonr;
   public static final int DUMMYKONTONR = 42;

   public Konto (int kontonr){
      this.kontonr = kontonr;
   }

   public boolean istLiquide(int betrag){
      return kontonr != DUMMYKONTONR;
   }

   public void abbuchen(int betrag){
   }
}
```

Bei dem Klassenentwurf selbst muss darüber nachgedacht werden, die Klasse testbar zu gestalten. Dabei ist eine Klasse mit vielen kleinen Methoden besser testbar als eine Klasse mit wenigen, sehr langen Methoden. Je verschachtelter eine Methode wird, desto schwieriger wird es, alle Aspekte dieser Methode zu testen. Weiterhin sind private Methoden schwer testbar, da eine klassische JUnit-Klasse nur mit Hilfe von Reflection auf sie zugreifen kann. Das Ergebnis der Ausführung von Methoden hängt nicht nur von den übergebenen Parametern, sondern auch vom Zustand des Objekts ab, deshalb sollte dieser Zustand von außen leicht änderbar sein. Dies ist automatisch der Fall, wenn es für jede Exemplarvariable get- und set-Methoden gibt. Ist dies nicht erwünscht, sollte man zum Testen wieder darüber nachdenken, ob man diese Methoden für den Testprozess zulässt.

6.3   Mock-Werkzeuge

Im vorherigen Abschnitt wurden alle Mocks explizit von Hand ausprogrammiert, was den Nachteil hat, dass Fehler in der Mock-Erstellung zu Problemen in den Tests führen können. Da selbst die Mocks ab und zu nicht triviale Funktionalität benötigen, damit die eigentlichen Tests durchzuführen sind, entsteht hier eine potenziell verdeckte Fehlerquelle.

In einem alternativen Ansatz kann man Mock-Frameworks wie Mockito [@Moc], JMock [@JMo] oder EasyMock [@EMo] nutzen, mit denen im Wesentlichen nicht das Verhalten der Mock-Klassen programmiert, sondern ihr Verhalten spezifiziert wird. Dabei wird direkt angegeben, wie ein zu mockendes Objekt auf bestimmte Methodenaufrufe reagieren soll. Alle drei genannten Frameworks stimmen im Grundkonzept überein, dass für eine fehlende Klasse das Verhalten spezifiziert werden kann.

Abb. 6.2 Eclipse-Projekt mit
Mockito-Libraries

```
∨ ⬢ TestBuchMockito
   › ▣ JRE System Library [JavaSE-1.8]
   ∨ ⬢ src
      ∨ ⊞ verwaltung.finanzen
         › ▣ Buchung.java
         › ▣ BuchungsException.java
         › ▣ BuchungTest.java
         › ▣ Konto.java
         › ▣ LogDatei.java
      ∨ ▣ Referenced Libraries
         › ▣ junit-4.12.jar - F:\workspaces\eclipse
         › ▣ mockito-core-2.18.0.jar - F:\worksp
         › ▣ byte-buddy-1.8.6.jar - F:\workspace
         › ▣ objenesis-2.6.jar - F:\workspaces\ec
         › ▣ asm-all-5.2.jar - F:\workspaces\eclip
         › ▣ hamcrest-core-1.3.jar - F:\workspace
   › ⬢ lib
```

Das hier betrachtete Framework Mockito geht dabei davon aus, dass die fehlende, also zu mockende Klasse als Interface vorliegt. Dies ist keine echte Einschränkung, da Interfaces oder vollständig abstrakte Klassen eine elementare Bedeutung im systematischen Software-Engineering haben. Mit der Idee des Design-by-Contract kann ein Interface als Vertrag angesehen werden. Vertragsbeteiligte sind dabei die Entwickler, die garantieren, das vereinbarte Interface zu realisieren, aber Freiheiten bei der Umsetzung haben. Weitere Vertragsbeteiligte sind die Nutzer des Interfaces, deren Forderungen im Interface formuliert sind und die wissen, dass es später eine oder mehrere Klassen gibt, die ihre Forderungen umsetzen.

Um die grundsätzlichen Möglichkeiten von Mockito zu zeigen, wird wieder das Buchungsbeispiel aus dem vorherigen Abschnitt genutzt. Der einzige Unterschied ist, dass die Klassen *Konto* und *LogDatei* durch die beiden folgenden Interfaces ersetzt werden:

```
package verwaltung.finanzen;
public interface LogDatei {
  public void schreiben(String string);
}
```

```
package verwaltung.finanzen;
public interface Konto {

  public boolean istLiquide(int betrag);

  public void abbuchen(int betrag);
}
```

Mockito wird z. B. mit Maven oder von der Maven-Webseite https://mvnrepository.com/artifact/org.mockito/mockito-core schrittweise mit Abhängigkeiten heruntergeladen. Für die meisten Arbeiten reichen dabei die Jar-Dateien aus, die als „Referenced Libraries" des in Abb. 6.2 gezeigten Projekts genannt sind.

Die folgenden Tests können weiter optimiert werden, zeigen aber die Kernfunktionalität. Nachfolgend wird in einem zweiten Beispiel genauer über die in der Einleitung des Kapitels erwähnte Testarchitektur nachgedacht.

```
package verwaltung.finanzen;
import org.junit.Assert;
import org.junit.Before;
import org.junit.Test;
import org.mockito.AdditionalMatchers;
import org.mockito.ArgumentMatchers;
import org.mockito.Mockito;

public class BuchungTest {

  private Buchung buchung;
  private final int BETRAG1 = 42;

  @Before
  public void setUp() throws Exception {
    buchung = new Buchung();
  }

  @Test
  public void testIstLiquide1() {
    final Konto k = Mockito.mock(Konto.class);
    Buchung.logging = Mockito.mock(LogDatei.class);
    try {
      buchung.abbuchen(0, k, BETRAG1);
      Assert.fail("fehlender Abbruch");
    } catch (BuchungsException e) {
      Mockito.verify(k).istLiquide(BETRAG1);
      Mockito.verify(Buchung.logging).schreiben(
          "0 abgebrochen, insolvent");
    }
  }
}
```

Tests bestehen typischerweise aus zwei Teilen, wobei im ersten Teil die Mock-Objekte erstellt werden und ihr Verhalten spezifiziert wird und im zweiten Teil der eigentliche Test steht. Zunächst werden mit Hilfe der Methode *mock()* und der vorher angegebenen Interfaces zwei Mock-Objekte erstellt. Da kein besonderes Verhalten erwartet wird, müssen die Mocks nicht weiter spezifiziert werden.

Im konkreten Testfall wird eine Exception erwartet. Im catch-Block können dann weitere Überprüfungen des Mocks stattfinden, die allerdings optional sind. Mit der Zeile verify(k).istLiquide(BETRAG1) wird geprüft, dass die Methode *istLiquide* für das Objekt k einmal mit dem Wert 42 aufgerufen wurde. In der folgenden Zeile wird geprüft, dass für das Objekt *Buchung.logging* einmal die Methode *schreiben* mit genau dem genannten Text aufgerufen wird.

In diesem ersten Beispiel sind die für die Mocks spezifizierten Erwartungen sehr restriktiv und erlauben keine Abweichung. Im weiteren Verlauf wird gezeigt, dass man auch flexiblere Mocks erstellen kann und es keine Verpflichtung gibt, auf die genaue Ausführung aller spezifizierten Methoden der Mocks zu prüfen.

```
@Test
public void testIstLiquide2() {
   Konto k = Mockito.mock(Konto.class);
   Buchung.logging = Mockito.mock(LogDatei.class);

   Mockito.when(k.istLiquide(BETRAG1)).thenReturn(true);

   try {
     buchung.abbuchen(0, k, BETRAG1);
   } catch (BuchungsException e) {
     Assert.fail("nicht erwarteter Abbruch");
   }
   Mockito.verify(k).istLiquide(BETRAG1);
   Mockito.verify(k).abbuchen(BETRAG1);
   Mockito.verify(Buchung.logging).schreiben("0 bearbeitet");
}
```

Der zweite Test ist ähnlich aufgebaut. Neu ist die Möglichkeit, für einen Methodenaufruf auf dem Mock ein Ergebnis festzulegen. Im konkreten Fall soll die Methode *istLiquide*, wenn sie genau mit dem Parameterwert von BETRAG1 aufgerufen wird, das Ergebnis *true* liefern.

```
@Test
public void testIstLiquide3() {
   final Konto k = Mockito.mock(Konto.class);
   Buchung.logging = Mockito.mock(LogDatei.class);
   Mockito.when((k).istLiquide(BETRAG1))
       .thenReturn(true).thenReturn(false);
```

```
    try {
      buchung.abbuchen(0, k, BETRAG1);
    } catch (BuchungsException e) {
      Assert.fail("nicht erwarteter Abbruch");
    }
    try {
      buchung.abbuchen(0, k, BETRAG1);
      Assert.fail("fehlender Abbruch");
    } catch (BuchungsException e) {
      Mockito.verify(k, Mockito.times(2)).istLiquide(BETRAG1);
      Mockito.verify(k).abbuchen(ArgumentMatchers.anyInt());
      Mockito.verify(Buchung.logging, Mockito.times(2))
          .schreiben(Mockito.anyString());
    }
  }
```

Im dritten Test wird gezeigt, dass es durch Method-Chaining möglich ist, unterschiedliche Ergebnisse für einen Methodenaufruf zu spezifizieren. Die übergebenen Werte werden genau in der angegebenen Reihenfolge ausgegeben, alternativ hat die Methode *thenReturn* auch die Möglichkeit, beliebig viele Parameter zu übernehmen, die dann in der angegebenen Reihenfolge zurückgegeben werden. Gibt es mehr Methodenaufrufe als spezifizierte Ergebnisse, wird der letzte Wert zurückgegeben.

Im catch-Block wird mit dem zweiten Parameter *Mockito.times(2)* die Forderung spezifiziert, dass die danach folgende Methode genau zweimal aufgerufen wird. Weiterhin zeigt der catch-Block danach, dass bei Methodenaufrufen nicht nur konkrete Werte gefordert werden können. Es werden sogenannte Matcher übergeben, die spezifizieren, welche Parameterwerte erlaubt sind. Zu Matchern gibt es mehrere Bibliotheken, die zur Verfügung stehen. Mit *ArgumentMatchers.anyInt()* kann eine beliebige Zahl und mit *Mockito.anyString()* ein beliebiger Text übergeben werden.

```
  @Test
  public void testIstLiquide4() {
    Konto k = Mockito.mock(Konto.class);
    Buchung.logging = Mockito.mock(LogDatei.class);
    Mockito.when(k.istLiquide(AdditionalMatchers.gt(42)))
        .thenThrow(new NumberFormatException());
    try {
      buchung.abbuchen(0, k, 100);
      Assert.fail("fehlender Abbruch");
    } catch (NumberFormatException e) {
      Mockito.verify(k).istLiquide(AdditionalMatchers.gt(42));
    } catch (BuchungsException e) {
      Assert.fail("falsche Exception");
    }
  }
```

Der vierte Test zeigt, dass Matcher auch bei Methodenaufrufen nutzbar sind. Im konkreten Fall wird ein Ergebnis spezifiziert, insofern der übergebene Wert größer als (gt – greater than) 42 ist. Weiterhin ist erkennbar, dass auch Exceptions bei spezifizierten Methodenaufrufen ein Ergebnis sein können.

Werden Matcher für Parameter genutzt, müssen für alle Parameter Matcher angegeben werden. Für genaue Werte gibt es Matcher wie *eq()*, mit denen genau ein Wert gefordert wird. Der grobe Aufbau bei drei Parametern, bei denen die ersten beiden Werte beliebig sind und der dritte genau sein muss, sieht dann wie folgt aus:

```
verify(mock).someMethod(anyInt(), anyString(), eq("third argument"));
```

Abb. 6.3 zeigt weitere Methoden, mit denen spezifiziert werden kann, wie oft eine Methode aufrufbar ist. In der Tabelle steht k für das gemockte Objekt sowie n für ganze Zahlen. Die eigentliche Methode wird nach der Methode für die Anzahl angegeben. Mit Mockito.verifyZeroInteractions(mock1, …) wird geprüft, dass keine Methode auf den angegebenen Mocks aufgerufen wurde, wobei beliebig viele Mock-Objekte übergeben werden können.

Mocks sind nicht nur bei fehlenden Klassen sinnvoll einsetzbar. Weitere Szenarien entstehen, wenn von Objekten ein bestimmtes Verhalten für Tests benötigt wird, das aber nicht einfach erzeugbar ist. Ein Fall sind Exceptions, die von externen Problemen, wie z. B. dem Verlust einer physikalischen Verbindung, abhängen. Statt zu genau bestimmten Zeitpunkten Stecker zu ziehen, können Mocks das Testen wesentlich erleichtern. Der Ansatz ist auch nutzbar, wenn angeschlossene Systeme sehr langsam sind oder teurere Ressourcen, auf die nur selten zugegriffen werden kann. Der Ansatz wird im Folgenden mit einem Beispiel konkretisiert, bei dem eine Datenbank gemockt wird. Es wird angenommen, dass die Datenbank einen JDBC-Treiber hat, also genauer eine zur Datenbank passende Implementierung der im JDBC-Standard festgelegten Interfaces. Die konkrete Fallstudie betrifft eine Tabelle *Noten* mit drei Spalten: „Studi" für den Namen des Studis, „Modul" für den Namen eines Moduls bzw. einer Veranstaltung und „Note" für die vom

Methode	Anzahl möglicher Aufrufe
times(1)	genau einmal; default, kann weggelassen werden
times(n)	genau n-Mal
atLeast(n)	mindestens n-Mal
atMost(n)	höchstens n-Mal
never(k)	niemals

Abb. 6.3 Spezifikation der Anzahl möglicher Methodenaufrufe

Studi im Modul erreichte Note. Am Rande sei angemerkt, dass die hier durchgeführte Berechnung einer Durchschnittnote sicherlich mit einer anderen SQL-Anfrage noch einfacher durchgeführt werden könnte. Die zu testende Software sieht wie folgt aus:

```java
package db;

import java.sql.ResultSet;
import java.sql.SQLException;
import java.sql.Statement;

public class Statistik {

    private Statement statement;

    public Statistik() {
    }

    public void setStatement(Statement statement) {
        this.statement = statement;
    }

    public double studiDurchschnitt(String name)
            throws SQLException {
        int anzahl = 0;
        int summe = 0;
        ResultSet rs = statement.executeQuery(
                "SELECT * FROM Noten WHERE Studi ='" + name + "'");
        System.out.println("rs: " + rs);
        while (rs.next()) {
            anzahl++;
            summe += rs.getInt(3);
        }
        if (anzahl == 0) {
            return 0d;
        } else {
            return summe / (anzahl * 100d);
        }
    }
}
```

Der Datenbankzugriff erfolgt über ein Statement-Objekt, das mit setter-Injection dem Objekt übergeben wird. Es ist generell sinnvoll, dass benötigte Mock-Objekte von außen übergeben werden können. In einer Variante von Mockito ist dies auch über eine mit Annotationen gesteuerte Injection möglich. In der gezeigten Methode *studiDurchschnitt* wird

eine SQL-Anfrage ausgeführt, die als Ergebnis alle zum übergebenen Namen passenden
Einträge liefert und daraus den Durchschnitt errechnet.

Für einen Mock besteht die Aufgabe darin, ein Statement-Objekt zu liefern, das die
SQL-Anfrage sinnvoll beantworten kann. Es ist zu beachten, dass die Daten über einen
Iterator vom Typ *ResultSet* schrittweise eingelesen werden. Der Mock sieht wie folgt aus:

```
package db;

import java.sql.ResultSet;
import java.sql.Statement;
import org.mockito.Mockito;

public class DBMock {

    public Statement dbErstellen() throws Exception {
        //final Mockery context = new Mockery();
        final Statement st = Mockito.mock(Statement.class);
        final String[][] pruefungen = {
            {"Ute", "Prog1", "400"},
            {"Uwe", "Prog1", "230"},
            {"Ute", "Prog2", "170"}};

        ResultSet r1 = Mockito.mock(ResultSet.class);
        Mockito.when(r1.next()).thenReturn(true, true, false);
        Mockito.when(r1.getInt(3)).thenReturn(
                Integer.parseInt(pruefungen[0][2])
                , Integer.parseInt(pruefungen[2][2]));
        Mockito.when(st.executeQuery(
            "SELECT * FROM Noten WHERE Studi ='Ute'"))
                .thenReturn(r1);

        ResultSet r2 = Mockito.mock(ResultSet.class);
        Mockito.when(r2.next()).thenReturn(true, false);
        Mockito.when(r2.getInt(3)).thenReturn(
                Integer.parseInt(pruefungen[1][2]));
        Mockito.when(st.executeQuery(
            "SELECT * FROM Noten WHERE Studi ='Uwe'"))
                .thenReturn(r2);

        ResultSet r3 = Mockito.mock(ResultSet.class);
        Mockito.when(r3.next()).thenReturn(false);
        Mockito.when(st.executeQuery(
            "SELECT * FROM Noten WHERE Studi ='Urs'"))
                .thenReturn(r3);
        return st;
    }
}
```

Der Mock ist hier in der Lage, drei Anfragen zu beantworten. Zu jeder dieser Anfragen wird zunächst der Rückgabewert des Iterators festgelegt. Im Fall von r1 werden zwei Datensätze gefunden, so dass der Iterator zweimal *true* und dann immer *false* liefern muss. Für die konkreten get-Aufrufe, um Daten zu lesen, werden die dazu passenden Daten aus dem vorher angelegten Array *pruefungen* als Ergebnis vorbereitet. Da hier bei den Anfragen exakte Strings angegeben werden, müssen genau diese Anfragen gestellt werden. Dieser Ansatz ist durch die Nutzung von regulären Ausdrücken abschwächbar. Weiterhin kann bei dem Mock nicht zweimal die gleiche Anfrage gestellt werden, da der Iterator bei der ersten Nutzung das Ergebnis durchläuft und nicht wieder zurückgesetzt wird. Generell zeigt die Klasse einen Ansatz mit der expliziten Spezifikation der Ergebnistabelle in einer Variablen und den daraus berechneten Resultaten. Natürlich sind andere Ideen zur Mock-Erstellung nutzbar, es könnten z. B. Daten aus Dateien eingelesen werden. Der eigentliche Test sieht wie folgt aus:

```java
package db;

import java.sql.SQLException;
import java.sql.Statement;
import org.junit.Assert;
import org.junit.Test;
import org.junit.Before;

public class StatistikTest {

    private Statement db;
    private Statistik s;

    @Before
    public void setUp() throws Exception {
        db = new DBMock().dbErstellen();
        s = new Statistik();
        s.setStatement(db);
    }

    @Test
    public void testSchnittUte() throws SQLException {
        Assert.assertTrue(2.85 == s.studiDurchschnitt("Ute"));
    }

    @Test
    public void testSchnittUwe() throws SQLException {
        Assert.assertTrue(2.3 == s.studiDurchschnitt("Uwe"));
    }
```

```
    @Test
    public void testSchnittUrs() throws SQLException {
        Assert.assertTrue(0 == s.studiDurchschnitt("Urs"));
    }

}
```

Wichtig ist hierbei, dass jeweils ein neues Mock-Objekt für jeden Test erstellt wird, der dann in das Statement-Objekt injiziert wird. Diese Trennung zwischen eigentlicher Mock-Erstellung und der Mock-Nutzung ist sinnvoll, da so die Test-Software wart- und erweiterbar wird. Durch die Auslagerung der Mocks sind diese leicht auch gegen reale Objekte austauschbar. Weiterhin wird so die Wiederverwendung der Mocks wesentlich erleichtert.

Generell erlaubt Mockito noch einige Möglichkeiten mehr, das Mock-Verhalten genauer zu spezifizieren. Das ist sehr hilfreich, trotzdem muss sich bei solchen Schritten die Frage gestellt werden, ob sich der Aufwand lohnt. Wird der Mock gelöscht, da später nur mit realen Objekten getestet wird, sollte sich der Aufwand für die Mock-Erstellung in Grenzen halten, vor allem da der Mock selbst bei komplexeren Umsetzungen getestet werden muss. Trotzdem ist ein weitergehender Blick auf die Möglichkeiten in Mockito für den Bedarfsfall sinnvoll. Das folgende Beispiel zeigt die Möglichkeit, genauer auf einen übergebenen Parameter zu reagieren.

```
public class NurStubbingBeispielTest {

    private Statement stmt;

    @Before
    public void setup() throws SQLException {
        this.stmt = Mockito.mock(Statement.class);
        Mockito.when(this.stmt.execute(Mockito.anyString()))
                .thenAnswer(
                    new Answer() {
                        @Override
                        public Object answer(InvocationOnMock inv)
                                                throws Throwable {
                            System.out.println(Arrays
                                    .asList(inv.getArguments()));
                            System.out.println(inv.getMethod());
                            System.out.println(inv.getMock());
                            String tmp = inv.getArgument(0);
                            return tmp.length() > 6;
                        }
                    }
                );
    }
```

```
    @Test
    public void stubbingTest() throws SQLException {
        System.out.println(stmt.execute("SELECT *"));
        System.out.println(stmt.execute("INSERT"));
    }
}
```

Das vorherige Beispiel zeigt eine Möglichkeit, das Ergebnis eines Aufrufs abhängig vom übergebenen Wert zu realisieren. Zunächst wird der execute()-Methode ein beliebiger String übergeben, dann ein Answer-Objekt erstellt, das die Methode *answer()* überschreiben muss und das berechnete Ergebnis liefert. Die answer-Methode bekommt ein Objekt vom Typ *InvocationOnMock* übergeben, das einige Informationen über den Mock generell und den aktuellen Aufruf enthält. Es können u. a. die gerade gemockte Methode, das aktuelle Mock-Objekt und die Werte der beim Aufruf übergebenen Parameter abgefragt werden. Im konkreten Fall gibt es nur einen Parameter, dessen Wert mit *getArgument(0)* abgefragt wird. Im Beispiel wird dann für einen übergebenen String nur dann *true* zurückgeliefert, wenn der übergebene String mehr als 6 Zeichen hat.

Der nachfolgende Test zeigt die Ausführmöglichkeit für beide möglichen Ergebnisse. Die genaue Ausgabe sieht wie folgt aus:

```
[SELECT *]
public abstract boolean java.sql.Statement.execute(java.lang.String)
throws java.sql.SQLException
Mock for Statement, hashCode: 1007412025
true
[INSERT]
public abstract boolean java.sql.Statement.execute(java.lang.String)
throws java.sql.SQLException
Mock for Statement, hashCode: 1007412025
false
```

Neben der Erstellung von Answer-Objekten können auch eigene Matcher geschrieben werden. Dabei muss das Interface *ArgumentMatcher<Typ>* realisiert werden, wobei der Typ angibt, auf welchen Typ der Matcher angewandt werden kann. Ein Beispiel-Matcher sieht wie folgt aus:

```
public class MeinStringMatcher implements ArgumentMatcher<String>{

    @Override
    public boolean matches(String arg) {
        System.out.println(arg);
        return arg.equals("INSERT");
    }
```

```
    @Override
    public String toString(){
        // Ausgabe bei Verifikationsfehlern
        return "[Quelle ist MeinStringMatcher]";
    }
}
```

Es sind zwei Methoden zu überschreiben. Mit der Methode *matches* wird festgelegt, ob der zu betrachtende Wert die geforderte Eigenschaft des Matchers erfüllt. Im konkreten Fall soll dies genau der String „INSERT" sein. Die übliche toString()-Methode wird bei der Ausgabe von Fehlern genutzt. Die folgende Testklasse zeigt die Nutzung des Matchers:

```
public class MeinArgumentMatcherTest {
    private Statement stmt;

    @Before
    public void setup() throws SQLException {
        this.stmt = Mockito.mock(Statement.class);
        Mockito.when(stmt.execute(Mockito.argThat(
            new MeinStringMatcher())))).thenReturn(true);
    }

    @Test
    public void stubbingTest() throws SQLException {
        System.out.println(stmt.execute("SELECT *"));
        System.out.println(stmt.execute("INSERT"));
    }
}
```

Der Matcher wird der Methode *argThat* übergeben, die beliebige Objekte annimmt, die das Interface *ArgumentMatcher* realisieren. Sollte der Matcher anwendbar sein, wird als Ergebnis *true* geliefert. Die Veranschaulichung im Testfall führt zu folgendem Ergebnis.

```
SELECT *
false
INSERT
true
```

Mockito unterstützt als weiteren Ansatz das sogenannte „Spying". Beim Spying werden konkrete Objekte genutzt, ihr Verhalten aber für einzelne Aufrufe abgeändert. Dies ermöglicht es, mit realen Objekten zu testen und das Verhalten bei bestimmten Aufrufen abzuändern, um z. B. eine Exception auszulösen. Werden komplexe Altklassen, sogenannte Legacy Systeme, getestet, kann so ohne großen Aufwand das Verhalten für einzelne Tests

manipuliert werden. Dies ist insbesondere dann sinnvoll, wenn es sonst zu aufwändig
wäre, das genutzte System in einen bestimmten Zustand zu versetzen. Das folgende Beispiel zeigt als Möglichkeit die Veränderung des Verhaltens eines LinkedList-Objekts.

```java
package spy;

import java.util.LinkedList;
import java.util.List;
import org.mockito.Mockito;

public class Spying {

    public static void main(String[] args) {
        List<Integer> list = new LinkedList<Integer>();
        list.add(1);
        List<Integer> spy = Mockito.spy(list);
        Mockito.doReturn(42).when(spy).get(0);
        System.out.println(spy.get(0) + " :: " + spy.size());

        @SuppressWarnings("unchecked")
        List<Integer> list2 = Mockito.mock(List.class);
        list2.add(1);
        Mockito.doReturn(42).when(list2).get(0);
        System.out.println(list2.get(0) + " :: " + list2.size());
    }

}
```

Zunächst wird eine einfache Liste erzeugt und das Integer-Objekt 1 hinzugefügt, dann ein
Spy-Objekt basierend auf der gerade erstellten Liste erzeugt. Es wird dann festgelegt, dass
das Spy-Objekt für den Aufruf *get(0)* das Integer-Objekt 42 liefert, um im nächsten Schritt
diesen Wert zusammen mit der Listengröße auszugeben. Zum Vergleich dazu wird ein
normaler Mock zum List-Interface erstellt, dem Mock der Integer-Wert 1 übergeben und
wieder das Ergebnis für den Aufruf von *get(0)* festgelegt. Bei der Ausgabe wird deutlich,
dass der gleiche Rückgabewert geliefert wird, die ausgegebene Listenlänge jetzt aber 0 ist,
da kein reales List-Objekt genutzt wurde und so die Implementierung von *add()* leer ist.
Die genaue Ausgabe sieht wie folgt aus:

```
42 :: 1
42 :: 0
```

Mockito kann damit nicht nur Interfaces mocken, sondern auch Objekte realer Klassen
verändern. Dies ist allerdings nicht möglich, wenn es sich um finale Klassen, wie z. B.
String, oder primitive Typen wie *int* handelt. Weiterhin wird die Ergänzung PowerMock
[@Pow] benötigt, um Klassenmethoden zu mocken.

6.4   Fazit

Die Mock-Erstellung kann das Testen von Software zeitlich wesentlich flexibilisieren, da man nicht warten muss, bis bestimmte Klassen fertiggestellt werden. Mocks können sehr gut von Hand oder häufig etwas aufwändiger mit Frameworks erstellt werden. Zu beachten ist, dass diese neue Software auch kritisch gesehen werden muss und im Extremfall selbst einem Test zu unterziehen ist.

Bei der Erstellung der Mocks sollte darauf geachtet werden, dass die Tests, die mit Hilfe der Mocks geschrieben werden, auch später noch nutzbar sind, wenn reale Klassen zum Testen vorliegen. Dies bedeutet in großen Projekten immer Koordinationsaufwand, da zentrale Testfälle zu definieren sind.

Mocks haben einen weiteren wichtigen Einsatzbereich, wenn eine verteilte Software zu entwickeln ist, in der Server und/oder Datenbanken genutzt werden. Oftmals ist es recht aufwändig, teilweise auch langwierig, ein vollständiges Testszenario für solch ein komplexes System aufzubauen, was selbst mit virtuellen Rechnern auch einiges an benötigter Hardware bedeutet. Meist ist es hier sinnvoll, eines dieser Systeme abzuschneiden und durch ein Mock zu ersetzen, der den Test der eigentlichen Funktionalität einer Methode, einer Klasse oder einer Komponente ermöglicht. Diese Tests können dann oft von Entwicklern ohne besonderen zeitlichen oder Hardware-Aufwand durchgeführt werden. Gerade bei diesem Ansatz ist natürlich wieder die Qualität der oft wiederverwendbaren Mocks zu beachten.

Ein weiterer Einsatzbereich von Mocks sind Teilsysteme, die ein nichtdeterministisches oder zeitabhängiges Verhalten haben, für die aber zu Testzwecken immer die gleiche Umgebung geschaffen werden muss. Typische Beispiele sind Sensoren, mit denen Umwelteinflüsse gemessen werden sollen, bei denen zumindest für einige Tests immer die „gleiche Umwelt" benötigt wird. In diesen Bereich fallen auch Systeme, die die Systemzeit z. B. für Zeitstempel nutzen. Für einige Tests wird hier immer das gleiche Systemdatum oder die gleiche Systemzeit benötigt, sodass man die zugehörigen Klassen durch Schnittstellen und Mocks ersetzen kann.

Mocks sind damit auch ein gutes Beispiel für die Entwicklung einer Testarchitektur, bei der nicht jeder Testentwickler Experte in allen Test-Frameworks sein muss. Das letzte Beispiel im vorherigen Abschnitt hat gezeigt, dass ein Experte für JMock reicht, der einen qualitativ hochwertigen Mock für eine Datenbank erstellt. Bei der Erstellung der eigentlichen Testklasse wird dann kein Wissen über JMock benötigt. Ein weiterer wichtiger Effekt der Testarchitektur ist, dass Teile wesentlich leichter ausgetauscht werden können. Beim Datenbank-Mock kann JMock gegen ein anderes Framework ausgetauscht werden, ohne dass Tests geändert werden müssen. Man kann hier sogar noch weiter gehen und den Mock durch eine reale Datenbank ersetzen. Wichtig ist nur, dass das zentral beim Test genutzte Statement-Objekt die gleiche Reaktion bei den benutzten Methoden hat.

Literatur

Webseiten zugegriffen am 18.10.2018

[@EMo]   EasyMock. http://www.easymock.org/
[@JMo]   About jMock. http://www.jmock.org/
[@Moc]   GitHub – mockito. https://github.com/mockito/mockito
[@Pow]   GitHub – powermock. https://github.com/powermock/powermock

Technologien von Testwerkzeugen am Beispiel von JUnit 5

7

Zusammenfassung

JUnit 5 wird als Nachfolger des etablierten und konsolidierten Frameworks JUnit 4 entwickelt. Dieses Kapitel zeigt die wesentlichen Konzepte von JUnit 5 am Beispiel der bereits für JUnit 4 vorgestellten Möglichkeiten. Dabei wird genereller abgeleitet, welche typischen Anforderungen an ein Unit-Test- oder generell Test-Werkzeug gestellt werden können und wie sie umgesetzt werden.

Es ist immer hilfreich, etwas über die Technologie und Frameworks zu wissen, die ein Entwickler nutzt. Design-Entscheidungen sind so oft besser nachvollziehbar, so dass die Nutzung einfacher wird, aber auch etwaige Work-Arounds besser verstanden werden. In diesem Kapitel wird deshalb ein kleiner Einblick in die Erstellung von Annotationen, deren Nutzung über Reflection und weitere Möglichkeiten für Testwerkzeuge gegeben.

7.1 Annotationen

Annotationen wurden mit Java 5 eingeführt, nachdem sie bereits in anderen Programmiersprachen wie C# erfolgreich Verwendung fanden. Mit Annotationen findet der Einstieg in die deklarative Programmierung statt, die in Java die klassische, oft imperativ oder prozedural genannte, Programmierung ergänzt. Im klassischen Stil schreibt der Entwickler explizit auf, was das Programm machen soll; es entstehen Befehlsketten, die mit if- und while-Befehlen verknüpft sind. Bei der deklarativen Programmierung schreibt der Entwickler auf, was er haben möchte und nicht, wie es umgesetzt werden muss. Ein einfaches Beispiel ist die Annotation @Test mit der der Testentwickler festlegt, dass diese Methode im Rahmen von Tests ausgeführt wird und ihre Ergebnisse protokolliert werden sollen.

© Springer Fachmedien Wiesbaden GmbH, ein Teil von Springer Nature 2019
S. Kleuker, *Qualitätssicherung durch Softwaretests*,
https://doi.org/10.1007/978-3-658-24886-4_7

Wann die annotierte Methode genau ausgeführt wird, muss ein Entwickler nicht wissen, wobei dieses Kapitel zeigt, dass dieses Wissen durchaus hilfreich sein kann.

Im Folgenden werden zentrale Aspekte von Annotationen exemplarisch erklärt. Weitere Details sind z. B. [GH16] zu entnehmen. Einfache Annotationen bestehen aus dem at-Symbol und dem Namen der Annotation. Annotationen können weiterhin Attribute haben, wie das folgende Beispiel zeigt.

```
@KomplexAnno(par1="Hi", par2=42, par3={41,43})
```

Attribute haben einfache Namen, wie Variablen sonst auch, denen Werte zugewiesen werden können. In Java sind die Typen der Attribute recht eingeschränkt. Das Beispiel zeigt einige typische Varianten. Der Typ String ist erlaubt, jedweder elementare Typ boolean, char, byte, short, int, long, float, double; weiterhin Arrays der erlaubten Typen und, nicht im Beispiel sichtbar, können Aufzählungen, Class und Annotationen als Typ genutzt werden. Im zuletzt genannten Fall sind Annotationen ineinander schachtelbar – so kann ein Attribut einer Annotation als Werte einen Array von Annotationen enthalten, wie das folgende Beispiel aus dem JPA-Umfeld zeigt.

```
@NamedQueries({
    @NamedQuery(name="Mitarbeiter.primaryKey"
      ,query="SELECT m FROM Mitarbeiter m WHERE m.minr= :minr")
    ,@NamedQuery(name="Mitarbeiter.inRolle"
      ,query="SELECT m FROM Rolle r JOIN r.mitarbeiter m"
                  +" WHERE r.rollenname = :rollenname")
})
```

Im vorherigen Beispiel fällt auf, dass der Name des Attributs der äußeren Annotation @NamedQueries fehlt. Dies ist erlaubt, wenn eine Annotation nur genau ein Attribut mit dem Namen value hat, der dann, wie hier, weggelassen werden kann.

Attribute können weiterhin optional sein; so kann bei der Annotation @Test angegeben werden, welche Exceptions auftreten sollen, diese Information muss dort aber nicht stehen. Für nicht angegebene Attribute sind Default-Werte definierbar.

Wird eine bestimmte Exception erwartet, kann die Annotation wie folgt aussehen:

```
@Test(expected=IllegalArgumentException.class)
```

Der Typ auf der rechten Seite ist Class. Bei der Klasse *Class* handelt es sich um eine spezielle Klasse aus der sogenannten Meta-Programmierung, in der Klassen und Objekte als Teile von Anweisungen gesehen werden. Zu jeder Klasse gibt es dazu ein eindeutiges Class-Objekt, das immer über die direkt nutzbare Variable *class* für jede Variable bestimmt werden kann. Für eine beliebige Variable x macht also folgende Zeile Sinn.

```
Class clazz = x.class;
```

Die Klasse *Class* mit ihren vorhandenen Möglichkeiten wird im nachfolgenden Kapitel zu Reflection genauer betrachtet.

Als Beispiel wird eine Annotation @MeinTest entwickelt, die ähnlich zum Original Methoden annotiert, die als Tests ausgeführt werden sollen. Für diese Methoden soll gelten, dass sie parameterlos sind und *void* als Rückgabetyp haben. Weiterhin ist eine Liste von Exceptions angebbar, die anders als in JUnit auftreten dürfen, aber nicht müssen.

Annotationen werden ähnlich wie Klassen geschrieben, wobei die Bedeutung von Details etwas umdefiniert wird. Die Annotation für das Beispiel sieht wie folgt aus:

```
package beispiel;
import java.lang.annotation.Documented;
import java.lang.annotation.ElementType;
import java.lang.annotation.Retention;
import java.lang.annotation.RetentionPolicy;
import java.lang.annotation.Target;

@Target({ElementType.METHOD})
@Retention(RetentionPolicy.RUNTIME)
@Documented
public @interface MeinTest {
    Class[] erlaubt() default {};
}
```

Annotationen selbst können Annotationen haben. Mit der Annotation @Target wird festgelegt, wo die Annotation stehen darf. Erlaubte Werte stehen in der Enumeration *Element-Type*, die in einem Array angegeben werden können. Im konkreten Fall kann die Annotation nur an Methoden stehen. Sollte die Annotation auch an Klassen stehen können, damit sie z. B. für alle Methoden dieser Klasse gilt, müsste *ElementType.Class* ergänzt werden.

Mit der Annotation @Retention wird angegeben, wie lange bei der Übersetzung die Annotation beibehalten werden soll. Mit dem Enumeration-Wert *RetentionPolicy.RUN-TIME* wird sichergestellt, dass zur Laufzeit, also während der Ausführung des Programms, Informationen über diese Annotation zur Verfügung stehen. Die Annotation @Documented sorgt dafür, dass die Information über die Annotation im Dokumentationswerkzeug JavaDoc zur Verfügung steht und Teil der Spezifikation des annotierten Elements ist. Im konkreten Fall gehört die Annotation @MeinTest dazu, wenn man den Sinn einer so annotierten Methode verstehen will.

Da Java bis zur Version 9 sehr konsequent den Weg gegangen ist, dass praktisch alle alten Programme übersetzbar und lauffähig bleiben sollen, wurde kein Schlüsselwort für Annotationen eingeführt, sondern @interface genutzt, was in früheren Java-Programmen ein Syntaxfehler wäre und deshalb nicht genutzt wurde.

In der Definition des Interfaces werden alle Attribute der Annotation angegeben. Die Besonderheit ist, dass diese Attribute aus Gründen der Syntax wie parameterlose Methoden aussehen, die später noch einen weiteren Nutzen haben. Optional kann für jedes Attribut ein Default-Wert angegeben werden. Gibt es keinen Default-Wert, ist bei der Nutzung der Annotation verpflichtend ein Wert für das Attribut anzugeben. Im konkreten Beispiel gibt es das Attribut „erlaubt", das einen Array erlaubter Exceptions als Wert hat. Angemerkt sei, dass es üblich ist, dass ein Parameter den Namen „value" hat. Da dies hier nicht der Fall ist, kann die Kurzschreibweise ohne Angabe des Parameternamens nicht genutzt werden.

Nach der Definition ist die Annotation nutzbar und kann bei Methoden stehen. Die folgende Klasse zeigt dazu ein Beispiel, dessen Methoden später ausgeführt werden sollen. Es ist weiterhin bei test2 und test3 erkennbar, dass bei Arrays mit einem Element die Array-Klammern weggelassen werden können, aber nicht müssen.

```
package beispiel;

import annotation.MeinTest;

public class Beispiel {

    @MeinTest
    public void test1(){
    }

    @MeinTest(erlaubt={ArithmeticException.class})
    protected void test2(){
        if (6 * 9 != 42){
            throw new ArithmeticException("stimmt die Frage nicht");
        }
    }

    @MeinTest(erlaubt=NumberFormatException.class)
    private void test3(){
    }

    @MeinTest(erlaubt={NumberFormatException.class
            ,ArithmeticException.class})
    void test4() throws Exception{
        throw new Exception("immerhin ausgefuehrt");
    }

    @MeinTest
    public static void test5(){
    }
}
```

7.2 Reflection

Reflection erlaubt es, in Java Meta-Programmierung durchzuführen. Dabei werden Klassen selbst zu Objekten. In einer Modellierung kann die Frage gestellt werden, wie man ein Klassendiagramm für die Objektorientierung selbst erstellt. Wem die Frage zu abstrakt ist, der kann sich mit der verwandten Frage zur Erstellung eines Editors für UML-Klassendiagramme beschäftigen.

Abb. 7.1 zeigt einen sehr kleinen Ausschnitt aus einem Klassendiagramm zur Verwaltung von Klassen selbst. Es ist zu erkennen, dass jede Klasse Sammlungen von Annotationen, implementierten Interfaces, deklarierten Objekt- und Klassenvariablen (Field), Konstruktoren und deklarierten Methoden hat. Jede Klasse hat einen Namen und eine Sichtbarkeit, die hier in einem int-Wert festgehalten wird. Exemplarisch wurde das Diagramm für die Klasse *Method* etwas erweitert, da jede Methode genau einen Rückgabetypen, eine Liste von Parametern mit bestimmten Typen und eine Sammlung von Typen eventuell geworfener Exceptions aus der throws-Deklaration hat.

Die Informationen über das Klassenobjekt und die weiteren zugehörigen Objekte stehen für jedes Objekt zur Laufzeit zur Verfügung. Weiterhin können Class-Objekte auch über eine Klassenmethode mit dem Wissen über den vollqualifizierten Klassennamen erhalten werden. Das folgende Codefragment zeigt zwei Möglichkeiten dazu.

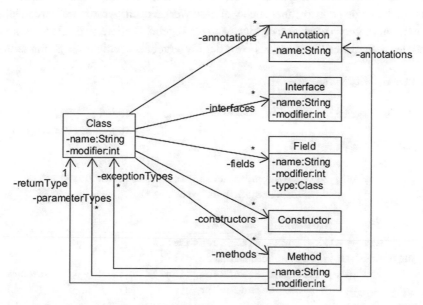

Abb. 7.1 Kleiner Ausschnitt des Klassendiagramms für Reflection

```
Class cl1 = String.class;
try { // oder
  Class cl2 = Class.forName("java.lang.String");
} catch (ClassNotFoundException e) {
  System.out.println("gibs nich")
}
```

Weiterhin bestehen über Reflection Möglichkeiten, neue Objekte zu erstellen und beliebige Methoden von Objekten auszuführen. Dies beinhaltet sogar mit „private" gekenn-
zeichnete Methoden. Soll dies oder generell Reflection verhindert werden, wird in Java ein
Security Manager genutzt, der Informationen über das erlaubte Verhalten enthält. Die in
der Praxis zu schützende Konfiguration befindet sich in der Datei java.policy im Unterordner \jre\lib\security [@Ora].

Im nächsten Schritt erfolgt zur Veranschaulichung einiger Einsatzmöglichkeiten von
Reflection die Ausführung der im vorherigen Unterkapitel in der Klasse *Beispiel* mit @
MeinTest annotierten Methoden. Dabei wird zunächst ein Objekt der Klasse *Beispiel* erzeugt, dann alle Methoden geprüft, ob sie die Annotation @MeinTest haben und die genannten Randbedingungen erfüllen und dann letztendlich jede so annotierte Methode ausgeführt. Die Schritte passieren hier in einer Methode, deren Code-Fragmente einen
genaueren Einblick in die Nutzung von Reflection geben. Eine Aufteilung in mehrere
Teilmethoden wäre bei einer weiteren Nutzung dieses Prototyps sicherlich sinnvoll. Eine
Teilaufgabe von Testwerkzeugen beschäftigt sich mit der Dokumentation von Ergebnissen, damit diese von Nutzern, aber auch weiteren Werkzeugen, verarbeitet werden können.
Im konkreten Prototyp wird einfach eine Map als Ergebnis geliefert, die als Schlüssel den
Namen des gefundenen Tests und als Wert das Testergebnis ebenfalls als String enthält.

```
public class Tester {

  public static Map<String, String> testAusfuehren(
                                String klassenname) {
    Class clazz = null;
    if (klassenname == null) {
      throw new IllegalArgumentException("Existenz der Klasse"
            + " null versucht zu pruefen");
    }
    try {
      clazz = Class.forName(klassenname);
    } catch (ClassNotFoundException ex) {
      throw new IllegalArgumentException("Klasse " + klassenname
            + " nicht gefunden");
    }
```

Zunächst wird geprüft, ob überhaupt eine Klasse zum angegebenen Namen existiert. Ist
das nicht der Fall, wird mit einer Exception abgebrochen.

```
// Suche parameterlosen Konstruktor
Constructor konstruktor = null;
try {
  konstruktor = clazz.getDeclaredConstructor(new Class[]{});
} catch (NoSuchMethodException ex) {
  throw new IllegalArgumentException("Klasse muss "
        + "parameterlosen Konstruktor haben");
} catch (SecurityException ex) {
  throw new IllegalArgumentException("kein ausfuehrbarer "
        + "parameterloser Konstruktor gefunden");
}
```

Der hier gewählte Ansatz funktioniert nur, wenn ein aufrufbarer parameterloser Konstruktor existiert. Dieser wird mit der Methode *getDeclaredConstructor()* gesucht, der ein Array übergeben wird, der die passenden Typen zu den gesuchten Parametern des Konstruktors enthält. In diesem Fall wird ein neuer, leerer Array konstruiert, da nach einem parameterlosen Konstruktor gesucht wird.

```
List<Method> auszufuehren = new ArrayList<>();
for (Method methode : clazz.getDeclaredMethods()) {
  methode.setAccessible(true);
  for (Annotation anno : methode.getAnnotations()) {
    if (anno.annotationType() == MeinTest.class) {
      if (!methode.getReturnType().toString().equals("void")) {
        System.out.println(" Methode " + methode.getName()
              + " ist kein Test, da Return-Typ nicht void");
      } else {
        if (methode.getParameterCount() != 0) {
          System.out.println(" Methode " + methode.getName()
                + " ist kein Test, da Parameterliste nicht leer");
        } else {
          auszufuehren.add(methode);
        }
      }
    }
  }
}
```

Es werden jetzt alle Methoden der Klasse über *getDeclaredMethods()* durchlaufen. Für diese Objekte wird deren Nutzbarkeit mit *setAccessible()* auf *true* gesetzt, um die Methoden später ausführen zu können. Ohne *setAccessible* würden private-Methoden eine SecurityException werfen. Zu einem Method-Objekt können dann alle genutzten Annotationen mit *getAnnotations()* bestimmt werden. Insofern es sich um eine mit @MeinTest annotierte Methode handelt, wird geprüft, ob der Rückgabetyp *void* und die Liste der

Aufrufparameter leer sind. Ist dies der Fall, wird die Methode zur Liste der auszuführenden Methoden hinzugefügt. Da auch auf den Namen der Methode zugegriffen werden kann, könnte dieser ebenfalls mit in die Auswahl hineinspielen. Es ist z. B. sehr einfach, nur wie in JUnit 3 Methoden zu betrachten, deren Name mit „test" beginnt. Die Möglichkeiten mit dem Namen stellen aber auch einen zentralen Gefahrenpunkt bei der Nutzung von Reflection dar. Sollte jemand den Methodennamen ändern, erkennt aktuell kein Refactoring-Werkzeug, dass dieser Name gegebenenfalls auch in String-Konstanten geändert werden müsste.

```
if (auszufuehren.isEmpty()) {
  System.out.println("keinen Test gefunden");
  return null;
}
konstruktor.setAccessible(true);
Object objekt = null;
try {
  objekt = konstruktor.newInstance(new Object[]{});
} catch (Exception ex) {
 throw new IllegalArgumentException("unerwarteter Fehler: " + ex);
}
```

Insofern Tests ausgeführt werden sollen, wird mit Hilfe der Methode *newInstance()* ein neues Objekt der zu nutzenden Klasse erzeugt.

```
Map<String, String> ergebnis = new HashMap<>();
for (Method m : auszufuehren) {
  Class[] erlaubteException = m.getAnnotation(MeinTest.class)
                     .erlaubt();
```

Nach der Initialisierung des Ergebnisses wird jede auszuführende Methode einzeln abgearbeitet. Dabei kann über die Methode *erlaubt()* der Wert aus der Annotation ausgelesen werden, der im Attribut „erlaubt" steht.

```
try {
  m.setAccessible(true);
  m.invoke(objekt, new Object[]{});
  ergebnis.put(m.getName(), "ok");
```

Zum Ausführen muss wieder eine zur Methode passende Parameterliste existieren. Dies ist wieder ein leerer Array. Die Methode *invoke* erlaubt es, eine in einem Method-Objekt m gekapselte Methode auf einem Objekt *objekt* mit den übergebenen Parametern auszuführen.

```
        } catch (InvocationTargetException e) {
        if (Arrays.asList(erlaubteException)
                .contains(e.getCause().getClass())) {
          ergebnis.put(m.getName(), "erlaubte Exception "
                + e.getCause().getClass() + " gefunden");
        } else {
          ergebnis.put(m.getName()
                , e.getCause().getClass().getSimpleName()
                  + " : " + e.getCause().getMessage());
        }
```

Wenn bei der Ausführung der Methode eine Exception auftritt, wird geprüft, ob sie sich in dem Array mit den erlaubten Exceptions befindet und die Meldung bezüglich des Prüfungsergebnisses angepasst.

```
        } catch (Exception e) {
          ergebnis.put(m.getName(), e.getClass().getSimpleName()
                  + " : " + e.getCause().getMessage());
        }
      }
      return ergebnis;
    }
  }
```

Die konkreten Tests sind mit folgender Methode ausführbar:

```
      public static void main(String[] args) {
          Map<String,String> ergebnisse = Tester
                  .testAusfuehren("beispiel.Beispiel");
          for (String test: ergebnisse.keySet()){
            System.out.println(test + ": " + ergebnisse.get(test));
          }
      }
```

Die Ausführung liefert folgendes Ergebnis:

```
  test4: Exception : immerhin ausgefuehrt
  test5: ok
  test2: erlaubte Exception class java.lang.ArithmeticException gefunden
  test3: ok
  test1: ok
```

Der Beispielcode zeigt, dass für die Annotation die Sichtbarkeit der Methode egal ist und auch Klassenmethoden nutzbar sind. Das vorgestellte Programm ist ein guter Prototyp für eine mögliche weitere Entwicklung, in dem aber noch sehr viele Teilaufgaben warten würden. Eine sehr wichtige Anforderung ist z. B., dass nicht terminierende Tests gefunden werden und nicht, wie im Prototyp, dazu führen, dass das Testprogramm nicht terminiert. Der Prototyp deutet auch an, dass es mit einigen Parametern recht einfach wird, bestimmte Tests herauszufiltern und weitere Abhängigkeiten aufzubauen. Dies ist ein kleiner Einblick in die von JUnit 4 bereits bekannten TestRunner, die die Testausführung steuern. Es ist auch ableitbar, dass mehrere TestRunner zusammen schnell problematisch sein können, da die Art der Verknüpfung so geklärt werden müsste, dass keine negative Beeinflussung stattfindet.

Das Standardverhalten beim Starten eines Java-Programms ist, dass der Class Loader bei Bedarf die benötigten Klassen aus dem Byte-Code der mit „class" endenden Dateien lädt. Bereits an dieser Stelle kann in die Programmausführung eingegriffen werden. Eine Möglichkeit ist die Erweiterung des Class Loaders, so dass z. B. Informationen über geladene Klassen an weitere Werkzeuge geschickt werden. Eine weitergehende Alternative führt vor dem Laden weitere Programme aus, die z. B. die Quellcode-Dateien analysieren oder weiteren Code mit Hilfe anderer Informationen erstellen. Dieser Ansatz ist mit Präprozessoren vergleichbar, wie sie gerne im Umfeld von C und C++ Anwendung finden.

Da die Ausführung von Java auf Byte-Code basiert, gibt es noch weitere Möglichkeiten für Werkzeuge, mit denen der aktuelle Byte-Code eines Programms modifiziert werden kann. Dies kann aus mehreren Gründen sinnvoll sein. Soll ein weiteres Programm angeschlossen werden, das z. B. die Nutzung von Methoden oder bestimmten Variablen protokollieren soll, ist es sinnvoll, den Byte-Code des zu untersuchenden Programms so zu ergänzen, dass das Analyseprogramm an den relevanten Stellen informiert wird. Die Möglichkeiten mit dem Byte-Code gehen sogar noch weiter, so dass zur Laufzeit neue Objekte erstellt werden, ohne dass für sie Quellcode existiert. Solche temporär entstehenden Objekte können z. B. aus existierenden Klassen abgeleitet und um weitere für die Untersuchung relevante Methoden ergänzt werden. Solche temporär entstehenden Klassen werden auch im Umfeld der Mock-Erstellung genutzt, die im Abschn. 6.3 genauer vorgestellt wird. Typische Vertreter solcher mit Byte-Code arbeitenden Bibliotheken sind cglib [@cgl], ASM [@ASM], AspectJ [@Asp], Byte Buddy [@Byt] und Javassist [@Jav].

7.3   Lambda-Ausdrücke in Java

Lambda-Ausdrücke stammen aus dem Gebiet der funktionalen Programmierung und wurden in Java 8 ergänzt, um Programm-Code kompakter programmieren zu können. In Ergänzung mit der Stream API wird die Verteilung der Programmausführung unterstützt. In diesem Kapitel wird eine sehr kurze Einführung in die Lambda-Ausdrücke gegeben, die zum Verständnis der Nutzung in JUnit 5 ausreicht. Weitere detailliertere Informationen können z. B. [Abt18] entnommen werden. Leser mit Erfahrungen mit Lambda-Ausdrücken sollten dieses Unterkapitel schnell überfliegen können.

Aus der Sicht von Java basieren Lambda-Ausdrücke auf Interfaces, die genau eine Methode enthalten, sogenannte „SAM-Types" für Single Abstract Method. Statt dieses Interface explizit auszuprogrammieren oder eine anonyme Klasse anzugeben, kann der Code direkt programmiert werden. Soll eine solche Umsetzung einer Methode möglich sein, ist das Interface als @FunctionalInterface zu annotieren, was ab Java 8 für einige schon existierende Interfaces erfolgt ist. Das Konzept soll jetzt mit einem eigenen Interface erläutert werden, das die folgende Form hat:

```
package interfaces;
@FunctionalInterface
public interface BspInterface {
    public int mach(int x, int y);
}
```

Mit den folgenden Realisierungen findet ein Vergleich der unterschiedlichen Umsetzungen statt. Eine klassische Umsetzung des Interfaces sieht wie folgt aus:

```
public class Plus implements BspInterface{
    public int mach(int x, int y){
        System.out.println("plus");
        return x+y;
    }
}
```

Ein Nutzer eines solchen Interfaces erhält dann Objekte vom Interface-Typ übergeben und kann die angegebene Methode nutzen. Eine Beispielnutzung kann wie folgt aussehen:

```
package nutzer;
import interfaces.BspInterface;
public class BspNutzer {
    public int nutzen (BspInterface b1, BspInterface b2
                     , BspInterface b3){
        return b3.mach(6, 9) - b2.mach(6, 9) - b1.mach(6, 9);
    }
}
```

Die folgende main-Methode fasst die verschiedenen typischen Varianten der Interface-Nutzung inklusive der Erstellung verschiedener Realisierungen zusammen.

```
public static void main(String[] args) {
    BspInterface klassisch = new Plus();
    int erg = klassisch.mach(6, 9);
    System.out.println("Klassisch: " + erg);
```

Das benutzte Objekt wird über den Konstruktoraufruf erzeugt und dann genutzt. Die Ausgabe sieht wie folgt aus:

```
plus
Klassisch: 15
```

Die Implementierung ist direkt angebbar.

```
BspInterface direktesObjekt = new BspInterface() {
    @Override
    public int mach(int x, int y) {
      System.out.println("minus");
      return x - y;
    }
};
erg = direktesObjekt.mach(6, 9);
System.out.println("direktes Objekt: " + erg);
```

Hier wird direkt ein anonymes Objekt erstellt und bei der Erstellung die Implementierung angegeben. Formal ist von dem entstehenden Objekt nur bekannt, dass es das Interface realisiert. Mit Reflection könnte auch der interne Typ-Name berechnet werden. Die zugehörige Ausgabe sieht wie folgt aus:

```
minus
direktes Objekt: -3
```

Die Objekterstellung ist direkt mit der Nutzung verknüpfbar.

```
System.out.println("anonymes Objekt: "
  + (new BspInterface() {
      @Override
      public int mach(int x, int y) {
        System.out.println("mal");
          return x * y;
        }
      }).mach(6, 9));
```

Bei der Nutzung einer anonymen Klasse erfolgt die Implementierung in den Klammern der Parameterübergabe. Das übergebende Programm hat im Gegensatz zum vorherigen Beispiel so keine Referenz mehr auf das erstellte Objekt. Die resultierende Ausgabe lautet wie folgt:

```
mal
anonymes Objekt: 54
```

Die Lambda-Schreibweise kürzt die bisherigen Ideen syntaktisch ab.

```
BspInterface direktesObjektMitLambda = (a,b) -> {
  System.out.println("oder");
  return a | b;
};
erg = direktesObjektMitLambda.mach(6, 9);
System.out.println("direktes Objekt mit Lambda: " + erg);
```

In diesem Fall wird ein Lambda-Ausdruck genutzt, der generell die folgende Form hat.

```
(Parameterliste) -> {Ausdruck bzw. Programmanweisungen}
```

In der Parameterliste können Typen für die Variablen angegeben werden. Sind diese eindeutig, kann die Typangabe entfallen. Für den Ausdruck auf der rechten Seite des Pfeils gibt es verschiedene Möglichkeiten. In diesem Fall steht ein einfacher Programmblock in geschweiften Klammern, der mit einer return-Zeile für das Ergebnis endet. Inhaltlich ist zu beachten, dass es sich hier um die bitweise Oder-Verknüpfung von Integer-Werten handelt. Die resultierende Ausgabe lautet wie folgt:

```
oder
direktes Objekt mit Lambda: 15
```

Insgesamt kann dies dann als die Zuweisung einer Funktion an eine Variable interpretiert werden. Formal wird die im Interface angegebene Methode implementiert.

```
BspInterface direktesObjektMitLambda2 =
                 (a,b) -> a & b;
erg = direktesObjektMitLambda2.mach(6, 9);
System.out.println("direktes Objekt mit Lambda: " + erg);
```

Das aus dem Lambda-Ausdruck resultierende Objekt wird normal einer Variablen vom Typ des Interfaces zugewiesen. Besteht die rechte Seite nur aus einer einzigen Anweisung oder genauer einem Ausdruck, kann auf die geschweiften Klammern verzichtet werden. Der resultierende Wert des Ausdrucks ist auch der Rückgabewert der Methode. Die resultierende Ausgabe lautet wie folgt:

```
direktes Objekt mit Lambda: 0
```

Das folgende Objekt *nutzer* fasst verschiedene Realisierungsmöglichkeiten des Interfaces zusammen.

```
BspNutzer nutzer = new BspNutzer();
System.out.println(nutzer.nutzen(
```

```
        klassisch
, (a,b) -> {
    System.out.println("minus");
    return a - b;
  }
, (a,b) -> a * b));
```

Die resultierende Ausgabe lautet wie folgt:

```
minus
plus
42
```

Bei der Darstellung von Lambda-Ausdrücken sind weitere syntaktische Optimierungen möglich.

```
    BspNutzer nutzer2 = new BspNutzer();
    System.out.println(nutzer2.nutzen(
            (int a, int b) -> {  // Typen angebbar
                System.out.println("spielerei");
                return 2 * b + 4 * a;
            }
            , (a,b) -> Math.addExact(a,b)
            , Math::addExact));
    }
}
```

Das abschließende Objekt *nutzer2* zeigt zwei weitere Varianten. Beim ersten Lambda-Ausdruck sind die Typen der Parameter explizit angegeben. Der zweite Ausdruck ist von der Form her schon bekannt und zeigt die Nutzung einer Klassenmethode. Der dritte Fall zeigt eine weitere Abkürzungsmöglichkeit bei Lambda-Ausdrücken. Entspricht die Parameterliste genau der Liste, die beim Aufruf auf der rechten Seite genutzt werden soll, wie es im zweiten Fall zu sehen ist, können die Parameter ganz weggelassen werden.

Abschließend wird eine konkrete Anwendung betrachtet, bei der mehrere Programmstücke ausgeführt und deren etwaige Exceptions protokolliert werden sollen. Dies wäre auch mit klassischer Java-Programmierung möglich, wird jetzt aber deutlich vereinfacht. Für die auszuführenden Programmstücke wird ein Interface definiert. Hier wird ein Fall ohne Parameter betrachtet.

```
    @FunctionalInterface
    public interface Programm {
        public void ausfuehren();
    }
```

In einer Realisierung kann ein beliebiges Programm innerhalb von *ausfuehren()* ablaufen.

```java
public class Analyse {
    public static List<String> analysieren(Programm... progs) {
        List<String> ergebnisse = new ArrayList<>();
        for (Programm p : progs) {
            try {
                p.ausfuehren();
                ergebnisse.add("ok");
            } catch (Throwable e) {
                ergebnisse.add(e.getClass().getSimpleName()
                    + ": " + e.getMessage());
            }
        }
        return ergebnisse;
    }
}
```

Der Methode *analysieren* kann eine beliebige Anzahl von Objekten des Typs *Programm* übergeben werden. Zur Erinnerung: Die beliebige Anzahl wird durch die drei Punkte er- reicht; in der Umsetzung ist progs vom Typ *Programm[]* und damit ein normaler Array. Innerhalb der Methode wird jedes Programm ausgeführt und in einer einfachen Ergebnis- liste festgehalten, ob es keine Probleme gab oder eine Exception aufgetreten ist.

Eine Beispielnutzung kann wie folgt aussehen, wobei die Parameter wie üblich mit ei- nem Komma getrennt werden:

```java
public static void main(String[] args) {
    System.out.println(Analyse.analysieren(
        () -> System.out.println("Hallo")
      , () -> {
        System.out.println("durch 0");
        int x = 7 / 0;
      }
      , () -> {
        System.out.println("Array");
        int[] x = {1, 2, 3};
        System.out.println(x[3]);
      }
      , () -> {
        throw new IllegalArgumentException(
            "Kein Mensch ist illegal");
      }
    ));
}
```

Das Beispielprogramm enthält mehrere Programme, die als Lambda-Ausdrücke, hier als Spezialfall mit leerer Parameterliste, übergeben werden. Die nachfolgende Ausgabe zeigt, dass die Ausführung immer begonnen wurde und dann eventuell zu einer Exception führt. Das resultierende Ergebnis ist als Liste in eckigen Klammern zum Schluss angegeben.

```
Hallo
durch 0
Array
[ok, ArithmeticException: / by zero, ArrayIndexOutOfBoundsException: 3,
                    IllegalArgumentException: Kein Mensch ist illegal]
```

7.4   Überblick JUnit 5

Ein Ziel von JUnit 5 ist es, den ursprünglichen Ansatz zu verbessern und in Richtung aktueller Ansätze von Java 7 und nachfolgenden Versionen anzupassen. Dies wird mit einem generellen Ansatz verknüpft, aus JUnit eine Testplattform zu machen, bei der es festgelegte Möglichkeiten gibt, das System flexibel zu erweitern. Das Ergebnis ist die in Abb. 7.2 dargestellte Architektur, wobei JUnit selbst nur die grauen Bereiche enthält. Den Kern bildet die Plattform, die für die Testausführung selbst und die Integration in umgebende Werkzeuge, die JUnit aufrufen und die Ergebnisse interpretieren, zuständig ist. Damit ältere Tests ausführbar bleiben, existiert die Vintage-Komponente. Sie enthält TestRunner für JUnit 3 und 4, so dass eine parallele Nutzung der Versionen prinzipiell möglich ist. Dies gilt allerdings nicht, wenn Erweiterungen von JUnit 4 genutzt werden, die eigene TestRunner benötigen. Die Umsetzung der eigentlichen JUnit 5-Textfunktionalität findet in der Jupiter-Komponente statt, deren Möglichkeiten jetzt genauer betrachtet werden. Dabei wird von dem Wissen über die bereits im Kap. 3 vorgestellten JUnit 4-Ansätze

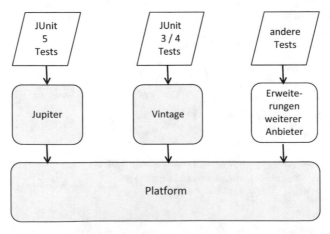

Abb. 7.2 Architekturaufbau von JUnit 5

ausgegangen und Änderungen werden diskutiert. Es wird wieder die Fallstudie mit der Mitarbeiter-Klasse genutzt, bei der ein Mitarbeiter-Objekt maximal Kompetenzen auf drei Fachgebieten haben kann, deren Werte in einer zugehörigen Enumeration stehen.

Abb. 7.3 zeigt den generellen Aufbau des JUnit 5-Projekts. Dabei werden bei der reinen Nutzung von JUnit 5 nicht alle Bibliotheken benötigt. Da aber die Integration von JUnit 4-Tests unterstützt und in Teilbereichen auf JUnit 4 zurückgegriffen wird, sind auch die zu JUnit 4 gehörenden Bibliotheken enthalten. Die Bibliotheken sind über die Nutzung von Maven [@Mav] oder durch das schrittweise Herunterladen der Dateien von MVNrepository [@MVN] erhaltbar.

```java
public class FixtureTest {

  @BeforeAll
  public static void setUpClass() {
     System.out.println("BeforeAll");
  }

  @AfterAll
  public static void tearDownClass() {
    System.out.println("AfterAll");
  }

  @BeforeEach
  public void setUp(){
    System.out.println("Before");
  }

  @AfterEach
  public void tearDown(){
    System.out.println("After");
  }

  @Test
  public void test1(){
    System.out.println("test1");
  }

  @Test
  public void test2(){
    System.out.println("test2");
  }
}
```

Die Klasse *Fixture Test* zeigt, dass einige Annotationen umbenannt wurden und so etwas intuitiver verständlich sein sollen. Es gibt folgende Umbenennungen: von @BeforeClass

Abb. 7.3 Aufbau des JUnit
5-Projekts

```
v ⌨ TestBuchJUnit5Einfuehrung
  >  ⬛ JRE System Library [JavaSE-1.8]
  v  ⌨ src
    >  ⊞ verwaltung
    >  ⊞ verwaltung.mitarbeiter
       ⬙ bsp.csv
  v  ⬛ Referenced Libraries
    >  ⬛ apiguardian-api-1.0.0.jar - F:\workspaces\e
    >  ⬛ hamcrest-core-1.3.jar - F:\workspaces\eclip
    >  ⬛ junit-4.12.jar - F:\workspaces\eclipseQSBu
    >  ⬛ junit-jupiter-api-5.3.1.jar - F:\workspaces\e
    >  ⬛ junit-jupiter-engine-5.3.1.jar - F:\workspac
    >  ⬛ junit-jupiter-migrationsupport-5.3.1.jar - F
    >  ⬛ junit-jupiter-params-5.3.1.jar - F:\workspac
    >  ⬛ junit-platform-commons-1.3.1.jar - F:\wor
    >  ⬛ junit-platform-engine-1.3.1.jar - F:\worksp
    >  ⬛ junit-platform-launcher-1.3.1.jar - F:\works
    >  ⬛ junit-vintage-engine-5.3.1.jar - F:\workspa
    >  ⬛ opentest4j-1.1.1.jar - F:\workspaces\eclips
  >  ⬙ lib
     ⓧ daten.xml
```

zu @BeforeAll, von @AfterClass zu @AfterAll, von @Before zu @BeforeEach und von @After zu @AfterEach. Das Testprogramm liefert die folgende Ausgabe:

```
BeforeAll
Before
test1
After
Before
test2
After
AfterAll
```

Weiterhin wurden die Zusicherungen überarbeitet.

```
@Test
public void testKonstruktor() {
  Mitarbeiter m = new Mitarbeiter("Ute", "Mai");
  Assertions.assertTrue(m.getVorname().equals("Ute")
      , " kein korrekter Vorname");
}
```

Die Reihenfolge der Parameter der Zusicherungen wurde vertauscht und TestNG angepasst. Der bei einem Problem auszugebende Kommentar wurde nach hinten gestellt, die
für den Test relevanten Parameter nach vorne. Dies erhöht leicht die Lesbarkeit, da ein
guter Kommentar durchaus über mehrere Zeilen gehen kann und so die anderen Parameter eventuell nicht auf den ersten Blick zu erkennen sind. JUnit 5 [@JU5] nutzt eigene
Assertions und ist diesem Bereich jetzt unabhängig von anderen Paketen. Generell können natürlich existierende Bibliotheken mit weiteren Zusicherungen weiterhin genutzt
werden.

```
@Test
public void testKonstruktor2() {
  Mitarbeiter m = new Mitarbeiter("Ute", "Mai");
  Assertions.assertAll("Ueberschrift optional"
      , () -> Assertions.assertTrue(m.getVorname().equals("Ute")
                , " kein korrekter Vorname")
      , () -> Assertions.assertTrue(m.getNachname().equals("Mai")
                , " kein korrekter Nachname"));
}
```

Eine sehr praktische Ergänzung ist die Möglichkeit, mit Lambda-Ausdrücken mehrere
Überprüfungen zusammenzufassen. Dabei kann die Methode *assertAll* optional einen
Namen für die Zusammenfassung gefolgt von einer Menge von in Lambda-Ausdrücken
gekapselten Zusicherungen enthalten. Stehen bis JUnit 4 mehrere Zusicherungen hintereinander und scheitert die erste, werden die anderen nicht ausgeführt. Mit *assertAll*
wird garantiert, dass alle Zusicherungen ausgeführt und etwaige Fehler gesammelt
werden.

```
    private Mitarbeiter m1;
    @BeforeEach // statt @Before (auch @AfterEach )
    public void setUp() throws Exception {
        m1 = new Mitarbeiter("Uwe", "Mey");
        m1.addFachgebiet(Fachgebiet.ANALYSE);
        m1.addFachgebiet(Fachgebiet.C);
        m1.addFachgebiet(Fachgebiet.JAVA);
    }
    @Test
    @DisplayName("Test-Fixture-Objekt soll Fachgebiet haben")
    public void testHatFaehigkeit1() {
        Assertions.assertTrue(m1.hatFachgebiet(Fachgebiet.C)
            , "vorhandene Faehigkeit fehlt");
    }
```

Mit der Annotation @DisplayName kann der Name des angezeigten Tests geändert werden. Der Name kann so Leerzeichen und beliebige Sonderzeichen enthalten.

```
@Test // klassisch mit Assertions.fail() geht weiterhin
public void testKonstruktor() {
  Executable auszufuehren = () -> new Mitarbeiter(null, null);
  Assertions.assertThrows(IllegalArgumentException.class
              , auszufuehren);
}


@Test
public void testKonstruktor2() {
  Assertions.assertThrows(IllegalArgumentException.class
        , () -> {new Mitarbeiter(null, null);}
        , "erwartete Exception nicht geworfen");
}


public void testKonstruktor3() {
  Throwable ex = Assertions
                  . assertThrows(IllegalArgumentException.class
                    , () -> new Mitarbeiter(null, null) );
  Assertions.assertTrue(ex.getMessage().contains("Nachname")
              , " 'Nachname fehlt in Exception-Text");
}
```

Generell kann die Überprüfung auf Exceptions weiterhin wie in früheren JUnit-Versionen u. a. mit der Markierung möglichst nicht erreichbarer Zeilen mit *Assertions.fail()* geschehen, wobei die in JUnit 4 ergänzte Version mit der erwarteten Exception in einem Attribut der Annotation @ nicht mehr erlaubt ist. Neu sind die Möglichkeiten mit *assertThrows()*, der eine erwartete Exception und ein auszuführender Lambda-Ausdruck übergeben wird. Soll ein solcher Ausdruck mehrfach genutzt werden, kann eine Zuweisung zu einer Variablen vom Typ *Executable* erfolgen. Die Methode *assertThrows()* liefert weiterhin die erhaltene Exception als Ergebnis zurück, so dass z. B. Überprüfungen auf korrekte Meldungen möglich sind. *Throwable* ist die allgemeinste Oberklasse für potenziellen Fehler, also auch der Klasse *Exception*.

```
// public class AssumptionTest {

    @Test //Test wird nur ausgefuehrt, wenn Annahme erfuellt
    public void annahmeVorAusfuehrungTest(){
        Assumptions.assumeTrue(42 == 43);
        System.out.println(" 42 == 43 ");
        Assertions.assertTrue(1 == 2);
    }


    @Test
    public void annahmeVorAusfuehrungTest2(){
```

```
        Assumptions.assumeTrue(42 == 43 - 1);
        System.out.println(" 42 == 43 - 1 ");
        Assertions.assertTrue(1 == 2);
    }
}
```

Eine weitere sehr wichtige Neuerung in JUnit 5 sind Annahmen, englisch „Assumptions".
Die Grundidee dabei ist, dass ein Test nur ausgeführt werden soll, wenn die Annahme erfüllt ist. Damit wird z. B. die Filterung von Testdaten möglich, so dass generell alle Tests
auf allen Testdaten angewandt werden, für bestimmte Fälle aber einzelne Tests nicht stattfinden. Annahmen stehen damit immer am Anfang eines Tests, bevor die eigentliche Ausführung losgeht. Da hier auf die Testobjekte und natürlich auch Variablen der Testklasse
selbst zugegriffen werden kann, existiert so ein mächtiges Mittel zur Steuerung der Tests.
Bei den obigen beiden Testfällen könnte eine Ausgabe stattfinden. Für den ersten Test wird
nur vermerkt, dass er nicht ausgeführt wurde, der zweite liefert die folgende Ausgabe und
scheitert.

```
42 == 43 - 1
```

JUnit 4 hat eine Möglichkeit zur Parametrisierung von Tests eingebaut, die allerdings
recht umständlich in der Nutzung ist. Aus diesem Grund hat sich die Bibliothek JUnitParams, siehe Abschn. 3.7, zu einer sehr weit verbreiteten Alternative entwickelt. Um zentrale Möglichkeiten in JUnit einheitlich zu halten, wurde JUnit 5 um zu JUnitParams ver-
gleichbare Möglichkeiten ergänzt. Da JUnitParams einen eigenen TestRunner benötigt, ist
die Kombination mit JUnit 5 nicht möglich.

```
public static Stream<Arguments> daten() {
    Arguments[] testdaten = {
        Arguments.of(Fachgebiet.ANALYSE, Fachgebiet.C, Fachgebiet.C),
        , Arguments.of(Fachgebiet.ANALYSE, Fachgebiet.C
                                        , Fachgebiet.ANALYSE),
        , Arguments.of(Fachgebiet.C, Fachgebiet.C, Fachgebiet.C)
    };
    return Arrays.asList(testdaten).stream();
}


@ParameterizedTest
@MethodSource({"daten"})
public void testHat( Fachgebiet f1, Fachgebiet f2
                    , Fachgebiet f3) {
    System.out.println("testHat");
    Mitarbeiter m1 = new Mitarbeiter("Oh", "Ha");
    m1.addFachgebiet(f1);
    m1.addFachgebiet(f2);
```

```
    Fachgebiet hat = f3;
    Assertions.assertTrue( m1.hatFachgebiet(hat) );
}
```

Die erste Möglichkeit für parametrisierte Tests ist eng verwandt zu dem aus JUnit 4. Statt direkt Parameter und Arrays vom Typ *Object* zu nutzen, findet eine Kapselung in Arguments-Objekten statt. Mit der Methode *Arguments.of()* wird aus der übergebenen, kommaseparierten Liste von Parametern ein Parametersatz erzeugt, der später an Tests übergeben werden kann. Das Ergebnis ist dann kein Array oder keine Sammlung von Parametersätzen, sondern ein Stream, der in Java 8 eingeführt wurde [Abt18]. Für das Verständnis reicht es hier aus, dass die Objekte nacheinander einmalig wieder aus dem Stream herausgelesen werden können.

Parametrisierte Tests sind durch die Annotation @ParameterizedTest gekennzeichnet und erhalten in einer weiteren Annotation die Information über die Datenquelle, hier die Klassenmethode *daten*. Die einzelnen Arguments-Objekte eines Parametersatzes werden dann an die Parameter des Tests übergeben. Dabei findet, wenn möglich, eine Anpassung der Datentypen statt.

Ist wie bei elementaren Datentypen, Strings und Enumeration-Werten keine automatische Umwandlung möglich, kann eine Umwandlungsklasse ergänzt werden. Das nachfolgende Beispiel zeigt, dass solch eine Umwandlungsklasse auch für Typen möglich ist, die bereits umgewandelt werden können.

```
public class FachgebietConverter
        extends SimpleArgumentConverter {
  @Override
  protected Object convert(Object o, Class<?> type)
                        throws ArgumentConversionException {
    System.out.println("o: " + o
                    + " type: " + type.getSimpleName());
    // ueblich waere aus o ein passendes Objekt zu konstruieren
    return Fachgebiet.C;
  }
}
```

Eine Umwandlungsklasse muss die Klasse *SimpleArgumentConverter* erweitern und die zentrale convert()-Methode überschreiben. Die Methode erhält das umzuwandelnde Objekt und eine Information über den gewünschten Ergebnistypen. Im Beispiel werden die übergebenen Daten ausgegeben und nur zur Veranschaulichung ein konstanter Wert zurückgegeben.

```
@ParameterizedTest
@MethodSource("daten")
public void testHatNicht(
    @ConvertWith(FachgebietConverter.class) Fachgebiet f1,
    @ConvertWith(FachgebietConverter.class) Fachgebiet f2,
```

```
    @ConvertWith(FachgebietConverter.class) Fachgebiet f3) {
  System.out.println("testHatNicht: " + f1 + f2 + f3);
  Mitarbeiter m1 = new Mitarbeiter("Oh", "Ha");
  m1.addFachgebiet(f1);
  m1.addFachgebiet(f2);
  Fachgebiet hat = f3;
  Assertions.assertFalse(m1
      .hatFachgebiet(
          Fachgebiet.ANALYSE));
}
```

Die Nutzung der Umwandlungsklasse findet über die Annotation @ConvertWith statt, wodurch dann die JUnit-Ausführung angewiesen wird, nach einem passenden Converter zu suchen. Die nachfolgende Ausgabe macht deutlich, dass die Umwandlungsklasse genutzt wird:

```
o: ANALYSE type: Fachgebiet
o: C type: Fachgebiet
o: C type: Fachgebiet
testHatNicht: CCC
o: ANALYSE type: Fachgebiet
o: C type: Fachgebiet
o: ANALYSE type: Fachgebiet
testHatNicht: CCC
o: C type: Fachgebiet
o: C type: Fachgebiet
o: C type: Fachgebiet
testHatNicht: CCC
```

Für das folgende Beispiel soll der nachfolgende Konstruktor der Klasse *Mitarbeiter* existieren. Genauer wird hier eine weitere Umwandlungsmöglichkeit gezeigt, bei der ein passender Konstruktor zur Erzeugung bzw. zur Umwandlung der Testwerte genutzt wird.

```
public Mitarbeiter(String nach){
  this.nachname = nach;
  this.fachgebiete = new HashSet<Fachgebiet>();
  this.id = idGenerator++;
  System.out.println("fuer Tests");
}

@ParameterizedTest(name = "{0} and {1}")
@ValueSource(strings = {"Edna, Meier", "Kemal, Schmidt"})
public void testValSource(Mitarbeiter m) {
    System.out.println("m: " + m);
}
```

Der vorherige Test zeigt eine weitere Möglichkeit zur direkten Angabe von Testwerten mit Hilfe der Annotation @ValueSource, die Arrays von einfachen Typen und Strings enthalten kann. Bei der Ausführung wird dann geschaut, ob es in der Klasse *Mitarbeiter* einen Konstruktor gibt, der genau einen String übergeben bekommt. Ist das das Fall und gibt es keine Umwandlungsklasse, wird dieser Konstruktor genutzt. Da im Konstruktor leider vergessen wurde, den String in Vor- und Nachname aufzuteilen, sieht das Ergebnis wie folgt aus:

```
fuer Tests
m: null Edna, Meier (116)[ ]
fuer Tests
m: null Kemal, Schmidt (117)[ ]
```

Der vorherige Test zeigt auch, dass parametrisierte Tests Namen haben können, in denen die genutzten Parameterwerte eingefügt werden. Die Testdaten werden dabei als kommaseparierte Liste aufgefasst.

```
@ParameterizedTest(name = "{0} and {1}")
@CsvSource({"Edna, 'de, Meijer'", "Kemal, Schmidt"})
public void testCsvIntern(String vor, String nach) {
   System.out.println("csv intern: "
                     + new Mitarbeiter(vor, nach));
}
```

Wird als ergänzende Annotation @CsvSource genutzt, werden Daten in einem Paar Anführungsstrichen als ein Datensatz aufgefasst. Die Trennung der Parameter im Datensatz passiert durch Kommas. Die Parameter sind so als Vor- und Nachname nutzbar. Die generierte Ausgabe sieht wie folgt aus:

```
csv intern: Edna de, Meijer (116)[ ]
csv intern: Kemal Schmidt (117)[ ]
```

Größere Testdatenmengen können z. B. aus Dateien eingelesen und dann mit Hilfe der Arguments-Klasse für Tests vorbereitet werden. Für bestimmte Datenformate macht JUnit 5 dies einfacher. Gegeben sei die folgende Datei bsp.csv, die Spaltenüberschriften und kommasepariert Werte, in der letzten Zeile auch ein leeres Feld, enthält.

```
Vorname, Nachname, alter
James T., Kirk, 87
 , Spock, 83
```

Die Datei liegt in Eclipse im src-Ordner.

```
@ParameterizedTest
  @CsvFileSource(resources ={"/bsp.csv"
```

```
            ,"/bsp.csv"}, numLinesToSkip = 1)
    public void testWithCsvFileSource(String v, String n, int a) {
       System.out.printf("csv: %s %s %d\n"
                            , v, n, a);

    }
```

Mit der Annotation @CsvFileSource sind CSV-Dateien nutzbar. Das Attribut *resources* kann in einem Array Pfade zu mehreren Dateien enthalten. Vereinfachend soll hier die gegebene Datei doppelt genutzt werden. Mit dem Attribut *numLinesToSkip* erfolgt die Markierung der Kopfzeilen, deren Werte nicht zu Tests werden. Die angegebene Zahl gibt die zu überspringende Anzahl von Zeilen an. Die Ausgabe zum konkreten Beispiel sieht wie folgt aus:

```
csv: James T. Kirk 87
csv: null Spock 83
csv: James T. Kirk 87
csv: null Spock 83
```

Bei Enumerations sind Tests für alle Werte oder Teilmengen durchführbar.

```
    @ParameterizedTest
    @EnumSource(Fachgebiet.class)
    public void testMitEnumSource(Fachgebiet f) {
        System.out.println(" Fachgebiet: " + f);
    }
    @ParameterizedTest
    @EnumSource(value = Fachgebiet.class, names = {"JAVA", "TEST"}
                              , mode = Mode.INCLUDE)
    public void testMitEnumSource2(Fachgebiet f) {
        System.out.println(" Fachgebiet2: " + f);
    }
```

Das Attribut @EnumSource führt zur Nutzung aller zur Enumeration gehörenden Werte, was durch die Attribute *names* und *mode* eingeschränkt werden kann. Dabei kann in *names* auch ein regulärer Ausdruck stehen. Die Angabe Mode.INCLUDE ist verzichtbar, da es der Default-Wert ist. Alternativ kann die mit *names* spezifizierte Menge mit Mode. EXCLUDE ausgeschlossen werden. Die beiden Tests führen zu folgender Ausgabe:

```
Fachgebiet: ANALYSE
Fachgebiet: DESIGN
Fachgebiet: JAVA
Fachgebiet: C
Fachgebiet: TEST
```

und

```
Fachgebiet2: JAVA
Fachgebiet2: TEST
```

Die in JUnit 4 eingeführte Möglichkeit, Tests nach einer bestimmten Zeit abzubrechen, befindet sich in einer deutlich flexibleren Form auch in JUnit 5.

```
@Test
public void testWarteMax2Minuten() {
   Assertions.assertTimeout(Duration.ofMinutes(2), () -> {});
}
@Test
public void testMitTimeout() {
   Assertions.assertTimeout(Duration.ofMillis(10)
                        , () -> {Thread.sleep(100);}) ;
}

@Test
public void testTimeOutMitErgebnispruefung() {
   String erg = Assertions.assertTimeout(Duration.ofMinutes(1)
                        , () -> { return "moin";}) ;
   Assertions.assertEquals("moin", erg);
}
```

Die eigentlichen Tests werden als Lambda-Ausdruck übergeben und mit *assertTimeOut()* wird in verschiedenen Varianten festgelegt, wie lange gewartet werden soll. Liefert der Lambda-Ausdruck ein Ergebnis, steht dies auch als Ergebnis von *assertTimeout()* zur Verfügung und kann danach weiter analysiert werden. Im konkreten Beispiel scheitert der Test *testMitTimeout()*.

JUnit 5 liefert einige Möglichkeiten, bedingte Tests auszuführen, also Tests, die nur ausgeführt werden, wenn bestimmte Rahmenbedingungen erfüllt sind. Während Assumptions typischerweise zur Analyse der genutzten Testdaten eingesetzt werden, betrachten die folgenden Einschränkungen Betriebssysteme oder andere Systemvariablen, die z. B. von JUnit 5-aufrufenden Programmen gesetzt werden können. Ob solch eine Steuermöglichkeit in JUnit 5 notwendig ist oder ob dies der Testumgebung überlassen werden sollte, ist diskutabel.

```
@Test
@EnabledOnOs(MAC)
public void testNurAufMacOs() {
    System.out.println("mac");
}
@Test
@EnabledOnOs({WINDOWS, MAC})
```

```
    public void testAufWinOderMac() {
        System.out.println("mac windows");
    }
    @Test
    @DisabledOnOs(LINUX)
    public void testNichtAufLInux() {
        System.out.println("not lin");
    }
```

Mit @EnabledOnOS bzw. @DisabledOnOS wird die Testausführung abhängig vom Betriebssystem, was für meist sehr kleine Anteile betriebssystemspezifischer Funktionalität sinnvoll sein kann. Denkbar sind hier auch Erweiterungen in Richtung verschiedener Android-Versionen zum Testen mobiler Applikationen. Auf einem Windows 10-System liefern die obigen Tests folgende Ausgabe:

```
mac windows
not lin
```

```
    @Test
    @EnabledIf("2 * 3 === 6")
    public void testJavaScriptBoolescherAusdruck() {
        System.out.println("2*3");
    }
    @RepeatedTest(10) // Testwiederholung
    @DisabledIf("Math.random() < 0.314159")
    public void testAnzahlAusfuehrungenUnklar() {
        System.out.println("random");
    }
```

Eine weitere bedingte Steuerung ist über @EnabledIf und @DisabledIf möglich. Dabei können hier JavaScript-Ausdrücke oder Zugriffe auf Klassenmethoden genutzt werden. Weiterhin ist mit @RepeatedTest angebbar, wie ein Test ausgeführt werden soll. Dies kann in Spezialfällen interessant sein, in denen unzuverlässige externe Systeme angeschlossen sind und geprüft werden soll, ob die zu testende Software sicherstellt, dass diese Unzuverlässigkeit abgefangen wird. Abhängig von den Zufallswerten kann eine zu den Tests passende Ausgabe wie folgt aussehen:

```
2*3
random
random
random
random
```

Weiterhin erlaubt es JUnit, Informationen über gerade laufende Tests selbst zu nutzen.

```
public class UmgebungTest {

    @BeforeEach
    public void init(TestInfo testInfo) {
      String displayName = testInfo.getDisplayName();
      System.out.printf("@BeforeEach %s %n", displayName);
    }

    @RepeatedTest(2)
    public void testMehrfach(RepetitionInfo repetitionInfo) {
      System.out.println("ri: "
          + repetitionInfo.getCurrentRepetition()
          + " von " + repetitionInfo.getTotalRepetitions());
    }

    @Test
    public void testFuegeErgebnisinfoHinzu(TestReporter testRepo) {
      testRepo.publishEntry("key", "value");
    }

}
```

Typischerweise sind einfache Tests parameterlos. Den Tests können aber Parameter aus der Testumgebung mitgegeben werden. Darüber ist es z. B. möglich, auf den Testnamen und die Anzahl der Wiederholungen des Tests zuzugreifen. Ein Objekt der Klasse *TestReporter* wird zur Kommunikation mit der Testumgebung genutzt, um z. B. Informationen nach außen zu geben. Die Beispiele führen zu folgender Ausgabe:

```
@BeforeEach repetition 1 of 2
ri: 1 von 2
@BeforeEach repetition 2 of 2
ri: 2 von 2
@BeforeEach testFuegeErgebnisinfoHinzu(TestReporter)
TestIdentifier [testFuegeErgebnisinfoHinzu(TestReporter)]
ReportEntry [timestamp = 2018-05-25T18:02:04.609074, key = 'value']
```

Weitere nur selten benötigte Features von JUnit 5 können z. B. [Gar17] entnommen werden.

7.5   Fazit

Als Fazit lässt sich feststellen, dass JUnit 4 sehr etabliert ist und es keine Gründe gibt, wechseln zu müssen. Die Entwicklung von JUnit 5 dauerte recht lange und war in der ersten veröffentlichten Version nicht vollständig und schlimmer nicht fehlerfrei. Auch der

Übergang zu JUnit 5.1 löste nicht alle Probleme. Einige der neuen Features, wie die Ausführung mehrerer Zusicherungen und die Möglichkeit, alle auftretenden Fehler einzusammeln, sowie die Einführung von Assumptions, sind sehr hilfreich und können die Testentwicklung vereinfachen, für klassische JUnit-Nutzer sogar verändern. Weitere Veränderungen, wie die Umbenennung der Assertions und viele neue kleine Funktionalitäten sind diskutabel, da sie den Kern von JUnit verwässern können. JUnit 5 setzt weiterhin stark auf Parameter, die beim Aufruf oder explizit zur Laufzeit übergeben werden müssen, um ein bestimmtes Verhalten ein- oder auszuschalten. Dies mag in größeren Projekten eine Hilfe sein, erhöht aber die Lernkurve gerade für Anfänger. Frameworks ohne intuitiven Zugang haben immer Akzeptanzprobleme.

Erste Experimente in SW-Entwicklungsunternehmen mit frühen Versionen von JUnit 5 zeigten generell die Stabilität dieser frühen Releases im Kernbereich. Die Nützlichkeit neuer Features wurde erkannt, so dass mittelfristig JUnit 5 sicherlich eine Alternative, wenn nicht sogar der Standard beim Testen großer kommerzieller Projekte werden kann.

Abb. 7.4 fasst die wichtigsten Eigenschaften von Unit-Testwerkzeugen in einer Mindmap zusammen. Mit (1) markierte Punkte betonen zentrale Aspekte, die ein Unit-Testframework bieten muss. Bei den anderen Punkten gilt, dass sie sinnvoll sind, es aber immer Alternativen geben kann, die durch andere Ansätze mit dem Framework oder durch ergänzende Bibliotheken zur Verfügung gestellt werden. Ein Beispiel ist die „Unterstützung erwarteter Exceptions", die durch Annotationen oder spezielle Zusicherungen erfolgen kann, aber nicht muss. Die klassische Programmierung mit try-catch-Blöcken und der Markierung nicht zu erreichender Programmfragmente mit *Assert.fail()* ist nur wenig aufwändiger und auch gut lesbar. Mit X sind in der Abbildung Themen markiert, die JUnit 4 nicht oder nur eingeschränkt bietet. Vorbedingungen wurden in JUnit 5 ergänzt, ein

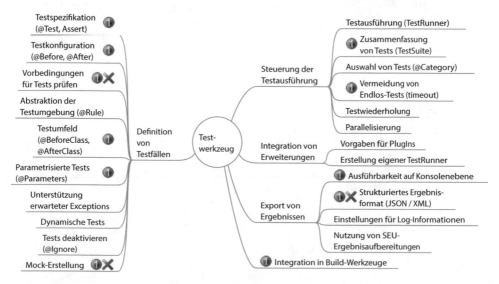

Abb. 7.4 Kernbausteine eines Unit-Test-Frameworks

möglichst über verschiedene Testwerkzeuge einheitliches Format für die Ergebnisaufbereitung fehlt leider. Die im Kap. 6 behandelten Probleme mit fehlenden oder schwer in Tests zu nutzenden Klassen wären sinnvoll in den zentralen Entwicklungsstrang eines Unit-Testwerkzeugs integrierbar. Da sich diese Werkzeuge in Java getrennt von JUnit entwickelt haben, ist ein Zusammenwachsen im Java-Umfeld allerdings unwahrscheinlich, wobei ihre Bedeutung garantiert, dass sie gut integrierbar bleiben.

Literatur

Webseiten zugegriffen am 18.10.2018

[@ASM]   About ASM. http://asm.ow2.io/about.html
[@Asp]   The AspectJ Project|The Eclipse Foundation. https://www.eclipse.org/aspectj/
[@Byt]   Byte Buddy – runtime code generation fort the Java virtual machine. http://bytebuddy.net/
[@cgl]   cglib: Byte Code Generation Library. https://github.com/cglib/cglib
[@Jav]   Javassist. http://jboss-javassist.github.io/javassist/
[@JU5]   JUnit 5, https://junit.org/junit5/
[@Mav]   Apache Maven Project. http://maven.apache.org/
[@MVN]   Maven Repository: Search/Browse/Explore. https://mvnrepository.com/
[@Ora]   Java Platform, Standard Edition Security Developer's Guide. https://docs.oracle.com/javase/9/security/toc.htm
[Abt18] Abts, D.: Grundkurs JAVA, 10. Aufl. Springer Vieweg, Wiesbaden (2018)
[Gar17] Garcia, B.: Mastering Software Testing with JUnit 5. Packt Publishing, Birmingham (2017)
[GH16]   Goll, J., Heinisch, C.: Java als erste Programmiersprache, 8. Aufl. Springer Vieweg, Wiesbaden (2016)

Behaviour-Driven Development

8

Zusammenfassung

In vielen Vorgehensmodellen schließt der Test an die Entwicklung an, was auch bei inkrementellen Vorgehensweisen in kurzen Schleifen aus Programmierung und Test der Fall ist. Ähnlich verhält es sich am Anfang der Entwicklung. Wenn Anforderungen definiert werden, wird danach über den Test, genauer die Testbarkeit, dieser Anforderungen auf Systemebene nachgedacht. In einem innovativen Schritt stellt sich die Frage, warum die Testerstellung nicht vorgezogen wird, da die Erfüllung der Tests das zentrale Maß für die Fertigstellung der Software ist. Anwendungsexperten und spätere Nutzer sind am besten in der Lage, gewünschte typische Abläufe, aber auch vielfältige Problemfälle zu beschreiben. Wird diesen Experten ermöglicht, die Erfahrungen in natürlicher Sprache zu beschreiben, stellt dies eine hervorragende Grundlage für Tests auf Systemebene dar. Dieser Ansatz, bei dem von Experten geschriebener Text in formale Tests verwandelt wird, die dann Basis der Entwicklung sind, wird mit der Vorgehensweise Behaviour-Driven Development (BDD) zusammengefasst.

Viele Ideen von BDD sind in anderen Testansätzen ebenfalls nutzbar und stellen eine wichtige Bereicherung dar. In diesem Kapitel wird zunächst die Idee der testgetriebenen Entwicklung als Motivation genutzt, um dann genauer auf die Konzepte von BDD und dessen Umsetzung einzugehen. Abschließend werden die Herausforderungen und Einsatzmöglichkeiten in der Praxis betrachtet.

8.1 Einschub: Erinnerung an reguläre Ausdrücke in Java

Mit regulären Ausdrücken werden Mengen von Zeichenfolgen beschrieben. Sie sind aus der theoretischen Informatik bekannt und werden in jeder Programmiersprache zur Textanalyse genutzt. Da sich die Syntax in der Theorie und in der Programmierung leicht

© Springer Fachmedien Wiesbaden GmbH, ein Teil von Springer Nature 2019
S. Kleuker, *Qualitätssicherung durch Softwaretests*,
https://doi.org/10.1007/978-3-658-24886-4_8

unterscheidet, wird hier ein kurzer Überblick über reguläre Ausdrücke gegeben, da sie ein wichtiges Hilfsmittel im BDD-Ansatz sind. Für systematische Einführungen in die Theorie und Praxis sei auf [PE18] verwiesen.

Der reguläre Ausdruck „a" beschreibt, dass ein Text nur genau aus einem Zeichen a bestehen darf, um zur vom Ausdruck beschriebenen Menge von Texten oder einfach Strings zu gehören. Mit „ab" werden genau die zwei angegebenen Zeichen nacheinander gefordert. Mit „a*" werden Texte beschrieben, die aus beliebig vielen Zeichen a bestehen, was auch das leere Wort, auch leerer Text genannt, beinhaltet. „a+" beschreibt alle Texte, die aus beliebig vielen, allerdings mindestens einem a bestehen. „a|b" beschreibt, dass ein Zeichen a oder ein Zeichen b gemeint ist. Statt des senkrechten Strichs für ein „Oder" werden oft auch andere Zeichen genutzt. Weiterhin können Klammern eingesetzt werden, damit die Reihenfolge der Auswertung klar ist. So beschreibt „(a|b)*" beliebige Folgen aus a und b. Dies sind im Prinzip alle Konstruktionsmöglichkeiten regulärer Ausdrücke. In der Praxis gibt es allerdings diverse Ergänzungen, die es ermöglichen, reguläre Ausdrücke kompakter zu beschreiben. So steht z. B. ein Punkt „." für ein beliebiges Zeichen. Damit auch nach dem Punkt selbst oder runden Klammern gesucht werden kann, wird vor solche Zeichen ein Maskierungszeichen „\" gesetzt. Da es sich in Java-Strings dabei bereits um ein Sondersymbol handelt, muss für die Maskierung ein weiterer „\" vorgestellt werden. Mit „\\." wird nach dem Zeichen „Punkt" gesucht. Mit „\\" kann ein Backslash gesucht werden.

Die folgende Methode erlaubt es, mit Hilfe der Java-Klasse *Pattern* für einen gegebenen regulären Ausdruck und einen Text zu prüfen, ob der Text in der mit dem Ausdruck beschriebenen Menge enthalten ist.

```java
public static void pruefe(String regulaererAusdruck, String s){
   System.out.println(Pattern.matches(regulaererAusdruck, s));
}
```

Die folgenden Beispiele zeigen einige Möglichkeiten bei der Formulierung von regulären Ausdrücken. Das Ergebnis der Überprüfung ist im Kommentar danach angegeben.

```java
public static void main(String[] arg){
   pruefe("q","q");              // true
   pruefe("qq","q");             // false
   pruefe("q*","q");             // true    // beliebig oft
   pruefe("q*","");              // true
   pruefe("q+","");              // false   // mindestens einmal
   pruefe("q+","q");             // true
   pruefe("q|r","q");            // true    // Alternative (oder)
   pruefe("q|r","r");            // true
   pruefe("q|r","s");            // false
```

```
    pruefe("(q|r)*","qqrrqq");    // true
    pruefe("..","qr");            // true  // zwei beliebige Zeichen
    pruefe("..","qrs");           // false
    pruefe(".*","blubb");         // true
    pruefe("q?","");              // true  // einmal oder keinmal
    pruefe("q?","q");             // true
    pruefe("q?","qq");            // false
    pruefe("q{3}","qq");          // false // genau 3-mal
    pruefe("q{3}","qqq");         // true
    pruefe("q{3,}","qq");         // false // mindestens 3-mal
    pruefe("q{3,}","qqq");        // true
    pruefe("q{3,5}","qq");        // false // zwischen 3- und 5-mal
    pruefe("q{3,5}","qqqqq");     // false
    pruefe("q\\*","qq");          // false // maskieren, Fluchtsymbol
    pruefe("q\\*","q*");          // true
    pruefe("q(\\*)","q*");        // true  // Klammern immer erlaubt
    pruefe("q\\\\","q\\");        // true  // \ in Strings immer \\
    pruefe("[qwe]","w");          // true  Alternative (oder)
    pruefe("[^qwe]","w");         // false //nicht eines der Zeichen
    pruefe("[0-9][^a-f]","1A");   // true  // von - bis
    pruefe("[0-9][^a-f]","1a");   // false
    pruefe("\\d+","12345");       // true // \d Ziffer
    pruefe("\\D+","12345");       // false  // \D keine Ziffer
    pruefe("\\s*"," \n\t\f\r ");  // true // \s Weißraum
    pruefe("\\S*","hall\noo");    // false // \S kein Weißraum
    pruefe("\\w*","i_a");         // true // \w = [a-zA-Z_0-9]
    pruefe("\\W*"," \n ");        // true  // nicht \w
    pruefe("\\p{Lower}\\p{Upper}","aA"); // true  // klein groß
    pruefe("\\p{Lower}\\p{Upper}","Aa"); //false  // gibt mehr
                                    // dieser Zeichenklassen
    pruefe("(?i)aAa(?-i)Aa","aaaAa");    // true // (?i) Flag Case
                                          // insensitive
    pruefe("(?i)aAa(?-i)Aa","aaaaa");    // false // (?-i) Flag
                                          // ausschalten
    pruefe(".*","bl\nub\nb");     // false  // . kein Zeilenumbruch
    pruefe("(?s).*","bl\nub\nb"); // true  // . auch für
                                    // Steuerzeichen
    pruefe("^a.*","aaa");         // true // ^ markiert Zeilenanfang
    pruefe("^a.*"," aaa");        // false
    pruefe(".*a$","aaa");         // true // $ markiert Zeilenende
    pruefe(".*a$","aaa ");        // false
}
```

8.2   Test-Driven Development

Bereits bei ersten Programmierübungen ist es üblich, ein Programm zu schreiben und es dann auszuprobieren, also zu testen. Mit diesem Ansatz wird es dann als natürlich angesehen, erst etwas zu produzieren und sich dann um die Korrektheit zu kümmern. Wird dies in nicht allzu großen Zyklen durchgeführt und wird systematisch getestet, können so sehr komplexe Software-Systeme entstehen. Etwas kritischer betrachtet gibt es aber immer wieder kleine und große Fallen, die meist darauf beruhen, dass nicht genügend oder systematisch genug „ausprobiert" wird. Die Gründe dafür sind vielfältig. In der Programmierausbildung werden oft nur Prototypen verlangt, bei denen bei Abnahmen nur der typische Ablauf und vielleicht eine Alternative laufen muss. Mit etwas Programmiergeschick kann so ein Resultat fast ohne Tests erreicht werden. Ein anderer Grund ist schlicht, dass Entwickler bereits die nächsten Entwicklungsaufgaben kennen und sich deshalb keine Zeit für Tests nehmen oder von ihrem Management zur Verfügung bekommen. Letztendlich werden Tests damit vernachlässigt und wenn z. B. die Einhaltung von Überdeckungsmaßen gefordert wird, schnell mit möglichst einfachen Tests abgehakt. Dies führt zu Fehlern in nichtbetrachteten Fällen der Software, die später oft mit wesentlich mehr Aufwand korrigiert werden müssen, da der Fehler dann erst mühsam lokalisiert werden muss.

Der Ansatz des Test-Driven Development (TDD), zu Deutsch auch „testgetriebene Entwicklung", ist es, die Tests erst zu schreiben. TDD wird in der sonstigen Entwicklung in einem systematischen Prozess bereits bei der Anforderungsanalyse angewandt. Bei der Erstellung jeder Anforderung muss sichergestellt sein, dass sie testbar ist, also ein oder mehrere Tests existieren, mit denen validiert werden kann, dass diese Anforderung erfüllt ist. In formaleren Ansätzen wird dies durch Testspezifikationen in Textform festgehalten, die genau die Vorbedingungen, die Ausführung und die erwarteten Ergebnisse beschreiben.

TDD hat auch bei der Programmierung wesentliche Vorteile. Der erste Vorteil ist, dass sich der Entwickler intensiv damit auseinandersetzt, was zu programmieren ist und so Standardabläufe, aber auch möglichst alle Extremsituationen bedenkt. Dies kann zu Nachfragen bei Analyseverantwortlichen führen, was bei einer klassischen Entwicklung gerne unter den Tisch fällt und durch Annahmen ersetzt wird. Ein weiterer Vorteil ist, dass die Testerstellung unabhängig von der Entwicklung geschieht. Wird nach der Entwicklung getestet und hat der Entwickler dabei einen Denkfehler gemacht, ist es nicht unwahrscheinlich, dass dieser Denkfehler in der Testerstellung wiederholt wird. Es entstehen so falsche Tests, die die falsche zu testende Software als korrekt überprüfen. Der dritte Vorteil ist, dass so garantiert wird, dass überhaupt Tests geschrieben werden. TDD-begeisterte Entwickler schreiben wesentlich mehr Tests als Entwickler im klassischen Vorgehen. Die höhere Testanzahl suggeriert zunächst, dass die Entwicklung länger dauern würde. Dies ist nicht der Fall, da die intensive Auseinandersetzung mit den Tests oft die eigentliche Entwicklungszeit deutlich verkürzt, da alle zu berücksichtigen Randfälle durch die Tests bereits bekannt sind. Weiterhin wird durch TDD die Anzahl verschleppter und dann aufwändig zu reparierender Fehler reduziert.

Eigentlich spricht sehr wenig gegen TDD. Wenn die Testerstellung sehr aufwändig ist, müssen Tests gegebenenfalls auf einer anderen Ebene stattfinden. Das gilt aber unabhängig davon, ob die Testerstellung vorher oder nachher stattfindet. Für die Tests auf anderer Ebene ist ebenfalls ein TDD-Ansatz sinnvoll. Die relativ große, leider schwer zu bestimmende Anzahl von Entwicklern, die nicht TDD als üblichen Weg nutzen, ist auf den Start der Programmierausbildung, „da haben wir es so gelernt" und ein generell mangelndes Interesse an Tests zurückzuführen.

Der TDD-Ansatz wird hier mit einem kleinen Beispiel veranschaulicht. Gesucht ist eine Methode, die drei Integer-Werte übergeben bekommt und ausgibt, ob sich aus den mit den Werten gegebenen Seitenlängen ein Dreieck konstruieren lässt. Damit die Tests von Anfang an ausführbar sind, muss die Signatur der Funktionalität, hier drei übergebene int-Werte mit einer Rückgabe vom Typ boolean, festgelegt werden. Die Festlegung kann allgemein über ein Interface oder eine konkrete Klasse erfolgen, in der die Implementierungen zunächst leer sind bzw. einen Default-Wert liefern. Im Beispiel wird folgendes Interface genutzt:

```
package business;
public interface AbstractFormpruefer {
        public boolean istDreieckMoeglich(int a, int b, int c);
}
```

Dann erfolgt mit Hilfe der in Kap. 4 vorgestellten Äquivalenzklassen-Analyse und Erfahrung die Erstellung der Tests. Zunächst wird ein gültiges Dreieck konstruiert. Dabei spielt die Reihenfolge der Werte keine Rolle. Zur Sicherheit werden spezielle Dreiecke mit gleichen Seitenlängen betrachtet. Das zu testende Objekt wird später in der mit @Before-annotierten Methode erzeugt. Die positiven Tests sehen wie folgt aus:

```
public class FormprueferTest {
        private AbstractFormpruefer fp;

    @Before
    public void setUp() {
        //TODO
    }

    @Test
    public void gleichseitig(){
        Assert.assertTrue(fp.istDreieckMoeglich(4, 4, 7));
    }

    @Test
    public void gleichschenklig(){
        Assert.assertTrue(fp.istDreieckMoeglich(4, 4, 4));
    }
```

```
@Test
public void beliebigKorrektesDreieck(){
    Assert.assertTrue(fp.istDreieckMoeglich(4, 6, 9));
}
```

Danach werden die Fehlerfälle betrachtet. Dabei kann jede Seitenlänge einen illegalen Wert haben. Der größte illegale Wert ist 0.

```
@Test
public void illegalerErsterParameter(){
    Assert.assertFalse(fp.istDreieckMoeglich(0, 4, 4));
}



@Test
public void illegalerZweiterParameter(){
    Assert.assertFalse(fp.istDreieckMoeglich(4, 0, 4));
}

@Test
public void illegalerDritterParameter(){
    Assert.assertFalse(fp.istDreieckMoeglich(4, 4, 0));
}
```

Weiterhin ist es möglich, dass alle Seitenlängen sinnvoll sind, sich aber trotzdem kein Dreieck konstruieren lässt.

```
@Test
public void nichtKonstruierbaresDreieck(){
    Assert.assertFalse(fp.istDreieckMoeglich(5, 12, 7));
}
}
```

Nachdem die Tests erstellt sind, beginnt die eigentliche Entwicklung. Im ersten Schritt werden alle Tests lauffähig gemacht. Dazu wird eine Implementierung noch ohne konkrete Realisierung angegeben und die Testklasse vervollständigt.

```
public class Formpruefer implements AbstractFormpruefer{
  @Override
  public boolean istDreieckMoeglich(int a, int b, int c) {
    throw new UnsupportedOperationException("Not supported yet.");
  }
}


@Before // in FormprueferTest
```

```
public void setUp() {
  fp = new Formpruefer();
}
```

Alle Tests laufen durch und jeder gibt den erwarteten Fehler aus, wie es in Abb. 8.1 angedeutet wird.

Die Idee in den nächsten Schritten ist, ausgehend von dem typischen Ablauf mit jedem
Inkrement der Entwicklung mehr Tests zu erfüllen. Da einige noch nicht betrachtete Ablaufalternativen trotzdem zu erfolgreichen Tests führen können, ist die Idee, die Anzahl
der erfüllten Tests streng kontinuierlich steigen zu lassen, nicht immer umsetzbar. Es folgt
die Implementierung des positiven Falls, bei dem zwei Seiten zusammen länger sein müssen als die dritte Seite. Die Implementierung sieht wie folgt aus:

```
@Override
public boolean istDreieckMoeglich(int a, int b, int c) {
    return (a + b > c) && (a + c > b) && (b + c > a);
}
```

Die Testausführung liefert das in Abb. 8.2 gezeigte, eventuell überraschende Ergebnis. Da
„schlagartig" alle Tests funktionieren, muss die Frage gestellt werden, ob genügend Tests
geschrieben wurden. Gegebenenfalls sind Tests zu ergänzen, da TDD nicht garantieren
kann, dass am Anfang alle Tests gefunden werden. Im konkreten Fall ergibt die Analyse
der Booleschen Funktion, dass sie genau alle möglichen positiven Fälle abdeckt, womit
die Ausgabe *false* damit bei allen möglichen negativen Fällen das Ergebnis ist. In diesem
Fall ist die Implementierung bereits abgeschlossen. Hätte erst die Implementierung
stattgefunden, wären wahrscheinlich erst Fallüberprüfungen der Form „if (a<= 0)"

Abb. 8.1 Erstes Testergebnis
bei TDD

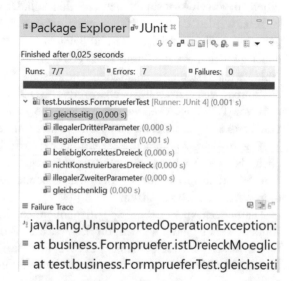

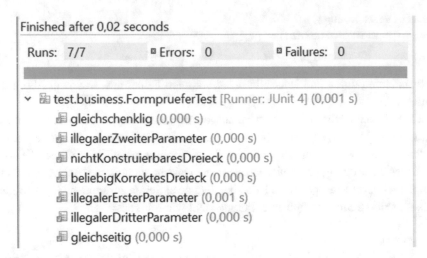

Abb. 8.2 Testausgaben nach dem zweiten Implementierungsschritt

durchgeführt worden, die sich aber hier dank TDD als überflüssig herausstellen. Somit liegt in einigen Fällen ein weiterer Vorteil von TDD darin, dass eine minimale und kompakte Lösung gefunden wird, da keine Programmierung mit „vorauseilendem Gehorsam" passiert, jedweden als besonders angenommenen Fall explizit abzuprüfen.

8.3   Genereller Ansatz von BDD

BDD geht im Ansatz davon aus, dass Fachexperten, die die spätere Nutzung der zu entwickelnden Software genau kennen, sehr genau wissen, wie die Software sich in Standardfällen, aber auch Ausnahmefällen verhalten soll. Deshalb sollen Fachexperten in die Lage versetzt werden, das neue System präzise durch eine Menge von Verhaltensbeschreibungen zu spezifizieren. Diese Beschreibungen sind dann Grundlage der Entwicklung. Genauer werden diese Beschreibungen des typischen Verhaltens und möglicher alternativer Abläufe als Systemtests angesehen. Die Beschreibungen der Fachexperten werden damit ausführbar, genauer als Tests überprüfbar. BDD kann damit als konsequente Weiterführung von TDD angesehen werden, da jetzt die gesamte Spezifikation des Systems anhand von Tests erfolgt, die dann umzusetzen sind. Bei der Umsetzung kann durchaus wieder TDD zum Einsatz kommen. Hier wird der Begriff des Experten betont, um zu verdeutlichen, dass hier Fachleute ohne Software-Entwicklungswissen zum Einsatz kommen können. Natürlich spricht für im Anwendungsbereich erfahrene Entwickler nichts dagegen, diesen Ansatz auch zu nutzen.

Damit Fachexperten diese Spezifikationen schreiben können, darf dazu kein komplexes Rahmenwerk benötigt werden, für das eine aufwändige Einarbeitung benötigt wird. Deshalb erfolgen die Beschreibungen in BDD in einfacher, natürlicher Sprache. Da die Interpretation beliebiger Formulierungen sehr komplex und teilweise nicht eindeutig sein kann,

werden nur Formulierungen in bestimmter Form zugelassen, mit denen dann die Beschreibungen erfolgen müssen. Sollte der Fachexperte erkennen, dass die angebotenen Beschrei-
bungsmöglichkeiten nicht ausreichen, ist es wichtig, dass jederzeit die Möglichkeit besteht, neue Formulierungen zu ergänzen. Es ist beim Start jeder neuen Entwicklungsphase
durchaus üblich, dass die Auswahl der Formulierungsmöglichkeiten erweitert wird.

Aus Sicht der Informatik stellt diese Beschreibungssprache eine Domain Specific Language (DSL, domänenspezifische Sprache) dar. DSL sind Sprachen mit exakter Syntax
und eindeutiger Semantik, die in sehr unterschiedlichen Bereichen der Software-
Entwicklung eingesetzt werden. Die generelle Idee ist, dass es für bestimmte Teilaufgaben
sinnvoll sein kann, eigene Sprachkonstrukte zu formulieren, die kompakte Beschreibungen ermöglichen. Für solche DSL gibt es dann klare Regeln, was sie enthalten dürfen. Das
heißt am Anfang der Entwicklung einer DSL steht das Design der Sprache, genauer der
erlaubten Sprachkonstrukte. Dabei muss dies nicht textgebunden sein – auch grafische
DSL sind realisierbar. Mit der DSL beschriebene Systeme werden dann durch Transformationen in andere Sprachen umgewandelt. Dabei kann aus einer DSL-Spezifikation
z. B. Quellcode entstehen. Im Fall von BDD werden aus den Beschreibungen ausführbare
Tests. Der hier beschriebene Prozess ist in Abb. 8.3 visualisiert. Dabei beschreibt der mitt-
lere Bereich die allgemeine DSL-Nutzung mit dem Erstellen der DSL in der oberen und
der Nutzung der DSL in der unteren Zeile. Die leicht grau schattierten Elemente in den
jeweiligen Ecken der Abbildung zeigen die Konkretisierung für den BDD-Ansatz. Der
Strich vom Fachexperten zur Nutzung der DSL ist gestrichelt, da die DSL-Beschreibungen
natürlich auch von anderen Rollen, wie z. B. Testern, zur Prüfung genutzt werden können.
Die Abbildung zeigt damit auch die Möglichkeit, dass ein Fachexperte neue Ablaufbeschreibungen ergänzen und dann das aktuell vorhandene System auf die Einhaltung testen
kann.

Der Ansatz wird hier mit einem konkreten Beispiel verdeutlicht. Dabei soll es, wie im
Abschn. 2.6 gefordert, wieder um die korrekte Realisierung von Mitarbeitern mit maximal

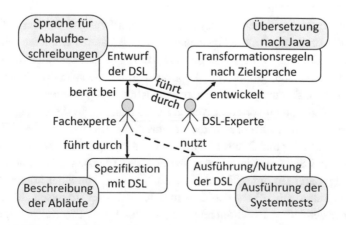

Abb. 8.3 DSL-Nutzung im BDD-Ansatz

drei Fähigkeiten gehen. Es sei vorab angemerkt, dass dies ein sehr kleines Beispiel ist und die Spezifikationen in größeren Projekten auf einem höheren Abstraktionsniveau stattfinden. BDD wird in einigen Programmiersprachen mit Werkzeugen unterstützt. Die Ideen sind nach ihrer Entwicklung auch auf Java übertragen worden. Für Java gibt es die Frameworks Cucumber [@Cuc] und JBehave [@JBe], die sehr ähnliche Funktionalität auf ähnlich hohem Niveau anbieten und beide auf einer Bibliothek namens Gherkin aufbauen. Die Umsetzung erfolgt hier mit Cucumber, da die Einstiegshürde etwas niedriger ist und es mehr vertiefende Literatur [RWH15] gibt. Experten sehen bei JBehave einen marginalen Vorteil bei fortgeschrittenen Möglichkeiten zur Konfiguration der Nutzung.

Abb. 8.4 zeigt die für Cucumber benötigten Bibliotheken, wobei für die grundlegenden Beispiele nicht alle benötigt werden. Die Bibliotheken sind über die Nutzung von Maven [@Mav] oder durch das schrittweise Herunterladen der Dateien von MVNrepository [@MVN] erhältlich. Cucumber, generell BDD, wird in allen größeren Entwicklungsumgebungen mit Werkzeugen unterstützt, wobei es später deutlich wird, dass die Unterstützung in der Umgebung selbst nicht sehr groß sein kann.

Prinzipiell wird nur ein Texteditor zur Erstellung der Testfallbeschreibungen benötigt, der Rest wird vom Framework unabhängig von der Umgebung ausgeführt. Eclipse bietet über seinen Marketplace die Erweiterung „Natural", die allerdings nur in Englisch geschriebene Dokumente unterstützt und bei deutschen Beschreibungen eher hinderlich ist. Sollen die Testfallbeschreibungen auf Deutsch erfolgen, ist es sinnvoll, die Zeichensatz-Kodierung in Eclipse von Cp1252 auf UTF-8 zu stellen. Dies ist, wie in Abb. 8.5 gezeigt über einen Rechtsklick auf dem Projekt, unter „Resource > Text file encoding -> Other" möglich. Damit in der Eclipse-Konsole auch farbige Ausgaben möglich sind, ist es sinnvoll, aber nicht notwendig, die Erweiterung „ANSI Escape in Console" zu installieren.

Bei den Ablaufbeschreibungen muss am Anfang die benutzte Sprache festgelegt werden. In diesem Buch wird am Anfang gezeigt, dass generell alle Texte in Deutsch geschrieben werden können. Da die erwähnte Werkzeugunterstützung oftmals nur Englisch unterstützt, wird danach vereinfachend ein für die Informatik nicht unübliches Gemisch aus Deutsch und Englisch genutzt.

Das Verhalten oder genauer die zu testenden Anforderungen werden in Cucumber in Dateien mit der Endung „.feature" festgehalten. Diese Dateien enthalten reinen Text und sind mit einem beliebigen Editor erstellbar. Da diese Dateien zentraler Teil der Anforderungsdokumentation sind, gibt es einige optionale Teile, die später die Tests nicht beeinflussen, aber u. a. in Dokumentationen von Testausführungen einfließen. Cucumber unterstützt dabei einfach die Generierung von HTML-Dateien, die die Ergebnisse enthalten. Am Anfang seiner Feature-Datei steht die Beschreibung des Features, das mit dem Schlüsselwort „Feature:" oder auf Deutsch „Funktionalität" eingeleitet werden muss. Optional stehen danach drei Satzteile, die mit den Worten „As" (deutsch: „Als") gefolgt von einer Rollennennung, dann „In order" (deutsch: „Um") gefolgt von einer kurzen Nennung der gewünschten Funktionalität bzw. des Ziels und dann „I want" (deutsch „Möchte ich") gefolgt von einer genaueren Beschreibung der Arbeitsschritte. Ein Beispiel kann wie folgt aussehen:

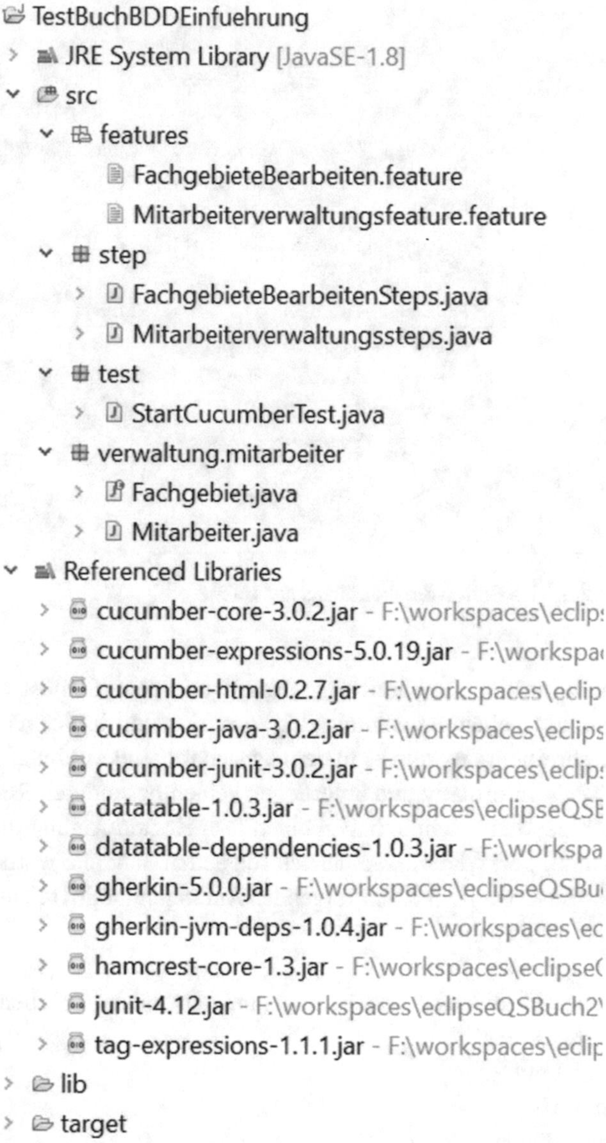

```
∨ 🗁 TestBuchBDDEinfuehrung
   > ➤ JRE System Library [JavaSE-1.8]
   ∨ 🗁 src
      ∨ 🎛 features
            📄 FachgebieteBearbeiten.feature
            📄 Mitarbeiterverwaltungsfeature.feature
      ∨ ⊞ step
         > 🗋 FachgebieteBearbeitenSteps.java
         > 🗋 Mitarbeiterverwaltungssteps.java
      ∨ ⊞ test
         > 🗋 StartCucumberTest.java
      ∨ ⊞ verwaltung.mitarbeiter
         > 🗋 Fachgebiet.java
         > 🗋 Mitarbeiter.java
   ∨ ➤ Referenced Libraries
      > 🫙 cucumber-core-3.0.2.jar - F:\workspaces\eclips
      > 🫙 cucumber-expressions-5.0.19.jar - F:\workspa
      > 🫙 cucumber-html-0.2.7.jar - F:\workspaces\eclip
      > 🫙 cucumber-java-3.0.2.jar - F:\workspaces\eclips
      > 🫙 cucumber-junit-3.0.2.jar - F:\workspaces\eclips
      > 🫙 datatable-1.0.3.jar - F:\workspaces\eclipseQSE
      > 🫙 datatable-dependencies-1.0.3.jar - F:\workspa
      > 🫙 gherkin-5.0.0.jar - F:\workspaces\eclipseQSBu
      > 🫙 gherkin-jvm-deps-1.0.4.jar - F:\workspaces\ec
      > 🫙 hamcrest-core-1.3.jar - F:\workspaces\eclipse(
      > 🫙 junit-4.12.jar - F:\workspaces\eclipseQSBuch2
      > 🫙 tag-expressions-1.1.1.jar - F:\workspaces\eclip
   > 🗁 lib
   > 🗁 target
```

Abb. 8.4 Bibliotheken für Cucumber

```
Funktionalität: Mitarbeiter anlegen
   Als einfacher Nutzer
   Um einen Mitarbeiter anzulegen
   Möchte ich nur Vor- und Nachnamen eingeben
```

Danach folgt eine Beschreibung von Szenarien, die relevant für die spätere Testerstellung sind. Dies ist auch der Kern der eigentlichen DSL, da hier nur bestimmte Satzkonstrukte

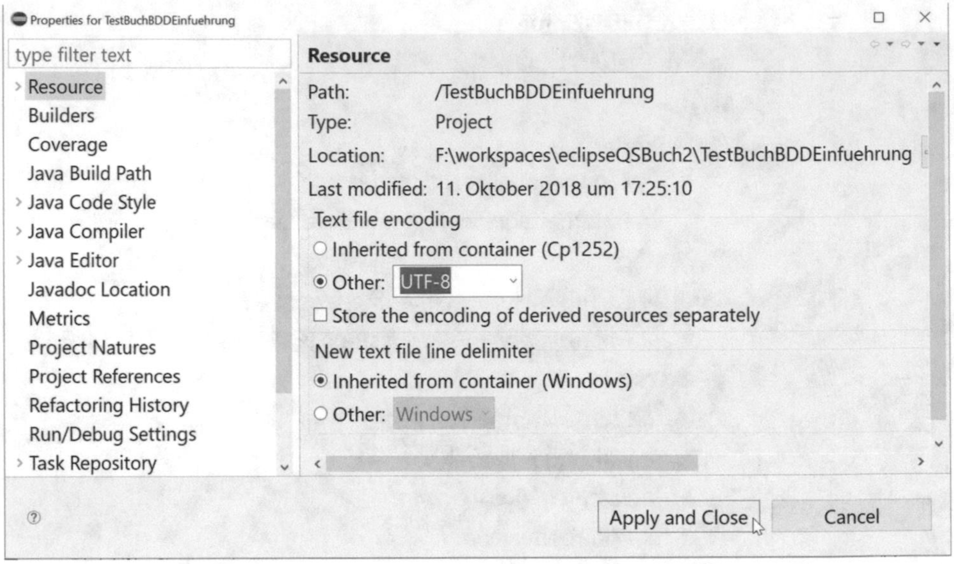

Abb. 8.5 Einstellung des Editor-Zeichensatzes auf UTF-8

erlaubt sind. Eine solche Beschreibung beginnt mit dem Schlüsselwort „Scenario:" (deutsch: „Szenario"), einer Benennung des Szenarios und in der nächsten Zeile einer informellen Beschreibung, worum es in dem danach folgenden Ablauf genau geht. Diese Texte sind noch rein informativ und unterliegen keinen besonderen Regeln.

Die danach folgenden Satzteile haben einen festgelegten Anfang und können theoretisch beliebig kombiniert werden, die danach folgenden Satzteile werden durch die DSL vorgegeben. Es sind Satzteile mit den folgenden Anfängen möglich. Die Satzteile werden in Cucumber „Steps" genannt:

- Given (deutsch: „Gegeben sei" oder „Angenommen" oder „Gegeben seien")
- When (deutsch: „Wenn")
- And (deutsch: „Und")
- But (deutsch: „Aber")
- Then (deutsch: „Dann")

Beispielformulierungen sehen wie folgt aus:

```
#language: de
Funktionalität: Mitarbeiter anlegen
    Als einfacher Nutzer
    Um einen Mitarbeiter anzulegen
    Möchte ich nur Vor- und Nachnamen eingeben
```

```
Szenario: Korrektes Anlegen mit vollständigen Daten
    Ein Mitarbeiter mit korrektem Vor- und Nachnamen wird angelegt
    Wenn Ich als Vorname "Edna" und als Nachname "Meier" eingebe
    Dann erhalte ich einen Mitarbeiter mit Mitarbeiternummer
    Und dem Vornamen "Edna"
    Und dem Nachnamen "Meier"
    Und mit 0 Fachgebieten

Szenario: Korrektes Anlegen mit fehlendem Vornamen
    Ein Mitarbeiter mit fehlendem Vor- und korrektem Nachnamen
                                            wird angelegt
    Wenn Ich den Vornamen weglasse und als Nachname "Meier" eingebe
    Dann erhalte ich einen Mitarbeiter mit Mitarbeiternummer
    Und ohne Vornamen
    Und dem Nachnamen "Meier"
    Und mit 0 Fachgebieten

Szenario: Zu kurzer Nachname
    Ein Mitarbeiter mit korrektem Vor- aber zu kurzem Nachnamen
                                            wird angelegt
    Wenn Ich als Vorname "Edna" und als zu kurzen Nachname "X" eingebe
    Dann erhalte ich einen Fehler

Szenario: Fehlender Nachname
    Ein Mitarbeiter mit korrektem Vor- und fehlendem Nachnamen
                                            wird angelegt
    Wenn Ich als Vorname "Edna" und keinen Nachnamen eingebe
    Dann erhalte ich einen Fehler

Szenario: Eindeutige Mitarbeiternummer
    Beim Anlegen von zwei Mitarbeitern haben diese
                        unterschiedliche Nummern
    Wenn Ich den Vornamen weglasse und als Nachname "Meier" eingebe
    Und Ich als zweites Vorname "Edna" und als Nachname
                                        "Meier" eingebe
    Dann erhalte ich Mitarbeiter mit unterschiedlichen Nummern
```

Die Beschreibungen enthalten typische Fälle sowie nach der Äquivalenzklassenanalyse Grenzfälle und Ausnahmen.

Im nächsten Schritt muss jedem Step eine Bedeutung gegeben werden. Aus der Sicht von Cucumber handelt es sich um Step-Definitions. Der gesamte Zusammenhang der Cucumber-Vokabeln wird als Klassendiagramm in Abb. 8.6 verdeutlicht. In jeder Feature-Datei stehen beliebig viele Szenarien, die theoretisch auch in mehreren Feature-Dateien vorkommen können, was allerdings den Wartungsaufwand enorm erhöhen würde. In jedem Szenario stehen beliebig viele Steps, die in beliebig vielen Szenarien vorkommen.

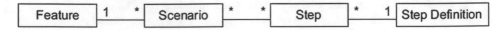

Abb. 8.6 Cucumber-Fachbegriffe

Zu jedem Step gibt es genau eine Step-Definition. Wird der BDD-Ansatz konsequent verfolgt, wird zunächst eine Start-Datei für die Tests erstellt und diese ausgeführt. Cucumber ist in viele Testwerkzeuge in Java, also JUnit und TestNG, einbettbar. Im Beispiel wird der TestRunner für JUnit 4 genutzt, was auch schon die Integrationsmöglichkeit mit klassischen Tests andeutet. Die Steuerung erfolgt über Annotationen, deren Attribute teilweise optional sind.

```
package test;

import cucumber.api.CucumberOptions;
import org.junit.runner.RunWith;

import cucumber.api.junit.Cucumber;

@RunWith(Cucumber.class)
@CucumberOptions(
        glue = {"step"}   // package mit Steps
        , plugin = {"pretty", "html:target/cucumber"}
        // , monochrome = true
        , features = "test/features"
)
public class StartCucumberTest {
}
```

Im Attribut *glue* stehen in einem String-Array die Pakete, in denen sich die noch zu entwickelnden Step-Definitions befinden. Im optionalen Attribut *plugin* kann u. a. die Formatierung der Ausgabe spezifiziert werden. Neben eigenen Formatierungsmöglichkeiten wird für HTML bereits eine brauchbare Aufbereitung mitgeliefert. Das Attribut *features* legt in einem String-Array die Ordner fest, in denen nach den Feature-Dateien gesucht wird. Abb. 8.4 zeigt die zugehörige Projektstruktur, die bisher angegebenen Szenarien stehen alle in der Datei „Mitarbeiterverwaltungsfeature.feature". Das auskommentierte Attribut *monochrome* sollte genutzt werden, wenn für die Eclipse-Console keine Erweiterung für farbigen Text installiert wurde.

Wird die Datei ausgeführt, werden Meldungen über nicht ausgeführte Steps ausgegeben. Interessanter ist aber, dass automatisch ein Vorschlag für die Step-Definitions generiert wird, der einfach in einer Java-Klasse abgespeichert und weiter bearbeitet werden kann. Ein Ausschnitt der erzeugten Ausgabe sieht wie folgt aus:

```
You can implement missing steps with the snippets below:
```

```
@Wenn("Ich als Vorname {string} und als Nachname {string} eingebe")
public void ich_als_Vorname_und_als_Nachname_eingebe(String string
                                          ,String string2) {
    // Write code here that turns the phrase above into concrete
    //actions
    throw new PendingException();
}
```

Dieses Beispiel macht das Konzept der Step-Definitions deutlich. Jedem Step wird ein Methodenaufruf zugeordnet, die Methoden werden den Szenarien folgend Schritt für Schritt abgearbeitet und in den Methoden zu den mit „Dann" beginnenden Satzteilen können Assertions stehen. Die Zuordnung der Steps zu den Step-Definitions erfolgt durch Annotationen, die als einziges Attribut jeweils einen String-Ausdruck haben, der genau die Form des angegebenen Texts hat. Besonderheiten im Textaufbau stehen in geschweiften Klammern und so für Textlücken, in denen Parameter enthalten sind. Der Parametertyp für Strings steht in einfachen oder doppelten Hochkommata und für Zahlenwerte wird von Cucumber automatisch ein Typ vorgeschlagen. Im Beispiel sind dies der Vorname und der Nachname. Der Methodenname ist ein Vorschlag und ist beliebig änderbar.

Sollen Parameter aus einem Step herausgelesen werden, die keine einfache Form haben, wird an Stelle der Parameter ein regulärer Ausdruck in Klammern eingegeben. Der dazugehörige Test wird dann in einen Methodenparameter vom Typ String geschrieben. Die obige Annotation kann mit gleichem Effekt auch folgende Form haben, wobei sich die runden Klammern jeweils auf den Text innerhalb der Anführungsstriche beziehen.

```
@Wenn("^Ich als Vorname \"(.*?)\" und als"
    + "Nachname \"(.*?)\" eingebe$")
```

Insgesamt handelt es sich damit um einen regulären Ausdruck, der erlaubte Eingaben beschreibt. Durch die Ausdrücke in den Annotationen wird genau die erlaubte DSL zur Formulierung von Steps festgelegt. Ist die Sprache auf Deutsch eingestellt, werden Annotationen in deutscher Sprache genutzt.

Wird konsequent nach BDD vorgegangen, startet jetzt die Entwicklung der eigentlichen Software, die dann versucht, die Step-Definitions zu erfüllen. Ein Ansatz ist es, konsequent Schritt für Schritt alle Szenarien zu erfüllen und nur die Funktionalität zu ergänzen, die dort gefordert wird. Ziel ist es nur, dass dieses und alle vorher bereits behandelten Szenarien erfolgreich durchlaufen. Pragmatisch kann die Entwicklung nicht ganz so eng mit den Testfallspezifikationen verknüpft erfolgen. Wichtig ist aber, dass die Szenarien als Systemtests überprüft werden. Liegt eine erste Implementierung der Klasse *Mitarbeiter* vor, sind die Step-Definitions weiter zu verfeinern.

In der Klasse mit den Step-Definitions können normale Objektvariablen genutzt werden, um Werte zwischen den einzelnen Step-Definitions auszutauschen. Ein Beispiel einer vollständigen Umsetzung sieht wie folgt aus:

```java
public class Mitarbeiterverwaltungssteps {

    private Mitarbeiter mitarbeiter;
    private Mitarbeiter mitarbeiter2;
    private boolean exception = false;

    @Wenn("^Ich als Vorname \"(.*?)\" und als Nachname"
            + " \"(.*?)\" eingebe$")
    public void ich_als_Vorname_und_als_Nachname_eingebe(
                String arg1, String arg2) throws Throwable {
        this.mitarbeiter = new Mitarbeiter(arg1, arg2);
    }

    @Dann("^erhalte ich einen Mitarbeiter mit Mitarbeiternummer$")
    public void erhalte_ich_einen_Mitarbeiter_mit_Mitarbeiternummer()
                                            throws Throwable {
        Assert.assertNotNull(this.mitarbeiter);
    }

    @Dann("^dem Vornamen \"(.*?)\"$")
    public void dem_Vornamen(String arg1) throws Throwable {
        Assert.assertEquals(arg1, this.mitarbeiter.getVorname());
    }

    @Dann("^dem Nachnamen \"(.*?)\"$")
    public void dem_Nachnamen(String arg1) throws Throwable {
        Assert.assertEquals(arg1, this.mitarbeiter.getNachname());
    }

    @Dann("^mit (\\d+) Fachgebieten$")
    public void mit_Fachgebieten(int arg1) throws Throwable {
        Assert.assertEquals(arg1
                , this.mitarbeiter.getFachgebiete().size());
    }
}
```

In jeder Step-Definition wird das zu untersuchende Objekt angelegt, aktualisiert und seine Eigenschaften überprüft. Das kleine Beispiel zeigt ein wichtiges Konzept. Eigenständige Teilfunktionalitäten wie die Überprüfungen der Eigenschaften sollten in mehreren kleineren Steps ausgelagert werden. Kleine Steps sind wesentlich flexibler und an mehr Stellen nutzbar.

Eine Möglichkeit, geforderte Fehler zu erkennen, zeigt die boolesche Variable *exception*. Tritt eine Exception auf, wird der Wert auf *true* gesetzt und kann dann in einem nächsten Step überprüft werden, wie die folgenden Methoden zeigen.

```java
@Wenn("^Ich als Vorname \"(.*?)\" und keinen Nachnamen eingebe$")
```

```
public void ich_als_Vorname_und_keinen_Nachnamen_eingebe(
            String arg1) throws Throwable {
    try {
        this.mitarbeiter = new Mitarbeiter(arg1, null);
    } catch (IllegalArgumentException e) {
        this.exception = true;
    }
}


@Dann("^erhalte ich einen Fehler$")
public void erhalte_ich_einen_Fehler() throws Throwable {
    Assert.assertTrue(exception);
    this.exception = false;
}
```

Gegebenenfalls werden mehr Objekte zur Zwischenspeicherung von Informationen benötigt, wie die folgenden Beispiele zeigen, mit denen geprüft wird, dass immer unterschiedliche Mitarbeiternummern vergeben werden.

```
@Wenn("^Ich als zweites Vorname \"(.*?)\" und "
      + "als Nachname \"(.*?)\" eingebe$")
public void ich_als_zweites_Vorname_und_als_Nachname_eingebe(
        String arg1, String arg2) throws Throwable {
    this.mitarbeiter2 = new Mitarbeiter(arg1, arg2);
}


@Dann("^erhalte ich Mitarbeiter mit unterschiedlichen Nummern$")
public void
        erhalte_ich_Mitarbeiter_mit_unterschiedlichen_Nummern()
                                        throws Throwable {
    Assert.assertNotEquals(this.mitarbeiter.getId()
        , this.mitarbeiter2.getId());
}
```

Generell lassen sich so viele Szenarien spezifizieren. Allerdings fällt häufiger auf, dass neue Szenarien durch Cut-And-Paste aus alten erstellt werden. Das ist generell kein großes Problem, es wäre aber sinnvoll, diese zusammenzufassen. Cucumber unterstützt diese Möglichkeit, indem mehrere Daten in verschiedenen Arten von Tabellen zusammengefasst werden können, wie das folgende Feature zeigt. Einzelne Einträge in Tabellen sind mit senkrechten Strichen zu trennen, der letzte Strich am Ende der Zeile ist zu beachten. Leerzeichen können für die Lesbarkeit an beliebigen Stellen ergänzt werden. Generell unterstützt Cucumber keine Zeilenumbrüche in Steps, da die Notwendigkeit der Umbrüche andeutet, dass der Satz weiter in Teilstücke zerlegbar ist.

```
# language: de
Funktionalität: Fachgebiete von Mitarbeitern bearbeiten
  Als einfacher Nutzer
  Um Fachgebiete von Mitarbeitern hinzufügen oder löschen
  Möchte ich Fachgebiete hinzufügen können


Grundlage:
  Gegeben seien die folgenden Mitarbeiter mit folgenden Fachgebieten:
    | Vorname | Nachname | ANALYSE | DESIGN | JAVA | C | TEST |
    | Edna    | Meier    |    X    |   X    |  X   |   |      |
    | Jelena  | Kaiser   |         |        |      | X |  X   |
    | Murat   | Mutlu    |         |        |      |   |  X   |
    | Heinz   | Müller   |         |        |      |   |      |


Szenariogrundriss: Einfaches erfolgreiches Hinzufügen
  Wenn Ich das Fachgebiet <Fachgebiet> dem Mitarbeiter mit Namen
                                      <Nachname> hinzufüge
  Dann Hat der Mitarbeiter seine alten Fachgebiete und zusätzlich
                                   das Fachgebiet <Fachgebiet>


  Beispiele:
  | Nachname | Fachgebiet |
  | Kaiser   | JAVA       |
  | Mutlu    | ANALYSE    |
  | Müller   | JAVA       |
```

Generell sind Tabellen als Parameter in Steps möglich. Typischerweise passiert dies als Vorgabe am Anfang von Szenarien und kann als „background:" (deutsch: „Grundlage:") definiert werden. Im Beispiel soll es vier Mitarbeiter als Grundlage geben, die die angekreuzten Fähigkeiten haben. Cucumber unterstützt die Tabellenverarbeitung mit verschiedenen Typen. Im Beispiel bietet sich der Typ List< Map<String, String>> an, da die oberste Zeile Überschriften für die Spalten enthält. Der Typ ist eine Liste, da jede Zeile ab der zweiten Zeile als ein Eintrag genutzt wird. In jeder Zeile steht eine Map<String,String>, da einem Schlüsselwert, der Überschrift, ein konkreter Wert zugeordnet wird. Die eingelesenen Mitarbeiter können wieder in einer Map verwaltet werden, insofern die Nachnamen unterschiedlich sind. Eine Methode zum Einlesen der Mitarbeiter sieht wie folgt aus:

```
public class FachgebieteBearbeitenSteps {

    private Map<String, Mitarbeiter> mitarbeiter;
    private Mitarbeiter aktuell;
    private Set<Fachgebiet> vorher;

    @Given("^die folgenden Mitarbeiter mit folgenden Fachgebieten:$")
```

```
public void gegebenseiendiefolgendenMitarbeiter(
       List< Map<String, String>> werte) throws Throwable {
   this.mitarbeiter = new HashMap<>();
   for (int i = 0; i < werte.size(); i++) {
      Mitarbeiter tmp = new Mitarbeiter
          ( werte.get(i).get("Vorname")
          , werte.get(i).get("Nachname"));
      for (Fachgebiet f: Fachgebiet.values()) {
         if (werte.get(i).get(f.toString()).equals("X")) {
            tmp.addFachgebiet(f);
         }
      }
      this.mitarbeiter.put(tmp.getNachname(), tmp);
   }
}
```

Bis jetzt sind noch keine Szenarien spezifiziert, so dass noch nichts mit den eingelesenen Mitarbeitern passiert. Mehrere Szenarien können zu einem „szenarioOutline:" (deutsch: „Szenariogrundriss") zusammengefasst werden. Dazu wird wieder eine Tabelle genutzt, die jetzt die Form haben muss, dass in der ersten Zeile Überschriften und in jeder folgenden Zeile Datensätze stehen. Die Überschriften stehen in spitzen Klammern im Szenariogrundriss und werden durch die konkreten Werte ersetzt. Durch die drei Zeilen mit Werten werden so insgesamt drei Szenarien spezifiziert. Im Quellcode stehen die „Wenn"- und die „Dann"-Texte in einer Zeile. Die benötigte Länge deutet an, dass eine Aufspaltung sinnvoll wäre, die im konkreten Fall auch möglich ist.

Bei der Umsetzung der weiteren Steps wird wie bekannt verfahren. Der aktuell betrachtete Mitarbeiter und seine bisher vorhandenen Fähigkeiten werden gemerkt und in der Überprüfung genutzt.

Die Ergebnisse der Tests werden standardmäßig in der Konsole ausgegeben. Durch die Angaben in der Annotation der Startklasse folgt eine weitere Aufbereitung des Ergebnisses in HTML, genauer in der Datei ./target/cucumber/index.html. Erfolgreich durchgeführte Steps werden grün hinterlegt. Der Ausschnitt in Abb. 8.7 macht deutlich, dass drei Szenarien durchgelaufen sind, von denen hier eines aufgeklappt ist.

8.4   Weitere Möglichkeiten mit Cucumber

Für Cucumber werden kontinuierlich Ergänzungen programmiert, die die Nutzung weiter erleichtern sollen. In diesem Buch wird die Version 3 betrachtet, wobei es keine grundsätzlich neue Funktionalität zur Version 2 gibt und ein Umstieg in einem laufenden Projekt nicht notwendig ist. Leider wurde auf eine Rückwärtskompatibilität an einigen Stellen verzichtet, was generell der Beliebtheit von Frameworks schaden kann. Einige weitere interessante Möglichkeiten in Cucumber werden hier in kleinen Beispielen vorgestellt.

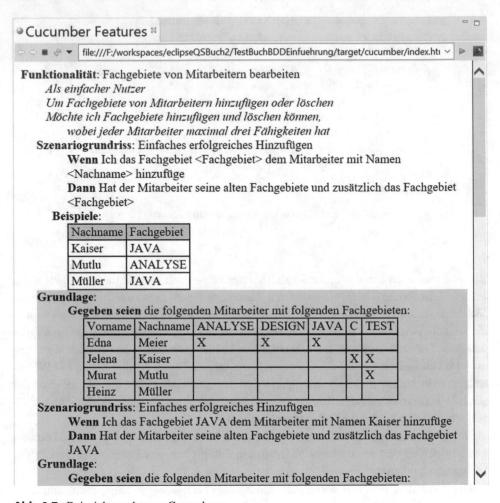

Abb. 8.7 Beispielausgabe von Cucumber

Die bereits im letzten Kapitel angedeuteten zahlreichen Varianten zur Tabellenverarbeitung erlauben es, Daten in unterschiedlicher Form aus den Tabellen zu lesen. Dies kann dann sinnvoll sein, wenn es z. B. keine Kopfzeile der Tabelle gibt. Dazu wird folgendes Feature genutzt.

```
Feature: Tabellenanalyse
Scenario: Tabellenversion1
  Given TabelleA
     |    | S1 | S2 |
     | Z1 | 42 | 43 |
     | Z2 | 44 | 45 |
```

```
Scenario: Tabellenversion2
  Given TabelleB
     |    | S1 | S2 |
     | Z1 | 42 | 43 |
     | Z2 | 44 | 45 |
```

Zentral im Mittelpunkt der Verarbeitung steht die Klasse *DataTable*, die neben dem Einlesen auch Vergleichsmöglichkeiten für Tabellen bietet. Es werden grundsätzlich drei Darstellungen für Tabellen angeboten, die über Methoden erhalten werden können. Die folgende Step-Definition gibt für die Tabelle A die drei Varianten aus, aus denen mit ein wenig Erfahrung ableitbar ist, wann der Typ genutzt werden kann.

```
@Given("TabelleA")
public void tabellea(DataTable dataTable) {
  System.out.println("TabelleA:\n" + dataTable);
  System.out.println("asList: " + dataTable.asList());
  System.out.println("asLists : " + dataTable.asLists());
  System.out.println("asMaps : " + dataTable.asMaps());
}
```

Die Ausgaben zur vorherigen Methode sehen wie folgt aus:

```
TabelleA:
       |    | S1 | S2 |
     | Z1 | 42 | 43 |
     | Z2 | 44 | 45 |
asList: [, S1, S2, Z1, 42, 43, Z2, 44, 45]
asLists : [[, S1, S2], [Z1, 42, 43], [Z2, 44, 45]]
asMaps : [{=Z1, S1=42, S2=43}, {=Z2, S1=44, S2=45}]
```

Da der gewünschte genaue Typ der *DataTable* wahrscheinlich bei der Erstellung der Step-Definition bekannt ist, kann dieser auch konkret angegeben werden.

```
@Given("TabelleB")
public void tabelleb(List<List<String>> dataTable) {
  System.out.println("TabelleB: " + dataTable);
}
```

Die zugehörige Ausgabe sieht wie folgt aus:

```
TabelleB: [[, S1, S2], [Z1, 42, 43], [Z2, 44, 45]]
```

Bisher können die Parameter nur Typen haben, deren Objekte direkt hingeschrieben werden können; dies sind Zahlen-Typen, Strings und Boolesche Werte. Komplexere Objekte, wie Mitarbeiter in einem vorherigen Beispiel, sind dann aus einzelnen Werten zu konstruieren.

Ein Ansatz mit Strings, schneller zu Objekten zu kommen, sind Strings im JSON-Format, die Java leicht parsen und in Objekte übersetzen kann. Ein anderer in Cucumber unterstützter Weg ist, die Typumwandlung an einer Stelle selbst zu programmieren und in verschiedenen Steps zu nutzen. Dazu wird jetzt eine minimale POJO-Klasse *Punkt* betrachtet.

```java
public class Punkt {
    private int x;
    private int y;

    public Punkt(){}

    public int getX() {
        return x;
    }

    public void setX(int x) {
        this.x = x;
    }

    public int getY() {
        return y;
    }

    public void setY(int y) {
        this.y = y;
    }

    @Override
    public String toString() {
        return "Punkt{" + "x=" + x + ", y=" + y + '}';
    }

}
```

Ein betrachtetes Beispiel-Feature sieht wie folgt aus:

```
Feature: Nur zur Veranschaulichung der Objekt-Erzeugung

    Scenario: Punkte beschreiben Parallele zur Y-Achse
        When der erster Punkt (2,2) ist
         And der zweite Punkt (2,7) ist
        Then liegt die Gerade parallel zur Y-Achse

    Scenario: Punkte beschreiben keine Parallele zur Y-Achse
        When der erster Punkt (2,2) ist
         And der zweite Punkt (3,7) ist
        Then liegt die Gerade nicht parallel zur Y-Achse
```

Die Punkte sind mit ihren Parametern angegeben und können sicherlich aus den einzelnen Werten zusammengesetzt werden. Etwas schöner ist die Zentralisierung des Ansatzes, bei dem eine Annotation dann die folgende Form haben kann.

```
@When("der erster Punkt {punkt} ist")
```

Neu ist, dass in geschweiften Klammern ein Platzhalter mit einem Namen für das Punkt-Objekt steht. Diese Platzhalter werden in einer zentralen Konfigurationsdatei aus-programmiert, die zwei Eigenschaften haben muss: sie muss in einem Verzeichnis stehen, in dem sich auch Step-Definitions befinden, und sie muss das Interface *TypeRegistryConfigurer* realisieren. Im konkreten Fall kann die Klasse wie folgt aussehen:

```
public class Konfiguration implements TypeRegistryConfigurer {

    @Override
    public void configureTypeRegistry(TypeRegistry registry) {
      registry.defineParameterType(new ParameterType<>(
              "punkt"
            , "\\(\\d+,\\d+\\)"
            , Punkt.class
            , (String s) -> {
                Punkt ergebnis = new Punkt();
                String[] werte = s.split(",");
                try {
                  ergebnis.setX(Integer
                              .parseInt(werte[0].substring(1)));
                  ergebnis.setY(Integer
                              .parseInt(werte[1].substring(0
                                  , werte[1].length() - 1)));
                } catch (Exception e) {
                  throw new IllegalArgumentException(
                      "Beide Punkt-Koordinaten muessen int-Werte"
                    + " sein: " + Arrays.asList(werte));
                }
                return ergebnis;
          }));
  }

    @Override
    public Locale locale() {
      return Locale.ENGLISH;
      //return Locale.GERMANY;
    }
}
```

Die Methode *defineParameterType* erhält ein Objekt vom Typ *ParameterType*, das die wesentlichen Parameter-Informationen erhält. Der erste ist der Name des Typs, der dem in der Step-Definition entsprechen muss, der zweite ist der reguläre Ausdruck, nach dem gesucht wird. Im konkreten Fall sind dies zwei mit einem Komma getrennte, in runden Klammern eingeschlossene Ziffernfolgen. Der dritte Parameter gibt das Ziel der Transformation als Klassenobjekt an. Der vierte Parameter enthält die eigentliche Transformation, genauer wird eine Methode benötigt, die einen String übergeben bekommt und daraus ein Objekt des gewünschten Zieltyps erstellt. Im konkreten Fall wird ein String übergeben, der z. B. „(42,43)" sein kann, der erst am Komma in zwei Teilstrings aufgeteilt wird, bei denen jeweils die runde Klammer vor der Umwandlung in eine Zahl entfernt werden muss. In den Step-Definitions kann dann der Typ *Punkt* direkt als Parametertyp genutzt werden. Eine beispielhafte Umsetzung sieht wie folgt aus, wobei die eigentlich zu testende Funktionalität weggelassen wurde:

```
public class PunkteSteps {

    private Punkt p1;
    private Punkt p2;

    @When("der erster Punkt {punkt} ist")
    public void der_erster_Punkt(Punkt p1) throws Throwable {
      this.p1 = p1;
    }

    @And("der zweite Punkt {punkt} ist")
    public void der_zweite_Punkt_ist(Punkt p2) throws Throwable {
      this.p2 = p2;
    }

    @Then("^liegt die Gerade (.*)parallel zur Y-Achse$")
    public void liegt_die_Gerade_parallel_zur_Y_Achse(String check)
                                                throws Throwable {
        if (check.equals("nicht ")){
          Assert.assertTrue(p1.getX() != p2.getX());
        } else {
          Assert.assertTrue(p1.getX() == p2.getX());
        }
    }
}
```

Die Idee mit der Transformationsfunktion kann auch für Tabellen genutzt werden, so dass z. B. Listen von Objekten entstehen. Zur Konkretisierung wird das vorherige Tabellenbeispiel um ein Szenario ergänzt.

```
Scenario: Tabellenversion3
  Given TabelleC
    |    | X  | Y  |
    | Z1 | 42 | 43 |
    | Z2 | 44 | 45 |
```

Es wird davon ausgegangen, dass hier zwei Punkte in der Tabelle stehen und dass die erste Spalte für die eigentliche Berechnung irrelevant ist. Es wird folgende Funktionalität in der Konfigurationsklasse ergänzt:

```
registry.defineDataTableType(new DataTableType(Punkt.class
        ,(Map<String, String> row) -> {
        Punkt ergebnis = new Punkt();
        try {
          ergebnis.setX(Integer.parseInt(row.get("X")));
          ergebnis.setY(Integer.parseInt(row.get("Y")));
        } catch (Exception e) {
          throw new IllegalArgumentException(
            "Beide Punkt-Koordinaten muessen int-Werte sein: "
            + row);
        }
        return ergebnis;
    }
  )
);
```

In der Transformationsfunktion ist wieder der Typ mit einem Klassen-Objekt anzugeben, mit dem die Daten eingelesen werden sollen. Der Rest besteht aus der Umwandlung der Daten. Eine zugehörige Step-Definition kann wie folgt aussehen:

```
@Given("TabelleC")
public void tabellec(List<Punkt> punkte) {
  System.out.println("TabelleC: " + punkte);
}
```

Die zugehörige Ausgabe sieht wie folgt aus:

```
TabelleC: [Punkt{x=42, y=43}, Punkt{x=44, y=45}]
```

Bereits bei JUnit wurde gezeigt, dass es verschiedene Fälle gibt, in denen es sinnvoll ist, nicht alle Tests auszuführen, da z. B. für bestimmte Erweiterungen nicht alle zeitaufwändigen Tests wiederholt werden müssen. Diese Möglichkeit besteht bei Cucumber ebenfalls mit Annotationen, die vor Features und Szenarien stehen können, wie das folgende Beispiel zeigt.

```
Feature: Nur zur Veranschaulichung von Möglichkeiten

    @L2
    Scenario: Nr1
        When nichts passiert
        Then passiert nichts

    @L3 @L2
    Scenario: Nr2
        When nichts passiert
        Then passiert nichts
```

Die eigentliche Auswahl der Tests erfolgt durch ein Attribut *tags* der Start-Annotation *CucumberOptions*.

```
@RunWith(Cucumber.class)
@CucumberOptions(
          glue = {"step"}    // package mit Steps
        , plugin = {"pretty", "html:target/cucumber"}
        , features = "test/features"
//        , tags = {"@L3 or @L2 or @L1"}  // Variante
        , tags = {"@L3 and @L2 and not @L1"}
)
public class StartCucumberTestV2 {
}
```

Das Tag *tags* enthält einen Booleschen Ausdruck, in dem beliebige, auch nicht benutzte Annotationen verknüpft werden können. Zur Verknüpfung können „and", „or", „not" und zur Steuerung der Auswertungsreihenfolge des Ausdrucks runde Klammern genutzt werden.

Weiterhin unterstützt Cucumber die Erstellung von Test-Fixtures, bei denen vor und nach der Ausführung Methoden ausgeführt werden können, um z. B. Verbindungen auf- und abzubauen. Hierzu werden die Annotationen @Before und @After genutzt, deren Verhalten ähnlich dem von JUnit 4 ist, die allerdings aus anderen Paketen importiert werden. Als Besonderheit können in Attributen dieser Annotationen wieder Ausdrücke über die vorher gezeigten Annotationen zur Ablaufsteuerung stehen. Ein Beispiel mit Step-Definitions zum vorherigen Beispiel sieht wie folgt aus:

```
import cucumber.api.java.After;
import cucumber.api.java.Before;
import cucumber.api.java.en.Then;
import cucumber.api.java.en.When;

public class DummySteps {
```

```
@Before
public void beforeScenario1(){
    System.out.println("before1");
}

@After
public void afterScenario1(){
    System.out.println("after1");
}

@Before("@L4")
public void beforeScenario2(){
    System.out.println("before2");
}

@After(order = 1, value = "@L2 and not @L4")
public void afterScenario2(){
    System.out.println("after2");
}

@When("^nichts passiert$")
public void nichts_passiert() throws Throwable {
    System.out.println("nix");
}

@Then("^passiert nichts$")
public void passiert_nichts() throws Throwable {
    System.out.println("passiert");
}
}
```

Die Annotationen haben als Default-Attribut eine Boolesche Verknüpfung zur Auswahl von Annotationen, mit denen festgelegt wird, ob die Methode auszuführen ist. Werden keine Annotationen angegeben, wird die zugehörige Methode immer ausgeführt. Ein zweites optionales Attribut „order" erhält einen Integer-Wert, mit dem bei mehreren gleichen Annotationen die Reihenfolge der Ausführung festgelegt werden kann. Das vorherige Beispiel führt zu folgender Ausgabe:

```
before1
nix
passiert
after1
after2
before2
before1
```

```
nix
passiert
after1
```

Mit einer detaillierten Betrachtung der Umsetzung von Cucumber wird deutlich, dass bei
den Annotationen @When, @Then, @And, @But und @Given formal nur der nachfolgende reguläre Ausdruck oder Cucumber-Ausdruck bei der Auswahl der auszuführenden
Methode eine Rolle spielt. Der folgende Ansatz wäre damit auch nutzbar, widerspricht
aber natürlich gerade der Motivation der intuitiven Herangehensweise. Zeilen können weiterhin mit einem einfachen * beginnen, was bei längeren Aufzählungen durchaus sinnvoll
sein kann.

```
Feature: Zeigt nur Möglichkeiten

   Scenario: ist für das Konzept des Werkzeugs interessant
       But man Zahlen 2
       When und 3
       * addiert
       * bekommt man
       Given den Wert 5
       Then als Ergebnis

public class ZeigtNurMoeglichkeitenSteps {
  private int wert1;
  private int wert2;

  @When("man Zahlen {int}")
  public void man_Zahlen(Integer int1) {
    this.wert1 = int1;
  }

  @When("und {int}")
  public void und(Integer int1) {
    this.wert2= int1;
  }

  @When("(addiert|bekommt man|als Ergebnis)")
  public void fuelltext() {
  }

  @When("den Wert {int}")
  public void den_Wert(Integer int1) {
    Assert.assertEquals(5, this.wert1 + this.wert2);
  }
}
```

Das angegebene Szenario läuft problemlos durch. Es ist erkennbar, dass beliebige Annotationen zum Ausdruck genutzt werden können. Weiterhin werden mehrere Texte mit einem „oder"-Strich verknüpft als Alternativen zusammengefasst.

8.5 Fazit

BDD hat Einzug in einige große Projekte gehalten. Dabei ist generell der Einstieg das größte Problem. Es müssen Steps auf dem richtigen Abstraktionsniveau gefunden werden, so dass sich nachfolgende Entwicklungen daran orientieren können. BDD ist sicherlich nicht optimal für beliebige Projekte, bei denen große Zustandsautomaten für die Spezifikation im Einsatz sind, so dass entweder in jedem Testfall der Weg zu einem Zustand detailliert beschrieben werden muss oder der Testersteller den Zustand und das Konzept der Umsetzung im Detail verstehen muss, um Testfälle zu schreiben. Der BDD-Ansatz eignet sich dagegen sehr gut in Bereichen, in denen große ähnliche Datenmengen verarbeitet werden, zu denen kontinuierlich neue Funktionalität hinzugefügt wird. Ein Beispiel ist eine Personalverwaltungs-Software, in der Personen mit ihren Fähigkeiten und Lebensläufen verwaltet werden, zu der dann schrittweise eine Einsatzplanung für Außeneinsätze ergänzt werden soll. Fachexperten, die eine solche Planung bisher manuell oder mit Excel-Sheets gemacht haben, haben ein fundiertes Wissen über Standardabläufe, aber auch viele besondere Fälle, die in der Praxis schon eingetreten sind.

In der Praxis spielt natürlich auch die Werkzeugunterstützung von BDD eine Rolle. Für jede größere Entwicklungsumgebung gibt es Ergänzungen, die die Erstellung von Szenarien erleichtern und prüfen, ob Steps zum eingegebenen Text vorhanden sind. Dies vereinfacht die Testerstellung für Personen ohne Programmierkenntnisse deutlich. Der damit oft verbundene Wunsch, dies mit der üblichen Textverarbeitung zu verknüpfen, ist nur über Hilfswerkzeuge möglich, die oft von BDD-Nutzern selbst geschrieben werden. Ein Beispiel ist die Möglichkeit, Testspezifikationen in einem Wiki zu schreiben und Schlüsselworte besonders zu markieren. Es ist dann zumindest auf Knopfdruck möglich, zu prüfen, ob alle benötigten Steps vorhanden sind und dies dann farblich zu visualisieren.

Ein weiteres Problem in der Praxis ist es, bei einer sehr großen Anzahl an Szenarien die Übersicht über alle bereits definierten Steps zu behalten. Auch hier ist die Kreativität der Nutzer gefragt, so dass z. B. eine Übersicht über alle vorhandenen Steps aus dem Quellcode gezogen wird. Diese Steps können dann mit weiteren Attributen versehen werden. Diese sind teilweise generierbar, wie die Information über die Features, in denen die Steps vorkommen. Weitere Attribute von erfahrenen BDD-Nutzern, die bei Filtern in Suchen nutzbar sind, können sinnvoll sein.

BDD-Werkzeuge sind auch ohne die Verwendung des BDD-Ansatzes nutzbar. Allgemein handelt es sich nur um eine spezielle Art der Testausführung, die über einen normalen JUnit-TestRunner erfolgt. Es spricht nichts dagegen, Tests für einen bestimmten Bereich in Form von BDD-Tests zu formulieren, während andere Tests eines Projekts mit einem anderen Ansatz entstanden sind. BDD-Tests können gerade nach einer längeren

Zeit auch für Testentwickler einfacher verständlich sein als der reine Quellcode. Weiterhin interessieren sich Entwickler immer dafür, schnellstmöglich Fehler zu lokalisieren. Dabei kann ein in natürlicher Sprache formulierter Test helfen, da so die Einarbeitung in die zu betrachtende Situation einfacher ist. BDD-artig formulierte Tests werden deshalb in der Praxis bei der Anwendung eines inkrementellen Vorgehens von QS-Experten zur Spezifikation von Systemtests genutzt, sind aber auch auf anderen Testebenen verwendbar. Da BDD-Tests einfach neben anderen Tests einsetzbar sind, ist so ein schrittweiser Übergang hin zur BDD-Nutzung möglich. Vorhandene Testfälle müssen nicht neu geschrieben werden, sie werden einfach weitergenutzt und nur neue Software wird mit dem BDD-Ansatz entwickelt.

Literatur

Webseiten zugegriffen am 18.10.2018

[@Cuc]   Cucumber. https://cucumber.io/
[@JBe]   What is JBehave? https://jbehave.org/
[@Mav]   Apache Maven Project. http://maven.apache.org/
[@MVN]   Maven Repository: Search/Browse/Explore. https://mvnrepository.com/
[PE18]   Priese, L., Erk, K.: Theoretische Informatik: Eine umfassende Einführung, 4. Aufl. Springer Vieweg, Wiesbaden (2018)
[RWH15]   Rose, S., Wynne, M., Hellesøy, A.: The Cucumber for Java Book, The Pragmatic Programmers. LLC, Dallas, Raleigh (2015)

Test von Nutzungsoberflächen

9

Zusammenfassung

Die grafische Oberfläche ist typischerweise für den ersten Eindruck einer Software verantwortlich. Neben dem sehr wichtigen, hier aber nicht behandelten Thema Usability, ist es genauso wichtig, dass der Nutzer mit seinen ersten Aktionen automatisch zum Tester der Software wird. Genauer versucht er die gewünschte Funktionalität anzusteuern, bei der er seine Erwartungen an die Ergebnisse hat. Mit gut getesteter und ergonomischer Software sollten die Erwartungen erfüllbar sein. Ansonsten enthalten fast alle Fehlerberichte von Endnutzern Beschreibungen, wie die Software bedient und welches Fehlverhalten dabei beobachtet wurde.

Aus der Sicht des Testens stellt sich die Frage, ob Oberflächen automatisch testbar sind und wann dieser Ansatz sinnvoll ist. In diesem Kapitel werden Konzepte zur Erstellung von automatisierten Oberflächentests gezeigt, die dann einmal mit einem mit der GUI-Technologie verknüpften Ansatz und dann mit einem terchnologieunabhängigen Ansatz umgesetzt werden.

Aus Sicht der Entwicklung stellt sich bei der Bedienung von Oberflächen die Frage, ob man das Verhalten potenzieller Nutzer nicht zur Grundlage von Tests machen kann. Dies wäre auch praktisch bei allen größeren Systemen, da bei System- und Abnahmetests über die Oberfläche das erwartete Verhalten und das Verhalten in Ausnahmesituationen analysierbar werden. Formal ist eine Wiederholung dieser Tests bei jeder Änderung der Software notwendig, was sehr aufwändig sein kann und für die Tester sehr monoton wird. Ein aktuell durchaus gegangener Weg, solche Tests in Billiglohnländer auszugliedern, wird hier nicht als langfristig zielführend angesehen, sei aber als gängige Praxis erwähnt. Es stellt sich dann die Frage, ob man diese Prozesse nicht automatisieren kann. Generell sind dabei zwei Wege möglich, wobei die grafische Nutzungsoberfläche (GUI, Graphical User Interface) als gewöhnliche Software aufgefasst wird, die durch Testsoftware gesteuert wird. Ein GUI ist damit eine normal zu testende Komponente, wobei es hier die Schwierigkeit gibt, alle möglichen Steuerungsaktionen des Nutzers programmatisch nachzubauen. Der zweite Weg besteht darin, das eigentliche Nutzerverhalten mit einer Aufnahmesoftware aufzuzeichnen, möglichst die Aufzeichnung mit zu prüfenden Randbedingungen zu ergänzen, um sie dann zum Test immer wieder einfach erneut abspielen zu können. Beide Wege werden in diesem Kapitel, ergänzt um eine Mischvariante, vorgestellt.

Wie bereits angedeutet, können sich GUIs leicht ändern, was zur Frage führt, ob dann alle Tests neu erstellt werden müssen oder ob man die Tests so gestalten kann, dass keine oder nur geringe Änderungen notwendig sind. Neben der bereits im vorherigen Kapitel diskutierten Testarchitektur spielt hier die vorgestellte enge Verknüpfung zwischen Entwicklung und Testentwicklung eine besondere Rolle.

Auch im vorherigen Kapitel wurde bereits erwähnt, dass es oft nicht sinnvoll ist, einfach die Tests der gesamten Funktionalität über das GUI steuern zu wollen, da dies sehr aufwändig werden kann. Realistisch ist die Software unterhalb des GUIs bereits getestet und man ist jetzt daran interessiert, ob das GUI sinnvoll mit den anderen Komponenten verbunden ist. Die Fehlerquellen sind dabei vielfältig und gehen von falsch übergebenen Parametern bis zur nicht in der gewünschten Abarbeitungsreihenfolge nutzbaren Funktionalität. Dieser zentrale Gedanke, nicht die gesamte Funktionalität über das GUI testen zu wollen, tritt in den folgenden Beispielen etwas in den Hintergrund, da die Funktionalität recht einfach ist und grundlegende Nutzungsideen der Frameworks vorgestellt werden sollen.

9.1   GUI-Steuerung durch Testsoftware

Klassische Java-Oberflächen werden mit Swing, AWT oder dem für Eclipse entwickelten SWT (Standard Widget Toolkit) [@SWT] implementiert, wobei der Schwerpunkt hier auf Swing und AWT liegt. Die vorgestellten Ideen lassen sich aber auch mit anderen Frameworks mit vergleichbaren Möglichkeiten und Herausforderungen umsetzen. Der Spezialbereich der Web-Applikationen, in dem wesentliche Ideen dieses Abschnitts auf die Web-Technologie übertragen werden, wird im Kap. 11 behandelt.

Zunächst wird hier der Aufbau eines GUIs rekapituliert, da sich Test-Frameworks auch an diesem Aufbau orientieren. Der Ansatz des Frameworks ist es dann, GUI-Elemente zu finden, um diese zu analysieren, z. B. um Texte aus Ausgabefeldern lesen und Bedienelemente wie Knöpfe steuern zu können.

Das konkrete Beispiel besteht aus einem minimalen Programm, das aus einem Knopf besteht, der mit der linken oder rechten Maustaste angeklickt werden kann, und zwei Ausgaben von Zählern, die angeben, wie oft der Knopf mit der linken und der rechten Maustaste angeklickt wurde.

Der nächste Schritt ist der Entwurf eines GUIs von Hand, wie in Abb. 9.1 gezeigt, oder mit einem Skizzenwerkzeug. Danach wird überlegt, wie man den Entwurf mit Swing-Mitteln umsetzen kann. Dabei werden die passenden Klassen zur Eingabe und zur Ausgabe sowie zusätzlich die Elemente zur Strukturierung des GUIs genutzt. Zur Strukturierung stehen in Swing bereits einige sogenannte Layoutmanager zur Verfügung.

Im konkreten Beispiel soll der Knopf genauso breit wie die beiden Ausgabe-Elemente zusammen sein. Hierfür ist das GridLayout sehr gut nutzbar, das seine Elemente alle in einem gleich großen Raster darstellt. Die beiden Knöpfe sollen im Verhältnis zueinander auch gleich groß dargestellt werden, sodass sich hier wieder ein GridLayout anbietet. Generell verfolgt Swing, wie die meisten Ansätze zur Oberflächengestaltung, einen hierarchischen Ansatz, bei dem ein Teil der Oberfläche wieder neu konzipiert werden kann und so weitere GUI-Elemente mit einem eigenen Layout darstellt. Abb. 9.2 zeigt den detaillierten GUI-Entwurf mit der konkreten Angabe der genutzten Klassen für die Umsetzung der Steuerung und der Ausgabe sowie die genutzten Layoutmanager.

In Abb. 9.3 wird nochmals die Idee des hierarchischen Entwurfs verdeutlicht, der zeigt, dass GUI-Elemente immer in anderen GUI-Elementen geschachtelt auftreten können, sodass insgesamt ein Baum zur Darstellung entsteht. Der Programmcode sieht wie folgt aus:

Abb. 9.1   GUI-Entwurf

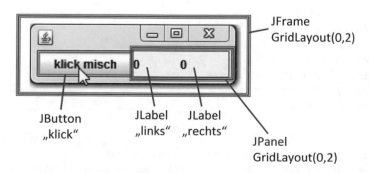

Abb. 9.2   Detaillierter GUI-Entwurf

Abb. 9.3 Visualisierung des
hierarchischen Aufbaus

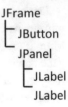

JFrame
⊦ JButton
JPanel
⊦ JLabel
JLabel

```java
package klicker;
import java.awt.GridLayout;
import java.awt.event.MouseEvent;
import java.awt.event.MouseListener;
import javax.swing.JButton;
import javax.swing.JFrame;
import javax.swing.JLabel;
import javax.swing.JPanel;

public class Klicker extends JFrame implements MouseListener{

    private static final long serialVersionUID = 1L;
    private JButton klick = new JButton("klick misch");
    private JLabel links = new JLabel("0");
    private JLabel rechts = new JLabel("0");

    public Klicker(){
        setLayout(new GridLayout(0,2));
        setName("klicker");
        JPanel tmp = new JPanel();
        tmp.setLayout(new GridLayout(0,2));
        tmp.add(links);
        links.setName("links");
        tmp.add(rechts);
        rechts.setName("rechts");
        add(klick);
        klick.setName("klick");
        klick.addMouseListener(this);
        add(tmp);
        setDefaultCloseOperation(EXIT_ON_CLOSE);
        pack();
        setVisible(true);
    }

    public static void main(final String[] args) {
        javax.swing.SwingUtilities.invokeLater(new Runnable() {
            public void run() {
                Klicker k= new Klicker();
```

```
            if (args.length>0)
               k.setTitle(args[0]);
         }
      });
   }


   @Override
   public void mouseClicked(MouseEvent e) {
      JLabel ziel=null;
      if(e.getButton()==1)
         ziel=links;
      else
         if(e.getButton()==3)
            ziel=rechts;
      if(ziel!=null)
         ziel.setText(""+(Integer.parseInt(ziel.getText())+1));


   }



   @Override
   public void mouseEntered(MouseEvent arg0){
   }

   @Override
   public void mouseExited(MouseEvent arg0) {
   }

   @Override
   public void mousePressed(MouseEvent arg0) {
   }

   @Override
   public void mouseReleased(MouseEvent arg0) {
   }
}
```

Die Klasse implementiert die Mausanalyse selbst, sodass das vollständige Interface
MouseListener realisiert werden muss, von dem im konkreten Fall aber nur eine Methode
interessant ist. Statt zwei explizite Zähler zu verwenden, wird hier der Text der Label gelesen und um einen um Eins erhöhten Text ersetzt. Auffällig ist im Programmcode und
auch schon in Abb. 9.2, dass jedes GUI-Element einen Namen bekommen hat, der bei einer einfachen GUI-Programmierung vielleicht nicht vergeben worden wäre, da er nicht
unmittelbar in der Ausgabe benötigt wird. Dies ist ein kleiner Vorgriff auf die Erhöhung
der Testbarkeit, da jedes GUI-Element von den Test-Frameworks im GUI später

wiedergefunden werden muss und solch ein Name der einfachste Ansatz ist. In der main-Methode wird die Methode *invokeLater* der Klasse *SwingUtilities* genutzt, um einen ordnungsgemäßen Start der Oberfläche zu garantieren. Würde man direkt ein Objekt der Klasse *Klicker* erzeugen, was zum Programmstart auch machbar wäre, könnte das Problem auftreten, dass zwischen den GUI-Klassen bereits Ereignisse ausgetauscht werden, obwohl die GUI-Elemente noch nicht anzeigt worden sind. Dies kann passieren, wenn die Anzeige des genutzten Systems nicht die Schnellste ist. Aus diesem Grund wird hier der in [@Sut] vorgeschlagene Ansatz genutzt, die Eventsteuerung erst etwas später zu starten. Dieser Ansatz hat mit dem vorgestellten Test-Framework nichts zu tun, zeigt aber wie ein Best Practice-Ansatz als Maßnahme der konstruktiven Qualitätssicherung die Qualität der Software erhöhen kann.

Man beachte, dass, falls das Programm mit Argumenten in der Kommandozeile aufgerufen wird, das erste Argument zum Fensternamen gemacht wird.

Das hier vorgestellte Test-Framework heißt FEST (Fixtures for Easy Software Testing) [@FES], das neben den betrachteten GUI-Testmöglichkeiten auch interessante Ansätze zur Entwicklung von Zusicherungen und die Nutzung von Reflection beinhaltet.

Die Installation erfolgt durch die Einbindung von Jar-Dateien in das zu testende Projekt Dabei werden die in Abb. 9.4 im Ordner lib angezeigten Dateien benötigt, die dann in das

Abb. 9.4 Integration von FEST in einem Projekt

Projekt als „Referenced Libraries" eingebunden werden. Man beachte, dass die Datei fest-swing.jar sich ursprünglich in der heruntergeladenen Zip-Datei nicht in dem Ordner lib der anderen Dateien, sondern in einem Verzeichnis darüber befindet.

FEST wird zusammen mit JUnit genutzt und ermöglicht den recht einfachen Zugriff auf viele GUI-Elemente. Bereits im Vorfeld sei erwähnt, dass es gerade bei sehr komple-xen Oberflächen der Fall sein kann, dass mit FEST nicht alle GUI-Elemente ansprechbar sind. Dies muss für ein Projekt frühzeitig individuell analysiert werden. Aber selbst wenn es diese nicht steuerbaren Elemente gibt, bedeutet dies nicht, dass der Ansatz bzw. FEST für das Projekt nutzlos ist. Man kann dann versuchen, wesentliche Teile der GUI-Steuerung mit FEST zu programmieren, sodass die zugehörigen Tests voll automatisiert ablaufen. Es ist immer besser, eine nicht triviale Teilmenge der Tests zu automatisieren, als einfach auf einen nicht vollständig passenden Ansatz zu verzichten. Im nächsten Schritt kann nach einem weiteren Werkzeug gesucht werden, das dann einige der mit FEST nicht umsetz-baren Testfälle realisiert, aber dafür in anderen Bereichen Probleme hat oder langsamer ist. Es ist bei Tests von GUIs trotzdem nicht unwahrscheinlich, dass eine Teilmenge der Tests übrig bleibt, die manuell ausgeführt werden muss.

```
package klicker;
import java.awt.event.KeyEvent;
import java.io.File;
import javax.swing.JFrame;
import org.fest.swing.annotation.GUITest;
import org.fest.swing.core.GenericTypeMatcher;
import org.fest.swing.core.KeyPressInfo;
import org.fest.swing.core.MouseButton;
import org.fest.swing.edt.FailOnThreadViolationRepaintManager;
import org.fest.swing.edt.GuiActionRunner;
import org.fest.swing.edt.GuiQuery;
import org.fest.swing.finder.WindowFinder;
import org.fest.swing.fixture.FrameFixture;
import org.fest.swing.launcher.ApplicationLauncher;
import org.fest.swing.image.ScreenshotTaker;
import org.junit.After;
import org.junit.Assert;
import org.junit.Before;
import org.junit.BeforeClass;
import org.junit.Ignore;
import org.junit.Test;

public class KlickerTest {

    FrameFixture gui;
```

```
@BeforeClass
public static void setUpOnce() { // fuer Event-Verwaltung
  FailOnThreadViolationRepaintManager.install();
}

@Before
public void setUp() { // fuer Event-Verwaltung
  Klicker k = GuiActionRunner.execute(new GuiQuery<Klicker>() {
    protected Klicker executeInEDT() {
      return new Klicker();
    }
  });
  gui = new FrameFixture(k);
  // gui.robot.settings().delayBetweenEvents(3000);
  // gui.show(); // nicht immer erforderlich
}

@After
public void tearDown() {
    gui.cleanUp();
}
```

In der Initialisierungsphase muss die Möglichkeit geschaffen werden, dass FEST die Event-Verarbeitung in Swing verfolgen kann. Dies führt zu der im Code angegebenen, einmalig ausgeführten Startmethode und dem etwas verschachtelten Aufruf der zentralen GUI-Klasse.

Die auskommentierte Zeile `gui.robot.settings().delayBetween-Events(3000)` deutet ein wichtiges Problem beim Testen von GUIs an. Grundsätzlich gilt, dass die Testprogramme extrem schnell laufen, ein GUI aber meist nur „schnell" reagiert. Konkret kann das zu dem Fall führen, dass im GUI z. B. ein neuer Reiter angezeigt werden soll, auf dem das Framework einen Knopf drücken will, dieser aber noch nicht angezeigt wird, da die Darstellung des GUIs etwas Zeit benötigt. Aus diesem Grund ist es immer sinnvoll, Verzögerungsmöglichkeiten in die Tests einzubauen. Mit der angegebenen Methode wird immer 3000 Millisekunden gewartet. Der Nachteil dieser Verzögerungen kann sein, dass sie nicht benötigt werden und so die Testausführung verzögern können. Da es sich hier durchaus um einige Sekunden handeln kann, was bei einer großen Anzahl von Tests dazu führen kann, dass diese nicht mehr nachts vollständig durchlaufen, ist hier Vorsicht geboten. Es ist die Aufgabe des Testerstellers, die richtige Verzögerung zu bestimmen, sodass keine Aktion zu schnell ist, aber trotzdem die Tests in möglichst kurzer Zeit durchlaufen können. Da diese Zeiten abhängig von den benutzten Rechnern sind, ist es sehr sinnvoll, diese Tests auf getrennten Rechnern durchzuführen. Da man die gesamte Verteilung der Software und die Testausführung in einem Build-Prozess zusammenfassen kann, bedeutet dies nicht, dass solche Tests nicht von Entwicklern durchgeführt werden können.

```
@Test
public void testEinLinksklick(){
  gui.button("klick").click();
  Assert.assertEquals(gui.label("links").text(), "1");
  Assert.assertEquals(gui.label("rechts").text(), "0");
}
```

Der erste Test zeigt, dass es sich beim FrameFixture-Objekt *gui* um die zentrale Steue-
rungskomponente für die GUI-Bedienung in den Tests handelt. Über dieses Objekt können alle GUI-Elemente gefunden, analysiert und bearbeitet werden. Weiterhin wird mit
der ersten Testzeile deutlich, dass es notwendig ist, den genauen Typ des zu bedienenden
Elements zu kennen. Durch die Methode *button("klick")* werden alle GUI-Elemente nach
einem Knopf durchsucht, der den Namen „klick" hat, woraus folgt, dass die verwendeten
Namen eindeutig vergeben werden sollten. Dann wird ein Klick, genauer ein Linksklick
auf den Knopf, ausgeführt. Bei der Ausführung des Tests kann man diese Aktionen sogar
am Bildschirm verfolgen, wobei man nicht die Maus verschieben sollte, da dies Einfluss
auf die Testergebnisse haben kann. Die letzten beiden Zeilen des Tests zeigen die Möglichkeit, nach Label-Objekten über ihre Namen zu suchen und den enthaltenen Text abzufragen.

```
@Test
public void testRechtsklick(){
  gui.button("klick").click(MouseButton.RIGHT_BUTTON);
  Assert.assertEquals(gui.label("links").text(), "0");
  Assert.assertEquals(gui.label("rechts").text(), "1");
}
```

Der vorherige Test zeigt, dass einige der in FEST genutzten Methoden statisch polymorph
sind, also mit unterschiedlichen Parametern aufgerufen werden können. Im konkreten Fall
wird ein Rechtsklick auf den Knopf durchgeführt.

```
@Test
public void testKeineLinksUndRechtsklicks(){
  gui.button("klick").click(MouseButton.MIDDLE_BUTTON);
gui.button("klick")
   .pressAndReleaseKey(KeyPressInfo.keyCode(KeyEvent.VK_C));
  Assert.assertEquals(gui.label("links").text(), "0");
  Assert.assertEquals(gui.label("rechts").text(), "0");
}
```

In FEST gibt es viele Steuerungsmöglichkeiten. Neben der Nutzung der mittleren Maustaste zeigt der vorherige Test die Möglichkeit, Tasten über ihre Kennung als KeyEvent zu
drücken. Durch die Nutzung der Konstanten der KeyEvent-Klasse sind so beliebige Tasten

nutzbar. Man beachte weiterhin, dass die Methode „pressAndRelease" heißt, was richtig erwarten lässt, dass man auch simulieren kann, dass eine Taste zunächst nur heruntergedrückt und erst später wieder losgelassen wird. Durch solche Möglichkeiten können auch Kombinationen von Tasten gedrückt werden, weiterhin kann das Drücken einer Steuerungstaste mit einem Klick der Maus verknüpft werden. Der Test prüft, dass die beschriebenen Aktionen keine Auswirkungen auf die Zählerwerte haben.

```
@Test
public void testVieleLinksUndRechtsklicks(){
   gui.button("klick").doubleClick();
gui.button("klick")
 .pressAndReleaseKey(KeyPressInfo.keyCode(KeyEvent.VK_SPACE));
   for(int i=0;i<10;i++)
      gui.button("klick").click(MouseButton.RIGHT_BUTTON);
   Assert.assertEquals(gui.label("links").text(), "2");
   Assert.assertEquals(gui.label("rechts").text(), "10");
}
```

Mit der Methode *doubleClick()* wird ein schneller Doppelklick mit der linken Maustaste ausgeführt, der in unserem Beispiel wie erwartet als zwei Linksklicks gezählt wird. Weiterhin werden in einer Schleife Rechtsklicks ausgeführt, was ohne Verzögerung recht schnell passiert, und es wird geprüft, dass alle Klicks gezählt wurden.

```
@Test
public void testMachScreenshot(){
   String bild = "rechtsklick.png";
   File file = new File(bild);
   if(file.exists())
      file.delete();
   ScreenshotTaker st= new ScreenshotTaker();
   gui.button("klick").rightClick();
   st.saveDesktopAsPng(bild);
   Assert.assertEquals(gui.label("links").text(), "0");
   Assert.assertEquals(gui.label("rechts").text(), "1");
}
```

Eine für GUI-Testwerkzeuge immer sehr hilfreiche Funktionalität ist die Möglichkeit, einen Screenshot, also ein Bildschirmfoto, von der aktuellen Situation zu machen. In FEST steht dazu die Klasse *ScreenshotTaker* zur Verfügung. Die Klasse ist so realisiert, dass sie nicht automatisch Dateien überschreibt und bei einer existierenden Datei eine Ausnahme wirft.

Abb. 9.5 zeigt das resultierende Bild, wobei man am laufenden Zähler-Programm sehr klein links oben in der Ecke erahnen kann, dass immer der gesamte Bildschirm gesichert wird.

Abb. 9.5 Beispiel für Bildschirmfoto

Da man eigentlich nur an Fotos von Problemen interessiert ist, sollte man die Bilder-stellung in die Nutzung der Zusicherungsmethoden einbauen. Die vorherige Testmethode kann mit der angegebenen Hilfsmethode schöner wie folgt formuliert werden:

```
public void mitBildPruefen(String bild, String text, Object o1
                          , Object o2) {
  if (o1 != null && !o1.equals(o2)) {
    File file = new File(bild + ".png");
    if (file.exists())
      file.delete();
    ScreenshotTaker st = new ScreenshotTaker();
    st.saveDesktopAsPng(bild + ".png");
  }
  Assert.assertEquals(text, o1, o2);
}


@Test
public void testMachScreenshot2() {
  gui.button("klick").rightClick();
  mitBildPruefen("linksSollte0sein"
      , "erwartet: 0 gefunden: " + gui.label("links").text()
      , gui.label("links").text(), "0");
  mitBildPruefen("rechtsSollte1sein"
```

```
          , "erwartet: 1 gefunden: " + gui.label("rechts").text()
          , gui.label("rechts").text(), "1");
    }


    @Test
    public void testEinLinksklick2() {
      ApplicationLauncher.application("klicker.Klicker")
          .withArgs("Hai", "Wo").start();
      FrameFixture frame = WindowFinder.findFrame(
          new GenericTypeMatcher<JFrame>(JFrame.class) {
            protected boolean isMatching(JFrame frame) {
              return "Hai".equals(frame.getTitle())
                  && frame.isShowing();
            }
          }).using(gui.robot);
      frame.button("klick").click();
      Assert.assertEquals(frame.label("links").text(), "1");
      Assert.assertEquals(frame.label("rechts").text(), "0");
    }
}
```

Die für die Einführung abschließende Testmethode zeigt, dass man auch ohne die Set-up-Methoden auskommen und direkt ein GUI erstellen kann. Dabei wird die GUI-Klasse mit zwei Parametern aufgerufen, von denen der erste den Namen des Fensters bezeichnet, der dann zum Suchen des Fensters genutzt wird. Der Ansatz ist nutzbar, wenn man nur wenige GUI-Tests schreibt und dies mit anderen Testfällen mischen will, aber nicht für jeden Test ein Fenster erzeugen möchte.

Abb. 9.6 zeigt, dass die angegebenen Tests erfolgreich laufen. Man beachte dabei aber auch die relativ hohe Laufzeit im Sekundenbereich.

Ein wichtiges Kriterium zur Beurteilung von Test-Frameworks für GUIs ist die Untersuchung des realistischen Verhaltens. Ein Baustein mit dem Einbau von Verzögerungsmöglichkeiten wurde dazu bereits diskutiert. Da das Test-Framework sich am hierarchischen

Abb. 9.6 Aufwand für erfolgreich ausgeführte Testfälle

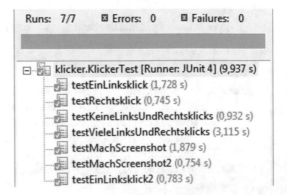

Abb. 9.7 Reiter mit nicht
immer sichtbaren Knöpfen

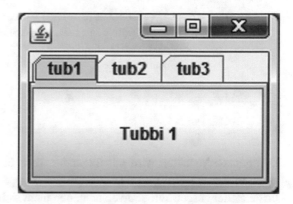

Aufbau des GUIs orientiert, stellt sich die Frage, ob man im Test GUI-Elemente nutzen kann, die nicht sichtbar sind. Dies ist ein Beispiel für eine Frage, die man sich auch projekt-abhängig stellen sollte. Für solche Fragen ist es immer eine gute Idee, ein minimales Beispiel zu konstruieren und dann das Verhalten zu prüfen.

Das folgende Programm erzeugt drei Reiter, wobei immer nur ein Reiter sichtbar sein kann, wie es in Abb. 9.7 gezeigt wird. Jeder Reiter enthält genau einen Knopf, der hier den gesamten Reiter ausfüllt. Dies bedeutet, dass man immer erst den Reiter „tub$_i$" wählen muss, um den Knopf „Tubbi i" drücken zu können. Eine Ausnahme ist der Programmstart, bei dem der Knopf „Tubbi 1" direkt gedrückt werden kann. Die Realisierung sieht wie folgt aus:

```
package tabs;
import javax.swing.JButton;
import javax.swing.JFrame;
import javax.swing.JTabbedPane;

public class Tapps extends JFrame {

  private static final long serialVersionUID = 1L;

  public Tapps(){
    JTabbedPane jt = new JTabbedPane();
    jt.setName("tabbed");
    for(int i=1;i<=3;i++){
      JButton jb= new JButton("Tubbi "+i);
      jb.setName("tub"+i);
      jt.add(jb);
      add(jt);
    }
    pack();
    setVisible(true);
  }
```

```
    public static void main(String[] args) {
      javax.swing.SwingUtilities.invokeLater(new Runnable() {
        public void run() {
          new Tapps();
        }
      });
    }
  }
```

Das genaue Verhalten wird mit folgenden Tests überprüft, bei denen der erste Test den zweiten Reiter wählt und den zugehörigen Knopf drückt. Beim zweiten Test wird der dritte Reiter ausgewählt und versucht, den nicht sichtbaren zweiten Knopf zu drücken.

```
package tabs;
import org.fest.swing.edt.FailOnThreadViolationRepaintManager;
import org.fest.swing.edt.GuiActionRunner;
import org.fest.swing.edt.GuiQuery;
import org.fest.swing.fixture.FrameFixture;
import org.junit.After;
import org.junit.Before;
import org.junit.BeforeClass;
import org.junit.Test;

public class TappsTest {

  FrameFixture gui;

  @BeforeClass
  public static void setUpOnce() {
    FailOnThreadViolationRepaintManager.install();
  }

  @Before
  public void setUp() {
    Tapps t = GuiActionRunner.execute(new GuiQuery<Tapps>() {
      protected Tapps executeInEDT() {
        return new Tapps();
      }
    });
    gui = new FrameFixture(t);
  }

  @After
  public void tearDown() {
      gui.cleanUp();
  }
```

```
@Test
public void testTabwechsel(){
  gui.tabbedPane("tabbed").selectTab("tub2");
  gui.button("tub2").rightClick();
}

@Test
public void testTabwechsel2(){
  gui.tabbedPane("tabbed").selectTab("tub3");
  gui.button("tub2").rightClick();
}
}
```

Der zweite Test scheitert und die Fehlermeldung in Abb. 9.8 macht deutlich, dass die Sichtbarkeit der GUI-Elemente berücksichtigt wird, die man auch als Eigenschaften abfragen kann.

FEST bietet neben der Identifikation über den Namen einige weitere Möglichkeiten, GUI-Elemente zu identifizieren und sie zu nutzen. Diese umfassen z. B.:

- Suche nach Bedienelementen über ihre Beschriftung, dabei können reguläre Ausdrücke zum Suchen genutzt werden
- Unterstützung von Drag und Drop auf GUI-Elementen mit einstellbarer Verzögerung
- Detaillierte Unterstützung von JTable-Objekten, auch wenn diese mit eigenen Table-CellRenderer-Objekten erstellt wurden
- Überprüfung von Farben und Schrifttypen

Für einen Gesamtüberblick ist das zu FEST gehörige Wiki [@FES] recht hilfreich.

```
org.fest.swing.exception.ComponentLookupException: Unable to find component
using          matcher          org.fest.swing.core.NameMatcher[name='tub2',
type=javax.swing.JButton, requireShowing=true].

Component hierarchy:
tabs.Tapps[name='frame1',      title='',      enabled=true,      visible=true,
showing=true]
  javax.swing.JRootPane[]
    javax.swing.JPanel[name='null.glassPane']
    javax.swing.JLayeredPane[]
      javax.swing.JPanel[name='null.contentPane']
        javax.swing.JTabbedPane[name='tabbed',            selectedTabIndex=2,
selectedTabTitle='tub3', tabCount=3, tabTitles=['tub1', 'tub2', 'tub3'],
enabled=true, visible=true, showing=true]
          javax.swing.JButton[name='tub1', text='Tubbi  1', enabled=true,
visible=false, showing=false]
          javax.swing.JButton[name='tub2', text='Tubbi  2', enabled=true,
visible=false, showing=false]
          javax.swing.JButton[name='tub3', text='Tubbi  3', enabled=true,
visible=true
```

Abb. 9.8 Fehlerausgabe bei nicht gefundenem GUI-Element

9.2   Kombination von Entwicklung und Testentwicklung

In diesem Abschnitt wird der Entwicklungsprozess eines Programms mit einer Swing-Oberfläche beschrieben, der die Zusammenarbeit zwischen Entwicklung und Test verdeutlicht. Weiterhin wird aufgezeigt, dass es verschiedene Testrollen geben kann. Das Beispiel ist so gewählt, dass es möglich ist, die gesamte Funktionalität über die Oberfläche zu testen. Vor diesem Ansatz wurde bereits gewarnt, es kann aber trotzdem ein realer Kompromiss sein, wenn die Berechnungen hinter der Oberfläche als wenig komplex eingestuft werden oder der Test der Software ohne Oberfläche nicht möglich ist, da die Oberfläche eng mit der Funktionalität verzahnt ist. Der Ansatz wird auch einsetzbar, wenn es Gründe in der Entwicklung gibt, die das Testen erschweren, wie der Verzicht auf get- und set-Methoden sowie die konsequente Nutzung von private-Methoden.

Zu entwickeln ist ein kleines Programm zur Berechnung von Tarifen im Nahverkehr. Grundlage der Entwicklung ist folgende Spezifikation zur Tarifberechnung, die insgesamt vier Parameter berücksichtigt. Der erste Parameter steht für die Anzahl der zu fahrenden Zonen, der zweite für das Alter des Fahrgasts, der dritte für die Uhrzeit (die Stunde) und der vierte bestimmt, ob es sich um einen Betriebszugehörigen handelt oder nicht. Der Preis wird wie folgt berechnet: Jede Zone kostet 130, Personen unter 14 und über 64 zahlen 40 weniger, von 9–14.59 Uhr ist der Preis um die Hälfte reduziert, Betriebszugehörige (und deren Angehörige) zahlen 150 weniger, allerdings wird der 9–14.59 Uhr-Tarif nicht zusätzlich berücksichtigt. Es soll aber immer der günstigste Preis (entweder/oder) ausgeben werden. Der minimale Ticketpreis ist mit 30 festgelegt. Diese Berechnungen können wie in Abb. 9.9 gezeigt zusammengefasst werden.

Beispiel: ein 13-Jähriger „Betriebszugehöriger" fährt 3 Zonen um 10 Uhr
Alternative 1: $((130 * 3) - 40)/2 = 175$
Alternative 2: $(130 * 3) - 40 - 150 = 200$
Der Preis beträgt 175.

Neben der Umsetzung als Programm wird frühzeitig mit dem Entwurf der grafischen Oberfläche begonnen. Zwischen Entwicklung und Testabteilung ist vereinbart, dass alle GUI-Elemente Namen bekommen, da sie so sehr effizient mit FEST identifiziert werden

Abb. 9.9 Tarifspezifikation

x Zonen	130 * x
Alter<14 oder Alter>64	- 40
9-14.59 Uhr, nicht zum Betrieb	- 50%
nicht 9-14.59 Uhr, zum Betrieb	-150
9-14.59, zum Betrieb	- 50% oder -150
Minimum: 30	

Abb. 9.10 GUI für
Tarifrechner

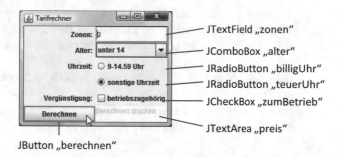

JTextField „zonen"

JComboBox „alter"

JRadioButton „billigUhr"

JRadioButton „teuerUhr"

JCheckBox „zumBetrieb"

JTextArea „preis"

JButton „berechnen"

können. Nachdem ein Prototyp des GUIs mit dem Kunden abgestimmt wurde, erhält die Testabteilung den Entwurf mit den zugehörigen Namen, die auch in Abb. 9.10 zu sehen sind. Neben den Daten gibt es die zusätzliche Information, dass beim Eingabefeld „Zonen" beliebige Eingaben möglich sind und alle Eingaben, die nicht positiven ganzen Zahlen entsprechen, durch den Wert 1 ersetzt werden.

Für die Betrachtungen aus Sicht des Tests im Detail eventuell unwichtig, liefert die Entwicklung folgendes Ergebnis zum Testen ab.

```
package tarifberechnung;

import java.awt.Color;
import java.awt.Container;
import java.awt.GridLayout;
import java.awt.Toolkit;
import java.awt.event.ActionEvent;
import java.awt.event.ActionListener;


import javax.swing.ButtonGroup;
import javax.swing.JButton;
import javax.swing.JCheckBox;
import javax.swing.JComboBox;
import javax.swing.JFrame;
import javax.swing.JLabel;
import javax.swing.JRadioButton;
import javax.swing.JScrollPane;
import javax.swing.JTextArea;
import javax.swing.JTextField;
import javax.swing.SwingConstants;

public class GuiTarifrechner extends JFrame implements ActionListener {

    private static final long serialVersionUID = 1L;
    private JTextField zonen = new JTextField("0");
    private String[] bereiche = { "unter 14", "\u00fcber 64", "14-64" };
```

```java
private JComboBox alter = new JComboBox(bereiche);
private JRadioButton billigUhr = new JRadioButton("9-14.59 Uhr");
private JRadioButton teuerUhr = new JRadioButton("sonstige Uhrzeit"
                                          , true);
private JCheckBox zumBetrieb = new JCheckBox(
                                "betriebszugeh\u00f6rig");
private JButton berechnen = new JButton("Berechnen");
private JTextArea preis = new JTextArea("Berechnen dr\u00fccken");

public GuiTarifrechner() {
  super("Tarifrechner");
  Container myPane = getContentPane();
  myPane.setLayout(new GridLayout(6, 2));

  myPane.add(new JLabel("Zonen:   ", SwingConstants.RIGHT));
  zonen.setName("zonen");
  myPane.add(zonen);
  myPane.add(new JLabel("Alter:   ", SwingConstants.RIGHT));

  myPane.add(new JScrollPane(alter));
  alter.setName("alter");
  myPane.add(new JLabel("Uhrzeit:   ", SwingConstants.RIGHT));

  ButtonGroup bg = new ButtonGroup();
  bg.add(billigUhr);
  bg.add(teuerUhr);
  myPane.add(billigUhr);
  billigUhr.setName("billigUhr");
  myPane.add(new JLabel());
  myPane.add(teuerUhr);
  teuerUhr.setName("teuerUhr");

  myPane.add(new JLabel("Verg\u00fcnstigung:   "
                    , SwingConstants.RIGHT));
  myPane.add(zumBetrieb);
  zumBetrieb.setName("zumBetrieb");
  myPane.add(berechnen);
  berechnen.setName("berechnen");
  preis.setEnabled(false);
  preis.setBackground(Color.white);
  preis.setForeground(Color.black);
  myPane.add(preis);
  preis.setName("preis");

  berechnen.addActionListener(this);
```

```
      setDefaultCloseOperation(EXIT_ON_CLOSE);

      pack();
      setLocation(0, 0);
      setVisible(true);

      Toolkit tk = Toolkit.getDefaultToolkit();
      tk.setDynamicLayout(true);
   }

   private int altersAbschlag(int alter) {
      if (alter < 14 || alter > 64)
         return 40;
      return 0;
   }

   private int minimum30(int preis) {
      if (preis < 30)
         return 30;
      return preis;
   }

   private int angehoeriger(int ergebnis, int uhr) {
      if (!(uhr >= 9 && uhr <= 15))
         return ergebnis - 150;
      else {
         if ((ergebnis / 2) < (ergebnis - 150))
            return ergebnis / 2;
         else
            return ergebnis - 150;
      }
   }

   private int standard(int ergebnis, int uhr) {
      if (uhr >= 9 && uhr <= 15)
         return ergebnis / 2;
      else
         return ergebnis;
   }

   public int preisBerechnen(int zonen, int alter, int uhr
                             , boolean betrieb) {
      int ergebnis = zonen * 130;
      ergebnis -= altersAbschlag(alter);
      if (betrieb)
```

```
      ergebnis = angehoeriger(ergebnis, uhr);
    else
      ergebnis = standard(ergebnis, uhr);
    return minimum30(ergebnis);
  }

  @Override
  public void actionPerformed(ActionEvent arg0) {
    String zone = zonen.getText();
    int z;
    try {
      z = Integer.parseInt(zone);
    } catch (NumberFormatException e) {
      z = 1;
      zonen.setText("1");
    }
    int alt = new int[]{13,65,42}[alter.getSelectedIndex()];
    int uhr;
    if (billigUhr.isSelected())
      uhr = 10;
    else
      uhr = 6;
    boolean betrieb = zumBetrieb.isSelected();
    preis.setText(preisBerechnen(z, alt, uhr, betrieb) + " Cent");
  }

  public static void main(String[] args) {
    new GuiTarifrechner();
  }
}
```

Die Testabteilung kann nach der Abnahme der Spezifikation beginnen, die Tests z. B. basierend auf einer Äquivalenzklassenmethode zu spezifizieren. Die ergänzende Information über das GUI, dass beliebige Eingaben im Eingabefeld „Zonen" möglich sein sollen, wird dabei berücksichtigt. Für die anderen Parameter folgt aus dem GUI-Aufbau, dass nur gültige Werte, also keine unsinnigen Eingaben, möglich sind.

Äquivalenzklassen:	
Alter:	(1) alter<14
	(2) alter>=14 && alter<=64
	(3) alter>64
Uhrzeit:	(4) uhr<9
	(5) uhr>=9 && uhr<15
	(6) uhr>=15
Betriebszugehörig:	(7) Ja
	(8) Nein

Nummer	1	2	3	4	5
Klassen	(0)	(0)	(0)	(0)	(9)
	(1o)	(2u)	(2o)	(3u)	
	(4o)	(5u)	(5o)	(6u)	
	(7)	(8)	(7)	(8)	
Zonen	1	2	1	2	„Hai"
Alter	13	14	64	65	64
Uhrzeit	8	9	14	15	15
Betrieb	true	false	true	false	false
Ergebnis	30	130	30	220	130

Abb. 9.11 Spezifikation der Testfälle

Der Zonenwert war zunächst beliebig oder „gültig" (0) und wird nach der GUI-Spezifikation noch um den Fall (9) „ungültig" ergänzt. Die Testfälle unter Berücksichtigung der Grenzwerte mit oberer (o) und unterer (u) Grenze sind in Abb. 9.11 beschrieben.

Weiterhin fällt auf, dass man eigentlich alle Kombinationen von den genannten Äquivalenzklassenarten testen möchte, hier 3 * 3 * 2 * 2 = 36 Möglichkeiten, was im Ansatz wegen der kombinatorischen Explosionsmöglichkeit generell nicht vorgesehen ist.

Bei der Testentwicklung wird die Rolle des Testerstellers von dem Testexperten mit FEST-Erfahrung abgetrennt. Basierend auf der GUI-Spezifikation entwickelt der FEST-Experte eine Software, die es den anderen Testern ermöglicht, die gefundenen Tests ohne Wissen über FEST umzusetzen. Bei der Umsetzung werden dann Methoden genutzt, die durch FEST das GUI bedienen und abfragen. Im konkreten Fall wird folgende Klasse entwickelt und den Testern neben den Methoden nur mitgeteilt, dass am Anfang des Tests die Methode *initialisieren()* und am Ende des Tests die Methode *beenden* aufgerufen werden muss. Es ist dabei nicht untypisch, dass wie in diesem Fall die Methoden recht einfach sind und die Aufrufparameter nur an die passenden FEST-Methoden weiterleiten. Natürlich kann man auch komplexere Methoden für längere Prozessabläufe anbieten.

```java
package tarifberechnung;
import org.fest.swing.edt.FailOnThreadViolationRepaintManager;
import org.fest.swing.edt.GuiActionRunner;
import org.fest.swing.edt.GuiQuery;
import org.fest.swing.fixture.FrameFixture;

public class GUIBedienung {

  private FrameFixture gui;
  private static boolean initialisiert = false;

  private static void setUpOnce() {
    FailOnThreadViolationRepaintManager.install();
  }
```

```java
public GUIBedienung(){
}

public void initialisieren() {
  if(!initialisiert){
    GUIBedienung.setUpOnce();
  }
  GuiTarifrechner gtf = GuiActionRunner
      .execute(new GuiQuery<GuiTarifrechner>() {
        protected GuiTarifrechner executeInEDT() {
          return new GuiTarifrechner();
        }
      });
  gui = new FrameFixture(gtf);
}

public void beenden() {
  gui.cleanUp();
}

public void zonenEingeben(String eingabe){
  gui.textBox("zonen").deleteText();
  gui.textBox("zonen").enterText(eingabe);
}

public String berechnenAusfuehren(){
  gui.button("berechnen").click();
  return gui.textBox("preis").text();
}

public void alterUnter14Waehlen(){
  gui.comboBox("alter").selectItem("unter 14");
}

public void alterUeber64Waehlen(){
  gui.comboBox("alter").selectItem("\u00fcber 64");
}

public void alter1464Waehlen(){
  gui.comboBox("alter").selectItem("14-64");
}

public void billigUhrWaehlen(){
  gui.radioButton("billigUhr").click();
}
```

```
public void teuerUhrWaehlen(){
  gui.radioButton("teuerUhr").click();
}

public void zumBetriebKlicken(){
  gui.checkBox("zumBetrieb").click();
}
}
```

Diese Hilfsklasse wird jetzt zur Erstellung der Tests genutzt. Die Tests werden dabei wie vorher spezifiziert umgesetzt. Der Testname referenziert dabei die Testnummer aus der Tabelle.

```
package tarifberechnung;
import org.junit.Assert;
import org.junit.After;
import org.junit.Before;
import org.junit.Test;

public class GuiTarifrechnerTest {

  private GUIBedienung gui;

  @Before
  public void setUp() throws Exception {
    gui = new GUIBedienung();
    gui.initialisieren();
  }

  @After
  public void tearDown() throws Exception {
    gui.beenden();
  }

  @Test
  public void test1() {
    gui.zonenEingeben("1");
    gui.alterUnter14Waehlen();
    gui.teuerUhrWaehlen();
    gui.zumBetriebKlicken();
    Assert.assertTrue(gui.berechnenAusfuehren().equals("30 Cent"));
  }
```

```
@Test
public void test2() {
  gui.zonenEingeben("2");
  gui.alter1464Waehlen();
  gui.billigUhrWaehlen();
  Assert.assertTrue(gui.berechnenAusfuehren().equals("130 Cent"));
}

@Test
public void test3() {
  gui.zonenEingeben("1");
  gui.alter1464Waehlen();
  gui.billigUhrWaehlen();
  gui.zumBetriebKlicken();
  Assert.assertTrue(gui.berechnenAusfuehren().equals("30 Cent"));
}

@Test
public void test4() {
  gui.zonenEingeben("2");
  gui.alterUeber64Waehlen();
  gui.teuerUhrWaehlen();
  Assert.assertTrue(gui.berechnenAusfuehren().equals("220 Cent"));
}

@Test
public void test5() {
  gui.zonenEingeben("Hai");
  gui.alter1464Waehlen();
  gui.teuerUhrWaehlen();
  Assert.assertTrue(gui.berechnenAusfuehren().equals("130 Cent"));
}

@Test
public void test6() { // nachtraeglich ergaenzt
  gui.zonenEingeben("3");
  gui.alterUnter14Waehlen();
  gui.billigUhrWaehlen();
  gui.zumBetriebKlicken();
  Assert.assertTrue(gui.berechnenAusfuehren().equals("175 Cent"));
}
}
```

Bei der Testausführung wird die Überdeckung mit 98,1 % gemessen. Im Detail wird kritisch angemerkt, dass einer von vier theoretisch möglichen Fällen bei der Anweisung

!(uhr >= 9 || uhr <= 15) in Zeile 94 in Abb. 9.12 nicht berücksichtigt ist. Da bei der GUI-Auswertung nur zwei Werte für die Uhrzeit gesetzt werden, ist diese Anmerkung zu ignorieren. Genauer hinterfragt hätte man die Uhrzeit vom Typ boolean und nicht vom Typ int definieren können. Kritischer ist der Fall, dass die Zeile 98 „return eingabe/2" nie ausgeführt wird, weshalb ein sechster Testfall mit den Daten aus dem eingehenden Beispiel ergänzt wird. Da auch nach visueller Prüfung der Überdeckungsanzeige deutlich wird, dass alle Programmbereiche genutzt wurden, wird diese Software freigegeben.

Abb. 9.13 zeigt, dass alle Tests erfolgreich durchlaufen, aber durchaus einige Zeit benötigen.

```
 81⊖        private int altersAbschlag(int alter) {
 82             if (alter < 14 || alter > 64)
 83                 return 40;
 84             return 0;
 85         }
 86
 87⊖        private int minimum30(int preis) {
 88             if (preis < 30)
 89                 return 30;
 90             return preis;
 91         }
 92
 93⊖        private int angehoeriger(int ergebnis, int uhr) {
 94    1 of 4 branches missed.  >= 9 && uhr <= 15))
 95                 return ergebnis - 150;
 96             else {
 97                 if ((ergebnis / 2) < (ergebnis - 150))
 98                     return ergebnis / 2;
 99                 else
100                     return ergebnis - 150;
101             }
102         }
```

Abb. 9.12 Ausschnitt aus dem Überdeckungsergebnis

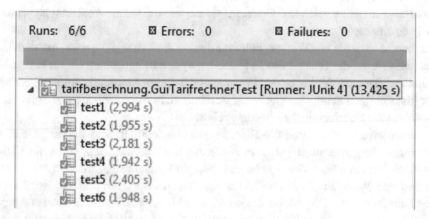

Abb. 9.13 Erfolgreich ausgeführte Tests mit benötigter Zeit

9.3 Capture & Replay

Gerade bei großer, komplexer Software wie Enterprise Resource Planning Systemen und Multiprojektmanagementsystemen wird die Software kontinuierlich durch neue Module erweitert. Häufig haben diese Erweiterungen keinen Einfluss auf die Oberflächen der anderen Module. Trotzdem muss sichergestellt werden, dass sich nicht im Hintergrund ein Fehler eingeschlichen hat, der die alte Funktionalität verändert. Solch ein Szenario führt häufig dazu, dass einmal spezifizierte Testfälle immer wieder manuell von Testern ausgeführt werden müssen. Dieser Regressionstest kostet viel Zeit, ist relativ langweilig für den Ausführenden und benötigt trotzdem einige Konzentration, um keine Flüchtigkeitsfehler bei der Ausführung zu machen. Gerade für dieses Aufgabengebiet sind Capture & Replay-Werkzeuge ein sehr interessanter Ansatz zur Optimierung. Die Grundidee ist, die Aktionen bei einer Testausführung, also das Klicken, Eingeben und Lesen von Ausgaben, einmal aufzuzeichnen (capture) und dann immer wieder abspielen (replay) zu können. Beim Abspielen wird dann geprüft, ob die Aktionen in der von der Aufzeichnung definierten Form möglich sind und etwaige Probleme protokolliert. Die Aufzeichnung erfolgt in der Form von Skripten, die auch nach der Aufzeichnung noch bearbeitbar sind. So können z. B. weitere Zusicherungen in die Ausführung eingebaut werden.

Technisch gibt es zwei Varianten von Werkzeugen. Die erste Variante ist unabhängig von der Technik, mit der die zu realisierende Software entwickelt wird und arbeitet eng mit dem Betriebssystem zusammen, um alle Nutzeraktionen protokollieren zu können. Der Vorteil ist die Möglichkeit, die Testsoftware für verschiedenartige Produkte einzusetzen. Der Nachteil ist, dass die Software ausschließlich das „sieht", was auf dem Bildschirm passiert. Es besteht keine Möglichkeit, z. B. die GUI-Elemente nach nicht sichtbaren Eigenschaften zu befragen. Weiterhin sorgt die enge Verknüpfung mit dem Betriebssystem dafür, dass dies nur vollständig funktioniert, wenn die zu testende Software auch die elementaren Grundfunktionen des Betriebssystems z. B. zur Darstellung der Fenster nutzt. Dies kann z. B. bei Swing ein Problem sein, da häufig Java die Aufgabe übernimmt, Fenster zu zeichnen. Generell ist also wie bei jedem Werkzeug zu prüfen, ob und wie es eingesetzt werden kann.

Die zweite Variante von Werkzeugen funktioniert ähnlich wie die erste, mit dem Unterschied, dass sie auf die Technik des zu testenden Systems abgestimmt ist. Im Fall von Java bedeutet das, dass das Werkzeug den gesamten GUI-Baum analysieren und in Zusicherungen berücksichtigen kann. Das Werkzeug ist damit nicht mehr für beliebige Software einsetzbar, aber für Spezialaufgaben besser geeignet.

Generell wird bereits durch die Einsatzszenarien deutlich, dass die aufgezeichneten Tests sehr anfällig gegenüber jedweder Änderung der Oberflächen sind, da die Aktionen meist pixelgenau erfolgen. Dabei kann es schon ein Problem sein, wenn in Java etwa das Look-and-Feel verändert wird. Die Werkzeuge haben damit ihre Stärken, wenn man erwarten kann, dass eine Oberfläche längere Zeit nicht verändert wird. In diesem Abschnitt wird auch gezeigt, dass man Tests teilweise so umbauen kann, dass Änderungen der GUI nicht zu extrem aufwändigen Teständerungen führen müssen.

Als Beispiel wird hier das von [@Mar2] herunterladbare Programm Marathon, kommerziell mit Erweiterungen auch MarathonITE [@Mar1] genannt, betrachtet, das speziell für Java-Oberflächen mit Swing, JavaFX, AWT und Applets entwickelt wird. Die Software liegt zumindest in der Version 5.2.2.0 unter den Lizenzen GNU Library or Lesser General Public License version 2.0 (LGPLv2) und GNU General Public License version 2.0 (GPLv2) vor.

Im ersten Teil der Vorstellung werden zentrale Möglichkeiten des Werkzeugs mit einem minimalen Beispiel gezeigt, danach werden die systematischen Nutzungsmöglichkeiten von Marathon diskutiert. Nach dem Auspacken der heruntergeladenen Datei kann unter Windows einfach marathon.bat, wie in Abb. 9.14 gezeigt, aufgerufen werden.

Danach ist es sinnvoll, ein neues Marathon-Projekt für jedes zu testende Projekt anzulegen. Da Fehler bei dieser Erstellung dazu führen, dass Marathon nicht nutzbar ist, werden hier genauer die Einstellungen vorgestellt. Als Beispiel dient der Tarifrechner aus dem vorherigen Abschnitt, der in eine ausführbare Jar-Datei gepackt wurde. Das neue Projekt wird über „New …", wie in Abb. 9.15 gezeigt, angelegt.

Checklists	13.10.2018 10:57	Dateiordner	
readme	13.10.2018 10:57	Dateiordner	
support	13.10.2018 10:57	Dateiordner	
UserLibs	13.10.2018 10:57	Dateiordner	
append-to-javaws-and-java.policy-file...	25.04.2018 10:23	TXT-Datei	1 KB
applet.icns	25.04.2018 10:23	ICNS-Datei	107 KB
ChangeLog	17.07.2018 10:01	Datei	19 KB
JxBrowser.md	25.04.2018 10:23	MD-Datei	2 KB
marathon	17.07.2018 10:06	Datei	2 KB
☑ marathon.bat	17.07.2018 10:06	Windows-Batchda...	2 KB
marathon-5.2.2.0.jar	17.07.2018 10:06	Executable Jar File	3 KB
marathon-core-5.2.2.0.jar	17.07.2018 10:06	Executable Jar File	11.125 KB
marathon-core-base-5.2.2.0.jar	17.07.2018 10:05	Executable Jar File	96 KB
marathonext-jxbrowser-5.2.2.0.jar	17.07.2018 10:06	Executable Jar File	35 KB

Abb. 9.14 Marathon – Auspacken und Starten

Abb. 9.15 Marathon – Projektverwaltung

Abb. 9.16 zeigt, wie unter dem Reiter „Projekt" dem Projekt ein Name gegeben und der Speicherort für die Projektdateien festgelegt wird. Weiterhin kann eine Beschreibung ergänzt werden.

Unter dem Reiter „Application" wird, wie in Abb. 9.17 gezeigt, als Launcher „Java Command Line Launcher" eingestellt.

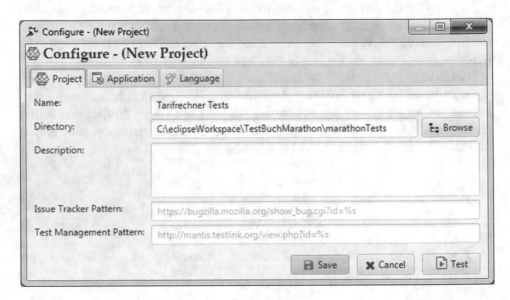

Abb. 9.16 Marathon – Festlegung des Projektnamens und des Speicherortes

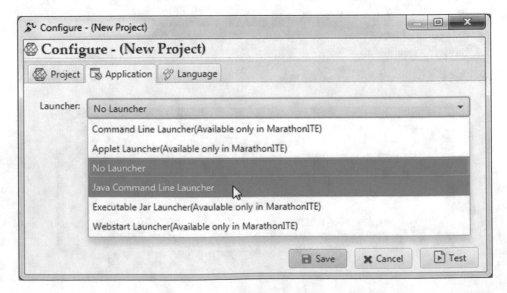

Abb. 9.17 Marathon – Auswahl des Programmstarts

In Abb. 9.18 sind die genaueren Einstellungen für den Java-Start zu sehen. Es muss der vollqualifizierte Klassenname, das Arbeitsverzeichnis und der Pfad zum JDK eingetragen werden.

Unter dem Reiter „Language" kann eine Skriptsprache eingestellt werden, die zur Aufzeichnung und späteren Ausführung der Tests genutzt wird. In der betrachteten Version steht nur Ruby zur Verfügung. Eine Kenntnis dieser recht einfach zu erlernenden Skriptsprachen ist für die erste Nutzung des Werkzeugs zum Erlernen der Konzepte sicherlich nicht notwendig. Bei einer intensiveren Nutzung sollte aber eine Einarbeitung in die genutzte Skriptsprache erfolgen, da das Werkzeug zwar im Wesentlichen alle Verwaltungs- und Strukturierungsschritte durchführen kann, es bei Problemen, die meist durch Flüchtigkeitsfehler auftreten, aber hilfreich ist, wenn die Skripte von Hand reparierbar oder auch erweiterbar sind.

Im Reiter „Class Path" in Abb. 9.19 wird festgehalten, welche Jar-Dateien und welche Verzeichnisse mit class-Dateien genutzt werden. Ist das gesamte Programm, wie im Beispiel, in eine Jar-Datei gepackt, reicht es aus, den Pfad zu dieser Datei anzugeben. Dies erfolgt über „Add Archives …".

Dies sind die minimalen Angaben, die zur Erstellung einer Konfiguration benötigt werden. Über den Knopf „Test" kann festgestellt werden, ob das zu testende Programm gestartet wird. Weiterhin wird ausgegeben, mit welchen Parametern der Start des Programms erfolgt. Diese Ausgabe kann auch bei der Fehlersuche helfen. Der eigentlich start erfolgt mit dem Knopf „Select" rechts unten in Abb. 9.20.

Abb. 9.21 zeigt das klassische Marathon-Startfenster, das wegen der angebotenen Funktionalität zunächst nicht ganz übersichtlich wirkt. Wesentliche Bestandteile sind der

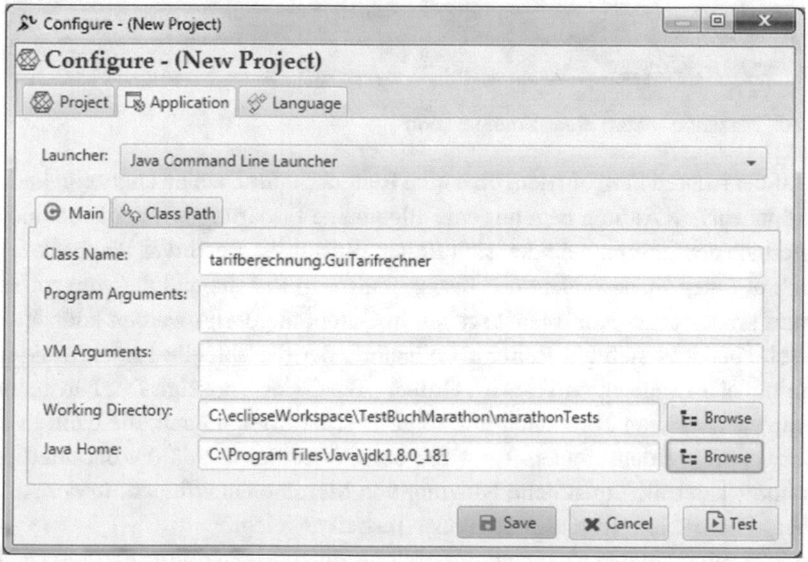

Abb. 9.18 Marathon – Einstellungen für Java-Start

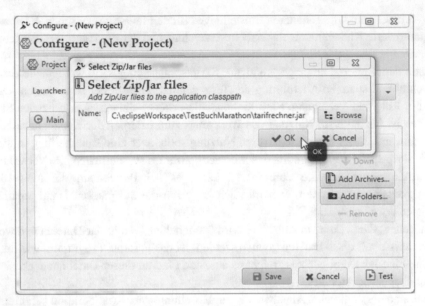

Abb. 9.19   Marathon – Auswahl der zu untersuchenden jar-Datei

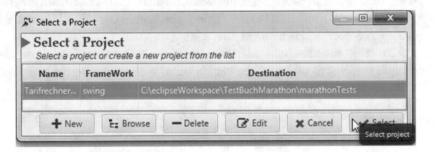

Abb. 9.20   Marathon – Start einer Konfiguration

Editor auf der rechten Seite, in dem über eine Reiterstruktur Dateien angezeigt und editiert werden können. Am Anfang liegt nur eine allgemeine Erklärung in einer Datei index.html vor. Unterhalb des Editors befinden sich Reiter „Results", „Record & Playback Log" und „Output", in denen insbesondere die Testergebnisse in Results und die vom zu testenden Programm produzierten Konsolenausgaben in Output angezeigt werden können. Auf der linken Seite befindet sich ein Reiter „Navigator", der die aktuelle Projektstruktur, unter anderem mit allen angelegten Tests im Ordner „TestCases", anzeigt. Der Navigator ist etwas komplexer, da man Tests auch mit Teiltests strukturieren kann, die dann in anderen Tests verwendet werden können. Über die obere Menüleiste und die darunterliegenden Piktogramme kann die eigentliche Nutzung von Marathon stattfinden. In der Abbildung wird über „File -> New Testcase" ein neuer Testfall angelegt.

Abb. 9.22 zeigt den neu angelegten Testfall im zugehörigen Editor-Fenster. Die Idee ist dabei, dass ein Aufzeichnungsprogramm alle ausgeführten Schritte in diesem Editor-

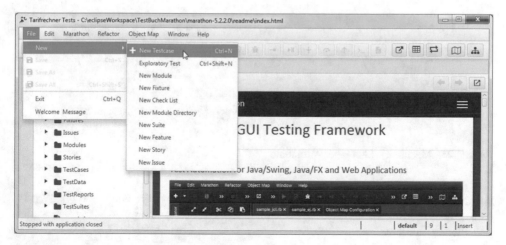

Abb. 9.21 Marathon – Erstellung eines neuen Testfalls

Abb. 9.22 Marathon – Leerer
Testfall

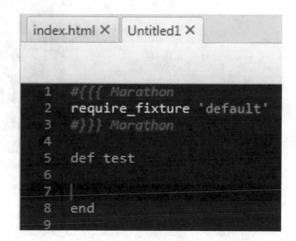

Fenster ergänzt, sodass der Tester hier zunächst keine Eingaben machen muss. Die nachfolgenden Aufzeichnungen werden genau an der Stelle des Cursors eingetragen, sodass dieser nicht anders platziert werden sollte.

Mit dem roten Knopf „Start recording" beginnt die Aufzeichnung des Tests, wie in Abb. 9.23 gezeigt.

Danach wird das zu testende Programm gestartet. Weiterhin wird ein Skriptverwaltungswerkzeug von Marathon eingeblendet, mit dem einige Einstellungen vorgenommen werden können. Sind, wie in unserem Beispiel, nur Klicks und Tastatureingaben aufzuzeichnen, ist das Programm ohne weitere Konfiguration nutzbar. Müssen aber möglichst genau alle Mausbewegungen aufgezeichnet werden, wie es z. B. bei Malprogrammen der Fall ist, ist der in Abb. 9.24 gezeigte Knopf „Start raw recording" zu klicken.

Abb. 9.23 Marathon – Start einer Aufnahme

Abb. 9.24 Marathon –
Möglichkeit zu einer
detaillierten Aufnahme

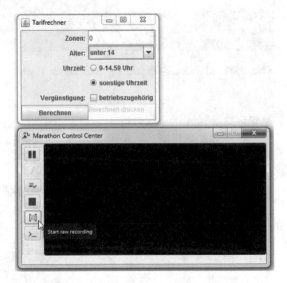

Danach wird das zu testende GUI wie im vorher spezifizierten Test genutzt. Dabei werden alle Aktionen, wie in Abb. 9.25 auf der rechten Seite erkennbar, aufgezeichnet. Man sieht, dass das entstehende Skript recht intuitiv lesbar ist. Gegenüber früheren Versionen werden nicht mehr die intern vergebenen Namen, sondern Beschriftungen zur Unterscheidung der Elemente genutzt.

Auch während der Aufzeichnung können bereits Zusicherungen eingegeben werden, die sonst nach der Aufzeichnung ergänzt werden können. Konkret wird über dem zu analysierenden GUI-Element ein Rechtsklick mit gleichzeitig gedrückter Strg-Taste ausgeführt. Danach wird ein weiteres, in Abb. 9.26 sichtbares Fenster geöffnet, in dem alle überprüfbaren Eigenschaften eingetragen sind. Wählt man eine dieser Eigenschaften, die auch aufklappbar sein können, aus, wird unten der genaue Wert eingetragen, der auch geändert werden kann. Durch einen Klick auf „Insert Assertion" wird die Zusicherung im Skript ergänzt, dass dieser Wert bei jeder Ausführung überprüft werden soll.

Damit die Tests nach der eigentlichen Ausführung ordentlich beendet werden, ist es sehr wichtig, die zu testende Applikation nicht über deren Terminierungsmöglichkeit zu beenden, sondern über den in Abb. 9.27 gezeigten Knopf in der Marathon-Steuerung.

Abb. 9.25 Marathon – Laufende Aufzeichnung

Abb. 9.26 Marathon – Einfügen einer Zusicherung

Abb. 9.27 Marathon – Beenden eines Tests

Abb. 9.28 Marathon –
Erneutes Abspielen eines
Testfalls

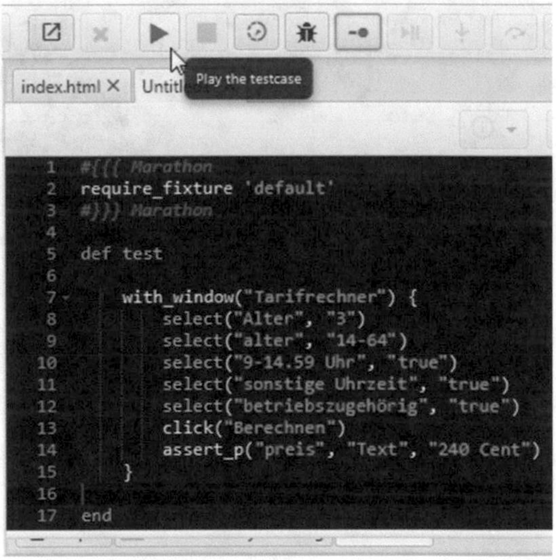

Nachdem der Test beendet wurde, befindet sich das aufgezeichnete Skript im Editor und kann dort in der Sprache Ruby bearbeitet werden. Gerade komplexere Zusicherungen, die sich auf mehrere Werte beziehen, sind hier zu ergänzen. Natürlich sind auch Aufzeichnungsfehler, wie überflüssig doppelt ausgeführte Aktionen, löschbar. Marathon bietet die Möglichkeit, alle oder einzelne Skripte wieder auszuführen. Abb. 9.28 zeigt die Möglichkeit, ein einzelnes Skript wieder zu starten. Daneben kann das Skript auch in verlangsamter Form ablaufen. Weiterhin können im Editor Break-Points gesetzt werden, sodass man mit einem eingebauten Debugger das Skript Schritt für Schritt ablaufen lassen kann.

Zusicherungen können leicht selbst ergänzt werden, da sie z. B. in folgender Form formuliert werden können.

```
assert_p('<Name des GUI-Elements>', '<Property>', '<erwarteter Wert>')
```

Neben der einfachen Aufzeichnung und Ausführung bietet Marathon, wie alle professionellen Werkzeuge dieser Art, weitere Möglichkeiten, die die Testerstellung und Testverwaltung vereinfachen, wie sie teilweise schon für JUnit diskutiert wurden.

Marathon unterstützt die Erstellung von Test-Fixtures, wobei durch aufgezeichnete Skripte bestimmte Situationen in der zu testenden Software erzeugt werden. Diese Skripte werden dann zur Erstellung vollständiger Testskripte genutzt.

Weiterhin können Teilskripte als Funktionen deklariert werden, die dann in anderen Skripten wieder aufgerufen werden. Diese Idee ermöglicht es, zumindest im Ansatz über den Begriff einer Testarchitektur nachzudenken, da etwas Abstraktion möglich wird. Generell handelt es sich bei solchen Funktionen aber nur um Hilfsmittel, die ein Marathon-Nutzer anderen Nutzern für die Erstellung von Tests für das gleiche zu testende System zur Verfügung stellen kann.

Die im vorherigen Abschnitt gefundenen sechs Tests werden wie folgt mit Marathon umgesetzt. Beim kritischen Lesen sollten einige Mausklicks auffallen, die überflüssig sind. Sie verändern zwar das Testergebnis nicht, sollten aber aus Gründen der Lesbarkeit entfernt werden.

```
def test
    with_window("Tarifrechner") {
        select("Alter", "01")
        select("betriebszugehörig", "true")
        click("Berechnen")
        assert_p("preis", "Text", "30 Cent")
    }
end


def test
    with_window("Tarifrechner") {
        select("Alter", "02")
        select("alter", "14-64")
        select("9-14.59 Uhr", "true")
        click("Berechnen")
        assert_p("preis", "Text", "130 Cent")
    }
end


def test
    with_window("Tarifrechner") {
        select("Alter", "3")
        select("alter", "14-64")
        select("9-14.59 Uhr", "true")
        select("sonstige Uhrzeit", "true")
        select("betriebszugehörig", "true")
        click("Berechnen")
```

```
            assert_p("preis", "Text", "240 Cent")
    }
end

def test
    with_window("Tarifrechner") {
        select("Alter", "02")
        select("alter", "über 64")
        click("Berechnen")
        assert_p("preis", "Text", "220 Cent")
    }
end

def test
    with_window("Tarifrechner") {
        click("Alter", 1, 34, 7)
        keystroke("Alter", "Backspace")
        keystroke("Alter", "H")
        keystroke("Alter", "s")
        keystroke("Alter", "Backspace")
        keystroke("Alter", "a")
        keystroke("Alter", "i")
        keystroke("Alter", "Enter")
        click("metal-combo-box-button_0", 1, 5, 13)
        click("ComboBox.list", 1, 69, 49)
        click("sonstige Uhrzeit", 1, 8, 12)
        click("Berechnen", 1, 83, 11)
        assert_p("preis", "Text", "130 Cent")
    }
end

def test
    with_window("Tarifrechner") {
        select("Alter", "03")
        select("9-14.59 Uhr", "true")
        select("betriebszugehörig", "true")
        click("Berechnen")
        assert_p("preis", "Text", "175 Cent")
    }
end
```

Beim vorletzten Test wurde die genaue Aufzeichnungsmöglichkeit der Mausbewegungen eingeschaltet. Der Testfall zeigt, dass die im ersten Feld eingetragene Zahl Null durch Markieren mit gedrückter Maustaste gelöscht wird und dann einige Tasten genutzt werden. Das Aufklappen und das Auswählen des Alters in der Combobox werden durch zwei

Abb. 9.29 Marathon –
Ausführung aller Tests
zusammen

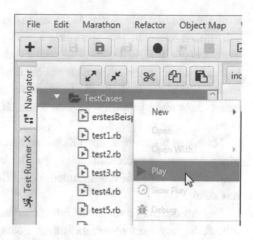

Aktionen ersetzt, wobei deutlich wird, dass Marathon GUI-Elemente auch ohne expliziten Namen identifizieren kann. Bei allen Mausaktionen sind konkrete Mauspositionen mit Pixeln angegeben.

Abb. 9.29 zeigt, dass auf der linken Seite die Möglichkeit besteht, alle Tests oder einzelne Tests auszuführen.

Ein Problem von Marathon und ähnlichen Werkzeugen ist es teilweise, dass ihre Ausführung nicht einfach in einen vollautomatischen Build-Prozess mit integrierten Tests eingebunden werden kann. Grundsätzlich wäre dabei die Idee der Verheiratung von Marathon-Skripten mit FEST-Java-Tests ein interessanter Ansatz, der aber (noch) nicht umgesetzt ist. Eine Capture & Replay-Möglichkeit für FEST könnte die Erstellung von Tests erleichtern und den Aufwand etwas reduzieren. Generell bleibt dann aber das Problem, dass nachbehandelte Skripte weiterhin lauffähig bleiben sollen. Ein weiteres schwerwiegendes Problem ist der zusätzliche Aufwand, der zum Aufbau einer Testarchitektur benötigt wird, sodass die Testerstellung von Testern ohne spezielles Wissen über die verwendeten Werkzeuge erfolgen kann. Der wesentliche Vorteil der Aufzeichnung, sehr schnell Tests erstellen zu können, geht verloren, da eine systematische Nachbearbeitung zum Einsatz in größeren Projekten fast immer notwendig ist. Dies bedeutet nicht, dass Aufzeichnungswerkzeuge sinnlos sind; sie können eine sehr hilfreiche Unterstützung bei der Testerstellung sein. Wieder gilt die hier mehrfach betonte Aussage, dass der unmittelbare Nutzen der Werkzeuge von der genauen Projektsituation, der Technik, dem eingesetzten Vorgehen bei der Qualitätssicherung und den Fähigkeiten der Tester abhängt.

9.4 Bilderkennung zur Teststeuerung

Das in diesem Abschnitt vorgestellte Konzept wird von mehreren Anbietern verfolgt und kombiniert einige der vorher beschriebenen Ansätze mit ihren Vor- und Nachteilen. Die grundsätzliche Idee besteht darin, statt vieler zu verfolgender Mausbewegungen und

Eingaben nur die relevanten Aktionen festzuhalten. Dafür wird für jede Aktion ein Bildschirmfoto gemacht und spezifiziert, was gemacht werden soll, z. B. „anklicken oder Text eingeben". Die Fotos ermöglichen aber auch die Erstellung von Zusicherungen. Dabei wird gefordert, dass sich ein bestimmter Bildausschnitt auf dem Bildschirm befindet. Weiterhin werden, wie in allen bisher genannten Ansätzen auch, Verzögerungen beachtet, sodass gewartet werden kann, bis ein bestimmter Bildausschnitt angezeigt wird.

Nach den bisher genannten Kriterien handelt es sich um einen betriebssystemunabhängigen Ansatz, der auch unabhängig von der im zu testenden System genutzten Technik ist, dadurch aber bei Java-Programmen nicht alle Eigenschaften der GUI-Elemente analysieren kann.

Der Ansatz ist in der reinen Umsetzung bei der Testerstellung nicht so schnell wie Capture & Replay-Werkzeuge, da immer Fotos aufgenommen werden müssen. Der Ansatz unterstützt allerdings die Berücksichtigung von Testarchitekturen, da man die Tests unabhängig vom eingesetzten Framework abstrahieren kann. Der hier vorgestellte Ansatz unterstützt weiterhin die Formulierung der Tests mit Hilfe von JUnit, da Tests in einer Skriptsprache aufgezeichnet, aber auch in Java programmiert werden können.

Aus der Beschreibung des Ansatzes wird unmittelbar deutlich, dass er bei Veränderungen am GUI nur recht aufwändig nachgezogen werden kann. Zwar kann eingestellt werden, dass nicht genau nach einem Bildschirmausschnitt gesucht, also ein gewisser Grad an Ähnlichkeit akzeptiert wird, trotzdem haben Veränderungen am Aussehen meist gravierende Auswirkungen. Damit ist der Ansatz sehr gut für die Wiederholungen in Regressionstests, aber nicht für GUIs in der Entwicklung geeignet. Da sich weiterhin die fotografierte Oberfläche nicht wesentlich verändern sollte, ist der Ansatz für Entwickler nur bedingt geeignet, weil auf Entwicklungsrechnern sicherlich mal Icons auf der Oberfläche oder auch Hintergrundbilder geändert werden. Man kann sich bei den Fotos zwar ausschließlich auf die Pixel des zu testenden Programms mit seinen Fenstern beschränken, da aber größere Ausschnitte zuverlässiger identifiziert werden als kleinere, sollte man möglichst eine unveränderbare Oberfläche nutzen. Wenn es sinnvoll ist, kann man dieses Problem umgehen, indem das Programm am Anfang maximiert wird, was allerdings nicht immer alle Programme unterstützen. Am besten ist der Ansatz nutzbar, wenn die Tests auf sich möglichst selten ändernden Testrechnern, z. B. auf virtuellen Maschinen, ausgeführt werden.

Der Ansatz wird jetzt mit dem Werkzeug SikuliX [@Sik] exemplarisch dargestellt. Dabei soll wieder der bereits bekannte Tarifrechner getestet werden. Nach dem Herunterladen der Installationsdatei sikulixsetup-1.1.3.jar wird diese ausgeführt und weitere notwendige Installationen werden durchgeführt. Der Start erfolgt für Windows über eine Datei runsikulix.cmd. Für das folgende Beispiel wurde eine Kopie von tarifrechner.jar auf die Oberfläche gelegt.

In der SikuliX-Oberfläche kann einige Skript-Funktionalität durch eine einfache Auswahl am linken Rand genutzt werden, wie man es in Abb. 9.30 erkennen kann. Befindet sich in der Funktion ein Fotoapparat, wird nach der Auswahl unmittelbar in den Bildschirmfotomodus übergegangen, bei dem der Bildschirm leicht dunkler wird und

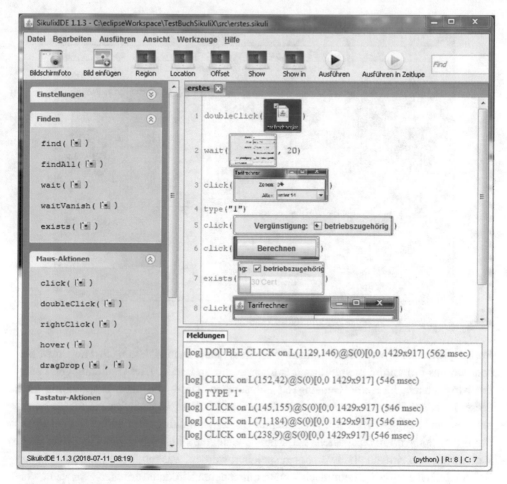

Abb. 9.30 SikuliX – Erstellung eines Skripts

mit gedrückter linker Maustaste ein Bildschirmausschnitt wählbar ist. Abb. 9.30 zeigt ein kleines Skript für den ersten Test des Tarifrechners. Man erkennt, wie das Programm mit einem Doppelklick gestartet und auf die sich öffnende Applikation gewartet wird, ein Klick im Eingabefeld für Zonen stattfindet, in das Testfeld der Text „1" eingetragen sowie die Betriebszugehörigkeit eingestellt, der Knopf zum Berechnen gedrückt wird und eine Prüfung auf das gewünschte Ergebnis stattfindet. Abschließend wird das zu testende Programm terminiert.

Da man bei komplexeren Programmsituationen nicht immer SikuliX direkt zur Erstellung von Fotos nutzen kann bzw. will, können hier auch Bilddateien über „Bild einfügen" vom Rechner geladen werden.

Die Standardeinstellung beim Klicken ist es, dass die Mitte des Bildes angeklickt wird, was nicht immer gewünscht ist. In diesem Fall wird das Bild im Skript-Editor angeklickt und dadurch ein kleines Bearbeitungsfenster geöffnet, siehe Abb. 9.31. Unter dem

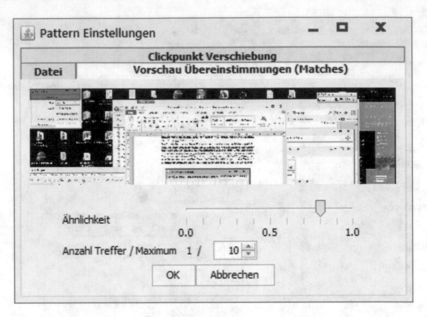

Abb. 9.31 SikuliX – Analyse der Übereinstimmungen

Punkt „Vorschau Übereinstimmungen (Matches)" kann man sich zunächst anzeigen lassen, wo das Programm meint, diesen Bildausschnitt zu finden. Die Abbildung zeigt auch die Möglichkeit, hier eine Genauigkeit einzustellen. Da es die klare Empfehlung gibt, diese Tests auf Testrechnern laufen zu lassen, sollte diese Einstellung möglichst genau sein, wobei häufig ein Wert von 1.0 zu keiner Übereinstimmung führt und sich oft ein Wert um 0.8 als sinnvoll herausgestellt hat. Man beachte, dass im Format png die Bilder nicht verlustfrei, also einfach pixelweise abgespeichert werden, was mögliche Ungenauigkeiten bei der Analyse erklärt. Theoretisch könnte mit anderen Bilddateiformaten gearbeitet werden, aber eine pixelweise Analyse erhöht die Laufzeit drastisch und ist in SikuliX nicht vorgesehen. Alternativ kann man den Standardwert übernehmen. Bei mehreren von Siku-liX berechneten Übereinstimmungen wird die von SikuliX genutzte hellrot, die anderen dunkelrot angezeigt. Da immer der gesamte Bildschirminhalt angezeigt wird, ist die Abbildung recht unübersichtlich, bei der konkreten Nutzung aber leicht nachvollziehbar.

Unter dem Reiter „Clickpunkt Verschiebung" wird das Bild mit einem weißen Kreuz in der Mitte dargestellt, was für den Klickpunkt steht, wie es in Abb. 9.32 gezeigt wird. Dieser Punkt kann jetzt durch einen Mausklick verschoben werden. Die Verschiebung wird auch unten als X- und Y-Wert angegeben, die dort ebenfalls veränderbar sind.

Der erste Reiter „Datei" gibt, wie in Abb. 9.33 gezeigt, den aktuellen Speicherort und den Namen der Datei an. Möchte man diese Dateien weiternutzen, können hier Umbenennungen sinnvoll sein.

„Da es sich hier um Skripte der Sprache Jython handelt, bietet der Editor für SikuliX-Skripte viele weitere Möglichkeiten, bei denen nur einige Sprachelemente visualisiert werden." Es ist so z. B. auch möglich, Variablen einzuführen und kompliziertere Über-

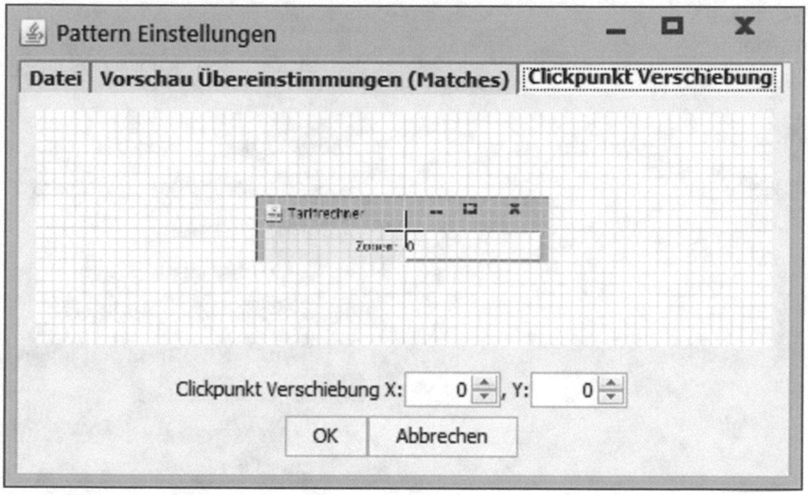

Abb. 9.32   SikuliX – Verschiebung des Klickpunktes

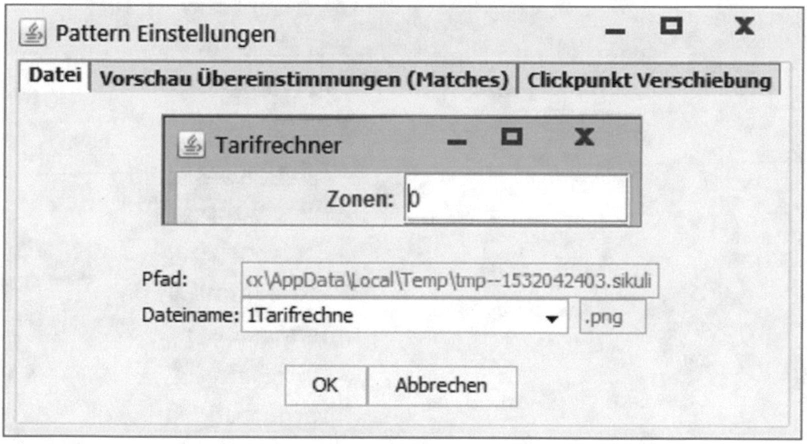

Abb. 9.33   SikuliX – Bearbeitung des Dateinamens

prüfungen zu machen. Da hier der Schwerpunkt auf der Verknüpfung von SikuliX und JUnit liegt, werden diese interessanten Möglichkeiten nicht weiter vorgestellt. Am Rande sei bemerkt, dass die Überprüfung mit *exists()* nur den Wert *None* liefert, falls das Bild nicht gefunden wird. Für einen Testfall müsste hier noch eine Exception ausgelöst werden.

Möchte man SikuliX von Java aus in Eclipse nutzen, wird als einzige die bereits mit SikuliX gelieferte Bibliothek sikulix.jar benötigt, wie es das Projekt in Abb. 9.34 zeigt, bei dem auch weitere hier genutzte Daten sichtbar sind.

Bei der Umsetzung wird konsequent objektorientiert gearbeitet. Zentral ist die Klasse *Screen*, die für alle Interaktionen genutzt wird. Die Methodennamen entsprechen den Aufrufen im Jython-Skript. Damit nicht immer in die Mitte der Bilder geklickt wird, kann ein

Abb. 9.34 SikuliX –
Projektstruktur

```
∨  📁 TestBuchSikuliXAPI
   >  📚 JRE System Library [JavaSE-1.8]
   ∨  📂 src
      ∨  ⊞ analogie
         >  📄 Beispielumsetzung.java
      ∨  ⊞ tarifberechnung
         >  📄 GUIBedienung.java
         >  📄 GuiTarifrechner.java
         >  📄 GuiTarifrechnerTest.java
   ∨  📚 Referenced Libraries
      >  📦 hamcrest-core-1.3.jar - F:\workspac
      >  📦 junit-4.12.jar - F:\workspaces\eclips
      >  📦 sikulix.jar - F:\workspaces\eclipseQ:
   ∨  📂 bilder
            ⬤ 130Cent.png
            ⬤ 175Cent.png
            ⬤ 220Cent.png
            ⬤ 30Cent.png
            ⬤ AlterAendern.png
            ⬤ AltersBox.png
            ⬤ Berechnen.png
            ⬤ Programmstart.png
            ⬤ Terminieren.png
            ⬤ Uhrzeit.png
            ⬤ Verguenstigung.png
            ⬤ ZoneAnklicken.png
   >  📂 lib
      📄 tarifrechner.jar
```

Bild zunächst in einem Match-Objekt gefunden und dann der zugehörige Klick-Punkt, die Location, verschoben werden. Durch Method Chaining kann man die Verschiebung auch in den nachfolgenden Anwendungen in eine Zeile schreiben.

Die Ausführung verläuft analog zu der, die bei der direkten SikuliX-Nutzung gezeigt wird. Aus Java heraus steht die gleiche Funktionalität wie in der SikuliX-Umgebung zur Verfügung. Dabei kann mit Methoden z. B. auch nach mehreren Vorkommen des gleichen Bildes gesucht werden, wobei sich das Ergebnis dann in einer Sammlung befindet.

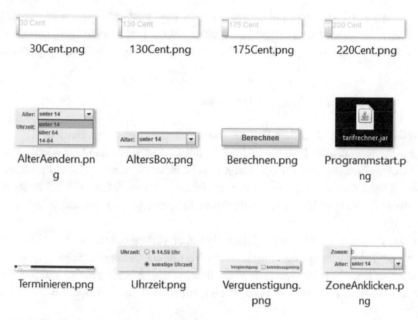

Abb. 9.35 SikuliX – Zur Testklassenerstellung genutzte Bilder

Abb. 9.36 SikuliX – Vergrößerung des zur Verfügung stehenden Speichers

Da nicht jedes Programm unbedingt über ein Icon gestartet werden muss, gibt es in SikuliX auch Befehle, die sich nicht unmittelbar mit Bildern beschäftigen. Das Programm hätte auch statt mit dem Doppelklick auf dem Bild durch folgende Zeilen gestartet werden können.

```
App app = App.open("javaw -jar tarifrechner.jar");
```

Generell können so auch andere Programme wie Browser gestartet werden.

Für die systematische Testentwicklung ist interessant, dass man hier wieder eine Testarchitektur aufbauen kann. Im konkreten Fall ist es sogar ohne jedwede Probleme möglich, die Klasse, die die Zugriffe auf die spezielle Funktionalität von FEST gekapselt hat, durch eine Klasse mit fast gleicher Funktionalität zu ersetzen, die auf SikuliX aufbaut (Abb. 9.35).

Da das Programm relativ viel (Heap-)Speicher verbraucht, ist es bei einer größeren Menge von Tests sinnvoll, den maximal zur Verfügung stehenden Speicherplatz zu vergrößern. Der Speicherplatz wird der virtuellen Maschine beim Start in Eclipse über den Reiter „Arguments", wie in Abb. 9.36 gezeigt, oder direkt als Aufrufparameter in der Konsole übergeben.

```
package tarifberechnung;

import org.sikuli.script.App;
import org.sikuli.script.FindFailed;
import org.sikuli.script.Location;
import org.sikuli.script.Match;
import org.sikuli.script.Screen;

public class GUIBedienung {

  private Screen s;
  private String verzeichnis = "bilder/";
  private App app;

  public GUIBedienung() {
  }

  public void initialisieren() {
    s = new Screen();
    app = App.open("javaw -jar tarifrechner.jar");
  }
```

```java
public void beenden() {
  app.close();
}

public void zonenEingeben(String eingabe) {
  try {
    Match m = s.find(verzeichnis + "ZoneAnklicken.png");
    Location loc = m.getCenter().right(-22).below(-18);
    s.click(loc);
    s.type(eingabe);
  } catch (FindFailed e) {
    throw new IllegalArgumentException(e.getMessage());
  }
}

public String berechnenAusfuehren() {
  try {
    s.click(verzeichnis + "Berechnen.png");
  } catch (FindFailed e) {
    throw new IllegalArgumentException(e.getMessage());
  }
  Match m = s.exists(verzeichnis + "175Cent.png");
  System.out.println("175: "
      + (m == null ? "null" : m.getScore()));
  if (m != null && m.getScore() > 0.74) {
    return "175 Cent";
  }
  m = s.exists(verzeichnis + "130Cent.png");
  System.out.println("130: "
      + (m == null ? "null" : m.getScore()));
  if (m != null && m.getScore() > 0.75) {
    return "130 Cent";
  }
  m = s.exists(verzeichnis + "220Cent.png");
  System.out.println("220: "
      + (m == null ? "null" : m.getScore()));
  if (m != null && m.getScore() > 0.738) {
    return "220 Cent";
  }
  m = s.exists(verzeichnis + "30Cent.png");
  System.out.println("30: "
      + (m == null ? "null" : m.getScore()));
  if (m != null && m.getScore() > 0.823) {
    return "30 Cent";
  }
```

```
        System.out.println("---------");
        throw new IllegalArgumentException("Unerwartetes Ergebnis");
}


public void alterUnter14Waehlen() {
    try {
        s.click(s.find(verzeichnis + "AltersBox.png")
            .getCenter().right(71).below(-2));
        s.click(s.find(verzeichnis + "AlterAendern.png")
            .getCenter().right(5).below(-6));
    } catch (FindFailed e) {
        throw new IllegalArgumentException(e.getMessage());
    }
}


public void alterUeber64Waehlen() {
    try {
        s.click(s.find(verzeichnis + "AltersBox.png")
            .getCenter().right(71).below(-2));
        s.click(s.find(verzeichnis + "AlterAendern.png")
            .getCenter().right(0).below(12));
    } catch (FindFailed e) {
        throw new IllegalArgumentException(e.getMessage());
    }
}


public void alter1464Waehlen() {
    try {
        s.click(s.find(verzeichnis + "AltersBox.png")
            .getCenter().right(71).below(-2));
        s.click(s.find(verzeichnis + "AlterAendern.png")
            .getCenter().right(-12).below(30));
    } catch (FindFailed e) {
        throw new IllegalArgumentException(e.getMessage());
    }
}


public void billigUhrWaehlen() {
    try {
        s.click(s.find(verzeichnis + "Uhrzeit.png")
            .getCenter().right(-24).below(-15));
    } catch (FindFailed e) {
        throw new IllegalArgumentException(e.getMessage());
    }
}
```

```
public void teuerUhrWaehlen() {
  try {
    s.click(s.find(verzeichnis + "Uhrzeit.png")
        .getCenter().right(-24).below(12));
  } catch (FindFailed e) {
    throw new IllegalArgumentException(e.getMessage());
  }
}

public void zumBetriebKlicken() {
  try {
    s.click(s.find(verzeichnis + "Verguenstigung.png")
        .getCenter().right(9).below(5));
  } catch (FindFailed e) {
    throw new IllegalArgumentException(e.getMessage());
  }
}
}
```

Zur Analyse des berechneten Ergebnisses werden Bilder mit den Werten genutzt, die aus Sicht von SikuliX als Bilder mit weißem Hintergrund und blasser Schrift recht ähnlich aussehen. Damit die Werte unterschieden werden können, wird die getScore()-Methode genutzt, die für die berechnete Übereinstimmung einen Wert zwischen Null und Eins liefert. Um die Grenzen zu bestimmen, kann es hilfreich sein, sich in einem Hilfsprogramm alle Übereinstimmungswerte anzeigen zu lassen. SikuliX besitzt auch eine Methode zur Texterkennung, die hier sogar funktionieren würde, aber generell nur einige Texte erkennt.

Bei der Auswahl des Alters ist zu beachten, dass es sich um zwei Mausaktionen handelt, bei denen zunächst der Pfeil zum Aufklappen gedrückt und dann mit einem Klick die Altersstufe ausgewählt wird.

In der Methode *berechnenAusfuehren()* wird zunächst der „Berechnen"-Knopf gedrückt und dann nach dem Ergebnis gesucht. Hierzu werden Bilder verschiedener Ergebnisse mit der Oberfläche verglichen. Da kein exakter Pixel-Vergleich stattfindet, ist die Treffergenauigkeit zu kalibrieren, da bei zu niedrigen Werten eventuell falsche Ergebnisse gefunden und bei zu hohen Werten korrekte Ergebnisse nicht gefunden werden. Gerade hier ist es wichtig, den Testrechner nicht zu verändern, da z. B. Änderungen an Farbe, Font, Auflösung oder Grafikkarten-Hardware Einfluss auf das Ergebnis haben können. Die Beispielausgaben bei dem Test *test4()* können wie folgt aussehen:

```
[log] App.open [4384:javaw]
[log] CLICK on L(147,43)@S(0)[0,0 1920x1080] (538 msec)
[log]  TYPE "2"
[log] CLICK on L(251,70)@S(0)[0,0 1920x1080] (543 msec)
[log] CLICK on L(175,113)@S(0)[0,0 1920x1080] (535 msec)
[log] CLICK on L(146,128)@S(0)[0,0 1920x1080] (531 msec)
```

```
[log] CLICK on L(72,185)@S(0)[0,0 1920x1080] (524 msec)
175: 0.7272781133651733
130: 0.7497082352638245
220: 0.7380043864250183
[log] App.close: [4384:javaw.exe]
```

Ändert sich die Darstellung der Ausgabe nicht, sollte mit möglichst großen Bildern gearbeitet werden, da diese hohe Erkennungswerte garantieren. Im Beispiel wird zumindest das Bild *AlterAendern.png* zur Auswahl aller drei möglichen Altersklassen genutzt.

Die neue Klasse ersetzt vollständig die alte, für die Nutzung von FEST erstellte Klasse. Es können damit die auf Grundlage dieser Klasse geschriebenen Tests für FEST von Seite 237 vollständig ohne Änderung übernommen werden.

Im Wesentlichen wurde auch bei der Realisierung der Klasse *GUIBedienung* das Konzept übernommen und es werden jetzt mit Bildern die GUI-Elemente ausgewählt. Generell werfen die SikuliX-Methoden zur Suche von Bildern FindFailed-Ausnahmen, wenn das Bild nicht gefunden wird. Diese Exceptions müssen auch behandelt werden. Da sich ein Nutzer dieser Klasse nicht für diese Details interessiert, wurde hier als Design-Entscheidung festgelegt, dass die Ausnahme lokal gefangen wird, allerdings eine vom Nutzer der Klasse nicht unbedingt zu behandelnde Ausnahme, hier *IllegalArgumentException*, geworfen wird. Diese Ausnahme kann in Tests genutzt werden, muss aber nicht. Sollte die Ausnahme auftreten, wird JUnit dies als Problem melden und der Tester über die Problemquelle, die er meist selbst nicht beseitigen kann, informiert. In realen Projekten sollte eine neue, nicht zwingend behandelbare Exception für diesen Ansatz genutzt werden.

Die eigentlich zur Nutzung von FEST geschriebenen Testfälle müssen nicht verändert werden. Abb. 9.37 zeigt aber im Vergleich zu Abb. 9.13, dass die Tests so wesentlich langsamer – hier um das siebenfache – sind. Da aber FEST und SikuliX beide auf JUnit basieren, können beide Varianten in automatisch ablaufenden Testszenarios genutzt werden.

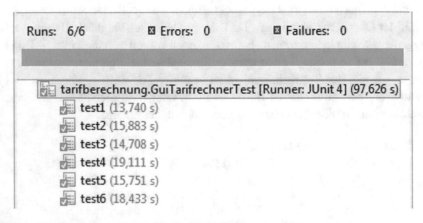

Abb. 9.37 SikuliX – Erfolgreiche, aber langsame Tests

9.5   Fazit

GUI-Testwerkzeuge hatten lange Zeit einen schlechten Ruf, da oft große Zeiteinsparungen versprochen, aber nicht eingehalten wurden. Durch das einfache Nutzen der zu testenden Werkzeuge wurden Testskripte aufgezeichnet, die man jederzeit um Zusicherungen ergänzt abspielen konnte und so praktisch keine Zeit mehr für Tests aufgebracht werden musste. Dieser Abschnitt hat gezeigt, dass diese Vorstellung wenig mit der Realität zu tun hat, da auch bei aufzeichnungsbasierten Werkzeugen der größte Teil der Arbeitszeit für die Testpflege, Testkorrektur und Testwartung benötigt wird. Trotzdem sollte dieses Kapitel das Potenzial des Ansatzes zeigen, dessen Mehrwert wieder abhängig vom Projekt bestimmt werden muss.

Gerade wenn GUIs wenig geändert werden, können GUI-Testwerkzeuge die Regressionstests, die eigentlich bei jeder Änderung der Software auszuführen sind, wesentlich erleichtern. Dabei ist der Gesamtaufwand für das Aufzeichnen etwas geringer als für die vollständige Testprogrammierung, allerdings sollte dies kein K.-o.-Kriterium sein, da die Erstellung von Tests nicht die Hauptarbeitszeit in Anspruch nimmt.

Das Kapitel hat auch gezeigt, dass das generelle Argument gegen GUI-Testwerkzeuge, dass mit jeder GUI-Änderung die Tests neu entwickelt werden müssen, oft nicht stimmt, wenn die Tests in eine sinnvolle Testarchitektur eingebettet sind. Oftmals werden dann nur wenige echte Experten für das GUI-Werkzeug benötigt, da der Rest dann als ganz „normale" Testerstellung bearbeitet wird.

In diesem Kapitel wurden die Grenzen der Werkzeuge nur angedeutet und nicht explizit vorgestellt, da meist mit jedem Release der Testwerkzeuge etwas mehr Möglichkeiten hinzukommen. Natürlich sind gerade Ansätze wie FEST und Marathon eher für klassische GUIs basierend auf Swing- oder AWT-Elementen geeignet, da deren Struktur in die Konzeption der Testwerkzeuge eingeflossen ist. Innovative Steuerungsmöglichkeiten können oft nur eingeschränkt simuliert werden. Wieder gilt, dass man für die eigenen Projekte prüfen muss, welche Funktionalität durch welches Testwerkzeug getestet werden kann. Dabei kann eine Kombination aus dem Einsatz mehrerer Werkzeuge zusammen mit einer manuellen Prüfung des Rests oft sinnvoll sein. Generell sollte man nie vor einer Abnahme auf gewisse manuelle Prüfungen verzichten, da die vorgestellten Werkzeuge nur „sehen", was explizit in den Tests gefordert wird, menschliche Tester aber auch unerwartete Anzeigen in nicht getesteten Bildschirmbereichen und ungewöhnliches Systemverhalten beobachten können.

Literatur

Webseiten zugegriffen am 18.10.2018

[@FES]   Fixtures for Easy Software Testing. https://code.google.com/archive/p/fest/
[@Mar1]   Marathon – Java GUI Testing. http://www.marathontesting.com/

[@Mar2]   Marathon – GUI Acceptance Test Runner. http://sourceforge.net/projects/marathon-man/?source=recommended

[@Sik]   RaiMan's SikuliX. http://www.sikulix.com/

[@Sut]   Initial Threads. http://docs.oracle.com/javase/tutorial/uiswing/concurrency/initial.html

[@SWT]   SWT: The Standard Widget Toolkit. http://www.eclipse.org/swt/

Applikationen mit Datenbankanbindung

10

Zusammenfassung

Sind Daten langfristig zu speichern, also persistieren, sind Datenbanken meist eine gute Wahl, wenn es sich um strukturierte Informationen handelt. Datenbanken ermöglichen weiterhin, dass Informationen von verschiedenen Nutzern fast gleichzeitig gelesen und bearbeitet werden können. Durch die Transaktionssicherheit ist dabei sichergestellt, dass unerwünschte Situationen von sich gegenseitig beeinflussenden Veränderungen vermieden werden. Durch die lange Zeit, in der Datenbanken entwickelt wurden, gibt es mittlerweile viele sehr performante Lösungen für den generellen Betrieb und für Spezialaufgaben wie Datenanalysen.

Tests mit Datenbanken stehen vor den Herausforderungen Testdatenbanken mit sinnvollen Testdaten anzulegen und dass jeder Test die gleiche Ausgangssituation vorfinden muss. Dies ist zwar mit den bisherigen Mitteln erreichbar, wird auf durch ein konsequentes Vorgehen und die Nutzung von Werkzeugen wesentlich erleichtert.

Meist werden sogenannte relationale Datenbanken [Kle16, Sch07, Ste09] eingesetzt, bei denen Informationen in Tabellen verwaltet werden, die über SQL erstellt, verändert und angefragt werden können. Zwar passt die objektorientierte Welt gerade mit den Vererbungsmöglichkeiten nicht optimal zur relationalen Datenbankwelt, aber durch die Einführung von Objekt-relationalen Mappern wie z. B. JPA [@JPA] ist ein für Entwickler nahtloser Anschluss von Java über die vereinheitlichte Schnittstelle JDBC [@JDB] an Datenbanken möglich.

© Springer Fachmedien Wiesbaden GmbH, ein Teil von Springer Nature 2019
S. Kleuker, *Qualitätssicherung durch Softwaretests*,
https://doi.org/10.1007/978-3-658-24886-4_10

Zunächst kann man über JDBC die Nutzung von Datenbanken theoretisch einfach auch mit JUnit testen. Der Alltag zeigt dann aber, dass dieser Ansatz aufwändig wird, da man einmal persistierte Daten am Ende von Tests wieder sauber löschen muss und oft vor der Aufgabe steht, Tabellen, z. B. auch als Ergebnisse von SQL-Anfragen, miteinander zu vergleichen. Hier bietet sich das in diesem Kapitel vorgestellte Framework DBUnit als wichtige Ergänzung an.

Man kann nur sehr vereinfachend von „der" Nutzung von Datenbanken in Java schreiben, da sich abhängig vom Projekt viele Varianten der Nutzung ergeben. Der bereits genannte Ansatz mit JPA ist hervorragend nutzbar, wenn neue Software erstellt wird und man auch die Datenbank darunter frei entwickeln kann. Dies ist aber in vielen Projekten nicht der Fall, da oft Software auf einer existierenden Datenbank aufbaut, deren Struktur unmittelbare Auswirkungen auf das zu erstellende Programm hat. Ein solches Beispiel wird am Anfang in diesem Kapitel vorgestellt und gezeigt, wie man zu systematischen Tests der Datenbank und der sie nutzenden Software kommen kann.

Die Frage, woher die Testdaten kommen, wurde theoretisch bereits mit der Bildung von Äquivalenzklassen und der Grenzwertanalyse beantwortet. Praktisch steht man trotzdem oft vor der Situation, dass es nicht einfach ist, geeignete Testdaten zu erstellen oder aus vorhandenen Daten zu gewinnen. Dies spielt insbesondere bei Integrations- und System-tests eine wichtige Rolle, da diese möglichst auf realistischen Daten basieren sollen. Deshalb beschäftigt sich der letzte Abschnitt dieses Kapitels mit verschiedenen Varianten zur Gewinnung von Testdaten, wobei auch die Möglichkeit zur Generierung von Daten mit dem Werkzeug Benerator andiskutiert wird.

10.1   Fallstudie mit direkter Datenbanknutzung

Die Fallstudie ist eng an die bisher mehrfach betrachtete Verwaltung von Mitarbeitern mit den von ihnen vertretenen Fachgebieten aus dem Abschn. 2.6 angelehnt. Dabei werden die Mitarbeiter und die Fähigkeiten allerdings direkt in Tabellen verwaltet.

Dieser Abschnitt soll einige Begriffe aus der Welt der Datenbanken und ihre Anbindung an Java mit JDBC wiederholen, ist aber nicht als Einführung gedacht, wie man sie z. B. in [Kle16] findet.

Abb. 10.1 zeigt im oberen Bereich ein Entity-Relationship-Modell mit den beiden Entitätstypen *Mitarbeiter* und *Fachgebiet*. Weiterhin gibt es eine Relation, die die Verknüpfung zwischen den Entitätstypen mit einer Relation zeigt. Die Angaben der Kardinalitäten „MC" und „NC" bedeuten, dass jeder Mitarbeiter beliebig viele Fachgebiete beherrschen kann und dass jedes Fachgebiet von beliebig viele Mitarbeitern beherrscht wird. Weiterhin sind die Attribute der Entitätstypen in Ovalen ergänzt und die Attribute, die zur eindeutigen Identifizierung einer Entität genutzt werden können, sogenannte „Primärschlüssel" oder „Primary Keys", unterstrichen. Die Primärschlüssel werden hier generell mit „id" bezeichnet, da man so vom Namen direkt auf den Sinn schließen kann. Im Text wird statt der id des Mitarbeiters oft auch der anschaulichere Begriff der Mitarbeiternummer verwendet.

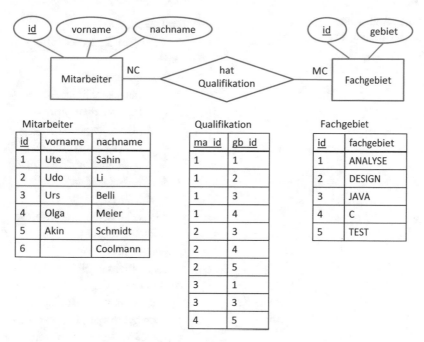

Mitarbeiter

id	vorname	nachname
1	Ute	Sahin
2	Udo	Li
3	Urs	Belli
4	Olga	Meier
5	Akin	Schmidt
6		Coolmann

Qualifikation

ma_id	gb_id
1	1
1	2
1	3
1	4
2	3
2	4
2	5
3	1
3	3
4	5

Fachgebiet

id	fachgebiet
1	ANALYSE
2	DESIGN
3	JAVA
4	C
5	TEST

Abb. 10.1 Entity-Relationship-Modell und abgeleitete Tabellen

Im nächsten Schritt werden aus dem Entity-Relationship-Modell die benötigten Tabellen abgeleitet, die mit Beispieldaten gefüllt unten in der Abbildung zu sehen sind. Die Relation muss in diesem Fall durch eine zusätzliche Tabelle realisiert werden, die in einer Zeile jeweils die Verknüpfung zwischen einem Mitarbeiter und einem Fachgebiet festhält.

Für jede Datenbank wird eine typischerweise vom Hersteller der Datenbank zu schreibende Klasse zur Verbindung benötigt, die die Interfaces realisieren, die in der JDBC-Spezifikation festgelegt sind. Dieser Ansatz ermöglicht es prinzipiell, Datenbanken relativ einfach gegeneinander auszutauschen und Daten zwischen Datenbanken zu transferieren. Dass dies nicht immer vollständig klappt, liegt weniger an JDBC, sondern daran, dass die SQL-Standards nie ganz einheitlich in den Datenbanken, genauer Datenbankmanagementsystemen (DBMS), umgesetzt wurden. Weiterhin sind Trigger und die Möglichkeit, Prozeduren in der Datenbank laufen zu lassen, nicht einheitlich umgesetzt. Für das Beispiel wird die vollständig in Java geschriebene Datenbank Apache Derby [@Der] genutzt, die die vollständige Funktionalität eines DBMS anbietet. Genauer wird hier die embedded-Variante genutzt, die wegen ihrer geringen Größe und einfachen Installation als lokale Datenbank für einen Nutzer oder auch in mobilen Applikationen einsetzbar ist. Für die gesamten Betrachtungen in diesem Kapitel spielt es keine Rolle, dass es sich um eine embedded-Variante handelt, da alle gezeigten Möglichkeiten ausschließlich von einer vorhandenen JDBC-Realisierung abhängen. Es sei am Rande angemerkt, dass die hier genutzte Datenbank immer nur von einem Nutzer genutzt werden kann.

Abb. 10.2 Aufbau des
DBUnit-Beispielprojekts

```
✓ 🗁 TestBuchDBUnit
   > 🗁 JRE System Library [JavaSE-1.8]
   ✓ 🗁 src
      ✓ ⊞ datenbank
         > 🗋 DatenbankTest.java
         > 🗋 DBVerbindung.java
         > 🗋 Mitarbeiterpersistenz.java
         > 🗋 MitarbeiterpersistenzTest.java
         > 🗋 MitarbeiterpersistenzTest2.java
      ✓ ⊞ verwaltung
         > 🗋 Main.java
         > 🗋 Mitarbeiterverwaltung.java
         🗋 log4j.properties
      ✓ 🗁 Referenced Libraries
         > 🗁 commons-collections-3.2.2.jar - F:\wo
         > 🗁 dbunit-2.5.4.jar - F:\workspaces\eclips
         > 🗁 derby.jar - F:\workspaces\eclipseQSBu
         > 🗁 derbytools.jar - F:\workspaces\eclipse
         > 🗁 hamcrest-core-1.3.jar - F:\workspaces\
         > 🗁 junit-4.12.jar - F:\workspaces\eclipseQ
         > 🗁 log4j-1.2.17.jar - F:\workspaces\eclips
         > 🗁 poi-ooxml-3.14.jar - F:\workspaces\ec
         > 🗁 slf4j-api-1.7.25.jar - F:\workspaces\ecli
         > 🗁 slf4j-log4j12-1.7.25.jar - F:\workspace
   > 🗁 export
   > 🗁 lib
   > 🗁 MO1
   > 🗁 MTest
   ✓ 🗁 testdaten
      🗋 basisdaten.xml
      🗋 test1.xml
      🗋 test3.xml
   🗋 derby.log
```

　　Abb. 10.2 zeigt die Struktur des gesamten Projekts, die in diesem Kapitel noch genauer vorgestellt wird. Für die Nutzung der embedded-Apache-Derby-Datenbank werden nur die Jar-Dateien *derby.jar* und *derbytools.jar* benötigt, die man nach dem Auspacken einer heruntergeladenen Apache Derby-Version im Unterverzeichnis „lib" findet.

　　Vereinfachend wird im folgenden Beispiel die Standard-JDBC-Einstellung genutzt, dass Autocommit auf *true* gesetzt ist. Dies bedeutet, dass nach jeder Datenbankaktion automatisch ein COMMIT-Befehl stattfindet, mit dem die durchgeführte Aktion in die Datenbank geschrieben wird. Dieser Ansatz ist sinnvoll, wenn nicht mehrere Aktionen zusammen oder gar nicht stattfinden müssen und passt zu dem vorgestellten Beispiel. Alternativ könnte hier auch die Transaktionssteuerung eingeschaltet werden, was z. B. bei Banküberweisungen unbedingt notwendig ist, da immer die beiden Schritte „Geld von Konto A abheben" und „Geld auf Konto B einzahlen" zusammen oder gar nicht stattfinden müssen. Generell kann die Transaktionssteuerung auch bei Tests eingeschaltet sein, da man immer vor der Aufgabe steht, auch das Transaktionsverhalten zu analysieren.

Das folgende Beispielprogramm besteht aus zwei Klassen, die für zwei Schichten stehen. Eine Klasse *DBVerbindung* steht für die untere Schicht, die die Verbindung zur Datenbank herstellt und auch wieder abbauen kann. Exemplarisch wird hier auch gezeigt, wie man Tabellen direkt aus Java heraus erstellt. Die zweite Schicht ist die Mitarbeiterverwaltung, die einen einfachen Nutzungsdialog realisiert, mit der Mitarbeiter samt ihrer Fachgebiete verwaltet werden können. Die Klasse *DBVerbindung* sieht wie folgt aus:

```java
package datenbank;
import java.sql.Connection;
import java.sql.DriverManager;
import java.sql.ResultSet;
import java.sql.SQLException;
import java.sql.Statement;

public class DBVerbindung {
  private static Connection connection;
  private static Statement stmt;

  public static Connection getConnection() {
    return DBVerbindung.connection;
  }

  public static Statement getStmt() {
    return DBVerbindung.stmt;
  }

  public static void verbinden(String db) {
    if (DBVerbindung.connection == null) {
      try {
        DriverManager
          .registerDriver(
            new org.apache.derby.jdbc.EmbeddedDriver());
      } catch (Exception ex) {
        System.out.println("JDBC-Treiber nicht da");
        System.exit(1);
      }
      try {
        DBVerbindung.connection = DriverManager
```

```
                        .getConnection("jdbc:derby:" + db + ";create=true");
            DBVerbindung.stmt = connection.createStatement();


        } catch (SQLException e) {
            System.out.println("Fehler: " + e.getMessage());
        }
    }
}


public static void anlegen() {
    if (DBVerbindung.connection != null
        && DBVerbindung.stmt != null) {
      try {
        ResultSet rs = DBVerbindung.connection
                                .getMetaData().getTables(
            "%", "%", "%", new String[] {"TABLE"});
        boolean existiert = false;
        while (rs.next() && !existiert) {
          if (rs.getString("TABLE_NAME").equalsIgnoreCase(
              "Mitarbeiter")) {
            existiert = true;
          }
        }
        if (!existiert) {
          DBVerbindung.stmt.executeUpdate(
                "CREATE TABLE Mitarbeiter("
              + "id INT, "
              + "vorname VARCHAR(20), "
              + "nachname VARCHAR(20) NOT NULL,"
              + "CONSTRAINT PK_Mitarbeiter PRIMARY KEY (id))");

          DBVerbindung.stmt.executeUpdate(
                "CREATE TABLE Fachgebiet("
              + "id INT, "
              + "gebiet VARCHAR(20) NOT NULL UNIQUE, "
              + "CONSTRAINT PK_Fachgebiet PRIMARY KEY (id))");
          String gebiete[] = { "ANALYSE", "DESIGN", "JAVA"
                             , "C", "TEST" };
          for (int i = 0; i < gebiete.length; i++) {
            DBVerbindung.stmt
                .executeUpdate("INSERT INTO Fachgebiet VALUES("
                    + i + ",'" + gebiete[i] + "')");
          }
```

```
                    DBVerbindung.stmt.executeUpdate(
                            "CREATE TABLE Qualifikation("
                    + "ma_id INT, "
                    + "gb_id INT, "
                    + "CONSTRAINT PK_Qualifikation "
                    + "PRIMARY KEY (ma_id,gb_id),"
                    + "CONSTRAINT FK_Qualifikation_Mitarbeiter "
                    + "             FOREIGN KEY (ma_id) "
                    + "REFERENCES Mitarbeiter(id) ON DELETE CASCADE,"
                    + "CONSTRAINT FK_Qualifikation_Fachgebiet "
                    + "             FOREIGN KEY (gb_id) "
                    + "REFERENCES Fachgebiet(id) ON DELETE CASCADE)");


            }
        } catch (SQLException e) {
            System.out.println("Fehler: " + e.getMessage());
            System.exit(1);
        }
    }
}

public static void trennen() {
    try {
        if (DBVerbindung.stmt != null) {
            DBVerbindung.stmt.close();
        }
        if (DBVerbindung.connection != null
                && !DBVerbindung.connection.isClosed()) {
            DBVerbindung.connection.close();
            DBVerbindung.connection = null;
        }
    } catch (SQLException e) {
        System.out.println("Fehler: " + e.getMessage());
    }
}

public static void allesLoeschen() {
    try {
        ResultSet rs = DBVerbindung.stmt.getConnection()
            .getMetaData()
            .getTables("%", "%", "%", new String[] { "TABLE" });
        boolean existiert = false;
        while (rs.next() && !existiert) {
            if (rs.getString("TABLE_NAME")
                    .equalsIgnoreCase("Mitarbeiter")) {
                existiert = true;
```

```java
        }
      }
      if (existiert) {
        DBVerbindung.stmt.executeUpdate("DROP TABLE Qualifikation");
        DBVerbindung.stmt.executeUpdate("DROP TABLE Mitarbeiter");
        DBVerbindung.stmt.executeUpdate("DROP TABLE Fachgebiet");
      }
    } catch (SQLException e) {
      System.out.println("Fehler: " + e.getMessage());
    }
  }

  public static void allesZeigen() {
    try {
      ResultSet rsAll = connection.getMetaData()
          .getTables("%", "%", "%", new String[] { "TABLE" });
      while (rsAll.next()) {
        System.out.println("\n" + rsAll.getString("TABLE_NAME"));
        ResultSet rs = DBVerbindung.stmt
                          .executeQuery("SELECT * FROM "
                            + rsAll.getString("TABLE_NAME"));
        int spalten = rs.getMetaData().getColumnCount();
        while (rs.next()) {
          for (int i = 1; i <= spalten; i++) {
            System.out.print(rs.getString(i) + "  ");
          }
          System.out.println();
        }
      }
    } catch (SQLException e) {
      System.out.println("Fehler: " + e.getMessage());
    }
  }

  public static void fuellen() {
    try {
      String ma[][] = { { "Uwe", "Mäi" }, { "Ute", "Von" },
          { "Ayse", "Sahin" } };
      for (int i = 0; i < ma.length; i++) {
        DBVerbindung.stmt
            .executeUpdate("INSERT INTO Mitarbeiter VALUES(" + i
                + ",'" + ma[i][0] + "','" + ma[i][1] + "')");
      }
      for (int i = 0; i < 3; i++) {
```

```
        for (int j = i; j < 3; j++) {
          DBVerbindung.stmt
              .executeUpdate("INSERT INTO Qualifikation VALUES("
                + i + "," + j + ")");
        }
      }
    } catch (SQLException e) {
      System.out.println("Fehler: " + e.getMessage());
    }
  }

  public static void main(String[] s) {
    DBVerbindung.verbinden("MO1");
    DBVerbindung.allesLoeschen();
    DBVerbindung.anlegen();
    DBVerbindung.fuellen();
    DBVerbindung.allesZeigen();
    DBVerbindung.trennen();
  }
}
```

Das zentrale Interface zur Verbindung mit einer Datenbank in JDBC ist Connection. Die Datenbankverbindung wird in der Methode *verbinden()* aufgebaut, der als Parameter der Name einer Datenbank übergeben wird. Zunächst wird der zur Datenbank passende JDBC-Treiber geladen und danach versucht, eine Verbindung zur Datenbank MO1 aufzubauen, die sich mit dem gezeigten String im Projektverzeichnis befinden muss. Generell kann hier eine Verbindung zu einer beliebigen im Netz erreichbaren Datenbank aufgebaut werden, wobei dann als zusätzliche Parameter das Login und das Passwort mit übergeben werden müssen. Die eigentlichen SQL-Anfragen laufen über Objekte vom Typ *Statement*.

Die Methode *anlegen()* zeigt die Möglichkeit, Tabellen direkt von Java aus anzulegen. Zunächst werden über das MetaData-Objekt der Verbindung, über die alle möglichen Eigenschaften der genutzten Datenbank abgefragt werden können, alle in der Datenbank vorhandenen Tabellen mit der Methode *getTables()* abgefragt. Die ersten zwei Parameter stehen für einen Katalog und ein Schema, die in größeren Datenbanken zur Aufteilung in verschiedene logische Datenbanken innerhalb eines DBMS genutzt werden. Der dritte Parameter ist nutzbar, um Anforderungen an die Namen der gesuchten Tabellen zu formulieren. Alle drei Parameter werden auf „%" gesetzt, wobei das Prozentzeichen in SQL für das Sternchen in regulären Ausdrücken, also eine beliebige Zeichenfolge, steht. Der vierte Parameter ist ein String-Array, in dem angegeben wird, wonach man genau sucht. Dies können neben Tabellen z. B. Views sein. Das Ergebnis der Anfrage steht in einem ResultSet-Objekt, was bei der Ergebnisberechnung in JDBC eine zentrale Rolle spielt. Die Ergebnisse von Anfragen in JDBC sind Tabellen, die mit Hilfe des ResultSets als Iterator zeilenweise durchlaufen werden. Für die aktuelle Zeile können mit verschiedenen get-

Methoden die Werte jeder Zelle einer Zeile ausgelesen werden. Im konkreten Fall wird nach einer Tabelle mit dem Namen *Mitarbeiter* gesucht. Das Ignorieren der Groß- und Kleinschreibung ist deshalb wichtig, da einige DBMS Tabellennamen immer großge-schrieben abspeichern, wie es auch bei Apache Derby der Fall ist. Sollte die Tabelle *Mit-arbeiter* nicht existieren, wird davon ausgegangen, dass alle Tabellen nicht vorhanden sind und diese über CREATE-Befehle angelegt. Dabei werden die einzelnen Spalten mit ihren Typen angegeben und weiterhin sogenannte „Constraints", also Randbedingungen, for-muliert, die vom DBMS überprüft werden. Im Fall der Tabelle *Mitarbeiter* enthält die Spalte *id* den Primärschlüssel. Weiterhin wird gefordert, dass der Nachname angegeben werden muss und nicht NULL, also undefiniert, sein darf. In der Tabelle *Fachgebiet* wird weiterhin gefordert, dass alle Einträge in der Spalte *gebiet* unterschiedlich, also UNIQUE, sind. Die Tabelle *Qualifikation* beinhaltet die Verknüpfung von Entitäten, also Zeilen der anderen Tabellen; der Primärschlüssel ist zusammengesetzt aus beiden Spalten. Weiterhin muss sich ein Eintrag in der Tabelle *Qualifikation* immer auf einen Mitarbeiter und ein Fachgebiet beziehen. Diese sogenannte „Fremdschlüssel-Beziehung" ist in den weiteren Constraints beschrieben. Durch die Ergänzung „ON DELETE CASCADE" wird weiter-hin gefordert, dass beim Löschen eines Mitarbeiters oder eines Fachgebiets alle zugehöri-gen Einträge in der Tabelle *Qualifikation* gelöscht werden.

Generell gilt für Datenbanken, Dateien und Netzwerkverbindungen, dass sie vom nut-zenden Programm zu schließen sind, um schleichende Speicherlecks mit einem langsam anwachsenden Verbrauch von Verbindungen zu vermeiden. Das Schließen der Datenbank ist in *trennen()* umgesetzt.

Die Methode *allesLoeschen()* ist ähnlich konzipiert wie *anlegen()*, nur dass bei einer gefundenen Mitarbeiter-Tabelle alle Tabellen gelöscht werden. Dies ist eine Methode, die in einer Implementierung nicht unbedingt erwartet wird, aber für die Testbarkeit des Sys-tems gefordert werden sollte.

Die Methode *allesZeigen()* ermöglicht die Ausgabe aller Tabellen mit ihren Inhalten, was natürlich bei den meisten Datenbanken zu einer extrem langen Ausgabe führt. Die Methode nutzt aus, dass es auch ein MetaData-Objekt für ein berechnetes ResultSet-Objekt gibt, das u. a. Informationen über die Anzahl der Spalten und die Spaltennamen beinhaltet.

Die Methode *fuellen()* wurde auch nur zu Testzwecken ergänzt und macht einige Ein-träge in den Tabellen *Mitarbeiter* und *Qualifikation*. Die main-Methode ist ausschließlich zum Ausprobieren ergänzt worden und liefert folgende Ausgabe:

```
FACHGEBIET
0   ANALYSE
1   DESIGN
2   JAVA
3   C
4   TEST
```

```
MITARBEITER
0   Uwe   Mäi
1   Ute   Von
2   Ayse  Sahin

QUALIFIKATION
0   0
0   1
0   2
1   1
1   2
2   2
```

Die Verbindungsklasse kann jetzt in anderen Klassen genutzt werden, die dann über das Connection- und das Statement-Objekt direkt auf die Datenbank zugreifen können. Diese Klassen bieten dann fachliche Methoden an, die von anderen Programmschichten mit ihren Klassen genutzt werden. Die folgende Klasse bietet typische Funktionalität zur Mitarbeiterverwaltung.

```java
package datenbank;
import java.sql.Connection;
import java.sql.ResultSet;
import java.sql.SQLException;
import java.sql.Statement;
import java.util.ArrayList;
import java.util.List;

public class Mitarbeiterpersistenz {
  private Connection connection;
  private Statement stmt;

  public Mitarbeiterpersistenz(String datenbank) {
    DBVerbindung.verbinden(datenbank);
    this.connection = DBVerbindung.getConnection();
    this.stmt = DBVerbindung.getStmt();
    if (this.connection == null || this.stmt == null) {
      throw new IllegalArgumentException(
          "DB-Verbindung nicht herstellbar");
    }
    DBVerbindung.anlegen();
  }

  public void trennen() {
    DBVerbindung.trennen();
  }
```

```java
private String nullcheck(String s) {
  if (s == null) {
    return "NULL";
  }
  return "'" + s + "'";
}

public boolean neuerMitarbeiter(int minr
                , String vorname, String nachname) {
  try {
    int anzahl = stmt.executeUpdate(
        "INSERT INTO Mitarbeiter VALUES("
        + minr + "," + nullcheck(vorname) + ","
        + nullcheck(nachname) + ")");
    return anzahl == 1;
  } catch (SQLException e) {
    System.out.println("Fehler: " + e.getMessage());
  }
  return false;
}

public String[] zeigeMitarbeiter(int minr) {
  try {
    ResultSet rs = stmt
        .executeQuery(
            "SELECT Mitarbeiter.id, Mitarbeiter.vorname"
            + ", Mitarbeiter.nachname "
          + "FROM Mitarbeiter "
          + "WHERE Mitarbeiter.id="+ minr);
    if (!rs.next()) {
      return null;
    }
    return new String[] { rs.getString(1), rs.getString(2),
        rs.getString(3) };
  } catch (SQLException e) {
    System.out.println("Fehler: " + e.getMessage());
  }
  return null;
}

public boolean mitarbeiterLoeschen(int minr) {
  try {
    int anzahl = stmt.executeUpdate(
        "DELETE FROM Mitarbeiter WHERE id=" + minr);
    return anzahl == 1;
```

```
    } catch (SQLException e) {
      System.out.println("Fehler: " + e.getMessage());
    }
    return false;
  }

  public boolean hatFachgebiet(int minr, int gebiet) {
    try {
      ResultSet rs = stmt.executeQuery(
            "SELECT * FROM Qualifikation"
          + " WHERE Qualifikation.ma_id=" + minr
          + " AND Qualifikation.gb_id=" + gebiet);
      if (rs.next()) {
        return true;
      }
    } catch (SQLException e) {
      System.out.println("Fehler: " + e.getMessage());
    }
    return false;
  }

  public int anzahlFachgebiete(int minr) {
    try {
      ResultSet rs = stmt
          .executeQuery(
              "SELECT COUNT(*) FROM Qualifikation"
            + " WHERE Qualifikation.ma_id=" + minr);
      rs.next();
      return rs.getInt(1);
    } catch (SQLException e) {
      System.out.println("Fehler: " + e.getMessage());
    }
    return 0;
  }

  public boolean mitarbeiterNeuesFachgebiet(int minr, int gebiet) {
    try {
      if (this.anzahlFachgebiete(minr) >= 3) {
        return false;
      }
      int anzahl = stmt.executeUpdate(
          "INSERT INTO Qualifikation VALUES("
        + minr + "," + gebiet + ")");
      return anzahl == 1;
    } catch (SQLException e) {
```

```java
        System.out.println("Fehler: " + e.getMessage());
    }
    return false;
}


public boolean mitarbeiterFachgebietLoeschen(int minr, int gebiet) {
    try {
        int anzahl = stmt
            .executeUpdate("DELETE FROM Qualifikation WHERE ma_id="
                + minr + " AND gb_id=" + gebiet);
        return anzahl == 1;
    } catch (SQLException e) {
        System.out.println("Fehler: " + e.getMessage());
    }
    return false;
}


public String[] fachgebiete() {
    List<String> tmplist = new ArrayList<String>();
    try {
        ResultSet rs = stmt.executeQuery(
            "SELECT gebiet FROM Fachgebiet");
        while (rs.next()) {
            tmplist.add(rs.getString("gebiet"));
        }
        String[] ergebnis = new String[tmplist.size()];
        return tmplist.toArray(ergebnis);
    } catch (SQLException e) {
        System.out.println("Fehler: " + e.getMessage());
    }
    return null;
}


public String fachleuteZeigen(int gebiet) {
    StringBuilder sb = new StringBuilder();
    try {
        ResultSet rs = stmt
            .executeQuery(
                "SELECT Mitarbeiter.id, Mitarbeiter.vorname "
            + "        , Mitarbeiter.nachname "
            + "FROM Mitarbeiter, Qualifikation "
            + " WHERE Mitarbeiter.id = Qualifikation.ma_id "
            + "    AND Qualifikation.gb_id=" + gebiet);
```

```
            while (rs.next()) {
               sb.append(" " + rs.getInt("id") + ": "
                     + rs.getString("vorname") + " "
                     + rs.getString("nachname") + "\n");
            }
            return sb.toString();
         } catch (SQLException e) {
            System.out.println("Fehler: " + e.getMessage());
         }
         return "Fehler";
      }


      public String alle() {
         StringBuilder sb = new StringBuilder();
         String[] gebiete = this.fachgebiete();
         try {
            ResultSet rs = stmt
                  .executeQuery(
                     "SELECT Mitarbeiter.id, Mitarbeiter.vorname, "
                     +     "Mitarbeiter.nachname, Qualifikation.gb_id "
                     + " FROM  Mitarbeiter LEFT JOIN Qualifikation "
                     + " ON Mitarbeiter.id = Qualifikation.ma_id ");
            while (rs.next()) {
               sb.append(" " + rs.getInt("id") + ": "
                     + rs.getString("vorname") + " "
                     + rs.getString("nachname"));
               int id = rs.getInt("gb_id");
               if (!rs.wasNull()) {
                  sb.append(" kann " + gebiete[id] + "\n");
               } else {
                  sb.append("\n");
               }
            }
            return sb.toString();
         } catch (SQLException e) {
            System.out.println("Fehler: " + e.getMessage());
         }
         return "Fehler";
      }
   }
```

Im Konstruktor wird die Datenbankverbindung aufgebaut und die Tabellen angelegt, falls diese noch nicht existieren. Der Parameter erlaubt es, Verbindung zu verschiedenen Datenbanken, z. B. für den realen Betrieb und den Testbetrieb, aufzubauen.

Die Methode *neuerMitarbeiter()* zeigt den typischen Weg bei der Nutzung einer Datenbank. Über ein Statement-Objekt werden SQL-Befehle per String an die Datenbank geschickt und man erhält als Ergebnis entweder ein ResultSet oder Informationen über die Anzahl betroffener Zeilen. Die Fehlerbehandlung wird in diesem Beispiel darauf reduziert, dass der Aufrufer der Methode über den Erfolg seiner Aktion mit einem Booleschen Wert informiert wird. Für eine praktische Nutzung ist eine Begründung gescheiterter Aktionen sinnvoll, die über eine andere Art des Rückgabewerts, neu entwickelte Ausnahmen oder die Möglichkeit, mit einer zusätzlichen Methode den Fehler abzufragen, realisierbar ist. Die Hilfsmethode *nullcheck()* prüft, ob eine null-Referenz für ein String-Objekt übergeben wurde. Ist das der Fall, wird angenommen, dass der Datenbank-Wert NULL in die Datenbank eingetragen werden soll, ansonsten wird der String für den SQL-Befehl, umgeben von einfachen Hochkommata, zurückgeliefert. Ohne diese Prüfung würde ansonsten der Name „null" als String eingetragen.

Die Methode *zeigeMitarbeiter()* schickt eine SELECT-Anfrage an die Datenbank, die mit einem ResultSet beantwortet wird. Als Ergebnis wird ein String-Array zurückgegeben, der dann vom Aufrufer der Methode zur Visualisierung des Ergebnisses nutzbar ist. Da im ersten Feld die Mitarbeiternummer steht, kann dieser Wert auch für weitere Aktionen auf der Datenbank genutzt werden.

Bei der Methode *hatFachgebiet()* wird nur geprüft, ob überhaupt eine Zeile als Ergebnis zurückgegeben wurde. In *anzahlFachgebiete()* wird angedeutet, dass es grundsätzlich sinnvoll ist, Rechenaufgaben, aber auch komplizierte Verknüpfungen in SELECT-Befehlen konsequent in der Datenbank zu rechnen und nicht erst alle benötigten Daten in das Java-Programm einzulesen, um dort die Berechnungen durchzuführen.

In der Methode *mitarbeiterNeuesFachgebiet()* wird die zusätzliche Anforderung umgesetzt, dass ein Mitarbeiter maximal drei Fachgebiete vertreten darf. Dies ist eine Variante der Umsetzung der Anforderung, alternativ könnte dies auch durch einen Trigger in der Datenbank geschehen. Als weitere Alternative könnte man bei der Nutzung der Klasse verhindern, dass mehr als drei Fachgebiete, z. B. bei einer grafischen Eingabemöglichkeit, überhaupt auswählbar sind. Die bestmögliche Umsetzung solcher Anforderungen hängt von der Art der Software ab, die entwickelt wird. Greifen z. B. verschiedene Programme direkt auf die Datenbank zu, ist eine Verankerung der Anforderung als Datenbank-Trigger meist sinnvoll. Greift nur eine Software, z. B. ein über einen Browser angesteuerter Web-Server, auf die Datenbank zu, sollte es so früh wie möglich verhindert werden, dass illegale Daten entstehen.

Die Methode *alle()* ermöglicht die Ausgabe aller Mitarbeiter mit ihren Fachgebieten. Durch den LEFT JOIN wird sichergestellt, dass auch Mitarbeiter ausgegeben werden, für die noch kein Fachgebiet eingetragen ist.

Die folgende Klasse soll das Beispiel abschließen und realisiert einen einfachen Nutzungsdialog, der auf ein Objekt der Persistierungsklasse *Mitarbeiterpersistenz* zugreift. Die Klasse sieht wie folgt aus:

```
package verwaltung;
import java.util.Scanner;
import datenbank.Mitarbeiterpersistenz;
```

```java
public class Mitarbeiterverwaltung {

  private Mitarbeiterpersistenz mngt;
  private Scanner sc = new Scanner(System.in);

  public Mitarbeiterverwaltung(){
    this.mngt = new Mitarbeiterpersistenz("MO1");
    this.dialog();
    this.mngt.trennen();
  }

  public void dialog() {
    int auswahl = -1;
    while (auswahl != 0) {
      System.out.println("Auswahl:\n" + "(0) Programm beenden\n"
          + "(1) Mitarbeiter hinzufügen\n"
          + "(2) Mitarbeiter löschen\n"
          + "(3) Fachgebiet ergänzen\n"
          + "(4) Fachgebiet löschen\n"
          + "(5) Mitarbeiter zu Fachgebiet suchen\n"
          + "(6) alle Mitarbeiter zeigen");
      auswahl = this.sc.nextInt();
      switch (auswahl) {
        case 1: {
          System.out.print("Mitarbeiternummer: ");
          int minr = this.sc.nextInt();
          System.out.print("Vorname: ");
          String vorname = this.sc.next();
          System.out.print("Nachname: ");
          String nachname = this.sc.next();
          if (this.mngt.neuerMitarbeiter(minr, vorname, nachname)) {
            System.out.println("angelegt");
          } else {
            System.out.println("fehlgeschlagen");
          }
          break;
        }
        case 2: {
          System.out.print("Mitarbeiternummer: ");
          int minr = this.sc.nextInt();
          if (this.mngt.mitarbeiterLoeschen(minr)) {
            System.out.println("geloescht");
          } else {
            System.out.println("fehlgeschlagen");
          }
```

```
            break;
          }
        case 3: {
          System.out.print("Mitarbeiternummer: ");
          int minr = sc.nextInt();
          int gebiet = this.gebietWaehlen();
          if (this.mngt.mitarbeiterNeuesFachgebiet(minr,gebiet)) {
            System.out.println("hinzugefuegt");
          } else {
            System.out.println("fehlgeschlagen");
          }
          break;
        }
        case 4: {
          System.out.print("Mitarbeiternummer: ");
          int minr = this.sc.nextInt();
          int gebiet = this.gebietWaehlen();
          if (this.mngt.mitarbeiterFachgebietLoeschen(minr,gebiet)) {
            System.out.println("geloescht");
          } else {
            System.out.println("fehlgeschlagen");
          }
          break;
        }
        case 5: {
          int gebiet = this.gebietWaehlen();
          System.out.println(this.mngt.fachleuteZeigen(gebiet));
          break;
        }
        case 6: {
          System.out.println(this.mngt.alle());
          break;
        }
      }
    }
  }

  private int gebietWaehlen(){
    System.out.println("Welches Fachgebiet?");
    String[] gebiete = this.mngt.fachgebiete();
    int auswahl = -1;
    while(auswahl <0 || auswahl>= gebiete.length){
      for(int i=0; i< gebiete.length;i++){
        System.out.println("("+i+") "+gebiete[i]);
      }
```

```
        auswahl = this.sc.nextInt();
      }
      return auswahl;
    }
  }
```

Gestartet wird das Programm durch folgende Klasse:

```
package verwaltung;
public class Main {
  public static void main(String[] args) {
    new Mitarbeiterverwaltung();
  }
}
```

Der Nutzungsdialog enthält keine Java- oder JDBC-Besonderheiten. Ein Ausschnitt aus einem Beispielablauf wird in Abb. 10.3 gezeigt.

10.2   Tests von Datenbankstrukturen

Bei datenbankzentrierten Entwicklungen, bei denen wie im Beispiel die Entwicklung der Datenbank als zentraler Ausgangspunkt im Mittelpunkt steht, muss zunächst getestet werden, dass das informell gewünschte Verhalten der Datenbank auch umgesetzt wurde. Dies beinhaltet die Prüfung von Primärschlüsseln und allen weiteren Constraints, wie Fremdschlüsseln, eindeutigen Einträgen und der Forderung, dass überhaupt ein Wert in bestimmten Feldern eingetragen ist.

Der Test kann meist mit Werkzeugen zur Datenbankentwicklung durchgeführt werden, wobei man auch hier oft vor der Forderung steht, dass nach einem Test die Ursprungsinhalte der Datenbank wieder hergestellt werden. Mit den bisherigen Kenntnissen über JUnit und JDBC sind die Tests der Datenbank zwar umsetzbar, man hat aber unter anderem häufig die Notwendigkeit, dass ResultSet-Objekte inhaltlich verglichen werden müssen. An dieser Stelle setzt DBUnit [@DBU] als Ergänzung von JUnit an, wobei es ursprünglich als Erweiterung von JUnit 3 konzipiert war, in der folgenden Vorstellung aber gezeigt wird, dass eine Nutzung mit JUnit 4 problemlos möglich ist.

Um DBUnit zu installieren, muss die zugehörige Jar-Datei, hier dbunit-2.5.4.jar, in das Projekt eingebunden werden. Weiterhin werden folgende Frameworks und Bibliotheken zusätzlich benötigt, die getrennt heruntergeladen werden müssen. Zunächst wird das Logging-Framework log4j [@log] mit log4j-1.2.17.jar mit der Verallgemeinerung als Fassade in slf4j-api-1.7.25.jar und slf4j-log4j12-1.7.25 [@slf] genutzt. Weiterhin wird die Collection-Bibliothek von Apache Commons [@Com], commons-collections-3.2.2.jar, benötigt. Sollte die hier nicht betrachtete Möglichkeit zum Einlesen von Daten aus Excel-Sheets genutzt werden, ist noch eine Umsetzung von Apache Poi [@Poi] einzubinden. Die

```
Auswahl:                                  4
(0) Programm beenden                      hinzugefuegt
(1) Mitarbeiter hinzufügen                Auswahl:
(2) Mitarbeiter löschen                   (0) Programm beenden
(3) Fachgebiet ergänzen                   (1) Mitarbeiter hinzufügen
(4) Fachgebiet löschen                    (2) Mitarbeiter löschen
(5) Mitarbeiter zu Fachgebiet suchen      (3) Fachgebiet ergänzen
(6) alle Mitarbeiter zeigen               (4) Fachgebiet löschen
1                                         (5) Mitarbeiter zu Fachgebiet
Mitarbeiternummer: 42                     suchen
Vorname: Tina                             (6) alle Mitarbeiter zeigen
Nachname: Tester                          5
angelegt                                  Welches Fachgebiet?
Auswahl:                                  (0) ANALYSE
(0) Programm beenden                      (1) C
(1) Mitarbeiter hinzufügen                (2) DESIGN
(2) Mitarbeiter löschen                   (3) JAVA
(3) Fachgebiet ergänzen                   (4) TEST
(4) Fachgebiet löschen                    4
(5) Mitarbeiter zu Fachgebiet suchen        42: Tina Tester
(6) alle Mitarbeiter zeigen
1                                         Auswahl:
Mitarbeiternummer: 43                     (0) Programm beenden
Vorname: Alfons                           (1) Mitarbeiter hinzufügen
Nachname: Analytiker                      (2) Mitarbeiter löschen
angelegt                                  (3) Fachgebiet ergänzen
Auswahl:                                  (4) Fachgebiet löschen
(0) Programm beenden                      (5) Mitarbeiter zu Fachgebiet
(1) Mitarbeiter hinzufügen                suchen
(2) Mitarbeiter löschen                   (6) alle Mitarbeiter zeigen
(3) Fachgebiet ergänzen                   6
(4) Fachgebiet löschen                      42: Tina Tester kann TEST
(5) Mitarbeiter zu Fachgebiet suchen        43: Alfons Analytiker
(6) alle Mitarbeiter zeigen
3                                         Auswahl:
Mitarbeiternummer: 42                     (0) Programm beenden
Welches Fachgebiet?                       (1) Mitarbeiter hinzufügen
(0) ANALYSE                               (2) Mitarbeiter löschen
(1) C                                     (3) Fachgebiet ergänzen
(2) DESIGN                                (4) Fachgebiet löschen
(3) JAVA                                  (5) Mitarbeiter zu Fachgebiet
(4) TEST                                  suchen
                                          (6) alle Mitarbeiter zeigen
                                          0
```

Abb. 10.3 Beispiel für Nutzungsdialog

Zusammenfassung aller benötigten Bibliotheken und Frameworks ist in Abb. 10.2 ersichtlich.

Um log4j sinnvoll nutzen zu können, wird eine Konfigurationsdatei log4j.properties benötigt, die man z. B. direkt in den Source-Ordner src eines Eclipse-Projekts legen kann. Für ein einfaches Logging von Warnungen und Fehlern reichen folgende Einträge aus. Wer Details verfolgen möchte, muss WARN z. B. durch DEBUG ersetzen. Die Ausgabe der Meldungen erfolgt auf der Konsole.

```
log4j.rootLogger=WARN, console
log4j.appender.console=org.apache.log4j.ConsoleAppender
log4j.appender.console.layout=org.apache.log4j.PatternLayout
log4j.appender.console.layout.conversionPattern=%5p [%t] (%F:%L) - %m%n
```

Zum Test von Datenbanken muss man oft gewünschte und benötigte Datenbankeinträge bzw. Anfrageergebnisse beschreiben. DBUnit unterstützt mehrere Varianten, von denen zwei hier genauer betrachtet werden, wobei die direkte Nutzung von Tabellen erst im folgenden Beispiel gezeigt wird. Meist wird eine XML-Datei genutzt, um Datenbankinhalte zu spezifizieren. Der Aufbau ist recht einfach. Dabei werden Tabellennamen als XML-Element-Namen genutzt und jeder Zeileneintrag über Attribute spezifiziert, wobei Attributnamen den Spaltennamen entsprechen. Das folgende Beispiel zeigt auch die Möglichkeit, Spaltennamen wegzulassen. Ein Vorname fehlt, wodurch NULL-Werte in die Tabelle eingetragen werden können. Das Beispiel wird zur Erzeugung der Tabelleninhalte aus Abb. 10.1 genutzt.

```
<?xml version="1.0" encoding="UTF-8"?>
<dataset>
  <Mitarbeiter id="1" vorname="Ute" nachname="Sahin" />
  <Mitarbeiter id="2" vorname="Udo" nachname="Li" />
  <Mitarbeiter id="3" vorname="Urs" nachname="Belli" />
  <Mitarbeiter id="4" vorname="Olga" nachname="Meier" />
  <Mitarbeiter id="5" vorname="Akin" nachname="Schmidt" />
  <Mitarbeiter id="6" nachname="Coolmann" />
  <Fachgebiet id="1" gebiet="ANALYSE" />
  <Fachgebiet id="2" gebiet="DESIGN" />
  <Fachgebiet id="3" gebiet="JAVA" />
  <Fachgebiet id="4" gebiet="C" />
  <Fachgebiet id="5" gebiet="TEST" />
  <Qualifikation ma_id="1" gb_id="1" />
  <Qualifikation ma_id="1" gb_id="2" />
  <Qualifikation ma_id="1" gb_id="3" />
  <Qualifikation ma_id="1" gb_id="4" />
  <Qualifikation ma_id="2" gb_id="3" />
  <Qualifikation ma_id="2" gb_id="4" />
  <Qualifikation ma_id="2" gb_id="5" />
  <Qualifikation ma_id="3" gb_id="1" />
  <Qualifikation ma_id="3" gb_id="3" />
  <Qualifikation ma_id="4" gb_id="5" />
</dataset>
```

Im Eclipse-Projekt ist es sinnvoll, die Testdatendateien in ein eigenes Verzeichnis *testdaten* (Abb. 10.2) abzulegen.

Die folgenden Tests zeigen die typische Nutzung von DBUnit ohne alle Details der Datenbank zu testen. Die Programmblöcke werden schrittweise vorgestellt.

```java
package datenbank;

import java.io.File;
import java.io.FileInputStream;
import java.io.FileNotFoundException;
import java.io.FileOutputStream;
import java.sql.Connection;
import java.sql.SQLException;

import org.dbunit.Assertion;
import org.dbunit.DatabaseUnitException;
import org.dbunit.database.DatabaseConnection;
import org.dbunit.database.IDatabaseConnection;
import org.dbunit.database.QueryDataSet;
import org.dbunit.database.search.TablesDependencyHelper;
import org.dbunit.dataset.IDataSet;
import org.dbunit.dataset.ITable;
import org.dbunit.dataset.SortedTable;
import org.dbunit.dataset.xml.FlatXmlDataSet;
import org.dbunit.dataset.xml.FlatXmlDataSetBuilder;
import org.dbunit.operation.DatabaseOperation;
import org.junit.AfterClass;
import org.junit.Assert;
import org.junit.Before;
import org.junit.BeforeClass;
import org.junit.Test;

public class DatenbankTest {

    private static Connection connJDBC = null;
    private static IDatabaseConnection connDBU;

    @BeforeClass
    public static void setUpClass() throws DatabaseUnitException {
        DBVerbindung.verbinden("MTest");
        DBVerbindung.allesLoeschen();
        DBVerbindung.anlegen();
        connJDBC = DBVerbindung.getConnection();
        connDBU = new DatabaseConnection(connJDBC, null, true);
    }

    @AfterClass
```

```
      public static void tearDownClass() throws SQLException {
        DBVerbindung.trennen();
      }
```

Die Datenbankverbindung wird wieder mit der Hilfsklasse hergestellt und ist eine wichtige Grundlage der Tests. In DBUnit wird das Interface *IDatabaseConnection* für den Zugriff auf das Datenbanksystem genutzt, wobei es für einzelne DBMS sogar spezielle Implementierungen gibt. Im konkreten Beispiel wird die vorher aufgebaute Verbindung zur gleichen Datenbank genutzt, u. a. um Eigenschaften der Datenbank und der Tabellen abzufragen und Anfrageergebnisse im DBUnit-Format aufzubereiten. Im zweiten Parameter muss das genutzte Schema der Datenbank stehen, das hier keine Rolle in der embedded Datenbank spielt.

Von der Theorie her wäre es sinnvoll, für jeden Test eine neue Datenbank zu öffnen und diese nach dem Test wieder zu schließen. Da dies aber die Datenbankoperationen sind, die typischerweise sehr viel Zeit verbrauchen, versucht man meist die Datenbank nur einmal zu öffnen und nach allen Tests wieder zu schließen. Dies wird durch die folgende Möglichkeit zur Testvorbereitung sinnvoll.

```
      @Before
      public void setUp() throws SQLException, DatabaseUnitException,
          FileNotFoundException {
        IDataSet dataSet = new FlatXmlDataSetBuilder()
          .build(new FileInputStream(".\\testdaten\\basisdaten.xml"));
        DatabaseOperation.CLEAN_INSERT.execute(connDBU, dataSet);
      }
```

Objekte vom Typ *IDataSet* können in DBUnit beliebige Mengen von Daten aufnehmen, die später sehr einfach verglichen werden können. Im konkreten Fall wird die Datenmenge aus einer XML-Datei eingelesen, die die vorher vorgestellten Basisdaten für die drei Tabellen enthält. Diese Daten können dann auch direkt in die Datenbank geschrieben werden. Durch das zur Konstanten CLEAN_INSERT gehörende Objekt ist sichergestellt, dass der Inhalt aller Tabellen gelöscht wird und danach die Daten aus dem *IDataSet* in die Datenbank übertragen werden. Dabei werden die normalen SQL-INSERT-Befehle erzeugt, sodass die Reihenfolge der Daten sowie ihre Syntax eine wichtige Rolle spielen und das Einfügen gegebenenfalls mit einer Ausnahme abgebrochen wird. Es werden folgende weitere Datenbankoperationen unterstützt, die durchaus auch in Tests stehen können:

DELETE_ALL: löscht alle Daten in den Tabellen
DELETE: löscht die übergebenen Daten
INSERT: fügt die übergebenen Daten in die Tabellen ein
UPDATE: aktualisiert die vorhandenen Daten mit den übergebenen Daten
REFRESH: aktualisiert vorhandene Daten, fügt nicht vorhandene Daten hinzu

```
@Test
public void testErfolgreichEinfuegen() throws Exception {
  connJDBC.createStatement()
      .execute("INSERT INTO Mitarbeiter "
             + "(id, vorname, nachname) "
             + "VALUES (42, 'Testvorname', 'Testnachname')");

  IDataSet databaseDataSet = connDBU.createDataSet();
  ITable actualTable = databaseDataSet.getTable("Mitarbeiter");

  IDataSet expectedDataSet = new FlatXmlDataSetBuilder()
                     .build(new File(
                         ".\\testdaten\\test1.xml"));
  ITable expectedTable = expectedDataSet.getTable("Mitarbeiter");
  Assertion.assertEquals(expectedTable, actualTable);
}
```

Mit dem ersten Test wird geprüft, ob ein neuer korrekter Datensatz erfolgreich in die Tabelle *Mitarbeiter* eingetragen werden kann. Dazu wird im ersten Schritt der neue Datensatz in die Tabelle mit dem normalen JDBC-Befehl eingefügt. Im nächsten Schritt wird ein Objekt vom Typ *IDataSet* erzeugt, das auf der aktuellen Datenbankverbindung basiert. Die Schnittstelle *ITable* ist der zweite zentrale Typ, der zur Verwaltung von Datenmengen, hier genauer Tabellen, genutzt werden kann und der einfach in Vergleichen einsetzbar ist. Im konkreten Fall befindet sich in *actualTable* der gesamte Inhalt der Tabelle *Mitarbeiter*. Danach wird ein Vergleichsdatensatz aus einer XML-Datei gelesen, die folgenden Inhalt hat.

```
<?xml version="1.0" encoding="UTF-8"?>
<dataset>
<Mitarbeiter id="1" vorname = "Ute"  nachname = "Sahin" />
<Mitarbeiter id="2" vorname = "Udo"  nachname = "Li" />
<Mitarbeiter id="3" vorname = "Urs"  nachname = "Belli" />
<Mitarbeiter id="4" vorname = "Olga" nachname = "Meier" />
<Mitarbeiter id="5" vorname = "Akin" nachname = "Schmidt" />
<Mitarbeiter id="6" nachname = "Coolmann" />
<Mitarbeiter id="42" vorname = "Testvorname"
             nachname = "Testnachname" />
</dataset>
```

Man muss nicht immer mit allen eingelesenen Daten arbeiten. So befinden sich in *expectedTable* z. B. alle Datensätze, die sich auf die Klasse *Mitarbeiter* beziehen, was im konkreten Fall einfach alle Datensätze sind.

Die eigentliche Überprüfung findet mit den Klassenmethoden der Klasse *Assertion* statt, die vom DBUnit-Framework stammt und nicht mit der Klasse *Assert* verwechselt werden darf, wobei in den Tests natürlich auch Methoden von *Assert* genutzt werden dürfen.

Die Klasse *Assertion* enthält mehrere Vergleichsmethoden, mit denen Objekte vom Typ *IDataSet* und *ITable* jeweils untereinander verglichen werden. Im konkreten Fall wird geprüft, ob die aus der XML-Datei eingelesenen Daten genau der aktuellen Mitarbeiter-Tabelle entsprechen.

```java
@Test
public void testSchonGenutzteMitarbeiternummer() {
  try {
    connJDBC.createStatement()
      .execute(
          "INSERT INTO Mitarbeiter "
        + "(id, vorname, nachname) "
        + "VALUES (2, 'Testvorname', 'Testnachname')");
    Assert.fail();
  } catch (SQLException e) {
    // ok
  } catch (Exception e) {
    Assert.fail();
  }
}


@Test
public void testUndefinierterNachname() {
  try {
    connJDBC.createStatement()
      .execute(
          "INSERT INTO Mitarbeiter "
        + "(id, vorname, nachname) "
        + "VALUES (42, 'Testvorname', null)");
    Assert.fail();
  } catch (SQLException e) {
    // ok
  } catch (Exception e) {
    Assert.fail();
  }
}


@Test
public void testMehrfacherGebietsname() {
  try {
    connJDBC.createStatement().execute(
        "INSERT INTO Fachgebiet "
      + "(id, gebiet) VALUES (42, 'TEST')");
    Assert.fail();
  } catch (SQLException e) {
```

```
          // ok
     } catch (Exception e) {
       Assert.fail();
     }
   }
```

Die drei vorherigen Tests prüfen Constraints der Datenbank. Bei einer sauberen Umsetzung verstößt der erste INSERT-Befehl gegen den Primärschlüssel, der zweite gegen
die Forderung, dass der Nachname nicht undefiniert sein darf und der dritte dagegen,
dass Fachgebietsnamen eindeutig sein müssen. Die Datenbank antwortet bei einer korrekten Umsetzung der Anforderungen mit einer SQL-Exception, die hier auch jeweils
gefordert wird. Detaillierter könnte in der Exception noch der Fehlergrund überprüft
werden.

```
     @Test
     public void testMitarbeiterMitQualifikationLoeschen()
                                     throws Exception {
       connJDBC.createStatement()
          .execute("DELETE FROM Mitarbeiter WHERE id=1");
       IDataSet databaseDataSet = connDBU.createDataSet();
       ITable actualTable = databaseDataSet
             .getTable("Qualifikation");
       IDataSet expectedDataSet = new FlatXmlDataSetBuilder()
          .build(new File(".\\testdaten\\test3.xml"));
       ITable expectedTable = expectedDataSet
             .getTable("Qualifikation");
       Assertion.assertEquals(new SortedTable(expectedTable)
                         , new SortedTable(actualTable));
     }
```

Mit dem vorherigen Test wird die Anforderung überprüft, dass mit einem Mitarbeiter auch
immer seine Qualifikationen gelöscht werden. Dazu wird zunächst ein Mitarbeiter gelöscht, dann in *actualTable* der resultierende Inhalt der Tabelle *Qualifikation* festgehalten
und dann werden die folgenden Vergleichsdaten aus einer Datei gelesen.

```xml
     <?xml version="1.0" encoding="UTF-8"?>
     <dataset>
       <Qualifikation ma_id="3" gb_id="1" />
       <Qualifikation ma_id="3" gb_id="3" />
       <Qualifikation ma_id="4" gb_id="5" />
       <Qualifikation ma_id="2" gb_id="3" />
       <Qualifikation ma_id="2" gb_id="4" />
       <Qualifikation ma_id="2" gb_id="5" />
     </dataset>
```

Bei den eingelesenen Daten fällt auf, dass sie eine andere Reihenfolge als die ursprünglichen Daten haben. Stellt man mit SQL z. B. über ORDER BY keine besonderen Anforderungen an die Reihenfolge der Daten, ist dies unproblematisch. SQL nutzt einen mengenbasierten Ansatz, was bedeutet, dass die Reihenfolge der Zeilen irrelevant ist und nicht der Reihenfolge der Eingabe entsprechen muss. DBUnit unterstützt diesen Mengenansatz in den Assertion-Methoden nicht direkt. Bei Prüfungen hingegen müssen die Daten auch in ihrer Reihenfolge übereinstimmen. DBUnit unterstützt die Idee aber mit der Klasse *SortedTable*, die die übergebenen Einträge lexikografisch als Strings betrachtet sortiert. Da die gleiche Sortierung auf beide Datenmengen angewandt wird, sind dann wieder die Methoden der Klasse *Assertion* anwendbar.

```
@Test
public void keinTestNurMoeglichkeiten() throws Exception {
  IDataSet alleDaten = connDBU.createDataSet();
  FlatXmlDataSet.write(alleDaten, new FileOutputStream(
      ".\\export\\alles.xml"));

  QueryDataSet teildaten = new QueryDataSet(connDBU);
  teildaten.addTable(
        "JavaExperten",
        "SELECT Mitarbeiter.id, Mitarbeiter.vorname "
          + ", Mitarbeiter.nachname "
          + "FROM Mitarbeiter, Qualifikation "
          + "WHERE Mitarbeiter.id=Qualifikation.ma_id "
          + "  AND Qualifikation.gb_id=3");
  // teildaten.addTable("JavaExperten");
  FlatXmlDataSet.write(teildaten, new FileOutputStream(
      ".\\export\\java.xml"));

  String[] abhaengig = TablesDependencyHelper
            .getAllDependentTables(connDBU, "QUALIFIKATION");
  IDataSet abhaengigeDaten = connDBU.createDataSet(abhaengig);
  FlatXmlDataSet.write(abhaengigeDaten, new FileOutputStream(
      ".\\export\\quali.xml"));
  Assertion.assertEquals(alleDaten, abhaengigeDaten);
  }
  }
```

Der letzte Testfall beinhaltet keinen eigentlichen Test, soll aber einige praktische Nutzungsmöglichkeiten aufzeigen. Die ersten Zeilen zeigen die Möglichkeit, alle Daten direkt aus den Tabellen in eine XML-Datei zu speichern, um ein vollständiges Abbild der momentanen Situation der Datenbank zu sichern. Dieser Schritt kann natürlich bei großen Datenbanken sehr lange dauern.

Der zweite Block zeigt die Möglichkeit, das Ergebnis von SQL-Anfragen in Form einer XML-Datei abzuspeichern, wobei der erste String für den zu nutzenden Tabellennamen steht. In dem Fall enthält die Datei java.xml die folgenden Einträge.

```
<?xml version='1.0' encoding='UTF-8'?>
<dataset>
  <JavaExperten ID="1" VORNAME="Ute" NACHNAME="Sahin"/>
  <JavaExperten ID="2" VORNAME="Udo" NACHNAME="Li"/>
  <JavaExperten ID="3" VORNAME="Urs" NACHNAME="Belli"/>
</dataset>
```

Der Ansatz, Anfrageergebnisse abzuspeichern, kann z. B. auch genutzt werden, wenn man Vergleichsdaten aus anderen Datenbanken zur Verfügung stellen will, kann aber auch durchaus außerhalb des Softwaretests sinnvoll eingesetzt werden.

Die letzten Zeilen zeigen eine Analysemöglichkeit innerhalb von DBUnit für Abhängigkeiten zwischen Tabellen. Der Methode *getAllDependentTables( )* muss eine Verbindung und der Name einer Tabelle übergeben werden. Das Ergebnis ist ein Array mit allen Tabellen, von denen die übergebene Tabelle abhängig ist, wobei konkret nur Fremdschlüsselbeziehungen beachtet werden. Der Ansatz wird dazu genutzt, aus einer größeren Datenbank den für Tests relevanten Teil der Datenbank zu identifizieren und, wie im Beispiel gezeigt, die zugehörigen Tabelleninhalte in eine XML-Datei zu schreiben. Bei systematischer Nutzung des Ansatzes muss natürlich für jedes Ergebnis der Überprüfung gegebenenfalls auch wieder berechnet werden, von welchen weiteren Tabellen diese Tabelle abhängig ist. Im konkreten Beispiel ist die Tabelle *Qualifikation* von den beiden anderen Tabellen *Mitarbeiter* und *Fachgebiet* abhängig, sodass sich am Ende alle Daten in der resultierenden XML-Datei befinden, was auch getestet wird.

Alle gezeigten Tests laufen erfolgreich durch. Das Beispiel ist zwar sehr klein, trotzdem deutet das in Abb. 10.4 gezeigte Ergebnis mit seinen Laufzeiten bereits an, dass DBUnit durchaus auch für größere Datenmengen sinnvoll eingesetzt werden kann, wobei es hier noch weitere Möglichkeiten zur effizienten Datenbehandlung gibt. Die Abbildung zeigt auch, dass gut vier Sekunden für den Verbindungsaufbau und zum wiederholten Einspielen der Daten benötigt werden.

Die Beispiele zeigen die wesentliche Funktionalität von DBUnit, wobei einige weitere interessante Möglichkeiten im Selbststudium zu erarbeiten sind. Wichtig ist der Ansatz, dass Spalten aus den betrachteten Daten herausgefiltert werden können, wobei generell Filter den Ansatz flexibler machen. Datenquellen können z. B. auch auf LDAP- oder JNDI-Verbindungen basieren. Zu exportierten Daten können DTD-Dateien generiert werden, die bei der Datenerstellung die Einhaltung der korrekten Syntax überprüfbar machen. Für Fließkommazahlen kann eine gewisse Abweichung bei Vergleichen erlaubt werden.

Eine Einbindung in Ant und damit andere Testautomatisierungssysteme wird direkt unterstützt und ist natürlich auch über JUnit gegeben.

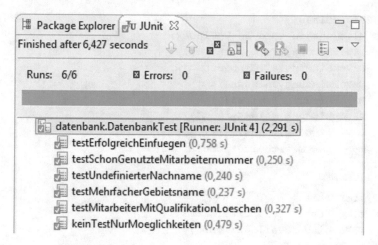

Abb. 10.4   Resultate der DBUnit-Tests

10.3   Test der Datenbankzugriffsschicht

Nachdem die eigentliche Datenbank getestet ist, kann nun die Zugriffsschicht mit den Klassen *Mitarbeiterpersistenz* und *DBVerbindung* getestet werden. Hierbei handelt es sich aus Sicht der Tests um einfache Java-Programme, die wieder konsequent mit JUnit getestet werden können. Eine wichtige Ausnahme ist, dass eine Möglichkeit zum Aufräumen, genauer Leeren, der Datenbank benötigt wird. Das eigentliche Füllen der Datenbank kann dann wieder über die zu testende Klasse erfolgen. Zur Vereinfachung wurde bereits in die Klasse *DBVerbindung* eine Möglichkeit eingebaut, Testdaten zu generieren.

Da die Methoden nur mit einem Booleschen Rückgabewert angeben, ob die gewünschte Aktion erfolgreich war, können die Tests hier sehr einfach gestaltet werden. Die folgende Testklasse zeigt einige Testmöglichkeiten, die wieder mit einer Äquivalenzklassenanalyse entwickelt wurden. Da hier nur das Konzept vorgestellt wird, sind die Tests nicht vollständig.

```java
package datenbank;
import org.junit.AfterClass;
import org.junit.Assert;
import org.junit.BeforeClass;
import org.junit.Test;

public class MitarbeiterpersistenzTest {

  private final static String DB = "MTest";
  private static Mitarbeiterpersistenz mp;
```

```
@BeforeClass
public static void setUpClass(){
  DBVerbindung.verbinden(DB);
  DBVerbindung.allesLoeschen();
  DBVerbindung.anlegen();
  DBVerbindung.fuellen();
  DBVerbindung.allesZeigen();
  DBVerbindung.trennen();
  mp = new Mitarbeiterpersistenz(DB);
}

@AfterClass
public static void afterClass(){
  DBVerbindung.allesZeigen();
  mp.trennen();
}

@Test
public void testMitarbeiterEinfuegen() {
  Assert.assertTrue(mp.neuerMitarbeiter(42, "Anna", "Otto"));
  String[] daten = mp.zeigeMitarbeiter(42);
  Assert.assertTrue(daten[0].equals("42"));
  Assert.assertTrue(daten[1].equals("Anna"));
  Assert.assertTrue(daten[2].equals("Otto"));
  Assert.assertTrue(mp.mitarbeiterLoeschen(42));
}

@Test
public void testDoppeltenMitarbeiterEinfuegen() {
  Assert.assertTrue(!mp.neuerMitarbeiter(2, "Anna", "Otto"));
}

@Test
public void testMitarbeiterOhneNachnamenEinfuegen() {
  Assert.assertTrue(!mp.neuerMitarbeiter(42, "Anna", null));
}

@Test
public void testFachgebietErfolgreichenHinzufuegen(){
  Assert.assertTrue(mp.mitarbeiterNeuesFachgebiet(1, 4));
  Assert.assertTrue(mp.hatFachgebiet(1, 4));
  Assert.assertTrue(mp.mitarbeiterFachgebietLoeschen(1, 4));
  Assert.assertTrue(!mp.hatFachgebiet(1, 4));
}
```

```
@Test
public void testFachgebietDoppeltHinzufuegen(){
  Assert.assertTrue(!mp.mitarbeiterNeuesFachgebiet(2, 2));
  Assert.assertTrue(mp.hatFachgebiet(2, 2));
}

@Test
public void testFachgebietViertesHinzufuegen(){
  Assert.assertTrue(!mp.mitarbeiterNeuesFachgebiet(0, 3));
  Assert.assertTrue(!mp.hatFachgebiet(0, 3));
}
}
```

Man erkennt, dass die Klasse *DBVerbindung* genutzt wird, um eine Verbindung zur Datenbank aufzubauen, die Testdaten einzuspielen und am Ende die Verbindung wieder abzubauen. Da auf eine Set-up-Methode verzichtet wird, muss jeder Test wieder die Ursprungssituation herstellen, was sehr fehleranfällig ist. Eine Möglichkeit, die Datenbank ohne die Nutzung von DBUnit wieder in einen einheitlichen Ausgangszustand zu versetzen, kann natürlich in der Klasse *DBVerbindung* ergänzt werden, was recht aufwändig in der Erstellung und zeitaufwändig in der Nutzung ist.

Generell wird in den Tests eine Methode aufgerufen und geprüft, ob der erwartete Erfolg oder Misserfolg eingetreten ist. Im Falle eines Erfolges wird wieder über Methodenaufrufe geprüft, ob die Veränderung der Datenbasis nachvollzogen werden kann und abschließend die Änderung rückgängig gemacht. Beim erfolgreichen Einfügen eines Mitarbeiters muss die Aktion ein *true* zurückliefern und die Frage nach dem neuen Mitarbeiter die vorher übergebenen Daten liefern. Die Methode zum Löschen des neuen Mitarbeiters muss ebenfalls erfolgreich sein. Bei nicht erfolgreichen Aktionen, wie der doppelten Vergabe der Mitarbeiternummer oder dem Einfügen eines Mitarbeiters ohne Nachnamen, muss nur geprüft werden, dass der Wert *false* zurückgegeben wird. Ähnlich muss das Hinzufügen eines vierten Fachgebiets bei einem Mitarbeiter scheitern, genauso wie die nachfolgende Frage, ob dieser Mitarbeiter das vierte Fachgebiet vertreten kann.

Allgemein kann mit den Tests überprüft werden, ob die Klasse *Mitarbeiterpersistenz* in den geprüften Situationen das gewünschte Ergebnis liefert. Was nicht direkt geprüft werden kann, ist, ob sich auch nur die gewünschten Daten in der Datenbank befinden. Werden z. B. Fachgebiete nicht mehr vorhandener Mitarbeiter weiter gespeichert und die zugehörige Mitarbeiternummer nicht mehr vergeben, fällt von der Funktionalität her nicht auf, dass die Tabelle *Qualifikation* ständig wächst. Erst wenn es unerwartete Speicher- oder Performance-Probleme gibt, würde diese spezielle Form eines Speicherlecks erkannt werden. Zwar wurde hier systematisch zunächst die Korrektheit der Datenbank geprüft, was dann beim Test der Zugriffsschicht vorausgesetzt wird, man kann aber nicht ganz sicher sein, dass die Zugriffsschicht irgendwelche Seiteneffekte hat, die in den Tests nicht sichtbar werden. Da aber für eine vollständige Spezifikation von Tests bei den Nachbedingungen geforedert wird, dass alle durch die testende Software auftretenden Veränderungen beachtet werden müssen, wäre auch hier ein Blick in die Datenbank notwendig.

Dies ist der zentrale Grund, warum die Tests der direkten Zugriffsschicht und der Datenbank selbst oft zusammengelegt werden. Man kann dann die Funktionalität der Zugriffe überprüfen und zusätzlich analysieren, ob auch das gewünschte Verhalten in der Datenbank eingetreten ist. Bei diesem Ansatz macht es wieder Sinn, DBUnit zu nutzen, wobei dies nicht notwendigerweise in jedem Testfall passieren muss. Die folgende Testklasse soll diesen Ansatz illustrieren.

```java
package datenbank;

import java.io.File;
import java.io.FileInputStream;
import java.io.FileNotFoundException;
import java.sql.Connection;
import java.sql.SQLException;

import org.dbunit.Assertion;
import org.dbunit.DatabaseUnitException;
import org.dbunit.database.DatabaseConnection;
import org.dbunit.database.IDatabaseConnection;
import org.dbunit.dataset.IDataSet;
import org.dbunit.dataset.ITable;
import org.dbunit.dataset.SortedTable;
import org.dbunit.dataset.xml.FlatXmlDataSetBuilder;
import org.dbunit.operation.DatabaseOperation;
import org.junit.AfterClass;
import org.junit.Assert;
import org.junit.Before;
import org.junit.BeforeClass;
import org.junit.Test;

public class MitarbeiterpersistenzTest2 {

    private static Connection connJDBC = null;
    private static IDatabaseConnection connDBU;
    private static Mitarbeiterpersistenz mp;
    private final static String DB = "MTest";

    @BeforeClass
    public static void setUpClass() throws DatabaseUnitException {
        DBVerbindung.verbinden(DB);
        DBVerbindung.allesLoeschen();
        DBVerbindung.anlegen();
```

```java
    DBVerbindung.trennen();
    mp = new Mitarbeiterpersistenz(DB);
    connJDBC = DBVerbindung.getConnection();
    connDBU = new DatabaseConnection(connJDBC, null, true);
  }


  @AfterClass
  public static void tearDownClass() throws SQLException {
    DBVerbindung.trennen();
  }


  @Before
  public void setUp() throws SQLException, DatabaseUnitException,
      FileNotFoundException {
    IDataSet dataSet = new FlatXmlDataSetBuilder()
      .build(new FileInputStream(".\\testdaten\\basisdaten.xml"));
    DatabaseOperation.CLEAN_INSERT.execute(connDBU, dataSet);
  }


  @Test
  public void testViertesFachgebietErgaenzen() throws Exception{
    IDataSet databaseDataSet = connDBU.createDataSet();
    ITable vorher = databaseDataSet.getTable("Qualifikation");
    Assert.assertTrue(!mp.mitarbeiterNeuesFachgebiet(0, 3));
    IDataSet databaseDataSet2 = connDBU.createDataSet();
    ITable nachher = databaseDataSet2.getTable("Qualifikation");
    Assertion.assertEquals(vorher, nachher);
  }


  @Test
  public void testMitarbeiterMitQualifikationLoeschen()
                                          throws Exception {
    Assert.assertTrue(mp.mitarbeiterLoeschen(1));
    IDataSet databaseDataSet = connDBU.createDataSet();
    ITable actualTable = databaseDataSet
                        .getTable("Qualifikation");
    IDataSet expectedDataSet = new FlatXmlDataSetBuilder()
          .build(new File(".\\testdaten\\test3.xml"));
    ITable expectedTable = expectedDataSet
                        .getTable("Qualifikation");
    Assertion.assertEquals(new SortedTable(expectedTable)
          , new SortedTable(actualTable));
  }
}
```

Man erkennt, dass teilweise direkt auf die Datenbank, teilweise auf Methoden der Zu-griffsschicht zugegriffen wird. Inhaltlich treten keine Neuerungen auf. Die Initialisierung von DBUnit mit dem Einspielen der Testdaten aus der XML-Datei ist bekannt, der Abbau der Verbindung auch. Beim Versuch des Hinzufügens eines vierten Fachgebiets wird zu-nächst der Inhalt der Tabelle *Qualifikation* vor der Ausführung des Befehls festgehalten, dann die Methode der Zugriffsklasse ausgeführt, geprüft, dass das Ergebnis *false* ist und der Inhalt der Tabelle *Qualifikation* nach der Ausführung festgehalten. Es wird dann für die Datenbank geprüft, dass die Tabelle *Qualifikation* nicht verändert wurde.

Beim Löschen eines Mitarbeiters wird mit den bekannten Testdaten geprüft, dass die zum Mitarbeiter gehörenden Fachgebiete auch mitgelöscht wurden.

10.4   Testansätze bei der Nutzung von JPA

In diesem Abschnitt wird in einer Variante der Fallstudie wieder mit den ursprünglichen Klassen *Mitarbeiter* und *Fachgebiet* gearbeitet. Um die Arbeit mit Datenbanken wesent-lich zu erleichtern, gibt es Frameworks, die bei der Verwaltung von Objekten und der Datenbanksteuerung unterstützen. Hier wird JPA eingesetzt und gezeigt, dass die bisheri-gen Testansätze übertragbar sind, wobei man natürlich davon ausgeht, dass die JPA-Realisierung korrekt ist. Eine wichtige Aufgabe der Software-Entwicklung, die richtige Software-Architektur zu finden, die auch unmittelbare Auswirkungen auf die Testarchi-tektur hat, wird hier etwas vernachlässigt, um das Beispiel kompakt zu halten. Natürlich sollte über den Einsatz von Data Access Objects [@DAO] und ähnlichen Patterns kritisch [@Bie] nachgedacht werden.

Abb. 10.5 zeigt den Aufbau des Projekts. Es wird EclipseLink [@Eli] als JPA-Realisie-rung genutzt. Die zwei benötigten Jar-Dateien eclipselink.jar und javax.persistence.jar be-finden sich in den Unterverzeichnissen „jlib" und „jlib\jpa" der herunterladbaren Zip-Da-tei. Es wird wieder eine embedded Version von Apache Derby als Datenbank genutzt.

Im ersten Schritt muss die Klasse *Mitarbeiter* für die JPA-Nutzung bearbeitet werden. Dabei wird ausschließlich der Anfang der Klasse mit der Deklaration der Exemplarvaria-blen mit JPA-Annotationen ergänzt. Die restlichen Methoden werden vollständig von der bereits auf Seite 39 vorgestellten Klasse übernommen.

```
package verwaltung.mitarbeiter;
import java.io.Serializable;
import java.util.HashSet;
import java.util.Set;

import javax.persistence.CollectionTable;
import javax.persistence.Column;
import javax.persistence.ElementCollection;
import javax.persistence.Entity;
```

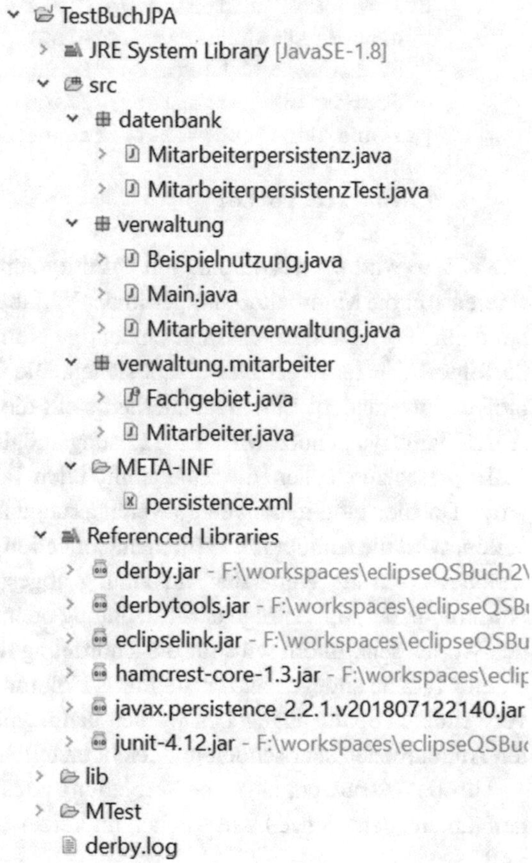

Abb. 10.5 Projektaufbau zur
JPA-Nutzung

```
v 🗁 TestBuchJPA
  > ■\ JRE System Library [JavaSE-1.8]
  v 🗁 src
    v ⊞ datenbank
      > 🗋 Mitarbeiterpersistenz.java
      > 🗋 MitarbeiterpersistenzTest.java
    v ⊞ verwaltung
      > 🗋 Beispielnutzung.java
      > 🗋 Main.java
      > 🗋 Mitarbeiterverwaltung.java
    v ⊞ verwaltung.mitarbeiter
      > 🗋 Fachgebiet.java
      > 🗋 Mitarbeiter.java
    v 🗁 META-INF
        🗋 persistence.xml
  v ■\ Referenced Libraries
    > 🗄 derby.jar - F:\workspaces\eclipseQSBuch2\
    > 🗄 derbytools.jar - F:\workspaces\eclipseQSB
    > 🗄 eclipselink.jar - F:\workspaces\eclipseQSBu
    > 🗄 hamcrest-core-1.3.jar - F:\workspaces\eclip
    > 🗄 javax.persistence_2.2.1.v201807122140.jar
    > 🗄 junit-4.12.jar - F:\workspaces\eclipseQSBu
  > 🗁 lib
  > 🗁 MTest
    🗋 derby.log
```

```java
import javax.persistence.EnumType;
import javax.persistence.Enumerated;
import javax.persistence.GeneratedValue;
import javax.persistence.GenerationType;
import javax.persistence.Id;

@Entity
public class Mitarbeiter implements Serializable{

  private static final long serialVersionUID = 458076069326042941L;

  @Id @GeneratedValue(strategy=GenerationType.AUTO)
  private int id;

  private String vorname;
  private String nachname;
```

```
@ElementCollection(targetClass=Fachgebiet.class)
  @Enumerated(EnumType.STRING)
  @CollectionTable(name="Fachgebiet")
  @Column(name="gebiet") // Column name in person_interest
private Set<Fachgebiet> fachgebiete;


// Rest wie vorher
```

Die Klasse wird zur Verwaltung mit @Entity annotiert. Anders als in den bisherigen Beispielen soll die Mitarbeiternummer in der Variablen *id* automatisch generiert werden, wobei dann JPA garantiert, dass nur eindeutige Nummern, nicht unbedingt immer aufeinanderfolgend, später in der Datenbank stehen. Die Objektvariablen *vorname* und *nachname* bleiben unverändert. Eine Besonderheit stellt die Menge der Fachgebiete dar, da hier ein Aufzählungstyp genutzt wird. Eine Lösungsmöglichkeit wäre es, aus Fachgebiet eine normale Klasse zu machen, die dann ähnlich den Tabellen in Abb. 10.1 zu einer JPA-Entität wird. Da hier möglichst wenige Veränderungen an den Klassen vorgenommen werden sollen, wird die Annotation @ElementCollection genutzt, wobei @Enumerated angibt, in welcher Form die Werte der Aufzählung abgespeichert werden. Dies kann einfach die Nummer in der Reihenfolge der Aufzählung oder, wie hier gewählt, die String-Darstellung des Wertes sein. Intern wird für die Zuordnung der Mitarbeiter zu den Fachgebieten eine eigene Tabelle angegeben, für die mit @Columns noch der Name der für das Fachgebiet verwendeten Spalte angegeben werden kann. Mit etwas JPA-Erfahrung sind die benötigten Annotationen sehr schnell und leicht erstellbar.

Um JPA zu nutzen, muss die Verbindung zur Datenbank spezifiziert werden. Diese sogenannten „Persistence Units" stehen im Verzeichnis META-INF in der Datei persistence. xml.

```
<?xml version="1.0" encoding="UTF-8"?>
<persistence version="2.0"
  xmlns="http://java.sun.com/xml/ns/persistence"
  xmlns:xsi="http://www.w3.org/2001/XMLSchema-instance"
  xsi:schemaLocation="http://java.sun.com/xml/ns/persistence
     http://java.sun.com/xml/ns/persistence/persistence_2_0.xsd">
 <persistence-unit name="MOrg1" transaction-type="RESOURCE_LOCAL">
    <provider>
      org.eclipse.persistence.jpa.PersistenceProvider
    </provider>
    <class>verwaltung.mitarbeiter.Mitarbeiter</class>
    <properties>
      <property name="javax.persistence.jdbc.url"
              value="jdbc:derby:MOrg1;create=true" />
      <property name="javax.persistence.jdbc.driver"
              value="org.apache.derby.jdbc.EmbeddedDriver" />
```

```
            <property name="eclipselink.ddl-generation"
                    value="create-tables" />
            <property name="eclipselink.logging.level" value="OFF" />
        </properties>
    </persistence-unit>
  <persistence-unit name="MTest" transaction-type="RESOURCE_LOCAL">
      <provider>
        org.eclipse.persistence.jpa.PersistenceProvider
      </provider>
      <class>verwaltung.mitarbeiter.Mitarbeiter</class>
      <properties>
        <property name="javax.persistence.jdbc.url"
                    value="jdbc:derby:MTest;create=true" />
        <property name="javax.persistence.jdbc.driver"
                    value="org.apache.derby.jdbc.EmbeddedDriver" />
        <property name="eclipselink.ddl-generation"
                    value="drop-and-create-tables" />
        <property name="eclipselink.logging.level" value="INFO" />
      </properties>
    </persistence-unit>
</persistence>
```

Die gezeigte Datei enthält zwei Persistence Units, wobei die erste *MOrg1* für den realen Betrieb steht und die zweite *MTest* für den Testbetrieb genutzt werden soll, damit sich Produktivdaten und Testdaten nicht mischen. Inhaltlich besteht neben der Nutzung unterschiedlicher Datenbanken der Unterschied der Persistence Units darin, dass zum Testen die Datenbank immer gelöscht und wieder neu angelegt wird (drop-and-create-tables), während die Produktivdatenbank nur dann neu entsteht (create-tables), wenn noch keine Tabellen vorliegen. Weiterhin ist das Logging für das Produktivsystem ausgeschaltet.

Mit den beschriebenen Veränderungen kann JPA bereits genutzt werden, was an folgendem Beispiel veranschaulicht wird.

```
package verwaltung;
import java.sql.Connection;
import java.sql.DriverManager;
import java.sql.ResultSet;
import java.sql.SQLException;
import java.sql.Statement;

import javax.persistence.EntityManager;
import javax.persistence.EntityManagerFactory;
import javax.persistence.Persistence;

import verwaltung.mitarbeiter.Fachgebiet;
import verwaltung.mitarbeiter.Mitarbeiter;
```

```java
public class Beispielnutzung {

  public static void main(String[] args) throws SQLException {
    EntityManagerFactory emf = Persistence
        .createEntityManagerFactory("MOrg1");
    EntityManager em = emf.createEntityManager();
    String ma[][] = { { "Uwe", "Mäi" }, { "Ute", "Von" },
        { "Ayse", "Sahin" } };

    em.getTransaction().begin();
    for (int i = 0; i < 3; i++) {
      Mitarbeiter m = new Mitarbeiter(ma[i][0], ma[i][1]);
      for (int j = i; j < 3; j++) {
        m.addFachgebiet(Fachgebiet.values()[j]);
      }
      em.persist(m);
    }
    em.getTransaction().commit();

    for (Mitarbeiter m : em.createQuery(
        "SELECT m FROM Mitarbeiter m"
        , Mitarbeiter.class).getResultList()) {
      System.out.println(m);
    }

    em.close();
    emf.close();

    DriverManager
        .registerDriver(
          new org.apache.derby.jdbc.EmbeddedDriver());
    Connection connection = DriverManager
          .getConnection("jdbc:derby:MOrg1");
    Statement stmt = connection.createStatement();
    ResultSet rsAll = connection.getMetaData()
            .getTables("%", "%", "%"
                    , new String[] { "TABLE" });
    while (rsAll.next()) {
      System.out.println("\n" + rsAll.getString("TABLE_NAME"));
      ResultSet rs = stmt.executeQuery("SELECT * FROM "
          + rsAll.getString("TABLE_NAME"));

      int spalten = rs.getMetaData().getColumnCount();
      for (int i = 1; i <= spalten; i++) {
        System.out.print(rs.getMetaData().getColumnName(i)+"\t");
      }
```

```
         System.out.println();

         while (rs.next()) {
           for (int i = 1; i <= spalten; i++) {
             System.out.print(rs.getString(i) + " \t");
           }
           System.out.println();
         }
       }
     }
   }
```

Objekte vom Typ *EntityManager* ermöglichen den Zugriff auf die Persistenz-Funktionalität. Ein passendes Objekt wird über die EntityManagerFactory erzeugt, der der Name einer Persistence Unit übergeben werden muss. Für alle Objekte muss unterschieden werden, ob sie unter Verwaltung von JPA, genauer dem EntityManager-Objekt, stehen oder nicht. Generell gilt, dass Änderungen zunächst nur lokal und für den Nutzer sichtbar gemacht werden und man dann alle Änderungen an verwalteten Objekten mit der Datenbank synchronisieren kann. Alle Datenbankoperationen finden in Transaktionen statt, die mit *begin()* gestartet, mit *commit()* beendet und mit *rollback()* abgebrochen werden können. Im Beispiel werden drei Mitarbeiter-Objekte erstellt, denen dann einige Fachgebiete zugeordnet werden. Die eigentliche Persistierung erfolgt mit einem Befehl *em.persist(m)* unabhängig davon, wie viele Fachgebiete ein Mitarbeiter hat. Mit dem Ende der Transaktion werden die Daten in die Datenbank geschrieben.

JPA hat mit der JPA-Query-Language (JPQL) [@JPQ] eine eigene objektorientierte Anfragesprache, die eng an SQL angelehnt ist. Im Beispiel werden alle Mitarbeiter-Objekte gelesen und über deren toString()-Methode ausgegeben. Danach wird die Datenbankverbindung geschlossen.

Mit den nachfolgenden, teilweise aus der Klasse *DBVerbindung* schon bekannten Zeilen wird die entstehende Datenbank direkt analysiert. Genauer wird gefragt, welche Tabellen es gibt, dann für jede Tabelle die Namen der Spalten und ihr Inhalt ausgegeben. Die Ausgabe sieht nach einmaligem Start des Programms wie folgt aus:

```
Ute Von (2)[ JAVA DESIGN ]
Ayse Sahin (3)[ JAVA ]
Uwe Mäi (1)[ ANALYSE JAVA DESIGN ]

FACHGEBIET
MITARBEITER_ID    GEBIET
2       JAVA
2       DESIGN
3       JAVA
1       ANALYSE
1       JAVA
1       DESIGN
```

```
MITARBEITER
ID     NACHNAME     VORNAME
2      Von          Ute
3      Sahin        Ayse
1      Mäi          Uwe


SEQUENCE
SEQ_NAME     SEQ_COUNT
SEQ_GEN      50
```

Wird das Programm mehrfach ausgeführt, werden wieder neue Mitarbeiter-Objekte mit den gleichen Namen und anderen Mitarbeiternummern angelegt, da es in diesem Beispiel keinen Befehl zum Löschen der Datenbankinhalte gibt.

An der Ausgabe ist auch erkennbar, dass in der Tabelle *Mitarbeiter* der Nachname vor dem Vornamen steht. Weiterhin ist die Art der Verwaltung der Fachgebietszuordnung erkennbar. Die mengenorientierte Verarbeitung der Daten wird deutlich, da die Mitarbeiter nicht in der eingegebenen Reihenfolge ausgegeben werden.

Die hier durchgeführte Analyse der Datenbank ist ein zweischneidiges Schwert. Auf der einen Seite wurde bereits bei der Zugriffsschicht für die direkte Datenbanknutzung diskutiert, dass es sinnvoll sein kann, die Datenbankinhalte nach versteckten Problemen zu durchsuchen. Auf der anderen Seite versuchen Entwickler mit jahrelanger Erfahrung in relationalen Datenbanken es oft, JPA so im Tabellenentwurf umzubiegen, wie sie den Entwurf selbst von Hand ausführen würden. Dies führt leider oft dazu, dass die Stärken von JPA, durch die Implementierungsfreiheit des Frameworks performante Lösungen zu erstellen, durch Entwicklervorgaben enorm eingebremst werden. Eine Regel für die JPA-Nutzung für die konstruktive Qualitätssicherung ist es, dass geschulte JPA-Entwickler für die Entwicklung der Entitäten und die Nutzung der Annotationen verantwortlich sind. Leider gibt es in der Praxis einige Fälle, in denen große Softwaresysteme zwar mit JPA oder Hibernate entwickelt wurden, allerdings die Art der Nutzung nicht den JPA-Konzepten entsprach, was dann zu sehr langsamen Systemen führte.

Im konkreten Beispiel soll jetzt die Klasse *Mitarbeiterpersistenz* aus der direkten Datenbanknutzung durch eine Klasse gleichen Namens mit gleichen Methoden ersetzt werden, die auf JPA basiert. Dadurch wird die vorgestellte Oberflächenklasse direkt, ohne eine Änderung, wiederverwendbar. Die neue Zugriffsklasse sieht wie folgt aus:

```java
package datenbank;
import java.util.HashMap;

import javax.persistence.EntityManager;
import javax.persistence.EntityManagerFactory;
import javax.persistence.Persistence;

import verwaltung.mitarbeiter.Fachgebiet;
import verwaltung.mitarbeiter.Mitarbeiter;
```

```java
public class Mitarbeiterpersistenz {

  private EntityManagerFactory emf;
  private EntityManager em;
  private HashMap<Integer, Mitarbeiter> mitarbeiter
                                      = new HashMap<>();

  public Mitarbeiterpersistenz(String persistenceUnit) {
    this.emf = Persistence
                  .createEntityManagerFactory(persistenceUnit);
    this.em = emf.createEntityManager();
    for (Mitarbeiter m : this.em.createQuery(
                      "SELECT m FROM Mitarbeiter m"
                    , Mitarbeiter.class).getResultList()) {
      this.mitarbeiter.put(m.getId(), m);
    }
  }

  public void trennen() {
    if (em != null && em.isOpen()) {
      em.close();
    }
    if (emf != null && emf.isOpen()) {
      emf.close();
    }
  }

  // minr wird nicht benötigt, da automatisch vergeben
  public boolean neuerMitarbeiter(int minr, String vorname
                                , String nachname) {
    Mitarbeiter m;
    try {
      m = new Mitarbeiter(vorname, nachname);
    } catch (IllegalArgumentException e) {
      return false;
    }
    this.em.getTransaction().begin();
    this.em.persist(m);
    this.em.getTransaction().commit();
    this.mitarbeiter.put(m.getId(), m);
    return true;
  }

  public String[] zeigeMitarbeiter(int minr) {
    if (!this.mitarbeiter.containsKey(minr)) {
      return null;
```

```
      }
      Mitarbeiter m = this.mitarbeiter.get(minr);
      return new String[] { "" + m.getId(), m.getVorname()
                          , m.getNachname() };
  }

  public boolean mitarbeiterLoeschen(int minr) {
      if (!this.mitarbeiter.containsKey(minr)) {
        return false;
      }
      Mitarbeiter m = this.mitarbeiter.get(minr);
      em.getTransaction().begin();
      em.remove(m);
      em.getTransaction().commit();
      this.mitarbeiter.remove(minr);
      return true;
  }

  public boolean hatFachgebiet(int minr, int gebiet) {
      if (!this.mitarbeiter.containsKey(minr)) {
        return false;
      }
      Mitarbeiter m = this.mitarbeiter.get(minr);
      return m.hatFachgebiet(Fachgebiet.values()[gebiet]);
  }

  public int anzahlFachgebiete(int minr) {
      if (!this.mitarbeiter.containsKey(minr)) {
        return 0;
      }
      Mitarbeiter m = this.mitarbeiter.get(minr);
      return m.getFachgebiete().size();
  }

  public boolean mitarbeiterNeuesFachgebiet(int minr, int gebiet) {
      if (!this.mitarbeiter.containsKey(minr)) {
        return false;
      }
      Mitarbeiter m = this.mitarbeiter.get(minr);
      if (m.hatFachgebiet(Fachgebiet.values()[gebiet])) {
        return false;
      }
      try {
        m.addFachgebiet(Fachgebiet.values()[gebiet]);
      } catch (IllegalArgumentException e) {
```

```
        return false;
      }
    em.getTransaction().begin();
    em.merge(m);
    em.getTransaction().commit();
    return true;
  }


  public boolean mitarbeiterFachgebietLoeschen(int minr
                                    , int gebiet) {
    if (!this.mitarbeiter.containsKey(minr)) {
      return false;
    }
    Mitarbeiter m = this.mitarbeiter.get(minr);
    if (!m.hatFachgebiet(Fachgebiet.values()[gebiet])) {
      return false;
    }
    // beim Klassenentwurf leider das Löschen vergessen
    m.getFachgebiete().remove(Fachgebiet.values()[gebiet]);
    em.getTransaction().begin();
    em.merge(m);
    em.getTransaction().commit();
    return true;
  }


  public String[] fachgebiete() {
    Fachgebiet[] gebiete = Fachgebiet.values();
    String[] ergebnis = new String[gebiete.length];
    for (int i = 0; i < gebiete.length; i++) {
      ergebnis[i] = gebiete[i].toString();
    }
    return ergebnis;
  }


  public String fachleuteZeigen(int gebiet) {
    Fachgebiet gb = Fachgebiet.values()[gebiet];
    StringBuilder sb = new StringBuilder();
    for (Mitarbeiter m : this.mitarbeiter.values()) {
      if (m.hatFachgebiet(gb)) {
        sb.append(" " + m + "\n");
      }
    }
    return sb.toString();
  }
```

```
    public String alle() {
      StringBuilder sb = new StringBuilder();
      for (Mitarbeiter m : this.mitarbeiter.values()) {
        sb.append(" " + m + "\n");
      }
      return sb.toString();
    }
  }
```

Die Klasse enthält eine Sammlung aller bekannten Mitarbeiter, die in einer HashMap mit Key-Value-Paaren, also der Zuordnung von Mitarbeiternummern zu den Mitarbeitern, verwaltet wird. Im Konstruktor werden alle bisher bekannten Mitarbeiter eingelesen.

Dadurch, dass die Mitarbeiternummern automatisch vergeben werden, wird dieser Parameter in der Methode *neuerMitarbeiter()* nicht mehr benötigt und ignoriert. Bei Verstößen gegen die Forderungen, dass der Nachname nicht null und nicht kürzer als zwei Zeichen sein darf, wirft die Klasse *Mitarbeiter* eine Ausnahme.

Die Methode *zeigeMitarbeiter()* könnte natürlich auch das Mitarbeiter-Objekt direkt zurückliefern. Ob dies gewünscht ist, hängt von der genutzten Software-architektur mit den definierten Konventionen ab.

Das Löschen von Objekten ist ebenfalls mit einem Befehl möglich, wobei abhängig davon, wie Objektvariablen annotiert sind, dies auch zur Löschung aller abhängigen Objekte führen kann. Im konkreten Fall wird die zugehörige Sammlung an Fachgebieten mitgelöscht.

Beim Hinzufügen eines Fachgebiets werden alle Problemfälle, d. h. der Mitarbeiter existiert nicht, der Mitarbeiter hat das Fachgebiet bereits und der Mitarbeiter darf nur drei Fachgebiete haben, berücksichtigt. Für diese Art der Validierung der Daten gibt es weitere Möglichkeiten, die z. B. durch den Ansatz der Bean Validation [@BeV, @HVa] zentral mit Validierungsklassen stattfinden könnte.

Beim Löschen eines Fachgebiets fällt auf, dass diese Methode beim Mitarbeiter fehlt, aber hier durch die unsauberen Varianten „Objekt rausreißen", „Objekt bearbeiten" und „Objekt zurückstopfen" auch gelöst werden kann. Die Änderungen an der Sammlung werden beim Persistieren, genauer beim Aktualisieren mit *merge()*, erkannt.

Aus Sicht der Tests kann festgestellt werden, dass die Klasse *Mitarbeiter* bereits getestet ist, sodass nur die Zugriffsklasse wieder getestet werden muss. Da die gleichen Methoden wie beim direkten Zugriff getestet werden müssen, können die ursprünglichen Tests übernommen werden. Eine Änderung ist allerdings notwendig, da die Testdaten durch die Zugriffsschicht jetzt in die Datenbank eingespielt werden müssen.

```
    package datenbank;

    import org.junit.AfterClass;
    import org.junit.Assert;
```

```
import org.junit.BeforeClass;
import org.junit.Ignore;
import org.junit.Test;

public class MitarbeiterpersistenzTest {

  private final static String DB = "MTest";
  private static Mitarbeiterpersistenz mp;

  //*** ab hier aktualisiert
  @BeforeClass
  public static void setUpClass(){
    mp = new Mitarbeiterpersistenz(DB);
    String ma[][] = { { "Uwe", "Mäi" }, { "Ute", "Von" },
         { "Ayse", "Sahin" } };
    for (int i = 0; i < ma.length; i++) {
      mp.neuerMitarbeiter(i, ma[i][0], ma[i][1]);
    }
    for (int i = 1; i <= 3; i++) {
      for (int j = i; j <= 3; j++) {
        mp.mitarbeiterNeuesFachgebiet(i, j);
      }
    }
    System.out.println(mp.alle());
  }
  //*** bis hier aktualisiert

  @AfterClass
  public static void afterClass(){
    System.out.println(mp.alle());
    //DBVerbindung.allesZeigen();
    mp.trennen();
  }

  @Test
  public void testMitarbeiterEinfuegen() {
    Assert.assertTrue(mp.neuerMitarbeiter(4, "Anna", "Otto"));
    System.out.println(mp.alle());
    String[] daten =mp.zeigeMitarbeiter(4);
    Assert.assertTrue(daten[0].equals("4"));
    Assert.assertTrue(daten[1].equals("Anna"));
    Assert.assertTrue(daten[2].equals("Otto"));
    Assert.assertTrue(mp.mitarbeiterLoeschen(4));
  }
```

```java
@Ignore @Test
public void testDoppeltenMitarbeiterEinfuegen() {
  Assert.assertTrue(!mp.neuerMitarbeiter(2, "Anna", "Otto"));
}


@Test
public void testMitarbeiterOhneNachnamenEinfuegen() {
  Assert.assertTrue(!mp.neuerMitarbeiter(3, "Anna", null));
}


@Test
public void testFachgebietErfolgreichenHinzufuegen(){
  Assert.assertTrue(mp.mitarbeiterNeuesFachgebiet(2, 4));
  Assert.assertTrue(mp.hatFachgebiet(2, 4));
  Assert.assertTrue(mp.mitarbeiterFachgebietLoeschen(2, 4));
  Assert.assertTrue(!mp.hatFachgebiet(2, 4));
}


@Test
public void testFachgebietDoppeltHinzufuegen(){
  System.out.println(mp.alle());
  Assert.assertTrue(!mp.mitarbeiterNeuesFachgebiet(1, 2));
  Assert.assertTrue(mp.hatFachgebiet(1, 2));
}


@Test
public void testFachgebietViertesHinzufuegen(){
  Assert.assertTrue(!mp.mitarbeiterNeuesFachgebiet(0, 3));
  Assert.assertTrue(!mp.hatFachgebiet(0, 3));
}
}
```

Kleine weitere Änderungen werden notwendig, da jetzt die Vergabe der Mitarbeiternummer automatisch und nicht mehr durch den Nutzer erfolgt. Dabei werden die Tests allerdings abhängig von der JPA-Realisierung, da hier Annahmen über die Nummernvergabe getroffen werden müssen. Im konkreten Fall werden die Objekte jetzt ab der Zahl Eins und nicht ab der Zahl Null durchnummeriert. Der Test mit der doppelt vergebenen Mitarbeiternummer entfällt, da die Vergabe ja nun automatisch erfolgt und hier einfach ein Mitarbeiter mit gleichem Namen und anderer Mitarbeiternummer angelegt wird.

Insgesamt laufen alle Tests, die noch vervollständigt werden müssten, da nicht alle Methoden getestet werden, erfolgreich durch. Der Nutzungsdialog aus Abb. 10.3 kann genauso ablaufen, wobei die Objekt-Ausgaben etwas anders formatiert sind, aber den gleichen Inhalt haben.

Auf die Nutzung von DBUnit wird hier nicht mehr eingegangen, wobei das Beispiel
schon zeigt, dass die Erstellung der Testdaten und der Vergleich ohne DBUnit wieder recht
aufwändig werden kann. Da die Tabellenstruktur bekannt ist, kann DBUnit wieder eingesetzt werden, wobei dies eine weitere enge Abhängigkeit von der aktuell eingesetzten
JPA-Implementierung schafft.

10.5 Grundregeln beim Testen mit Datenbanken

Oftmals sind Datenbanken zentrale Grundlage von komplexer Software, sodass eine Fehl-
funktion der Datenbank immensen geschäftlichen Schaden anrichten kann. Ein Beispiel
sind Versandhäuser, die ihre Kataloge und alle Geschäftsbeziehungen in ihren Datenbanken pflegen. Damit ist jede Änderung an dieser möglichst ausfallsicher, redundant auf
mindestens zwei Servern laufenden Datenbank als extrem kritisch einzuordnen.

Daraus folgt die erste zentrale Regel, dass Tests niemals am laufenden System, also
dem Produktivsystem, ausgeführt werden dürfen. Selbst das Einspielen von Testdaten für
Dummy-Nutzer oder Kunden kann zu teilweise gravierenden Problemen führen, wenn die
zugehörigen Zugangsdaten in falsche Hände fallen. Weiterhin könnten Testdaten reale
Auswertungen verfälschen.

Für Entwickler folgt unmittelbar, dass es für die Entwicklungsumgebung eine eigene
Datenbank geben sollte, wobei bei sehr großen Systemen oftmals nicht alle Tabellen benötigt werden. In diesem Fall ist die Äquivalenzklassenmethode oftmals ein guter Ansatz,
zusammen mit der Grenzwertanalyse sinnvolle Testdaten zu erhalten.

Im nächsten Schritt bei der Integration ist eine Testdatenbank sinnvoll, auf die bereits
verschiedene Komponenten zugreifen können. Dabei stellt sich die zentrale Frage, wie
man immer eine eindeutige Ausgangslage für die Tests herstellen kann. Hier ist es oftmals
der Fall, dass nicht die gesamte Datenbank immer wieder neu aufgesetzt werden muss, da
durch gewisse Konventionen die Reproduzierbarkeit einer Ausgangssituation garantiert
werden kann. Dies ist z. B. dadurch erreichbar, dass vereinbart wird, dass gewisse Daten
nicht verändert werden dürfen und so zum gemeinsamen Testen zur Verfügung stehen.
Weiterhin kann vereinbart werden, dass jeder Tester nur Daten mit bestimmten Eigenschaften, z. B. mit einer Mitarbeiternummer zwischen 3000 und 4000, beliebig bearbeiten
darf. Generell ist es beim Testen wie bei der Nutzung von Datenbanken immer sinnvoll,
zwischenzeitlich Back-ups zu erzeugen, die dann als „Reset-Möglichkeit" wieder neu eingespielt werden können.

Für große Integrations- und Systemtests steht man vor der Herausforderung, eine Datenbank mit allen Vertretern der Äquivalenzklassen nutzen zu können, die weiterhin möglichst realistisch die im Betrieb genutzte Datenbank abbildet. Hier ist es oft der Fall, dass
die manuelle Erzeugung von Testdaten enorm aufwändig werden kann und man gerade bei
sehr großen, schon lange laufenden Datenbanken nach alternativen Lösungen suchen
muss.

Ein in der Praxis häufiger vertretener Ansatz ist es, einfach eine Kopie der realen Datenbank zu nutzen. Der zentrale Vorteil des Ansatzes ist es, dass man genau betrachten kann, wie sich die neu entwickelte Software in der Realität verhält. Fachlich ist der Ansatz nur eingeschränkt nutzbar, wenn die neue Software-Funktionalität auch zu neuen Tabellen oder Spalten in Tabellen führt, die dann zumindest mit sinnvollen Testdaten aufgefüllt werden müssen.

Häufig kann eine Kopie der realen Daten nicht genutzt werden, da dies gegen den Datenschutz verstößt, da personenbezogene Daten Teil der Datenbank sind. In diesem Fall ist das Vorgehen grundsätzlich mit dem Datenschutzbeauftragten des Unternehmens zu klären. Da die Entwicklung und die Nutzung der Software häufig nicht im selben Unternehmen stattfinden, ist die Weitergabe persönlicher Daten grundsätzlich nicht erlaubt. Weiterhin kann die Weitergabe realer Daten auch beinhalten, dass Geschäftsgeheimnisse z. B. über genutzte Geschäftsmodelle sichtbar werden, was in der Regel ebenfalls verhindert werden muss.

Ein teilweise genutzter Ansatz ist die Auswahl einer Teilmenge der Datensätze, die dann aber mit allen ihren Abhängigkeiten extrahiert werden müssen, bei denen Daten zusätzlich anonymisiert werden. Diese Anonymisierung ist wieder im Zusammenhang mit dem Datenschutz zu überprüfen, da z. B. eine einfache Ersetzung eines Namens nicht ausreicht, solange die Adresse nicht mitgeändert wird. Generell reichen oft wenige Eigenschaften aus, um Menschen eindeutig zu identifizieren; diese Möglichkeit ist für die Testdaten zu verhindern.

Eine Anonymisierung durch die zusätzliche Änderung der Adresse kann dann aber zu neuen Problemen führen, wenn z. B. Versicherungstarife von Adressbereichen abhängen, sodass zumindest realistische Adressen bei der Anonymisierung genutzt werden müssen.

Durch die Anonymisierung kann es also passieren, dass ein Datensatz von einer in eine andere Äquivalenzklasse wandert, was die Qualität der Testdaten verringert. Auf der anderen Seite ist es oft der Fall, dass ein Datensatz für genau eine Kombination von Äquivalenzklassen steht, sodass hier wieder das Datenschutzargument eine Verhinderung von Testdaten erfordert. Ein konkretes Beispiel ist, dass bei ähnlichen Daten oft geprüft wird, ob diese nicht z. B. durch ein Netzwerkproblem oder einfach doppelt entstanden sind. Beim Anlegen neuer Kunden sind dann z. B. der Geburtstag und der Geburtsort Teil dieser Doublettenprüfung. Enthalten dann die aus realen Daten abgeleiteten Testdaten z. B. den Fall, dass acht Personen mit gleichem Geburtstag und Geburtsort eingetragen werden sollen, kann unmittelbar auf eine Achtlingsgeburt geschlossen werden, die nur sehr selten stattfindet und deren zugehörige Personen schnell identifizierbar sind.

Eine sinnvolle Variante, um zu möglichst realistischen Daten zu kommen, die nicht gegen den Datenschutz verstoßen, ist die Generierung von Testdaten unter Berücksichtigung realer Daten. Damit dabei sinnvolle Daten generiert werden, kann man teilweise auf Auszüge von realen Daten zugreifen und weiterhin Generatoren nutzen, die z. B. auch noch Wahrscheinlichkeiten berücksichtigen. Ein Beispiel für einen solchen Generator ist Benerator [@Ber], der in [Ber12] beschrieben ist.

10.6 Fazit

Datenbanken spielen in fast allen großen Softwaresystemen eine zentrale Rolle, wenn es um die Persistierung der Daten geht. Aus diesem Grund ist ein Test der Datenbankstruktur und der Zugriffsschicht Pflicht in jedem dieser Projekte. Zwar ist die theoretische Herangehensweise nicht anders als bei der anderen Software auch, da wieder das Konzept der Äquivalenzklassen eine entscheidende Rolle spielt, jedoch ist in der Praxis die Wiederherstellungsmöglichkeit für eine Testausgangssituation eine komplexe und zeitaufwändige Maßnahme.

In diesem Kapitel wurde gezeigt, dass man auch von Java aus direkt mit JUnit und der Erweiterung DBUnit Datenbankstrukturen testen kann, was auch mit anderen Datenbankwerkzeugen möglich ist. Weiterhin wurde gezeigt, dass die Zugriffsschicht sehr gut mit JUnit getestet werden kann, wobei DBUnit wieder als Hilfsmittel einsetzbar ist.

Da man beim Überprüfen von Testergebnissen alle Veränderungen beachten muss, kann es hier sinnvoll sein, die Klassen mit Datenbankzugriff zusammen mit der Datenbank zu testen, um so schleichende Fehler in der Datenbank zu finden.

Obwohl zwischen der datenbankzentrierten Entwicklung und der Software-Entwicklung, bei der die Datenbank als überetablierte Verbindungssoftware nur Mittel zum Zweck ist, gut 10 Jahre liegen, kann man aus Sicht der Qualitätssicherung feststellen, dass das Testkonzept gleich bleibt. Bereits getestete untere Schichten werden als korrekt angenommen, was sich beim Einsatz von JPA oder einem anderen objektrelationalen Mapper auf das Framework bezieht.

Zum Test von Datenbanken müssen verschiedene Versionen zur Verfügung stehen, die abhängig von ihrem Einsatz im Entwickler-, Integrations- und Systemtest unterschiedliche Ausschnitte der Datenbanken mit unterschiedlichen Mengen von Daten enthalten. Zum Aufbau dieser Datenbanken kann ein Generator für Datenbankeinträge ein sehr wichtiges Hilfsmittel sein. Durch eine geschickte Architektur können generierte Daten und Generierungsskripte in verschiedenen Projekten eingesetzt werden.

Literatur

Webseiten zugegriffen am 18.10.2018

[@Ber]   Bergmann IT – Databene Benerator. http://bergmann-it.de/download/download_benerator
[@BeV]   JSR 303: Bean Validation. http://jcp.org/en/jsr/detail?id=303
[@Bie]   JPA/EJB3 killed the DAO. http://www.adam-bien.com/roller/abien/entry/jpa_ejb3_killed_the_dao
[@Com]   Apache Commons Collections. http://commons.apache.org/collections/
[@DAO]   Core J2EE Patterns – Data Access Object. https://www.oracle.com/technetwork/java/dataaccessobject-138824.html
[@DBU]   About DbUnit. http://www.dbunit.org/
[@Der]   Apache Derby. http://db.apache.org/derby/

[@Eli]   EclipseLink Project. http://www.eclipse.org/eclipselink/

[@HVa]   Hibernate Validator. http://www.hibernate.org/subprojects/validator.html

[@JDB]   Lesson: JDBC Introduction. http://docs.oracle.com/javase/tutorial/jdbc/overview/index.
            html

[@JPA]   JSR-000220 Enterprise JavaBeans 3.0 Final Release (persistence). http://download.ora-
            cle.com/otndocs/jcp/ejb-3_0-fr-eval-oth-JSpec/

[@JPQ]   JPQL Language Reference. http://docs.oracle.com/html/E24396_01/ejb3_langref.html

[@log]   Apache Logging Services Project – Apache log4j. http://logging.apache.org/log4j/

[@Poi]   Apache POI – the Java API for Microsoft Documents. http://poi.apache.org/

[@slf]   Simple Logging Facade for Java (SLF4J). http://www.slf4j.org/

[Ber12]   Bergmann, V.: Databene benerator 0.7.6 manual. http://databene.org/download/databe-
            ne-benerator-manual-0.7.6.pdf (2012)

[Kle16]   Kleuker, S.: Grundkurs Datenbankentwicklung, 4. aktualisierte Aufl. Springer Vieweg,
            Wiesbaden (2016)

[Sch07]   Schubert, M.: Datenbanken: Theorie, Entwurf und Programmierung relationaler Daten-
            banken, 2. Aufl. Vieweg+Teubner, Wiesbaden (2007)

[Ste09]   Steiner, R.: Grundkurs Relationale Datenbanken: Einführung in die Praxis der Daten-
            bankentwicklung für Ausbildung, Studium und IT-Beruf, 7. Aufl. Vieweg+Teubner,
            Wiesbaden (2009)

Test von Web-Applikationen 11

Zusammenfassung

Generell können Web-Applikationen als Spezialfall der bereits vorher betrachteten Programmarten angesehen werden. Daraus folgt unmittelbar, dass die bisher vorgestellten Ideen und auch Werkzeuge zumindest für große Teile der Applikationen genutzt werden. Die Applikationen haben meist keinen einfachen Aufbau und nutzen unterschiedliche Techniken, ausgehend von der Gestaltung und Struktur der Oberflächen bis hin zu transaktionssicheren Operationen auf Datenbanken. Da die Techniken meist in nur einer Schicht genutzt werden, sind diese die zentrale Grundlage der Testplanung. Es gilt wieder, dass zunächst das darunter liegende System schichtweise und dann die Web-Oberfläche getestet wird, sofern dies möglich ist.

In diesem Kapitel wird anhand einer Web-Applikation ein weiteres Werkzeug mit seinen auf Web-Oberflächen ausgerichteten Konzepten vorgestellt, wobei das Werkzeug Selenium für fast alle Applikationen genutzt werden kann, die über einen Browser steuerbar sind.

Im folgenden Abschnitt wird kurz die Funktionalität der zu testenden Applikation erklärt, wobei keine technischen Details gezeigt werden, da die konkret eingesetzte Technik für die folgenden Abschnitte unwichtig sind. Danach wird gezeigt, welche grundsätzlichen Möglichkeiten Selenium bietet, um dann exemplarisch zu zeigen, wie schrittweise eine systematische Software-Architektur für Tests entstehen kann. Dabei ist der bereits vorgestellte Gedanke, Tests soweit zu abstrahieren, dass Tester und Entwickler keine detaillierten Kenntnisse des konkreten Testwerkzeugs bei der Erstellung eigener Tests benötigen, wieder im Mittelpunkt.

© Springer Fachmedien Wiesbaden GmbH, ein Teil von Springer Nature 2019
S. Kleuker, *Qualitätssicherung durch Softwaretests*,
https://doi.org/10.1007/978-3-658-24886-4_11

Abschließend werden weitere bereits in Java bzw. der JEE-Version mitgelieferte Möglichkeiten zur Testerstellung kurz anhand von Beispielen andiskutiert. Ein detaillierter Einstieg in das Thema Qualitätssicherung in JEE-Projekten füllt dabei locker ein dickes Buch für Fortgeschrittene.

11.1   Beispiel einer Web-Applikation

Die in diesem Abschnitt vorgestellte Web-Applikation dient als durchgehendes Beispiel in den Folgeabschnitten. Sie ist als ein Beispiel für eine über das Internet, genauer das HTTP-oder HTTPS-Protokoll, nutzbare Applikation gewählt. Das Programm stammt aus einer Machbarkeitsstudie und ist nicht im Design optimiert worden. Die folgende Beschreibung soll es weiterhin ermöglichen, das Programm unter Windows selbst zu starten und die nachfolgenden Tests durchzuführen.

Die Motivation für die Applikation ist, dass man durch die Lösung zweier unterschiedlicher Rätsel, die nicht Teil der Software sind und z. B. aus Kreuzworträtseln stammen, zu zwei verschiedenen Passwörtern kommt. Werden die Passwörter dann bei der Applikation eingetragen, erhält man einen speziellen Code, der z. B. für einen Gutschein eines Online-Kaufhauses steht. Die Applikation soll es weiterhin ermöglichen, dass Kombinationen aus zwei Passwörtern und einem Gutschein-Code eingegeben werden können. Diese Informationen sind um eine Anzahl zu ergänzen, die angibt, wie oft der Gutschein-Code maximal ausgegeben wird.

In folgenden Prototypen werden diverse Sicherheitsaspekte außer Acht gelassen, die für die hier vorgestellten Ideen nicht maßgeblich sind. Trotzdem können die weiteren Sicherheitsmaßnahmen die Testerstellung deutlich erschweren. Hier gilt wieder, dass man entweder mit dem Problem leben muss, was meist zu längeren Testlaufzeiten führt, oder eine Applikationsvariante erstellt, die ohne die zusätzlichen Sicherheits-Features auskommt, dann aber diese Features getrennt zusätzlich testen muss.

Als Applikations-Server wird ein Apache Tomcat [@Tom] genutzt, der unter http://tomcat.apache.org/download-90.cgi herunterladbar ist. Im Beispiel wurde die Version 9.0.12 genutzt. Generell sollten alle Varianten ab der Version 7 nutzbar sein. Wird Apache Tomcat als zip-Datei (apache-tomcat-7.0.27-windows-x86.zip, die 32 Bit-Version; grundsätzlich muss die zum eigenen Betriebssystem passende genutzt werden) heruntergeladen, kann er an einem beliebigen Ort ausgepackt werden. Von der Webseite des Buches ist die Applikation als war-Datei SecretSafe.war kopierbar.

Um die vorher von der Webseite des Buches kopierte Applikation zu installieren, wird die war-Datei einfach in den Unterordner „webapps" des Servers kopiert. Das Ergebnis kann wie in Abb. 11.1 gezeigt aussehen.

Im Server-Verzeichnis gibt es einen Unterordner „bin", der u. a. eine Datei startup.bat, siehe auch Abb. 11.2, enthält.

Abb. 11.1 Installation der Applikation durch Kopieren

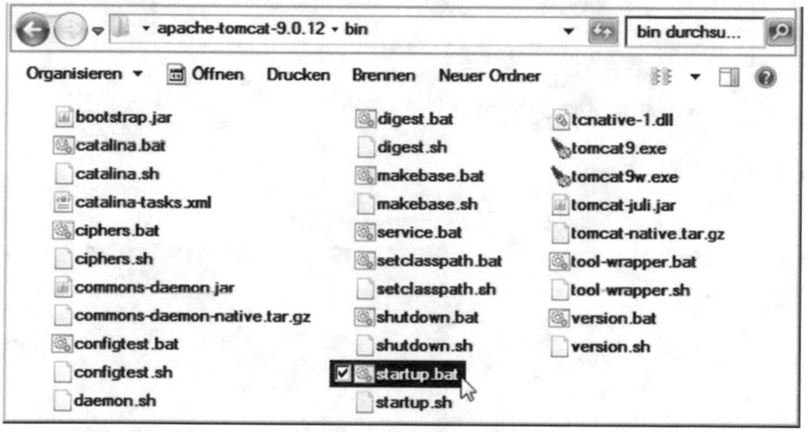

Abb. 11.2 Start von Apache Tomcat im bin-Verzeichnis

Durch einen Doppelklick auf diese Datei wird der Server gestartet. Es öffnet sich ein neues Konsolen-Fenster mit einigen Status-Informationen, die am Ende beinhalten, dass der Server gestartet wurde. Dieses Fenster darf nicht geschlossen werden, da sonst der Server terminiert würde. Nach Nutzung des Servers kann dieser entweder durch Schließen eben dieses Fensters oder durch einen Doppelklick auf shutdown.bat beendet werden. Bei Startproblemen ist zunächst zu prüfen, ob die Systemvariable *JAVA_HOME* gesetzt ist. Zur Überprüfung wird einfach in einem Konsolenfenster „set JAVA_HOME" eingegeben und man sollte den Pfad zu seiner Installation bekommen, wie folgende zwei Zeilen zeigen. Ansonsten muss die Systemvariable eingerichtet werden.

```
D:\Users\xx>set JAVA_HOME
JAVA_HOME=D:\Program Files\Java\jdk1.8.0_181
```

Die Web-Applikation kann nun in einem beliebigen Browser unter der Adresse http://localhost:8080/SecretSafe gestartet werden. Abb. 11.3 zeigt das Startfenster.

Abb. 11.3 SecretSafe – Startfenster

Abb. 11.4 SecretSafe –
Eingabemöglichkeit

Klickt man auf „Nachricht verfassen", besteht, wie in Abb. 11.4 gezeigt, eine Eingabemöglichkeit für zwei Passwörter, einen Gutschein-Code (geheime Nachricht) und die Anzahl, wie oft der Code zur Verfügung steht.

Klickt man auf „Nachricht lesen", besteht, wie in Abb. 11.5 gezeigt, die Möglichkeit,
zwei Passwörter einzugeben, um dann nach einem Klick auf „Abfragen" entweder den
zugehörigen Text oder bei falscher Eingabe sowie nicht mehr vorhandenen Codes eine
Standardnachricht zu erhalten.

Abb. 11.5 SecretSafe – Abfragemöglichkeit und mögliche Antworten

Die Applikation selbst wurde mit JavaServer Faces (JSF) [@JSF, BS09, MKM09] umgesetzt, einem Framework, mit dem die Darstellung der Oberfläche recht sauber von der fachlichen Realisierung getrennt werden kann. Genauer gibt es verschiedene Objekte, die innerhalb von mit XHTML-generierten Seiten gelesen und über Methodenaufrufe genutzt werden können. Abhängig von der JSF-Variante ist es mehr oder minder aufwändig, dass in der Browser-Zeile genau der passende Link angezeigt wird, wodurch sich einige Seiten von JSF-Applikationen nicht sinnvoll bookmarken lassen. Diese Detailinformationen sind aus Sicht der QS relevant, da so nicht einfach direkt zu Seiten manövriert werden kann; man muss immer ausgehend von der Startseite testen.

Für das Testen ist es wichtig, dass die Applikation HTML zur Darstellung der Seiten nutzt. Generell ist solcher Code meist schwer lesbar, wie der Code zur Seite aus Abb. 11.5 zeigt.

```
<?xml version='1.0' encoding='UTF-8' ?>
<!DOCTYPE html PUBLIC "-//W3C//DTD XHTML 1.0 Transitional//EN" "http://
www.w3.org/TR/xhtml1/DTD/xhtml1-transitional.dtd">
<html xmlns="http://www.w3.org/1999/xhtml"><head>
    <title>Pssst</title></head><body>
    <img src="SecretSafe.jpg" alt="Logo" />
<form id="j_idt7" name="j_idt7" method="post"
action="/SecretSafe/faces/./nachrichtLesen.xhtml" enctype="application/x-
www-form-urlencoded">
<input type="hidden" name="j_idt7" value="j_idt7" />
```

```
        Benötigt werden die Codewörter:
        <br />Code 1: <input id="j_idt7:c1" type="text" name="j_idt7:c1" value="" />
          <br />Code 2: <input id="j_idt7:c2" type="text" name="j_idt7:c2"
                                                                    value="" />
            <br /><input type="submit" name="j_idt7:j_idt13" value="Abfragen" />
              <br />
<script type="text/javascript"
src="/SecretSafe/faces/javax.faces.r e s o u r c e / j s f . j s ? l n = j a v a x .
                                faces&stage=Development"> </script>

<a href="#"
onclick="mojarra.jsfcljs(document.getElementById('j_idt7'),{'j_idt7:
          j_idt15':'j_idt7:j_idt15'},");return false">Zur Startseite</a>
      <br /><input type="hidden" name="javax.faces.ViewState" id="javax.faces.
ViewState" value="-149681695632012167:-8054465899105478527" autocomplete
                                                                ="off" />

</form></body>
</html>
```

Trotzdem hat ein HTML-Dokument immer einen festen baumartigen Aufbau, in dem es sogenannte Elemente gibt, die wieder Unterelemente enthalten können. Jedes Element hat einen Tag-Namen wie *img* oder *input* und kann verschiedene Attribute haben, die immer die Form Attributname, gefolgt von einem Gleichheitszeichen, gefolgt von einem Text in Anführungsstrichen haben. Im obigen Beispiel gibt es häufig wiederkehrende Attribute wie *id*, *name* und *typ*. Weiterhin enthält das Dokument und teilweise Elemente noch Informationen, wie es dargestellt werden soll. Teilweise werden diese Informationen direkt angehängt, meist stehen sie in zusätzlichen CSS-Dateien.

Das Beispiel zeigt außerdem, dass JavaScript [@ECM, Koc11] an verschiedenen Stellen in die Seite integriert sein kann. Oft werden JavaScript-Bibliotheken geladen, die dann weitere Funktionen zur Verfügung stellen. Die ursprünglich rein statischen Webseiten können so eine Dynamik erhalten. JavaScript kann in einem speziellen script-Tag stehen, kann aber auch Attributen zugewiesen werden, wie es das Attribut *onclick* im Beispiel zeigt.

HTML-Seiten können weitere Dynamik durch die Nutzung der AJAX-Technologie erhalten, bei der zur Laufzeit bestimmte Teile der Webseite durch andere Teile ersetzt werden können, ohne dass eine neue Webseite geladen wird. Eine konsequente Weiterführung des Ansatzes führt dann zu Single Page Applications, die sich ähnlich wie Desktop-Programme verhalten und immer nur Teile der Anzeige im Hintergrund nachladen. Diese dynamischen Änderungen, die gerade durch HTML5 eine noch größere Bedeutung bekommen, stellen die QS vor besondere Herausforderungen, da immer deutlich werden muss, was wann geladen ist.

Trotz des oft wirren, da generierten, HTML-Codes kann man aus Sicht der QS trotzdem festhalten, dass ein HTML-Dokument immer eine klare Baumstruktur hat, durch die sich jedes grafische Element eindeutig identifizieren lässt. Eine besondere Herausforderung für Testwerkzeuge ist dabei, dass sich der Inhalt von Webseiten im Laufe der Zeit ändern kann.

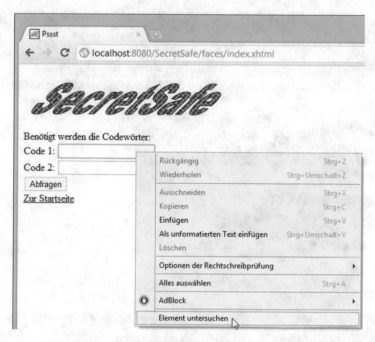

Abb. 11.6   SecretSafe – Analyse von dargestellten Elementen

Bei der Testerstellung ist es oft wichtig, genau das Element auf der Seite zu finden, das man mit dem Testwerkzeug bearbeiten kann. Dabei kann es sehr hilfreich sein, wenn man im HTML-Quellcode herausfinden kann, um welches Element es sich handelt. Hierzu können verschiedene Entwicklungswerkzeuge für Webseiten genutzt werden; oft unterstützen auch Browser direkt das Finden von Elementen. Im Browser Chrome z. B. kann man mit einem Rechtsklick den Punkt „Element untersuchen" auswählen, wie es in Abb. 11.6 gezeigt wird.

Danach öffnet sich unten eine strukturierte Darstellung des HTML-Codes mit einer Markierung des ausgewählten Elements, wie es auch Abb. 11.7 zeigt. Durch das Bewegen der Maus über weitere Elemente kann man sehen, wo sie dargestellt werden. Abb. 11.7 zeigt, dass der HTML-Text für das obere Eingabefeld grau unterlegt ist. Bewegt man die Maus auf diesen Text, wird das zugehörige Element mit weiteren Informationen auf der Webseite angezeigt.

11.2   Einsatzmöglichkeiten von Selenium

Zum Testen der vorgestellten Applikation können einige der in den vorherigen Kapiteln beschriebenen Ideen und Werkzeuge genutzt werden. „Hinter" der JSF-Seite befinden sich normale Java-Klassen, die für Ein- und Ausgaben der Webseite genutzt werden. Diese sind teilweise direkt mit reinem JUnit testbar. Weiterhin ist es oft möglich, die Persistenz-Schicht, in JEE-Applikationen oft mit JPA [@JPA] oder etwas mächtiger mit Hibernate [@Hib] umgesetzt, wie im vorherigen Kapitel gezeigt, getrennt zu testen.

Abb. 11.7 SecretSafe – Parallele Darstellung von Quellcode und Ausgabe

Selenium [@Sel] ist damit prinzipiell ein Werkzeug zum Test von Nutzungsoberflächen, die bereits im Kap. 9 diskutiert wurden. Das heißt, dass es auch hier die gleichen Probleme gibt: Wie findet man das Element, das gesteuert werden soll, und welche zeitlichen Abhängigkeiten sind zu berücksichtigen? Weiterhin gilt auch, dass man genau überlegen muss, wann diese Technik effizient eingesetzt werden kann. Dies ist typischerweise bei seltenen Änderungen der Oberfläche der Fall. Generell wird in allen Unternehmen, deren Erfolg unmittelbar von Web-Applikationen abhängt, zumindest für bestimmte Teilaufgaben Selenium eingesetzt. Wie immer gilt, dass man das Werkzeug nur in den Bereichen nutzen soll, in denen es für das individuelle Projekt einen Mehrwert bringt. Dieser Bereich ist für Selenium in vielen Projekten sehr groß.

Wichtig ist es noch, anzumerken, dass mit dem Namen „Selenium" verschiedene Werkzeuge gemeint sein können, die teilweise auch zusammenarbeiten. In diesem Abschnitt wird der Selenium WebDriver-Ansatz betrachtet. Parallel und ebenfalls sehr interessant ist der Ansatz Selenium IDE, mit dem Aktionen im Browser, wie von Capture & Replay bekannt, aufgezeichnet und mit ergänzten Informationen wieder abgespielt werden können. Selenium IDE ist z. B. sehr gut als Erweiterung des Firefox-Browsers nutzbar. Die aufgezeichneten Testfälle können automatisch in Test-Programme verwandelt werden, wobei meistens noch kleine Anpassungen, z. B. wegen des Timings, durchgeführt werden müssen. Selenium IDE kann teilweise mit Selenium WebDriver verknüpft werden, da aber der WebDriver-Ansatz besser zur systematischen Entwicklung von Tests eingesetzt werden kann, wird er hier genauer vorgestellt.

In diesem Abschnitt werden wichtige Nutzungsmöglichkeiten von Selenium diskutiert. Dazu wird schrittweise der Code eines einzelnen Testfalls vorgestellt. Es gilt natürlich weiterhin, dass Testfälle möglichst kurz und einfach gehalten werden sollen. Davon wird hier im ersten Beispiel abgewichen, um die Zusammenhänge etwas einfacher verdeutlichen zu können.

Zur Installation wird ein Hilfsprogramm genutzt, dass die Steuerung von Browsern von außen vereinfacht. Dieser GeckoDriver ist von der Seite [@Gec] erhältlich. Hier wird die Version geckodriver-v0.23.0 in der zum Betriebssystem passenden Version genutzt. Die erhaltene Zip-Datei wird an einem ausführbaren Ort ausgepackt.

Danach muss Selenium von der zugehörigen Webseite http://seleniumhq.org/download/ heruntergeladen werden. Für die hier genauer betrachteten Beispiele wird die Java-Version 3.14.0 (http://selenium.googlecode.com/files/selenium-java-3.14.0.zip) genutzt. Auf der Webseite wird auch deutlich, dass man die Tests statt in Java auch mit C#, Ruby oder Python schreiben könnte. Nach dem Auspacken der Datei findet man im Unterordner selenium-java-3.14.0 eine Datei client-combined-3.14.0.jar und einen Ordner „libs" mit weiteren jar-Dateien. Alle diese jar-Dateien müssen in das Projekt eingebunden werden, damit Selenium nutzbar wird. Die Projektstruktur ist in Abb. 11.8 dargestellt.

Danach können mit Hilfe der Selenium-Klassen JUnit-Tests erstellt werden. Selenium hat dabei zwei zentrale Klassen, genauer Interfaces, die hier eine zentrale Rolle spielen. Ein Objekt vom Typ *WebDriver* wird genutzt, um zu einer Webseite zu steuern und alle dargestellten Elemente nach bestimmten Kriterien auf der Seite zu finden. Alle mit HTML

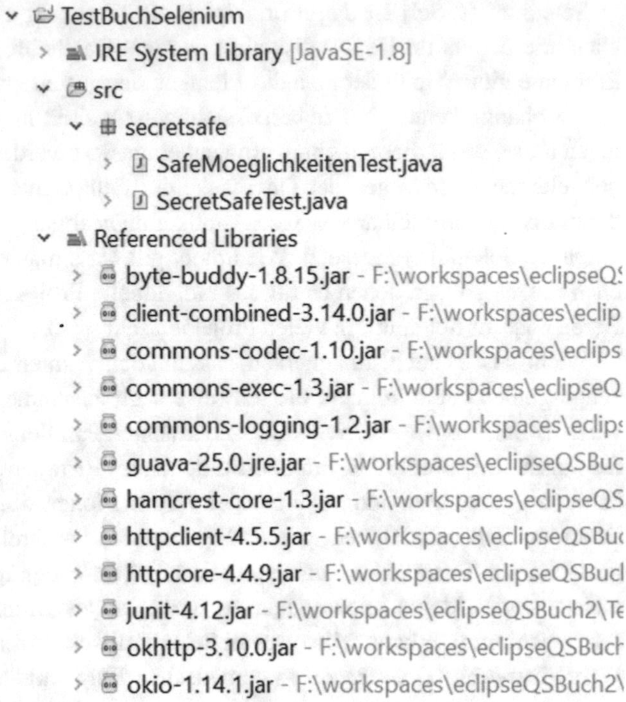

Abb. 11.8 Projektstruktur des
Selenium-Projekts

```
v 🗁 TestBuchSelenium
  > 🛋 JRE System Library [JavaSE-1.8]
  v 🕮 src
    v ⊞ secretsafe
      > ◨ SafeMoeglichkeitenTest.java
      > ◨ SecretSafeTest.java
  v 🛋 Referenced Libraries
    > 🖥 byte-buddy-1.8.15.jar - F:\workspaces\eclipseQ!
    > 🖥 client-combined-3.14.0.jar - F:\workspaces\eclip
    > 🖥 commons-codec-1.10.jar - F:\workspaces\eclips
    > 🖥 commons-exec-1.3.jar - F:\workspaces\eclipseQ
    > 🖥 commons-logging-1.2.jar - F:\workspaces\eclips
    > 🖥 guava-25.0-jre.jar - F:\workspaces\eclipseQSBuc
    > 🖥 hamcrest-core-1.3.jar - F:\workspaces\eclipseQS
    > 🖥 httpclient-4.5.5.jar - F:\workspaces\eclipseQSBuc
    > 🖥 httpcore-4.4.9.jar - F:\workspaces\eclipseQSBucl
    > 🖥 junit-4.12.jar - F:\workspaces\eclipseQSBuch2\Te
    > 🖥 okhttp-3.10.0.jar - F:\workspaces\eclipseQSBuch
    > 🖥 okio-1.14.1.jar - F:\workspaces\eclipseQSBuch2\
```

darstellbaren Elemente können in ein Objekt vom Typ *WebElement* verwandelt werden.
Mit diesem Interface ist ein WebElement detailliert untersuchbar; es gibt Information über
den Elementnamen und alle Werte von Attributen. Da HTML-Elemente hierarchisch aufgebaut sind, kann ein WebElement ebenfalls auf alle untergeordneten Elemente zugreifen.
Neben der Analyse können WebElement-Objekte, wenn möglich, mit Text gefüllt und
angeklickt werden.

```
import java.io.File;
import java.io.IOException;
import java.nio.file.Files;
import java.nio.file.Path;
import java.nio.file.StandardCopyOption;
import java.util.Date;
import java.util.List;

import org.junit.After;
import org.junit.Assert;
import org.junit.Before;
import org.junit.BeforeClass;
import org.junit.Test;
import org.openqa.selenium.By;
import org.openqa.selenium.JavascriptExecutor;
```

```java
import org.openqa.selenium.OutputType;
import org.openqa.selenium.TakesScreenshot;
import org.openqa.selenium.WebDriver;
import org.openqa.selenium.WebElement;
import org.openqa.selenium.firefox.FirefoxDriver;
import org.openqa.selenium.firefox.FirefoxOptions;

public class SafeMoeglichkeitenTest {

  private WebDriver driver;

  public SafeMoeglichkeitenTest() {
  }

  @BeforeClass
  public static void setUpOnce() {
    // Pfad an eigene Einstellungen anpassen
    System.setProperty("webdriver.gecko.driver",
        "F:\\workspaces\\eclipseQSBuch2\\TestBuchSelenium"
        + "\\geckodriver-v0.23.0-win32\\geckodriver.exe");
  }

  @Before
  public void setUp() {
    // driver = new HtmlUnitDriver();
    // driver = new ChromeDriver();
    FirefoxOptions firefoxOptions = new FirefoxOptions();
    firefoxOptions.setCapability("marionette", true);
    driver = new FirefoxDriver(firefoxOptions);
  }
```

Zunächst wird die zentrale Objektvariable *driver* deklariert, die wesentlich für die weitere Steuerung ist. In der mit @BeforeClass annotierten Methode wird der Pfad zum GeckoDriver festgehalten und so zur System-Variablen. Interessant wird es ab der eigentlichen Setup()-Methode. An den Kommentaren ist erkennbar, dass es für unterschiedliche Browser jeweils konkrete Implementierungen des Interfaces *WebDriver* gibt, die dazu führen, dass diese Browser gesteuert werden können. Es sei bereits vorweg angemerkt, dass mit Selenium durchaus mehrere Browser zusammen steuerbar sind. Es ist aber zu bedenken, dass es bei gleichen Browsern die Einschränkung gibt, dass sie zum selben Nutzer gehören und so z. B. gegebenenfalls die gleichen Cookies nutzen. Generell gilt, dass ein hier gewählter Browser im benutzten Betriebssystem installiert sein muss, damit er an dieser Stelle gestartet werden kann. Zunächst wird der Browser dann ohne spezielle nutzerspezifische Einstellungen gestartet. Dies ist am Anfang bei der Erstellung von Testfällen sehr hilfreich, reicht aber für komplexe Testszenarien nicht aus. Aus diesem Grund sind die Browser-Objekte mit

Parametern startbar, sodass auch vorgegebene Nutzerprofile nutzbar werden. Bei den Browsern ist zu beachten, dass HtmlUnitDriver, FirefoxDriver und InternetExplorerDriver direkt vom Selenium-Team stammen. Die Anzahl weiterer Implementierungen wächst ständig und umfasst auch ChromeDriver, OperaDriver, SafariDriver, aber auch AndroidDriver und IPhoneDriver.

Im Beispiel wird Firefox auf einen Start vorbereitet. Generell besteht wieder das Problem, dass das Selenium-Programm schneller als der Browser ist und versucht, auf Elemente zuzugreifen, die gerade in dem Moment noch nicht dargestellt werden. Eine generelle Verzögerung der Aktionen ist machbar, diese Einstellung gehört aber zu einer derjenigen, die durch Experimentieren mit dem konkreten Testrechner, auf dem die Tests später laufen sollen, kalibriert werden muss. Bei einer zu großen Zeitangabe reduziert sich die Anzahl der z. B. in einer Nacht durchführbaren Tests beträchtlich. Weiterhin können zu hohe Zeiten sogar dazu führen, dass einzelne Aktionen nicht mehr vom Browser erkannt werden. Da ein Testrechner aber zur Testgesamtkonfiguration gehört, sollte es immer der Fall sein, dass ein bestimmter Rechner, z. B. auch eine virtuelle Maschine, mit einer genau spezifizierten Programmausstattung zur Testausführung genutzt wird. Die Tests sind damit nicht mehr 100 % portabel, was allerdings im konkreten Fall keine wesentliche Einschränkung darstellt. Vorgreifend sei angemerkt, dass neben dieser harten Zeitgrenze auch die Möglichkeit besteht, auf ein bestimmtes dargestelltes Element auf einer Webseite zu warten.

```
@After
public void tearDown() {
  driver.quit();
}
```

Zum Abschluss eines Tests ist es meist sinnvoll, vollständig aufzuräumen und den Browser zu schließen.

```
private void zeigeElemente(List<WebElement> liste){
  if (liste != null) {
    for (WebElement w : liste) {
      if(w!=null){
      System.out.println("  " + w.getTagName()
          + "::" + w.getAttribute("type")
          + "::" + w.getAttribute("name")
          + "::" + w.getAttribute("value")
          + "::" + w.getText()
          + "::" + w.getLocation()
         + "::" +w.isEnabled());
      } else {
        System.out.println("  Bin null");
      }
    }
  }
}
```

Um die folgenden Ergebnisse besser analysieren zu können, kann mit der vorherigen Methode eine Liste von WebElements etwas strukturiert ausgegeben werden. Es gibt noch weitere Analysemethoden, die nutzbar wären.

Der folgende Test demonstriert einige Möglichkeiten, indem die Startseite aufgerufen und ihr Inhalt etwas analysiert wird. Danach wird einer der Knöpfe gedrückt und die resultierende Seite genauer betrachtet.

```
@Test
public void testBeispielvarianten()
                throws InterruptedException, IOException {
    driver.get("http://localhost:8080/SecretSafe//");
```

Durch die einfache get-Methode wird im zu *driver* gehörenden Browser die beschriebene Seite aufgerufen.

```
List<WebElement> liste = driver
                        .findElements(By.tagName("input"));
zeigeElemente(liste);
```

Die zentrale Methode zur Analyse von Seiteninhalten heißt *findElements*. Sie steht auch für Objekte vom Typ *WebElement* zur Verfügung. Das Argument der Methode muss vom Typ *By* sein. Dabei stellt die Klasse *By* einige Methoden zur Verfügung, mit denen auf unterschiedliche Art und Weise Elemente einer Webseite gefunden werden. Eine Möglichkeit ist die Suche nach konkreten Tags, wie im Beispiel die Suche nach input-Tags. Der zugehörige HTML-Baum wird in einer Tiefensuche, also anschaulich von oben nach unten durchlaufen, sodass in der Ergebnisliste alle Elemente in der Reihenfolge ihrer Definition in der Seite stehen. Das Ergebnis der zugehörigen Ausgabe sieht wie folgt aus:

```
input::hidden::j_idt8::j_idt8::::(-2, -2)::true
input::submit::j_idt8:j_idt10::Nachricht verfassen::::(10, 153)::true
input::submit::j_idt8:j_idt12::Nachricht lesen::::(10, 173)::true
input::hidden::javax.faces.ViewState::-7938633040884378341:-878409151775::::
(-2, -2)::true
```

Das letzte versteckte Element wird in JSF genutzt, um einen Nutzer, genauer den aktuellen Zustand der Web-Applikation, zu identifizieren.

```
List<WebElement> inp = driver
                        .findElements(By.xpath("//input"));
zeigeElemente(inp);
```

Eine zweite wichtige Suchmöglichkeit nutzt XPath [@XPL]. Dabei ist XPath eine Anfragesprache für XML- (hier auch HTML-) Bäume, mit der nach Teilbäumen und einzelnen Blättern gesucht werden kann. Auf eine detaillierte Einführung in XPath wird hier verzichtet, es sei nur als Beispiel erwähnt, dass Anfragen der Form „Sucht nach allen Teilbäumen, die mit dem Element input beginnen und deren Attribute folgende Eigenschaften haben" bearbeitet werden. Das Beispiel im Programmcode sucht durch // nach allen Teilbäumen, die mit dem Element *input* beginnen. Kritisch ist zu bemerken, dass es bei der Nutzung unterschiedlicher Browser, genauer der zugehörigen Web-Engines, die den eigentlichen Ablauf im Browser realisieren und oft in verschiedenen Browsern genutzt werden, zu Problemen kommen kann, da die Groß- und Kleinschreibung unterschiedlich berücksichtigt wird. An diesem Punkt können Tests schwerer auf andere Browser übertragbar werden. Die zugehörige Ausgabe ist im konkreten Beispiel identisch mit der ersten Ausgabe.

```
WebElement element = driver
            .findElement(By.name("j_idt8:j_idt10"));
System.out.println(element.getTagName()
    + "::" + element.getAttribute("type")
    + "::" + element.getAttribute("name")
    + "::" + element.getAttribute("value"));
```

Die Methode *findElement* dient dazu, ein konkretes Element zu identifizieren. Dies ist natürlich auch über die Methode *findelements* mit dem Listen-Ergebnis möglich, da man ja den Aufbau der Seite kennt und z. B. weiß, welcher Knopf oder welches Eingabefeld genutzt werden soll. Die Ausgabe für das eine Element sieht wie folgt aus:

```
input::submit::j_idt8:j_idt10::Nachricht verfassen
```

An der Ausgabe ist erkennbar, dass der Name des Elements, also das zugehörige Attribut *name*, keinen leicht lesbaren Text enthält, wobei sich gerade so ein Attribut sehr gut zum Finden von Elementen eignet. Werden solche teilweise sogar optionalen Elemente nicht von den Entwicklern sinnvoll vergeben, kann es passieren, dass bei einer Neukompilierung der Applikation neue Namen vergeben werden. Generell gilt, dass hier wieder bereits bei der Entwicklung einer Applikation an die Qualitätssicherung gedacht werden muss. Da es das zentrale Hilfsmittel beim Testen von Webseiten ist, Elemente auf den Seiten zu identifizieren, muss dies in der Entwicklung berücksichtigt werden. Im Beispiel reicht eine einfache Coding Guideline, in der steht, dass alle verwendeten Elemente eindeutige Namen haben müssen, schon aus. Meist kann man auch einfache Namensfindungsalgorithmen angeben, sodass der Mehraufwand in der Entwicklung sehr gering ist.

```
element.click();
```

Das Steuern von Webseiten ist relativ einfach, indem ein WebElement mit der Methode *click()* aufgefordert wird, die Nutzung durchzuführen. Dies war in früheren Selenium-Versionen auch über *submit()* möglich, was hier aber nicht mehr der Fall ist. Mit *click()* kann man z. B. auch Bilder, erkannt über img-Elemente, anklicken, um den dahinterliegenden Link zu nutzen.

```
System.out.println(driver.findElement(By.tagName("body")).getText());
```

Die hier gezeigte Ausgabe gibt den nicht weiter in Elementen, z. B. label-Elementen, enthaltenen Text zurück. Die Ausgabe dazu sieht wie folgt aus:

```
Codewort 1:
Codewort 2:
geheime Nachricht:
wie oft abrufbar:


Zur Startseite
```

Bei den meisten Web-Applikationen spielt JavaScript als Programmiersprache, genauer Skriptsprache, die im Browser ausgeführt werden kann, eine zentrale Rolle. Leider unterscheiden sich die verschiedenen Browser leicht bei der Ausführung, sodass man die folgenden Schritte wieder etwas mit Vorsicht bzgl. der Portabilität betrachten muss.

```
((JavascriptExecutor)driver)
    .executeScript("alert('JS gestartet');");
```

Die obige Programmzeile soll zunächst nur veranschaulichen, dass von Selenium aus direkt im Browser JavaScript ausführbar ist. Im konkreten Fall wird der hier betrachtete Testfall sogar unterbrochen, das Bild aus Abb. 11.9 gezeigt und gewartet, bis der Knopf gedrückt wurde.

Neben dem gleich näher erläuterten Austausch von Informationen von Java nach JavaScript und umgekehrt, bietet dieser Ansatz noch weitere vielfältige Möglichkeiten. Generell kann so fast beliebiger JavaScript-Code ausgeführt werden. Es wird möglich, weitere Skripte, z. B. zur Analyse der Webseite, aus Bibliotheken zu laden und auszuführen.

Es ist zu beachten, dass der Java-Compiler natürlich nicht überprüfen kann, ob sich Syntax-Fehler im JavaScript-Code befinden, was in der Entwicklung eventuell zu häufigen kleinen Änderungen führt.

Abb. 11.9 Ausgabe der
JavaScript-Ausführung

```
Object[] werte ={"input","text"};
@SuppressWarnings("unchecked")
List<WebElement> inputs3 = (List<WebElement>)
    ((JavascriptExecutor)driver).executeScript(
    "var tmp = document.getElementsByTagName(arguments[0]); " +
    "var erg = []; " +
    "for (var i=0; i<tmp.length; i++){" +
    "  if(tmp[i].type==arguments[1]){" +
    "      erg.push(tmp[i])" +
    "  }" +
    "}; " +
    "return erg;",werte);
zeigeElemente(inputs3);
```

Der vorherige Code zeigt, wie Informationen von Java nach JavaScript fließen und ein Ergebnis zurückfließen kann. Der Methode *executeScript* können nach dem Skript in String-Form beliebig viele Parameter übergeben werden. Im Beispiel sind diese in einem Object-Array *werte* zusammengefasst. Auf diese Parameter kann in JavaScript über einen Array mit dem festen Namen *arguments* zugegriffen werden. Zusammengefasst sucht das JavaScript-Programm alle Texteingabefelder. Genauer werden in der Variablen *tmp* zunächst alle Elemente gesammelt, die den Tag-Namen aus dem ersten Argument des Object-Arrays haben. Dann wird eine leere Sammlung, genauer ein JavaScript-Array, *erg* für das Endergebnis angelegt. In der Schleife werden alle in *tmp* enthaltenen Elemente untersucht. Haben diese den Typen, der mit dem zweiten Object-Array übereinstimmt, wird das Element in das Ergebnis eingefügt und letztendlich das Ergebnis zurückgegeben. In JavaScript berechnete Elemente einer Seite lassen sich dann ohne Probleme in eine Liste mit WebElement-Objekten umwandeln. Da dies nicht vom Compiler überprüft werden kann, muss die Variable *inputs3* mit einer Annotation versehen werden, damit keine Warnung ausgegeben wird. Es werden folgende Elemente ausgegeben.

```
input::text::j_idt7:c1:::::::(91, 135)::true
input::text::j_idt7:c2:::::::(91, 159)::true
input::text::j_idt7:geheim::::::(129, 183)::true
input::text::j_idt7:ab::0:::::(113, 207)::true
```

Da in JavaScript das eigentliche Dokument auch bearbeitet werden kann, ist es generell möglich, beliebige Ergebnisse in Form eines neu generierten Elements zurückzuliefern. Weiterhin kann man oft auch einzeilige JavaScript-Programme nutzen.

```
List<WebElement> inputs4 = (List<WebElement>)
    ((JavascriptExecutor)driver).executeScript(
        "return
document.getElementsByTagName(arguments[0]);","br");
    zeigeElemente(inputs4);
```

Im diesem Fall wird direkt nach allen harten Zeilenumbrüchen im Dokument gesucht. In einem konkreten Testfall könnte man fordern, dass hier immer eine leere Liste herauskommen soll, was ein Indiz dafür ist, dass über die Seitengestaltung genauer nachgedacht wurde. Im Beispiel gibt es allerdings einige Zeilenumbrüche, wie die zugehörige Ausgabe zeigt:

```
br::null::null::null::::(10, 134)::true
br::null::null::null::::(10, 158)::true
br::null::null::null::::(10, 182)::true
br::null::null::null::::(10, 206)::true
br::null::null::null::::(10, 230)::true
br::null::null::null::::(10, 250)::true


        System.out.println("Titel der Seite ist: " + driver.getTitle());
        Assert.assertTrue(driver.getTitle().contains("Pssst"));
```

Die letzten beiden Zeilen zeigen die Möglichkeit, auch auf den Titel der Seite zuzugreifen. Es wird folgende Zeile ausgegeben:

```
Titel der Seite ist: Pssst
```

Neben dem direkten Anklicken von Steuerelementen oder Auswahlboxen können auch normale Eingaben getätigt werden.

```
        inputs3.get(0).sendKeys("Hallo");
        inputs3.get(1).sendKeys("Ilja");

        File screenshot = ((TakesScreenshot) driver)
            .getScreenshotAs(OutputType.FILE);
        Path quelle = screenshot.toPath();
        Path ziel = new File("bild" + new Date().getTime()
                            + ".png").toPath();
        Files.copy(quelle, ziel
                , StandardCopyOption.REPLACE_EXISTING);  }
```

In Eingabefelder können durch die Methode *sendkeys()* Texte eingetragen werden.

Ein schon bekanntes, sinnvolles Hilfsmittel beim Testen von grafischen Oberflächen ist die Möglichkeit, Screenshots anzulegen. Diese Möglichkeit wird in den vorherigen Zeilen präsentiert. Man erhält zunächst ein File-Objekt, das dann in eine konkrete Datei, hier mit einem Namen bestehend aus dem Datum und verknüpft mit der Zeit in Millisekunden seit 1970, gespeichert wird. Ein Screenshot wird typischerweise in einem Fehlerfall angelegt, sodass die Fotoerstellung in eine Methode auszulagern ist, die nur im Fehlerfall aufgerufen wird.

In Abb. 11.10 wird ein Beispiel eines solchen Screenshots im Originalseitenverhältnis gezeigt, in dem man auch die Eingaben erahnen kann.

Abb. 11.10 Automatisch generierter Screenshot

11.3   Aufbau einer Test-Architektur

Generell sind die Möglichkeiten von Selenium sehr mächtig, benötigen aber durchaus eine gewisse Einarbeitungszeit, bis sie effizient genutzt werden können. Dabei stellt sich die Frage, ob alle Tester sich im Detail mit Selenium auskennen müssen. Dies ist gerade bei größeren Projekten nicht der Fall. Generell wird dann der Ansatz verfolgt, dass es wenige Selenium-Experten gibt, die den anderen Entwicklern das Testen ihrer Web-Applikationsanteile ermöglichen. Dazu werden Selenium-Anweisungen innerhalb von Methoden und Klassen gekapselt, sodass sich der Entwickler bei der Testerstellung nicht mehr um Selenium-Details kümmern muss. Ein Beispiel sind einfache Methoden, mit denen verschiedene Seiten der Applikation angesteuert werden können. Auch alle weiteren Eingabe- und Steuerungsmöglichkeiten sind so zu kapseln, dass es sich um „normale" Methoden handelt.

Dieser Ansatz kann durchaus weitergetrieben werden, häufiger hat sich hier aber der Ansatz durchgesetzt, pro Seite eine eigene Klasse zu schreiben, die den Zugriff auf die Elemente der Seite regelt. Natürlich kann man hier über Abstraktionen mit Interfaces dann eine eigene Test-Architektur aufbauen. Analog zu Software-Design-Patterns [GHJ95] kann man dann auch Test-Design-Patterns [@TDP, @UTP, @PO] nutzen, die die systematische Erstellung einer erweiterbaren Test-Architektur ermöglichen. Der vorgestellte Ansatz der Zuordnung einer Klasse zu einer Seite wird häufig „Page Object Pattern" genannt.

Diese Test-Systematisierung wird jetzt für das Beispiel aus dem vorherigen Abschnitt vorgestellt.

```
public class SecretSafeTest {
    private WebDriver driver;
    private static String text1;
    private static String text2;

    @BeforeClass
    public static void setupClass() {
        // Pfad an eigene Einstellungen anpassen
        System.setProperty("webdriver.gecko.driver",
            "F:\\workspaces\\eclipseQSBuch2\\TestBuchSelenium"
```

```
              + "\\geckodriver-v0.23.0-win32\\geckodriver.exe");
    text1 = ""+Math.random();
    text2 = ""+Math.random();
}

@Before
public void setUp() {
    FirefoxOptions firefoxOptions = new FirefoxOptions();
    firefoxOptions.setCapability("marionette", true);
    driver = new FirefoxDriver(firefoxOptions);
}

@After
public void tearDown() {
    driver.quit();
}
```

Zunächst wird die zentrale Objektvariable *driver* deklariert, die wesentlich für die weitere Steuerung ist. Mit *text1* und *text2* werden in *setupClass()* aus Zufallszahlen zwei Texte generiert, die für zwei einzugebende Passwörter stehen. Der kritische Tester wird am Rand bemerken, dass so eine Wiederholbarkeit der Tests erschwert wird, wobei es ausreicht, diese Werte zu protokollieren. Die set-up- und die tearDown-Methoden wurden bereits vorgestellt.

```
private void warteAufSeiteMitName(String id) {
    (new WebDriverWait(driver, 10))
        .until(new ExpectedCondition<WebElement>() {
            @Override
        public WebElement apply(WebDriver d) {
          return d.findElement(By.name(id));
        }
        }
    );
}
```

Die Methode *wartenAufSeiteMitName()* realisiert die Möglichkeit, auf ein bestimmtes Element auf der gerade angezeigten Webseite zu warten. Es sind wieder verschiedene Varianten zum Identifizieren von Elementen möglich. Bei der Zahl 10 handelt es sich um Sekunden. Danach würde eine Exception geworfen.

```
private void startSeite(){
    driver.get("http://localhost:8080/SecretSafe");
}

private void eingabeSeite(){
    startSeite();
```

```
        warteAufSeiteMitName("j_idt8:j_idt10");
        driver.findElement(By.name("j_idt8:j_idt10")).click();
    }

    private void ausgabeSeite(){
        startSeite();
        warteAufSeiteMitName("j_idt8:j_idt12");
        driver.findElement(By.name("j_idt8:j_idt12")).submit();
    }
```

Die Methoden dienen zum Manövrieren innerhalb der Webseiten der Applikation. Generell sollten so alle Seiten einfach erreichbar gemacht werden. Im konkreten Fall kann man zur Startseite und der Ein- sowie der Ausgabe-Seite gelangen.

```
    private void feldFuellen(String name, String wert){
        warteAufSeiteMitName(name);
        driver.findElement(By.name(name)).clear();
        driver.findElement(By.name(name)).sendKeys(wert);
    }

    private void textEingeben(String text1, String text2, String geheim,
                             int versuche){
        eingabeSeite();
        feldFuellen("j_idt7:c1",text1);
        feldFuellen("j_idt7:c2",text2);
        feldFuellen("j_idt7:geheim",geheim);
        feldFuellen("j_idt7:ab",""+versuche);
        driver.findElement(By.name("j_idt7:j_idt16")).click();
        Assert.assertTrue(driver.findElement(By.tagName("body"))
            .getText().contains("Eintrag erfolgreich"));
    }

    private void textEingeben(String geheim, int versuche){
        textEingeben(text1, text2, geheim, versuche);
    }
```

Ein nächster wichtiger Block von Methoden beschäftigt sich mit der Eingabe von Daten. Dazu muss festgelegt werden, wie die Eingabefelder gefunden werden. Ist dies über eindeutige Attribute möglich, die auch bei der Weiterentwicklung der Applikation nicht verändert werden, sind die entstehenden Tests oft ohne Änderungen auch bei kleinen Layout-Modifikationen übernehmbar. Bei der Eingabemethode *feldFuellen()* ist zu beachten, dass ein Eingabefeld immer zuerst gelöscht werden muss. Dies ist sinnvoll, da man z. B. bei der Nutzung eines Rückwärts-Buttons des Browsers noch erwünschte alte Einträge wiederfinden möchte. Natürlich kann man auch prüfen, ob Einträge vorheriger Nutzer unerwünscht noch lesbar sind.

```
private void textErfolgreichSuchen(String text1, String text2
                                , String geheim){
  ausgabeSeite();
  feldFuellen("j_idt7:c1",text1);
  feldFuellen("j_idt7:c2",text2);
  driver.findElement(By.name("j_idt7:j_idt13")).click();
  Assert.assertTrue(driver.findElement(By.tagName("body"))
      .getText().contains(geheim));
}

private void textErfolgreichSuchen(String geheim){
  textErfolgreichSuchen(text1, text2, geheim);
}

private void textErfolglosSuchen(String text1, String text2){
  ausgabeSeite();
  feldFuellen("j_idt7:c1",text1);
  feldFuellen("j_idt7:c2",text2);
  driver.findElement(By.name("j_idt7:j_idt13")).click();
  Assert.assertTrue(driver.findElement(By.tagName("body"))
      .getText().contains("Treffen um 730 in KN2"));
}

private void textErfolglosSuchen(){
  textErfolglosSuchen(text1, text2);
}
```

Die weiteren Methoden beschäftigen sich mit dem applikationsspezifischen Verhalten. Im konkreten Fall wird mit zwei Eingaben geprüft, ob ein erwarteter Text als Ergebnis geliefert wird. Dies kann einmal ein erfolgreiches Auffinden eines vorher versteckten Textes sein oder die Standardmeldung bei der Eingabe falscher Daten.

Nun folgt die eigentliche Testfallrealisierung, wobei natürlich vorher überlegt wurde, welche Testfälle benötigt werden. Für den konkreten Fall ist dabei zu berücksichtigen, wie die restliche Software ohne die Oberfläche bereits getestet wurde. Generell gilt, dass möglichst viel Funktionalität, wenn möglich ohne zusätzliche Software, wie hier einem Webserver, getestet werden sollte. Ist dies der Fall, muss man für die Oberfläche nur noch prüfen, ob die vorher schon getestete Software auch aufgerufen werden kann und die erwarteten Ergebnisse liefert.

Um hier einige Testfälle zu zeigen, wird angenommen, dass noch keine Tests der Funktionalität durchgeführt wurden. In diesem Fall ergibt eine grobe Äquivalenzklassenanalyse, dass man einmal versucht, zwei Schlüsselwörter zu suchen, für die es keinen Eintrag gibt, und einmal, nach vorhandenen Einträgen zu suchen. Bei vorhandenen Einträgen kann man dann noch prüfen, ob die gewünschte Anzahl der Abrufmöglichkeiten gegeben ist. Diese Ideen sind in den folgenden zwei Tests umgesetzt.

```
@Test
public void testErfolglos(){
  textErfolglosSuchen();
}


@Test
public void testEintragenUndLesen(){
  textEingeben("TextText", 3);
  textErfolgreichSuchen("TextText");
  textErfolgreichSuchen("TextText");
  textErfolgreichSuchen("TextText");
  textErfolglosSuchen();
}
```

Neben der Kernfunktionalität kann man auch prüfen, ob die Seiten die gewünschten Elemente enthalten. Dies kann z. B. immer geforderte Links oder Logos umfassen. Der Detaillierungsgrad der Tests hängt wieder davon ab, wie wichtig die betrachtete Funktionalität ist, sodass das typische Nutzerverhalten intensiver getestet wird als die Randfälle. Im konkreten Fall wird geprüft, ob die Links zum Rücksprung auf die Startseite vorhanden sind. Generell sollten, wenn es zeitlich möglich ist, alle Links in einzelnen Testfällen überprüft werden.

```
@Test
public void testLinkLesen(){
  ausgabeSeite();
  driver.findElement(By.linkText("Zur Startseite")).click();
  Assert.assertTrue(driver.findElement(By.tagName("body"))
    .getText().contains("Was wollen Sie machen?"));
}


@Test
public void testLinkSchreiben(){
  eingabeSeite();
  driver.findElement(By.linkText("Zur Startseite")).click();
  Assert.assertTrue(driver.findElement(By.tagName("body"))
    .getText().contains("Was wollen Sie machen?"));
}
```

Im nächsten Schritt muss natürlich die klassisch kritische Brille eines Testers aufgesetzt werden und die recht grobe Äquivalenzklassenanalyse wird um die Betrachtung von Grenzfällen ergänzt. Zunächst kann man eingeben, wie oft ein Code abrufbar sein soll. Hier können auch, da die Spezifikation nichts einschränkt, nicht-positive Zahlen eingegeben werden. Der Grenzfalltest ist eine Eingabe von null Abrufmöglichkeiten, die dann auch zu keiner erfolgreichen Abfrage führen darf.

```
@Test
public void testEintragenUndNullmalLesen(){
   textEingeben("TextText", 0);
   textErfolglosSuchen();
}
```

Die Spezifikation ist sehr oberflächlich und in einem realen Projekt muss erwartet werden, dass sie im Projektverlauf verfeinert wird. Dies sollte spätestens auf Anforderung der Entwickler geschehen, wenn diese über Grenzfälle nachdenken. Ein Beispiel ist die Möglichkeit der Eingabe von leeren Texten, die nach Spezifikation erlaubt sind, aber inhaltlich wenig Sinn haben. Der zugehörige Test sieht wie folgt aus:

```
@Test
public void leereEingabeErlaubt(){
   textEingeben("","","TextText", 3);
   textErfolgreichSuchen("","","TextText");
   textErfolgreichSuchen("","","TextText");
   textErfolgreichSuchen("","","TextText");
   textErfolglosSuchen("","");
}
```

Ein weiterer kritischer Fall, der eventuell sogar die gesamte Applikation in Frage stellt, beschäftigt sich mit der Frage, was passiert, wenn zwei Nutzer die exakt gleichen Codewörter nutzen. Es ist dann nicht klar, welches Ergebnis geliefert werden soll. Da man bei der Eingabe einen beliebigen Nutzer nicht informieren darf, dass die Codewörter schon genutzt werden, wäre es eine Lösung, dass nur authentifizierte Nutzer hier Eingaben machen dürfen, die dann informiert werden können. Im konkreten Fall wird vereinfacht angenommen, dass vereinbart wurde, dass alle Eingaben auf einem Stapel liegen, sodass immer das neuste noch nicht verbrauchte Ergebnis geliefert wird. Der Test sieht dann wie folgt aus:

```
@Test
public void testDoppelteCodeWoerter(){
   textEingeben("TextText", 2);
   textEingeben("BlaBla", 2);
   textErfolgreichSuchen("BlaBla");
   textErfolgreichSuchen("BlaBla");
   textErfolgreichSuchen("TextText");
   textErfolgreichSuchen("TextText");
   textErfolglosSuchen();
}
}
```

Dieses kleine Beispiel zeigt bereits, wie eine Test-Architektur systematisch aufgebaut und die Testentwicklung in verschiedene Teilbereiche aufgeteilt wird.

11.4 Test von Webservices

Webservices sind ein einfacher Ansatz, um webbasiert unterschiedliche Software miteinander zu verknüpfen. Durch die Einhaltung definierter Standards [@WSA], im Wesentlichen auf der Grundlage von XML, können Programme, die in verschiedenen Sprachen geschrieben sind, miteinander kommunizieren. Genauer gibt es im Web konkrete Software, die Dienste anbietet, die man sich vereinfacht als Funktionsaufrufe vorstellen kann. Dazu bietet jeder Service eine Beschreibung seiner Dienste im WSDL-Format (Web Services Description Language) an, die dann von anderen aufgerufen werden können.

Mit Representational State Transfer, kurz REST, wurde in [Fie00] ein systematischer Ansatz zum Aufbau von Webservices beschrieben. REST nutzt die aus dem HTTP-Protokoll bekannten Nachrichtenarten wie GET, POST, PUT und DELETE zur systematischen Abfrage und Bearbeitung von Informationen. Diese Architektur kann ebenfalls mit dem vorgeschlagenen Ansatz getestet werden, wobei dann z. B. eine embedded Version von Apache Tomcat einzusetzen ist.

In diesem Abschnitt wird ein klassischer Webservice entwickelt und auf seine Testmöglichkeiten untersucht. Das zentrale Ergebnis ist, dass die bekannten Möglichkeiten, unterstützt durch einen im Java-Standard enthaltenen Mock, zum Testen ausreichen.

Es wird wieder absichtlich ein etwas ungewöhnliches Szenario getestet, um zu zeigen, dass dieses auch testbar ist. Die Ideen sind direkt auf andere Szenarien übertragbar. Konkret soll die Datenbankzugriffsschicht aus dem Abschn. 10.1 über das Web zugänglich gemacht werden. Dabei wird weiterhin eine embedded Version von Apache Derby genutzt.

Zur Ausführung wird Apache Axis2 [@Axi] genutzt, das im Web-Container einiger Server installiert werden kann. Zur Installation wird die WAR-Distribution heruntergeladen, ausgepackt und, ähnlich wie auf Seite 316 für die Beispiel-Applikation gezeigt, in das Verzeichnis „webapps" kopiert. Es ist sinnvoll, etwas zu warten oder den Server einmal neu zu starten, da die Datei zur Installation im Server ausgepackt wird. Es entsteht ein Verzeichnis webapps\axis2, in dem der Unterordner WEB-INF\services genauer interessiert, da hier die Webservices installiert werden.

Konkret soll die Zugriffsklasse von Seite 275 als Webservice umgeschrieben werden. Dazu sind in Java nur noch minimale Änderungen notwendig, die aus der Ergänzung zweier Annotationen bestehen, die die in der Klasse enthaltenen Methoden als Webservices markiert und als Protokoll SOAP-RPC (Remote Procedure Call) einstellt. Weitere Annotationen sind z. B. zur Umbenennung von Parametern oder zur Nichtveröffentlichung aller Methoden einsetzbar. Im konkreten Fall wird die Erstellung einer Datenbankverbindung in eine Klassenvariable ausgelagert. Dazu muss in der Klasse *DBVerbindung* von Seite 269 nur ein Rückgabewert in der Methode *verbinden()* ergänzt werden, der Rest bleibt unverändert.

```
public class DBVerbindung {

    private static Connection connection;
    private static Statement stmt;
```

```
    public static Connection getConnection() {
      return DBVerbindung.connection;
    }

    public static Statement getStmt() {
      return DBVerbindung.stmt;
    }

    public static Connection verbinden(String db) {
      if (DBVerbindung.connection == null) {
        try {
          DriverManager
              .registerDriver(
                  new org.apache.derby.jdbc.EmbeddedDriver());
        } catch (Exception ex) {
          System.out.println("JDBC-Treiber nicht da");
          System.exit(1);
        }
        try {
          DBVerbindung.connection = DriverManager
              .getConnection("jdbc:derby:" + db + ";create=true");
          DBVerbindung.stmt = connection.createStatement();
          DBVerbindung.anlegen();
        } catch (SQLException e) {
          System.out.println("Fehler: " + e.getMessage());
        }
      }
      return DBVerbindung.connection;
    }
```

Der Anfang der Verbindungsklasse sieht wie folgt aus, der Rest bleibt unverändert:

```
    @WebService
    @SOAPBinding(style=Style.RPC)
    public class Mitarbeiterpersistenz {

      public static Connection connection
                        = DBVerbindung.verbinden("MOrg1");
      public static Statement stmt = DBVerbindung.getStmt();

      public void trennen() {
        DBVerbindung.trennen();
      }
```

Bei der Nutzung der Java-Version von Eclipse wird die Service-beschreibende Datei service. xml nicht generiert; dies wäre bei der JEE-Version von Eclipse der Fall. Diese Datei muss im src-Ordner in einem Verzeichnis META-INF stehen und den folgenden Inhalt haben.

```
<service name="Mitarbeiterverwaltung" scope="application">
  <description>
    Fachgebietverwaltung als WebService in AXIS2
  </description>
  <messageReceivers>
    <messageReceiver
      mep="http://www.w3.org/ns/wsdl/in-only"
      class="org.apache.axis2.rpc.receivers.RPCInOnlyMessageReceiver" />
    <messageReceiver
      mep="http://www.w3.org/ns/wsdl/in-out"
      class="org.apache.axis2.rpc.receivers.RPCMessageReceiver" />
  </messageReceivers>
  <parameter name="ServiceClass">
    datenbank.Mitarbeiterpersistenz
  </parameter>
  <parameter name="ServiceTCCL">composite</parameter>
</service>
```

Abb. 11.11 zeigt das zugehörige Projekt, wobei man sich das Paket *server* als zunächst nicht vorhanden vorstellen soll, da es später in der vorgestellten Entwicklung dazukommt.

Zur Installation des Webservice wird einfach der Inhalt des bin-Verzeichnisses des Eclipse-Projekts in einen Unterordner des bereits erwähnten services-Verzeichnisses von Axis2 kopiert, hier in das Verzeichnis „Mitarbeiterverwaltung", das in Abb. 11.12 gezeigt wird. Um kleine Installationsprobleme zu vermeiden, werden die Datenbankdateien derby.jar und derbytools.jar in das lib-Verzeichnis von Axis2, also axis2\WEB_INF\lib, kopiert.

Nach einem Neustart des Servers steht der Dienst zur Verfügung, wie man auf der zu den Services gehörenden Übersichtsseite in Abb. 11.13 sieht. Der Name des Services besteht aus dem Klassennamen ergänzt um die Erweiterung „Service". Der weiterhin angegebene Service *Version* wird mit Axis2 standardmäßig installiert und kann zur Überprüfung der Installation genutzt werden.

Man erkennt, dass alle Methoden aus der ursprünglichen Klasse jetzt als Dienst angeboten werden. Wollte man verhindern, dass alle Methoden hier stehen, könnte man mit Annotationen, explizit mit der Annotation @WebMethod, die Methoden hervorheben, die später als Service zur Verfügung stehen sollen. Im konkreten Beispiel ist sicherlich die Methode *trennen* als Webservice fragwürdig, da typischerweise nur einfache Anfragen beantwortet werden sollen. Da der Webservice den Nutzer nicht kennt, ist es unklar, warum er die Datenbankverbindung trennen sollte. Dieses Problem löst sich dann automatisch, wenn die gesamte Kontrolle der Datenbank dem Applikationsserver überlassen wird.

Statt einen konkreten Nutzer des Services zu schreiben, kann dieser auch direkt über das Web genutzt werden. Abb. 11.14 zeigt die Möglichkeit zum Eintragen eines Mitarbeiters mit der Bestätigungsnachricht. Es ist erkennbar, dass der Service unter seinem Namen aufgerufen wird, gefolgt von einem Schrägstrich und dem Methodennamen. Parameter werden getrennt durch ein Fragezeichen vom Methodennamen und untereinander durch ein „&" übergeben.

Abb. 11.11 Webservice als Eclipse-Projekt

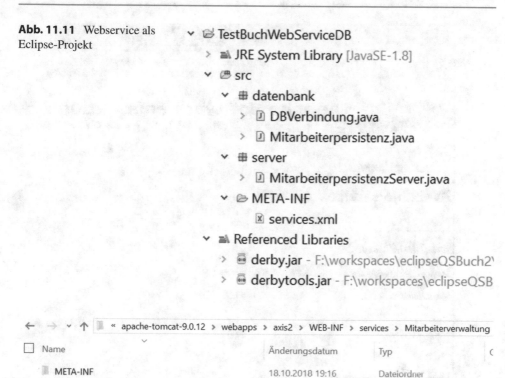

```
v ⮑ TestBuchWebServiceDB
   > ◨ JRE System Library [JavaSE-1.8]
   v ⬚ src
      v ⊞ datenbank
         > ⚮ DBVerbindung.java
         > ⚮ Mitarbeiterpersistenz.java
      v ⊞ server
         > ⚮ MitarbeiterpersistenzServer.java
      v ⭢ META-INF
            ⚮ services.xml
   v ◨ Referenced Libraries
      > ⬢ derby.jar - F:\workspaces\eclipseQSBuch2'
      > ⬢ derbytools.jar - F:\workspaces\eclipseQSB
```

	« apache-tomcat-9.0.12 > webapps > axis2 > WEB-INF > services > Mitarbeiterverwaltung		
Name	Änderungsdatum	Typ	
META-INF	18.10.2018 19:16	Dateiordner	
datenbank	18.10.2018 19:02	Dateiordner	

Abb. 11.12 Webservice-Installation unter Axis2

Abb. 11.15 zeigt die Abfrage des gerade eingetragenen Mitarbeiters. Dabei ist das Ergebnis dreigeteilt, da eine Sammlung von drei Werten das Ergebnis ist.

Diese direkte Nutzung des Services impliziert auch unmittelbar die Möglichkeit, Tests mit Selenium zu schreiben, da Aufrufe und das Lesen der Ergebnisse, die mit ihrem XML-Inhalt einfach in einer HTML-Seite dargestellt werden, analysierbar sind.

Noch einfacher wird der Test durch die Möglichkeit, dass mit der Integration der Web-Services in die Java-Standard-Edition auch ein Mock für Webservices direkt zur Verfügung gestellt wird. Die zugehörige Realisierung im Paket *server* sieht wie folgt aus:

```java
package server;
import javax.xml.ws.Endpoint;
import datenbank.Mitarbeiterpersistenz;

public class MitarbeiterpersistenzServer {

  public static void main(String args[]) {
    Mitarbeiterpersistenz server = new Mitarbeiterpersistenz();
    Endpoint.publish(
        "http://localhost:1234/Mitarbeiterverwaltung", server);
  }

}
```

Abb. 11.13   Service-Aufzählung in Axis2

Durch den Aufruf der Klasse wird ein Server gestartet, der den vollständigen Zugriff auf alle Webservices ermöglicht. Es wurde eine von 8080 abweichende Port-Nummer verwendet, um Konflikte, etwa mit einem laufenden Server, zu vermeiden. Abb. 11.16 zeigt den Abruf der automatisch generierten WSDL im Server.

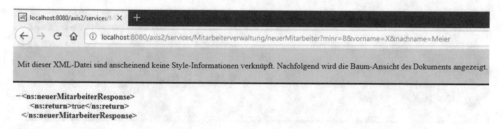

− <ns:neuerMitarbeiterResponse>
    <ns:return>true</ns:return>
  </ns:neuerMitarbeiterResponse>

Abb. 11.14 Mitarbeiter mit Hilfe eines Webservice einfügen

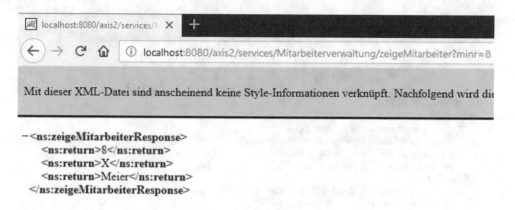

− <ns:zeigeMitarbeiterResponse>
    <ns:return>8</ns:return>
    <ns:return>X</ns:return>
    <ns:return>Meier</ns:return>
  </ns:zeigeMitarbeiterResponse>

Abb. 11.15 Abfrage eines Mitarbeiters mit einem Webservice

Der lokale Server ist zunächst eine Vereinfachung, wodurch Entwickler nicht explizit Teile eines Servers im System für ihre Zwecke warten müssen. Es ist nur zu beachten, dass ein laufendes Programm für einen laufenden Server steht, sodass der Start vor der Testausführung sichergestellt werden muss.

Java bietet eine weitere zentrale Unterstützung zum Test von Webservices, da basierend auf der WSDL automatisch ein in Java geschriebener Client für den Webservice erstellt werden kann. Der einfachste Ansatz ist es dabei, ein neues Projekt in Eclipse, hier „Test-BuchWebServiceDBClientMock", anzulegen, dann in der Konsole in den Ordner src des Projekts zu wechseln und dort bei laufendem Mock-Server folgende Zeile aufzurufen.

```
wsimport -keep http://localhost:1234/Mitarbeiterverwaltung?wsdl
```

Der Aufruf ist auch in Abb. 11.17 dargestellt.

Das entstehende Projekt hat den in Abb. 11.18 gezeigten Aufbau, wobei das Paket *test* später ergänzt wird, der Rest wurde generiert. Die Klasse *MitarbeiterpersistenzService* erlaubt den Webzugriff über ein Objekt der Klasse *Mitarbeiterpersistenz*, die die gleichen Methoden wie die ursprüngliche Klasse anbietet. Genauer handelt es sich hierbei nur um ein Interface, das durch Annotationen erweitert wurde. Die generierte Klasse *Mitarbeiter-persistenzService* sieht wie folgt aus:

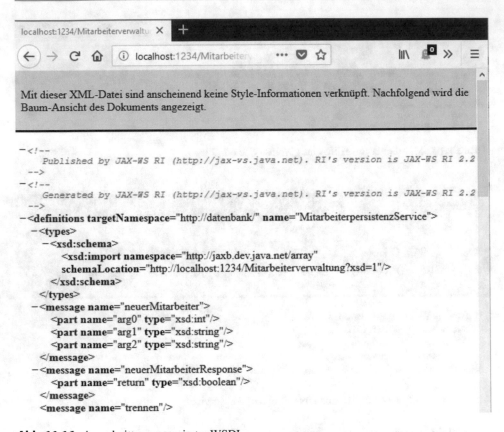

Abb. 11.16 Ausschnitt aus generierter WSDL

```java
package datenbank;

import java.net.MalformedURLException;
import java.net.URL;
import javax.xml.namespace.QName;
import javax.xml.ws.Service;
import javax.xml.ws.WebEndpoint;
import javax.xml.ws.WebServiceClient;
import javax.xml.ws.WebServiceException;
import javax.xml.ws.WebServiceFeature;

/**
 * This class was generated by the JAX-WS RI.
 * JAX-WS RI 2.2.9-b130926.1035
 * Generated source version: 2.2
 *
 */
@WebServiceClient(name = "MitarbeiterpersistenzService"
```

```
F:\workspaces\eclipseQSBuch2\TestBuchWebServiceDBClientMock\src
>wsimport -keep http://localhost:1234/Mitarbeiterverwaltung?wsd
l
WSDL wird geparst ...


Code wird generiert ...


Code wird kompiliert ...


F:\workspaces\eclipseQSBuch2\TestBuchWebServiceDBClientMock\src
>dir
 Datenträger in Laufwerk F: ist Volume
 Volumeseriennummer: 88AE-E635

 Verzeichnis von F:\workspaces\eclipseQSBuch2\TestBuchWebServic
eDBClientMock\src

18.10.2018  19:56    <DIR>          .
18.10.2018  19:56    <DIR>          ..
18.10.2018  19:56    <DIR>          datenbank
18.10.2018  19:56    <DIR>          net
                 0 Datei(en),             0 Bytes
                 4 Verzeichnis(se), 2.121.214.668.800 Bytes frei
```

Abb. 11.17 Generierung eines Clients für die Webservices

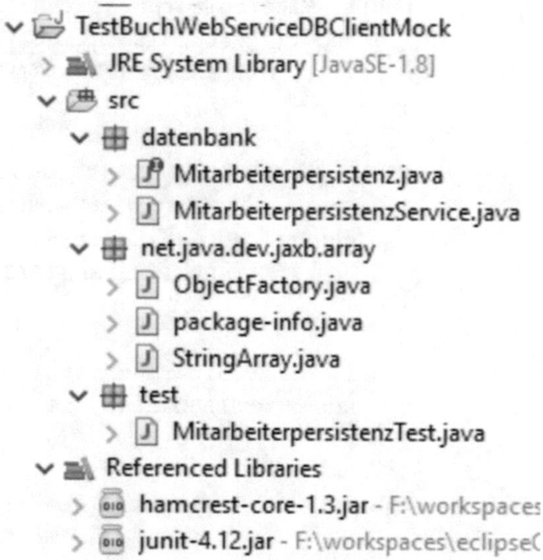

Abb. 11.18 Projekt mit generiertem Client und ergänzter Testklasse

```
∨ 🗁 TestBuchWebServiceDBClientMock
  > 🛋 JRE System Library [JavaSE-1.8]
  ∨ 🗁 src
    ∨ ⊞ datenbank
      > 🗾 Mitarbeiterpersistenz.java
      > 🗾 MitarbeiterpersistenzService.java
    ∨ ⊞ net.java.dev.jaxb.array
      > 🗾 ObjectFactory.java
      > 🗾 package-info.java
      > 🗾 StringArray.java
    ∨ ⊞ test
      > 🗾 MitarbeiterpersistenzTest.java
  ∨ 🛋 Referenced Libraries
    > 📦 hamcrest-core-1.3.jar - F:\workspaces
    > 📦 junit-4.12.jar - F:\workspaces\eclipse(
```

```
    , targetNamespace = "http://datenbank/"
    , wsdlLocation
        = "http://localhost:1234/Mitarbeiterverwaltung?wsdl")
public class MitarbeiterpersistenzService
    extends Service {
```

```
private final static URL
    MITARBEITERPERSISTENZSERVICE_WSDL_LOCATION;
private final static WebServiceException
    MITARBEITERPERSISTENZSERVICE_EXCEPTION;
private final static QName
    MITARBEITERPERSISTENZSERVICE_QNAME =
        new QName("http://datenbank/"
            , "MitarbeiterpersistenzService");

static {
    URL url = null;
    WebServiceException e = null;
    try {
        url = new URL("http://localhost:1234"
                + "/Mitarbeiterverwaltung?wsdl");
    } catch (MalformedURLException ex) {
        e = new WebServiceException(ex);
    }
    MITARBEITERPERSISTENZSERVICE_WSDL_LOCATION = url;
    MITARBEITERPERSISTENZSERVICE_EXCEPTION = e;
}

public MitarbeiterpersistenzService() {
    super(__getWsdlLocation()
        , MITARBEITERPERSISTENZSERVICE_QNAME);
}

public MitarbeiterpersistenzService(
            WebServiceFeature. features) {
    super(__getWsdlLocation()
        , MITARBEITERPERSISTENZSERVICE_QNAME, features);
}

public MitarbeiterpersistenzService(URL wsdlLocation) {
    super(wsdlLocation, MITARBEITERPERSISTENZSERVICE_QNAME);
}

public MitarbeiterpersistenzService(URL wsdlLocation
                        , WebServiceFeature... features) {
    super(wsdlLocation
        , MITARBEITERPERSISTENZSERVICE_QNAME, features);
}

public MitarbeiterpersistenzService(URL wsdlLocation
        , QName serviceName) {
    super(wsdlLocation, serviceName);
}
```

```
    public MitarbeiterpersistenzService(URL wsdlLocation
        , QName serviceName, WebServiceFeature... features) {
        super(wsdlLocation, serviceName, features);
    }


    @WebEndpoint(name = "MitarbeiterpersistenzPort")
    public Mitarbeiterpersistenz getMitarbeiterpersistenzPort() {
        return super.getPort(new QName("http://datenbank/"
                                    , "MitarbeiterpersistenzPort")
            , Mitarbeiterpersistenz.class);
    }


    @WebEndpoint(name = "MitarbeiterpersistenzPort")
    public Mitarbeiterpersistenz getMitarbeiterpersistenzPort(
                            WebServiceFeature... features) {
        return super.getPort(new QName("http://datenbank/"
                            , "MitarbeiterpersistenzPort")
            , Mitarbeiterpersistenz.class
            , features);
    }


    private static URL __getWsdlLocation() {
        if (MITARBEITERPERSISTENZSERVICE_EXCEPTION!= null) {
            throw MITARBEITERPERSISTENZSERVICE_EXCEPTION;
        }
        return MITARBEITERPERSISTENZSERVICE_WSDL_LOCATION;
    }
}
```

Das generierte Interface sieht wie folgt aus:

```
package datenbank;

import javax.jws.WebMethod;
import javax.jws.WebParam;
import javax.jws.WebResult;
import javax.jws.WebService;
import javax.jws.soap.SOAPBinding;
import javax.xml.bind.annotation.XmlSeeAlso;
import javax.xml.ws.Action;
import net.java.dev.jaxb.array.ObjectFactory;
import net.java.dev.jaxb.array.StringArray;

/**
 * This class was generated by the JAX-WS RI.
 * JAX-WS RI 2.2.9-b130926.1035
```

```
 * Generated source version: 2.2
 *
 */
@WebService(name = "Mitarbeiterpersistenz"
            , targetNamespace = "http://datenbank/")
@SOAPBinding(style = SOAPBinding.Style.RPC)
@XmlSeeAlso({
    ObjectFactory.class
})
public interface Mitarbeiterpersistenz {

    @WebMethod
    @WebResult(partName = "return")
    @Action(input = "http://datenbank/Mitarbeiterpersistenz/"
                      + "neuerMitarbeiterRequest"
      , output = "http://datenbank/Mitarbeiterpersistenz/"
                      + "neuerMitarbeiterResponse")
    public boolean neuerMitarbeiter(
        @WebParam(name = "arg0", partName = "arg0")
        int arg0,
        @WebParam(name = "arg1", partName = "arg1")
        String arg1,
        @WebParam(name = "arg2", partName = "arg2")
        String arg2);

    @WebMethod
    @WebResult(partName = "return")
    @Action(input = "http://datenbank/Mitarbeiterpersistenz/"
                + "mitarbeiterFachgebietLoeschenRequest"
           , output = "http://datenbank/Mitarbeiterpersistenz/"
                + "mitarbeiterFachgebietLoeschenResponse")
    public boolean mitarbeiterFachgebietLoeschen(
        @WebParam(name = "arg0", partName = "arg0")
        int arg0,
        @WebParam(name = "arg1", partName = "arg1")
        int arg1);
    @WebMethod
    @WebResult(partName = "return")
    @Action(input = "http://datenbank/Mitarbeiterpersistenz/"
                + "mitarbeiterLoeschenRequest"
           , output = "http://datenbank/Mitarbeiterpersistenz/"
                + "mitarbeiterLoeschenResponse")
    public boolean mitarbeiterLoeschen(
        @WebParam(name = "arg0", partName = "arg0")
        int arg0);
```

```
@WebMethod
@WebResult(partName = "return")
@Action(input = "http://datenbank/Mitarbeiterpersistenz/"
            + "anzahlFachgebieteRequest"
        , output = "http://datenbank/Mitarbeiterpersistenz/"
            + "anzahlFachgebieteResponse")
public int anzahlFachgebiete(
    @WebParam(name = "arg0", partName = "arg0")
    int arg0);


@WebMethod
@WebResult(partName = "return")
@Action(input = "http://datenbank/Mitarbeiterpersistenz/"
            + "mitarbeiterNeuesFachgebietRequest"
        , output = "http://datenbank/Mitarbeiterpersistenz/"
            + "mitarbeiterNeuesFachgebietResponse")
public boolean mitarbeiterNeuesFachgebiet(
    @WebParam(name = "arg0", partName = "arg0")
    int arg0,
    @WebParam(name = "arg1", partName = "arg1")
    int arg1);


@WebMethod
@WebResult(partName = "return")
@Action(input = "http://datenbank/Mitarbeiterpersistenz/"
            + "zeigeMitarbeiterRequest"
        , output = "http://datenbank/Mitarbeiterpersistenz/"
            + "zeigeMitarbeiterResponse")
public StringArray zeigeMitarbeiter(
    @WebParam(name = "arg0", partName = "arg0")
    int arg0);


@WebMethod
@WebResult(partName = "return")
@Action(input = "http://datenbank/Mitarbeiterpersistenz/"
            + "fachleuteZeigenRequest"
        , output = "http://datenbank/Mitarbeiterpersistenz/"
            + "fachleuteZeigenResponse")
public String fachleuteZeigen(
    @WebParam(name = "arg0", partName = "arg0")
    int arg0);


@WebMethod
@WebResult(partName = "return")
@Action(input = "http://datenbank/Mitarbeiterpersistenz/"
```

```
                        + "hatFachgebietRequest"
                , output = "http://datenbank/Mitarbeiterpersistenz/"
                        + "hatFachgebietResponse")
        public boolean hatFachgebiet(
            @WebParam(name = "arg0", partName = "arg0")
            int arg0,
            @WebParam(name = "arg1", partName = "arg1")
            int arg1);

        @WebMethod
        @WebResult(partName = "return")
        @Action(input = "http://datenbank/Mitarbeiterpersistenz/"
                + "fachgebieteRequest"
              , output = "http://datenbank/Mitarbeiterpersistenz/"
                + "fachgebieteResponse")
        public StringArray fachgebiete();

        @WebMethod
        @WebResult(partName = "return")
        @Action(input = "http://datenbank/Mitarbeiterpersistenz/"
                    + "alleRequest"
              , output = "http://datenbank/Mitarbeiterpersistenz/"
                    + "alleResponse")
        public String alle();
    }
```

Dadurch, dass die Service-Klasse ein Objekt zur Verfügung stellt, das die ursprünglichen Methoden des Webservice als Proxy anbietet, können die bereits für die Zugriffsschicht auf Seite 293 erstellten Testfälle wiederverwendet werden. Dabei sind allerdings einige Kleinigkeiten zu beachten. Es müssen wieder Testdaten angelegt werden, wobei hier die Prüfung fehlt, dass die Datenbank auf Seiten des Webservice vorher leer oder zumindest in einem klar definierten Zustand ist.

```
        package test;
        import java.util.List;

        import org.junit.AfterClass;
        import org.junit.Assert;
        import org.junit.BeforeClass;
        import org.junit.Ignore;
        import org.junit.Test;

        import datenbank.Mitarbeiterpersistenz;
        import datenbank.MitarbeiterpersistenzService;
```

```java
public class MitarbeiterpersistenzTest {

  private static Mitarbeiterpersistenz mp;

  @BeforeClass
  public static void setUpClass(){

    MitarbeiterpersistenzService service
        = new MitarbeiterpersistenzService();
    mp = service.getMitarbeiterpersistenzPort();
    mp.neuerMitarbeiter(0, "Uwe", "Mäi");
    mp.neuerMitarbeiter(1, "Ute", "Von");
    mp.neuerMitarbeiter(2, "Ayse", "Sahin");
    mp.mitarbeiterNeuesFachgebiet(0, 0);
    mp.mitarbeiterNeuesFachgebiet(0, 1);
    mp.mitarbeiterNeuesFachgebiet(0, 2);
    mp.mitarbeiterNeuesFachgebiet(1, 1);
    mp.mitarbeiterNeuesFachgebiet(1, 2);
    mp.mitarbeiterNeuesFachgebiet(2, 2);
  }


  @AfterClass
  public static void afterClass(){
    mp.mitarbeiterLoeschen(0);
    mp.mitarbeiterLoeschen(1);
    mp.mitarbeiterLoeschen(2);
  }


  @Test
  public void testMitarbeiterEinfuegen() {
    Assert.assertTrue(mp.neuerMitarbeiter(42, "Anna", "Otto"));
    // ab hier geaendert
    List<String> daten = mp.zeigeMitarbeiter(42).getItem();
    Assert.assertTrue(daten.get(0).equals("42"));
    Assert.assertTrue(daten.get(1).equals("Anna"));
    Assert.assertTrue(daten.get(2).equals("Otto"));
    Assert.assertTrue(mp.mitarbeiterLoeschen(42));
  }


  @Test
  public void testDoppeltenMitarbeiterEinfuegen() {
    Assert.assertTrue(!mp.neuerMitarbeiter(2, "Anna", "Otto"));
  }
```

```
@Ignore
@Test
public void testMitarbeiterOhneNachnamenEinfuegen() {
   Assert.assertTrue(!mp.neuerMitarbeiter(42, "Anna", null));
}


@Test
public void testFachgebietErfolgreichenHinzufuegen(){
   Assert.assertTrue(mp.mitarbeiterNeuesFachgebiet(1, 4));
   Assert.assertTrue(mp.hatFachgebiet(1, 4));
   Assert.assertTrue(mp.mitarbeiterFachgebietLoeschen(1, 4));
   Assert.assertTrue(!mp.hatFachgebiet(1, 4));
}


@Test
public void testFachgebietDoppeltHinzufuegen(){
   Assert.assertTrue(!mp.mitarbeiterNeuesFachgebiet(2, 2));
   Assert.assertTrue(mp.hatFachgebiet(2, 2));
}


@Test
public void testFachgebietViertesHinzufuegen(){
   Assert.assertTrue(!mp.mitarbeiterNeuesFachgebiet(0, 3));
   Assert.assertTrue(!mp.hatFachgebiet(0, 3));
}
}
```

Auch an den Testfällen müssen kleine Änderungen vorgenommen werden. Statt eines Arrays wird ein Objekt der generierten Klasse *StringArray* zurückgeliefert, das die drei Ergebniswerte in einer einfach zu verarbeitenden Liste verwaltet. Da null-Werte nicht übertragen werden können, muss dieser Test entfallen. Möchte man null-Werte erlauben, müsste dies über zusätzliche Parameter, z. B. Flags, geregelt werden.

Abschließend ist festzustellen, dass das Testen von Webservices durch Java selbst sehr gut unterstützt wird. Durch ein systematisches Konzept zum Anlegen und Löschen von Testdaten sind Tests direkt auf der Grundlage von JUnit möglich. Weiterhin müssen bei Systemtests echte Applikationsserver eingesetzt werden, da das Verhalten des genutzten Mocks minimal von dem des eingesetzten Servers abweichen kann.

11.5   Fazit

Java wird in sehr unterschiedlichen Technologien eingesetzt, von denen die meisten im Bereich JEE (Java Enterprise Edition) [@JEE, JEG12] zusammengefasst sind. Dieser sehr mächtige Ansatz kann in diesem Buch auch für den Testbereich nur angerissen werden.

Da aber gerade JEE eine konsequente Nutzung von Schichten betont, gilt hier auch wieder, dass sich die Testentwicklung eng an diesen Schichten orientieren muss.

Oftmals entstehen durch die JEE-Technologie sehr komplexe Systeme, die allerdings in ihren einzelnen Komponenten konsequent nur sehr eingeschränkte Aufgaben übernehmen und so testbar werden. Der im vorherigen Abschnitt beschriebene Ansatz mit einem vereinfachten Zugriff auf eine Schicht durch die Anwendung einer Mock-Technologie kann z. B. auch auf Enterprise JavaBeans (EJB 3.1) mit der Klasse *javax.ejb.embeddable.EJBContainer* [@EJB] übertragen werden, wobei auch weitere Frameworks das unabhängige Testen einzelner Bausteine unterstützen.

Handelt es sich bei einer Web-Applikation um ein nicht mit Java geschriebenes Programm, sind Werkzeuge wie Selenium und Watij [@Wat] sehr hilfreich, da die Tests sehr strukturiert in Java programmiert werden können. Auch in diesem Kapitel wurde wieder gezeigt, dass man Tests wart- und erweiterbar halten kann, wenn eine passende Testarchitektur gewählt wird.

Generell können Tests immer mit realen Servern ausgeführt werden. Im Bereich JEE wird dies sehr gut durch Arquillian [@Arq] unterstützt. Da Server oft langsam starten und die Aktualisierung einer Testumgebung mit neuen Server-Versionen aufwändig sein kann, ist es hier sinnvoll, Servervarianten zu nutzen. Arquillian läuft auch sehr gut z. B. mit der embedded Version von GlassFish [@eGl], die einfach in den Tests gestartet und verwaltet werden kann. Für Systeme basierend auf der REST-Architektur ist z. B. der Server Grizzly [@Gri] als Testumgebung sehr hilfreich. Finale Systemtests müssen natürlich weiterhin mit den Servern stattfinden, die auch im echten Deployment genutzt werden.

Für jedwede Arten von Webservices bieten alle großen Browser eine erweiterte Werkzeugunterstützung für die Analyse von Anfragen und Ergebnissen. Als weiteres Werkzeug aus einer größeren Sammlung von Testwerkzeugen für Webservices sticht Postman [@pos] heraus, mit dem Anfragen und erwartete Antworten systematisch verwaltet werden können.

Literatur

Webseiten zugegriffen am 18.10.2018

[@Arq]   Arquillian – Write Real Tests. http://arquillian.org/
[@Axi]   Welcome to Apache Axis2/Java. http://axis.apache.org/axis2/java/core/
[@ECM]   ECMAScript Language Specification. http://www.ecma-international.org/publications/
          files/ECMA-ST/Ecma-262.pdf
[@eGl]   Central Repository. http://central.maven.org/maven2/org/glassfish/main/extras/glassfish-embedded-all/
[@EJB]   Class EJBContainer. https://docs.oracle.com/javaee/6/api/javax/ejb/embeddable/EJBContainer.html
[@Gec]   Releases – Mozilla/geckodriver. https://github.com/mozilla/geckodriver/releases
[@Gri]   Project Grizzly. https://javaee.github.io/grizzly/
[@Hib]   JBoss Community Hibernate. http://www.hibernate.org/docs

[@JEE]   Java EE 8 Technologies. http://www.oracle.com/technetwork/java/javaee/tech/index.html
[@JPA]   JSR-000220 Enterprise JavaBeans 3.0 Final Release (persistence). http://download.
            oracle.com/otndocs/jcp/ejb-3_0-fr-eval-oth-JSpec/
[@JSF]   JSR 314: JavaServer Faces 2.0. http://jcp.org/en/jsr/detail?id=314
[@PO]   Page Objects. http://code.google.com/p/selenium/wiki/PageObjects
[@pos]   Postman. https://www.getpostman.com/
[@Sel]   Selenium – Web Browser Automation. http://seleniumhq.org/
[@TDP]   Test Design Pattern. http://robkuijt.nl/testdesignpatterns/alphabetical.php
[@Tom]   Apache Tomcat. http://tomcat.apache.org/
[@UTP]   Advanced Unit Test, Part V – Unit Test Patterns. http://www.codeproject.com/Artic-
            les/5772/Advanced-Unit-Test-Part-V-Unit-Test-Patterns
[@Wat]   Watij – Web Application Testing in Java. https://sourceforge.net/projects/watij/
[@WSA]   Web Services Activity. http://www.w3.org/2002/ws/
[@XPL]   XML Path Language (XPath) 2.0 (Second Edition). http://www.w3.org/TR/xpath20/
[BS09]   Burns, E., Schalk, C.: JavaServer Faces 2.0, The Complete Reference. McGraw-Hill
            Osborne Media, New York (2009)
[Fie00]   Fielding, R.T.: Architectural styles and the design of network-based software archi-
            tectures. Dissertation, University of California, Irvine (2000). https://www.ics.uci.
            edu/~fielding/pubs/dissertation/fielding_dissertation.pdf
[GHJ95]   Gamma, E., Helm, R., Johnson, R., Vlissides, J.: Design Patterns – Elements of Reusa-
            ble Object-Oriented Software. Addison-Wesley, Boston (1995)
[JEG12]   Jendrock, E., Evans, I., Gollapudi, D., Haase, K., Oliveira, W.M., Srivathsa, C. The
            Java EE 6 Tutorial. http://docs.oracle.com/javaee/6/tutorial/doc/javaeetutorial6.pdf.
            Oracle (2012)
[Koc11]   Koch, S.: JavaScript: Einführung, Programmierung und Referenz, 6. Aufl. dpunkt, Hei-
            delberg (2011)
[MKM09]   Marinschek, M., Kurz, M., Müllan, G.: JavaServer Faces 2.0: Grundlagen und erwei-
            terte Konzepte, 2. Aufl. dpunkt, Heidelberg (2009)

Performance- und Lasttests

Zusammenfassung

Ein Programm, das alle gewünschten Funktionen korrekt umsetzt, hat auf dem Markt keine Chance, wenn es einfach zu langsam ist. Gerade mit schnelleren Rechnern erwarten Nutzer von Programmen unmittelbare Reaktionen, ansonsten sinkt die Akzeptanz enorm schnell. Zum Glück ist es auch eine Folge von schnellen Rechnern, dass nicht in allen Programmen bei jeder Zeile permanent über Performanz nachgedacht werden muss. Dabei wird davon ausgegangen, dass erfahrene Programmierer immer Probleme mit Laufzeiten und Speicherverbrauch im Hinterkopf haben, wie es in der Ausbildung gerne und intensiv mit dem Thema „Sortierverfahren" in Veranstaltungen „Algorithmen & Datenstrukturen" [SS10: Saake, G., Sattler, K.-U.: Algorithmen und Datenstrukturen: Eine Einführung mit Java, 4. Aufl. dpunkt, Heidelberg (2010)] gelehrt wird.

Zum Auffinden von prinzipiell immer möglichen Performance-Problemen und Speicherlecks ist die Überprüfung des Laufzeitverhaltens eine weitere wichtige Testaufgabe. In diesem Kapitel werden dazu Möglichkeiten aufgezeigt und darauf eingegangen, warum hier wieder die Auswahl von Testszenarien eine besondere Rolle für die Ergebnisqualität spielen kann.

Die Performance-Analyse ein zentrales Thema des Testens, das sich von der Untersuchung der funktionalen Korrektheit in den bisherigen Kapiteln wesentlich unterscheidet. Anschaulich macht es nur Sinn, für ein korrektes Programm die Performance und den Speicherverbrauch zu messen. Dabei muss das korrekte Programm aber nicht vollständig sein. Man kann die Untersuchungen auch nach der Realisierung eines ersten kritischen Algorithmus beginnen.

© Springer Fachmedien Wiesbaden GmbH, ein Teil von Springer Nature 2019
S. Kleuker, *Qualitätssicherung durch Softwaretests*,
https://doi.org/10.1007/978-3-658-24886-4_12

Wie allerdings bei den anderen Tests auch, spielt bei Performance- und Lasttests die Analyse der Rahmenbedingungen der Tests eine wesentliche Rolle. Die Frage nach der Schnelligkeit und dem Speicherverbrauch hängt unmittelbar damit zusammen, wie viele Daten in der Software verarbeitet werden müssen.

Bei Web-Programmen stellt sich weiterhin die Frage, wie viele Nutzer ein Programm gleichzeitig nutzen können. Man spricht hier von einem Lasttest und versucht dabei oft auch maximale Grenzen herauszufinden. Wieder müssen zuerst Testszenarien so definiert werden, dass sie Aussagen über das reale Verhalten zulassen. Dies ist meist auch nur dann möglich, wenn man auf einer realitätsnahen Hardware testen kann.

Der folgende erste Abschnitt beinhaltet ein kleines Einführungsbeispiel mit einem schleichenden Fehler, also einem Fehler, der erst bei längerer Programmnutzung auftritt. Bei der Analyse wird deutlich, dass man andere Testwerkzeuge als die bisher vorgestellten braucht, wenn man an der Performanz und dem Speicherverbrauch interessiert ist.

Durch die recht einfachen Möglichkeiten, die Systemzeit direkt in Java zu nutzen, kann man sich selbst ein Messprogramm für seine Algorithmen gestalten. Dieser Ansatz wird im zweiten Kapitel vorgestellt, wobei die Frage im Mittelpunkt steht, wie man zu aussagekräftigen Tests kommen kann.

Beim Start der virtuellen Java-Maschine können einige Parameter eingestellt werden, die unmittelbare Auswirkungen auf die Performance eines Programms haben können. Diese Optionen werden dann zusammen mit einer weiteren Option, die eine echte Performance-Messung erlaubt, vorgestellt.

Die bisherigen Konzepte werden im vierten Abschnitt mit einem professionellen Werkzeug, dem NetBeans Profiler, zusammengefasst. Dabei wird besonders deutlich, dass man Analysen vom Laufzeitverhalten getrennt von Analysen des Speicherverhaltens durchführen soll, da jede Analyse das Untersuchungsergebnis beeinflussen kann.

Abschließend wird mit Apache JMeter ein sehr mächtiges Werkzeug kurz vorgestellt, das sich unter anderem sehr gut zur Lastanalyse vom Webservices und Web-Applikationen eignet. Wieder spielt die Frage nach den richtigen Testszenarien eine wichtige Rolle.

12.1 Beispiel für schleichenden Fehler

Zur Einleitung des Kapitels wird hier ein offensichtlicher schleichender Fehler mit seinen Auswirkungen betrachtet. Das folgende Programm erlaubt es, den Namen von Dateien und eine Anzahl anzugeben, sodass Dateien mit diesem Namen, gefolgt von einer Nummer, angelegt werden. Führt man das Programm aus, werden die gewünschten Dateien problemlos angelegt, wie der Blick in einen Datei-Browser zeigt.

```java
package boese;
import java.io.File;
import java.io.FileWriter;
import java.io.IOException;
import java.util.ArrayList;
```

```java
import java.util.List;
import java.util.Scanner;

public class MachAuf {

  public List<FileWriter> fwl = new ArrayList<FileWriter>();

  public void oeffnen(String name, int anzahl) throws IOException {
    for (int i = 0; i < anzahl; i++){
      FileWriter fw= new FileWriter(new File(".\\bah\\"
                                 + name + i + ".dof"));
      fw.write(42);
      fwl.add(fw);
    }
  }

  public void steuern() throws IOException {
    Scanner sc = new Scanner(System.in);
    int anzahl = 0;
    do {
      System.out.print("Anzahl: ");
      anzahl = sc.nextInt();
      System.out.print("Datei: ");
      oeffnen(sc.next(), anzahl);
    } while (anzahl != -1);
  }

  public static void main(String[] arg) throws IOException {
    new MachAuf().steuern();
  }
}
```

Kritisch an dem Programm ist, dass vergessen wurde, die angelegten Dateien wieder zu schließen. Dies hat zunächst keine Auswirkungen, was auch gilt, wenn im laufenden Programm nicht weiter mit den Dateien gearbeitet wird. Abb. 12.1 zeigt allerdings die dahinterliegende Problematik. Man sieht auf der linken Seite die Eingaben des Nutzers, unten wird angedeutet, dass die 1950 Dateien auch angelegt wurden, und in der Mitte sieht man vier Anzeigen des Windows-Task-Managers vor der ersten Nutzereingabe und jeweils nach den Nutzereingaben. Man erkennt, dass der Verbrauch des Arbeitsspeichers wächst, da angenommen wird, dass die Objekte noch benötigt werden. Weiterhin steigt die Anzahl der sogenannten „Handles" genau um die Zahl der geöffneten Dateien. Bei den Handles handelt es sich etwas vereinfacht um einen eindeutigen Bezeichner, genauer Referenz, für eine vom Betriebssystem verwaltete Ressource. Handles sind damit eine kritische Betriebssystemressource, da hiervon nur eine begrenzte Anzahl zur Verfügung steht. Lässt man dieses Programm länger laufen, wird zunächst der Rechner immer langsamer, bis

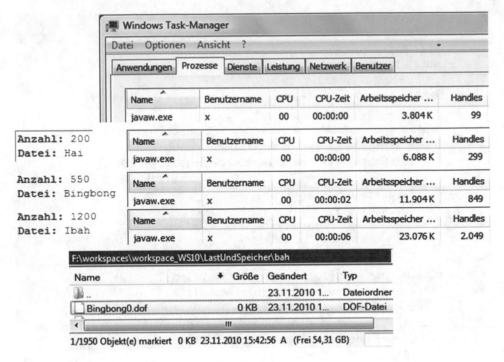

Abb. 12.1   Schleichender Ressourcenverbrauch

letztendlich nicht mehr genügend Handles zur Verfügung stehen und man einen Speicher-überlauffehler erhält.

Um solche Arten von Fehlern zu finden, werden die in den bisherigen Kapiteln gezeigten JUnit-Ansätze typischerweise nicht genutzt. Zwar kann man auch von Java aus auf Betriebssysteminformationen zugreifen, aber in diesen Gebieten gibt es, abgestimmt auf die Betriebssysteme, bessere Analyse-Werkzeuge. Für nicht geschlossene Dateien kann z. B. das kostenlose Werkzeug handle [@han] von Microsoft für Microsoft-Betriebssysteme genutzt werden. Abb. 12.2 zeigt links das Ergebnis eines Aufrufs im Administrator-Modus vor der Ausführung des Java-Programms und rechts das Ergebnis für das Java-Programm, mit dem gerade 900 Dateien angelegt wurden. Die Ergebnisse sind wesentlich detaillierter, die Dateien werden mit File-Handlern bearbeitet. Man erkennt, dass diese Zahl nicht genau um 900 steigt, da Files an vielen anderen Stellen des Betriebssystems von Prozessen genutzt werden.

12.2   Zeitmessung in Java

Grundsätzlich kann die Zeitmessung für Programme natürlich auch innerhalb von Java durchgeführt werden. Man kann die Systemzeit des Betriebssystems nutzen oder einfach auf eine Stoppuhr schauen. Das letzte Verfahren hängt zwar auch von der Reaktionszeit des Testers ab, generell sollte man die Tests aber so gestalten, dass es nicht auf Milli- oder gar Nanosekunden ankommt. Selbst bei einem nur zu Testzwecken genutzten Rechner

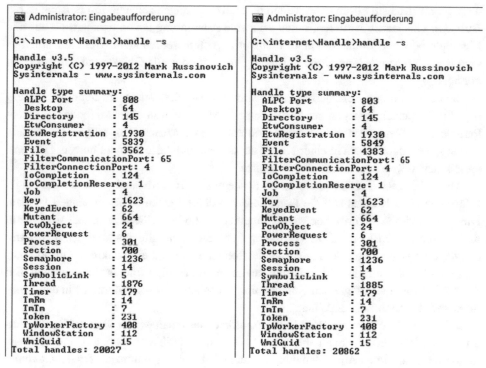

Abb. 12.2 Detaillierte Handle-Analyse

muss man immer mit kleinen Verzögerungen durch Betriebssystemprozesse rechnen, die natürlich in Messtoleranzen verschwinden, wenn Messungen im Sekundenbereich gemacht werden. Von diesem Ansatz, dass Performance-Messungen einige Zeit für Tests benötigen, kann man nur abweichen, wenn man Echtzeitsysteme entwickelt, bei denen bereits eine Millisekunde eine recht große Zeitspanne ist und Spezialwerkzeuge benötigt werden. Da dies nicht der Schwerpunkt fast aller Java-Entwicklungen ist, wird dieser Bereich hier vernachlässigt.

Generell ist es stark projektabhängig, welche Bedeutung die Performance innerhalb eines Projekts hat. Natürlich soll ein Programm immer schnell reagieren, da aber die meisten Computer enorm schnell sind, reicht oft eine systematische Entwicklung aus, um auf keine Performance-Probleme zu stoßen. Ist bekannt, dass es potenzielle Performance-Probleme gibt, da z. B. sehr große Datenmengen analysiert oder auch visualisiert werden sollen, muss frühzeitig in der Entwicklung über Lösungsmöglichkeiten nachgedacht werden. Es wird dann nach performanten Algorithmen gesucht, die gegebenenfalls getrennt vom Projekt, vielleicht sogar vor der Entwicklung anderer größerer Komponenten, zu entwickeln sind. Hierfür eignen sich Machbarkeitsstudien, in denen u. a. analysiert wird, ob alle benutzten Techniken kombinierbar sind, man aber auch nach potenziellen Performance-Problemen und möglichst auch zugehörigen Lösungen sucht.

Oftmals kann ein komplexes algorithmisches Problem auf sehr unterschiedliche Arten gelöst werden. Dabei kann es auch sein, dass es die optimale Lösung nicht gibt, sondern dass die effizienteste Lösung von weiteren Randbedingungen abhängt. Ein Beispiel ist die Aufgabe, Objekte zu sortieren, deren effiziente Ausführung davon abhängt, ob auf alle Elemente oder nur jeweils das erste Element zugriffen werden kann. Weiterhin spielt es eine Rolle, ob bereits eine grobe Sortierung vorliegt oder alle Objekte zufällig auftreten können.

Bei einer flexiblen Realisierung ist es dann sinnvoll, dass man nicht nur eine, sondern mehrere Implementierungen zur Verfügung hat. Statt dabei in einer Methode mit einem Parameter zwischen den unterschiedlichen Ansätzen umzuschalten, gibt es die bessere Lösung, den Algorithmus in einer Klasse zu kapseln und diese dann zu nutzen. Dies entspricht der Anwendung des Strategy-Patterns.

Abb. 12.3 zeigt eine Anwendung des Strategy-Patterns. Abhängig von der Zahlungskräftigkeit eines Kunden soll die Detailtiefe von übertragenen Bildern geändert werden. Die verschiedenen Algorithmen werden in einer Methode *bildBerechnen* realisiert, die in drei verschiedenen Klassen zur Verfügung steht, die damit alle das Interface *Abstrakte-Strategie* implementieren. Ein Dienstanbieterobjekt bekommt ein konkretes Objekt übergeben und kann damit auf die konkrete Realisierung des Algorithmus zurückgreifen. Ein Ausschnitt aus einer möglichen Nutzung und Umsetzung dieses Patterns ist in den Kommentaren der Abbildung enthalten.

Bei der Analyse verschiedener Lösungsansätze muss man wieder über die Randbedingungen nachdenken, die maßgeblich das Verhalten beeinflussen können. Diese Einflussfaktoren bilden wieder Äquivalenzklassen, die, wie bei der funktionalen Testentwicklung, systematisch abgearbeitet werden müssen. Oftmals gibt es aber wieder so viele Faktoren, dass nicht alle Kombinationen prüfbar sind, sodass man sich für die wahrscheinlichsten Konfigurationen entscheiden muss.

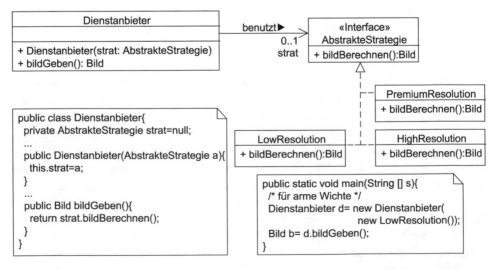

Abb. 12.3 Strategy-Pattern [Kle18]

Der Ansatz wird hier mit einem konkreten Beispiel vorgestellt, bei dem man vor der Aufgabe steht, die beste Realisierung einer Menge zu finden. Der erste potenzielle Einflussfaktor kann die Größe der verwendeten Objekte sein. Es wird recht willkürlich eine Variante der bisher genutzten Mitarbeiterklasse genutzt, die zusätzlich einige weitere Daten, hier durch einen double-Array realisiert, enthalten soll. Die Klasse sieht wie folgt aus:

```java
package entities;
import java.io.Serializable;
import java.util.Arrays;


public class Mitarbeiter implements Serializable
                            , Comparable<Mitarbeiter>{
  private int id;
  private String vorname;
  private String nachname;
  public static int GROESSE = 100;
  private double[] aktivitaeten = new double[GROESSE];

  public Mitarbeiter(int id, String vorname, String nachname) {
    this.id = id;
    this.vorname = vorname;
    this.nachname = nachname;
    for(int i=0; i<Mitarbeiter.GROESSE; i++){
      this.aktivitaeten[i] = Math.random();
    }
  }

  public int getId() {
    return id;
  }

  @Override
  public int compareTo(Mitarbeiter other) {
    return this.id-other.getId();
  }

  @Override
  public int hashCode() {
    final int prime = 31;
    int result = 1;
    result = prime * result + Arrays.hashCode(aktivitaeten);
    result = prime * result + id;
    result = prime * result
        + ((nachname == null) ? 0 : nachname.hashCode());
    result = prime * result + ((vorname == null) ? 0 : vorname.hashCode());
```

```
        return result;
    }

    @Override
    public boolean equals(Object obj) {
        if (this == obj)
            return true;
        if (obj == null)
            return false;
        if (getClass() != obj.getClass())
            return false;
        Mitarbeiter other = (Mitarbeiter) obj;
        if (id != other.id)
            return false;
        if (!Arrays.equals(aktivitaeten, other.aktivitaeten))
            return false;
        if (nachname == null) {
            if (other.nachname != null)
                return false;
        } else if (!nachname.equals(other.nachname))
            return false;
        if (vorname == null) {
            if (other.vorname != null)
                return false;
        } else if (!vorname.equals(other.vorname))
            return false;
        return true;
    }
}
```

Es ist zu beachten, dass bereits hier einige für die Performance relevante Entscheidungen getroffen wurden. Die Methode *compareTo()* ist sehr schnell realisiert, da sie ausschließlich die id-Variablen zum Vergleich nutzt. In der Methode *equals()* findet ein Vergleich der Array-Inhalte statt, was recht aufwändig ist und gegebenenfalls auch auf einen Vergleich der id-Variablen reduziert werden könnte.

Da einige der zur Java-Standardedition gehörenden Mengen-Realisierungen, also Klassen, die das Interface *Set* implementieren, weitere Anforderungen an die verwalteten Objekte stellen, muss das Interface *Comparable* für den Vergleich implementiert werden. Möchte man dies nicht, könnte man aus einer kleineren Menge von Implementierungen auswählen. Die Methoden *hashCode()* sowie *equals()* sind von Eclipse generiert und können so übernommen werden.

Da hier der Fokus auf der Performance liegt, muss man bei jedem Untersuchungsschritt überlegen, ob man in der Testumgebung Schritte macht, die das Messergebnis verzerren können. Im konkreten Fall benötigt der Konstruktor etwas Zeit, um den Array zu füllen.

Aus der Überlegung folgt, dass man die zu verwaltenden Objekte vor der eigentlichen Untersuchung erzeugen muss.

Die eigentliche Analyseklasse enthält eine Menge von Mitarbeitern und stellt Methoden zur Analyse des Verhaltens dieser Menge zur Verfügung. Generell ist man bei der Nutzung einer Menge an vier wesentlichen Funktionen interessiert:

- Einfügen eines Elements in einer Menge, wobei jedes Element nach Definition nur einmal in der Menge sein kann; doppeltes Einfügen wird ignoriert
- Durchlaufen aller Elemente einer Menge, z. B. um nach Elementen mit einer bestimmten Eigenschaft zu suchen
- Beantwortung der Frage, ob sich ein konkretes Element in der Menge befindet
- Löschen eines Elements

Diese vier Funktionen sind in den folgenden Methoden *einfuegen()*, *suchen(), ob eine Mitarbeiternummer vorhanden ist*, *suchen() nach einem übergebenen Objekt* und *loeschen()* realisiert.

```java
package entities;
import java.util.Set;

public class Abteilung {
  private Set<Mitarbeiter> mitarbeiter;

  public Abteilung(Set<Mitarbeiter> mitarbeiter) {
    this.mitarbeiter = mitarbeiter;
  }

  public boolean istLeer(){
    return this.mitarbeiter.isEmpty();
  }

  public void einfuegen(Mitarbeiter m){
    this.mitarbeiter.add(m);
  }

  public Mitarbeiter suchen(int minr){
    Mitarbeiter weg = null;
    for(Mitarbeiter m:this.mitarbeiter){
      if(m.getId()==minr){
        weg = m;
      }
    }
    return weg;
  }
```

```
    public boolean suchen(Mitarbeiter m){
      return this.mitarbeiter.contains(m);
    }

    public boolean loeschen(Mitarbeiter m){
      return this.mitarbeiter.remove(m);
    }
  }
```

Durch den Konstruktor ist es möglich, verschiedene Implementierungen des Interfaces *Set*
in der Klasse *Abteilung* zu nutzen.
  Der folgende Programmcode zeigt die Analyseklasse.

```
package analyse;
import java.util.ArrayList;
import java.util.HashSet;
import java.util.LinkedHashSet;
import java.util.List;
import java.util.Set;
import java.util.TreeSet;
import java.util.concurrent.ConcurrentSkipListSet;
import java.util.concurrent.CopyOnWriteArraySet;

import entities.Abteilung;
import entities.Mitarbeiter;

public class PerformanceAnalyse {

  public static int ANZAHL = 10000;
  private List<Mitarbeiter> mitarbeiter =
      new ArrayList<Mitarbeiter>();
  private List<Integer> einfuegen = new ArrayList<Integer>();
  private List<Integer> loeschen = new ArrayList<Integer>();
  private List<Integer> suchen = new ArrayList<Integer>();
  private List<Set<Mitarbeiter>> testobjekte =
      new ArrayList<Set<Mitarbeiter>>();

  public PerformanceAnalyse(){
    this.testobjekte.add(new HashSet<Mitarbeiter>());
    this.testobjekte.add(new LinkedHashSet<Mitarbeiter>());
    this.testobjekte.add(new TreeSet<Mitarbeiter>());
    this.testobjekte.add(new CopyOnWriteArraySet<Mitarbeiter>());
    this.testobjekte
        .add(new ConcurrentSkipListSet<Mitarbeiter>());
    for(int i=0; i<ANZAHL; i++){
```

```
          this.mitarbeiter.add(new Mitarbeiter(i
             , i+"vor", i+"nach"));
      }

    ArrayList<Integer> nummern = new ArrayList<Integer>();
    for(int i=0; i<ANZAHL/2; i++){
      nummern.add(i*2);
    }
    while(!nummern.isEmpty()){
      Integer wahl = nummern
                        .get((int)(Math.random()*nummern.size()));
      this.einfuegen.add(wahl);
      nummern.remove(wahl);
    }

    for(int i=0; i<ANZAHL; i++){
      nummern.add(i);
    }
    while(!nummern.isEmpty()){
      Integer wahl = nummern
                          .get((int)(Math.random()*nummern.size()));
      this.loeschen.add(wahl);
      nummern.remove(wahl);
    }
    for(int i=0; i<ANZAHL*10; i++){
      this.loeschen.add(0,(int)(Math.random()*ANZAHL));
    }

    for(int i=0; i<ANZAHL*10; i++){
      this.suchen.add((int)(Math.random()*ANZAHL));
    }
    analyse();
  }

  private void loeschen(Abteilung abteilung) {
    for(int i:this.loeschen){
      abteilung.loeschen(this.mitarbeiter.get(i));
    }
    assert(abteilung.istLeer());
  }

  private void suchen(Abteilung abteilung) {
    for(int i:this.suchen){
      abteilung.suchen(this.mitarbeiter.get(i));
    }
  }
}
```

```java
private void iterieren(Abteilung abteilung) {
  for(int i:this.suchen){
    abteilung.suchen(i);
  }
}

private void einfuegen(Abteilung abteilung) {
  for(int anz = 0; anz<ANZAHL/100; anz++){
    for(int i:this.einfuegen){
      abteilung.einfuegen(this.mitarbeiter.get(i));
    }
  }
}

public void analyse(){
  long zeit;
  for(int i=0; i<this.testobjekte.size();i++){
    Set<Mitarbeiter> testobjekt = this.testobjekte.get(i);
    System.out.println("Analyse von: "
        + testobjekt.getClass());
    Abteilung abteilung = new Abteilung(testobjekt);
    zeit = System.currentTimeMillis();
    this.einfuegen(abteilung);
    System.out.println("  einfuegen:\t"
        + (System.currentTimeMillis()-zeit)+" ms");
    zeit = System.currentTimeMillis();
    this.iterieren(abteilung);
    System.out.println("  iterieren:\t"
        + (System.currentTimeMillis()-zeit)+" ms");
    zeit = System.currentTimeMillis();
    this.suchen(abteilung);
    System.out.println("  suchen:\t"
        + (System.currentTimeMillis()-zeit)+" ms");
    zeit = System.currentTimeMillis();
    this.loeschen(abteilung);
    System.out.println("  loeschen:\t"
        + (System.currentTimeMillis()-zeit)+" ms");
  }
}

public static void main(String[] s){
  new PerformanceAnalyse();
}
}
```

Im Konstruktor finden die Vorbereitungen der Analyse statt. Dabei wird folgendes Szenario aufgebaut, das für alternative Untersuchungen variiert werden muss: In der Exemplarvariablen *testobjekte* werden fünf verschiedene Realisierungen von *Set* abgelegt. Bereits hier ist zu beachten, dass es für diese Klassen mehrere Konstruktoren gibt, die Einfluss auf die Performance haben. Meist kann eine initiale Größe angegeben werden, sodass bereits Speicher für diese Anzahl von Referenzen vorbereitet werden kann, was das Einfügen anfänglich deutlich beschleunigt. Bei einer HashSet, die eine Hash-Tabelle nutzt, kann zusätzlich angegeben werden, ab welchem Befüllungsgrad die Tabelle vergrößert werden soll. Aus den Beschreibungen der Implementierungen folgt z. B. auch, dass bei einem Objekt der Klasse *ConcurrentSkipListSet* die Berechnung der Größe mit *size()* relativ aufwändig ist, was hier nicht in die Betrachtungen einfließt.

Es werden insgesamt ANZAHL Mitarbeiter erzeugt und in der Liste *mitarbeiter* abgelegt. Die Zahlenlisten *einfuegen*, *loeschen* und *suchen* enthalten Positionsnummern dieser Liste, die in der jeweiligen Funktionalität berücksichtigt werden. Generell wird dazu in der Liste *nummern* zunächst eine geordnete Reihenfolge der Positionsnummern erzeugt, aus der dann in einer zweiten Schleife die Positionsnummern in zufälliger Reihenfolge gezogen und in die jeweilige Liste eingefügt werden. Insgesamt wird nur jeder zweite erzeugte Mitarbeiter in die Mengen eingefügt, damit man mit einer Wahrscheinlichkeit von 50 % annehmen kann, dass der Mitarbeiter in der Liste ist. Beim Löschen sollen letztendlich alle Mitarbeiter gelöscht werden, wobei dann nochmals eine größere Anzahl von Löschversuchen am Anfang ergänzt wird, sodass auch nicht-erfolgreiche Löschungen auftreten. Zum Suchen wird nur eine große Liste von Positionsnummern generiert.

Die Listen werden vor der eigentlichen Analyse erzeugt, damit alle Implementierungen mit den gleichen Aufrufen untersucht werden können. Die Inhalte der Listen können maßgeblichen Einfluss auf die untersuchte Performance haben und sind bei detaillierter Messung zu variieren. Weiterhin ist es sinnvoll, Grenzfälle zu betrachten, in denen sortierte Listen die Grundlage sind.

Bei der eigentlichen Analyse wird die Systemzeit mit *System.currentTimeMillis()* zum Messen der Zeit genutzt. Alternativ kann auch *System.nanoTime()* genutzt werden, da es aber um größere Messwerte geht, ist dies nicht notwendig. Es wird jeweils das zu untersuchende Objekt erzeugt, befüllt, dann nach Mitarbeiternummern, dann nach Mitarbeitern gesucht und letztendlich werden alle Mitarbeiter wieder gelöscht. Dies wird mit einer assert-Zusicherung überprüft, die bei der Ausführung mit dem Parameter –ea, der auch in Eclipse als Parameter einstellbar ist, wie es Abb. 12.4 zeigt, eingeschaltet werden muss. Generell gilt, dass man Performance-Analyse und funktionale Tests nicht mischt, da die Tests Einfluss auf die Ausführungszeit haben können. Vereinfacht gilt die Regel, dass erst nach Prüfung der funktionalen Korrektheit Performance-Analysen durchgeführt werden. Eine Prüfung, ob bei den Performance-Tests das gewünschte Verhalten eintritt, ist natürlich zulässig.

Alle gemessenen Zeiten werden direkt in der Konsole ausgegeben. Eine exemplarische Ausgabe sieht wie folgt aus:

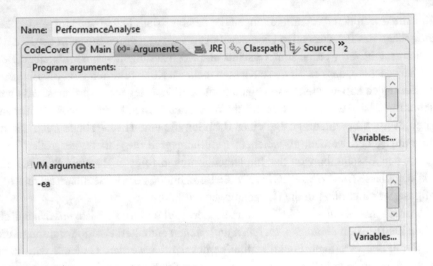

Abb. 12.4 Einschalten von Zusicherungen

```
Analyse von: class java.util.HashSet
   einfuegen:    526 ms
   iterieren:    15265 ms
   suchen:       103 ms
   loeschen:     110 ms
Analyse von: class java.util.LinkedHashSet
   einfuegen:    517 ms
   iterieren:    11303 ms
   suchen:       100 ms
   loeschen:     108 ms
Analyse von: class java.util.TreeSet
   einfuegen:    125 ms
   iterieren:    19047 ms
   suchen:       27 ms
   loeschen:     18 ms
Analyse von: class java.util.concurrent.CopyOnWriteArraySet
   einfuegen:    22510 ms
   iterieren:    9369 ms
   suchen:       3911 ms
   loeschen:     801 ms
Analyse von: class java.util.concurrent.ConcurrentSkipListSet
   einfuegen:    238 ms
   iterieren:    11867 ms
   suchen:       46 ms
   loeschen:     27 ms
```

Interessant ist, dass bei diesem Vergleich die Klasse *ConcurrentSkipListSet* gewinnt, die für die nebenläufige Programmierung entwickelt wurde, allerdings auch erst in der Java-Version 1.5 zu den anderen Klassen dazukam.

Man beachte, dass auch das Verhalten der virtuellen Maschine – wann läuft z. B. der Garbage Collector und wann arbeitet das Betriebssystem, wird Swap-Speicher auf der Festplatte genutzt – Einfluss auf das Ergebnis haben kann.

12.3   Performance-Analyse mit Java-eigenen Optionen

Bevor die bereits gegebenen Performance-Analysemöglichkeiten in der Java-Umgebung betrachtet werden, wird kurz das Verhalten von Java bezüglich der Speicherallokation, also der Reservierung und Nutzung von Speicher, betrachtet. Dazu dient das folgende Programm, mit dem der Nutzer wiederholt eine Anzahl eingeben kann, die dann als Größe für einen neu angelegten double-Array genutzt wird. Diese Arrays werden in einer lokalen Liste gesammelt und können so nicht vom Garbage Collector, der nur offensichtlich nicht genutzte Objekte entfernen kann, gelöscht werden.

```java
package system;
import java.util.ArrayList;
import java.util.List;
import java.util.Scanner;

public class Speichernutzung {

  public static void main(String[] str){
    List<double[]> doubles = new ArrayList<double[]>();
    Runtime r = Runtime.getRuntime();
    System.out.println("maximaler Speicher:\t" +r.maxMemory());
    Scanner sc = new Scanner(System.in);
    int eingabe = 0;
    while(eingabe!=-1){
      System.out.print("Array mit wieviel Elementen: ");
      eingabe = sc.nextInt();
      if(eingabe !=-1){
        doubles.add(new double[eingabe]);
        System.out.println("freier Speicher:\t"+r.freeMemory());
        System.out.println("gesamter Speicher:\t"
                      + r.totalMemory());
      }
    }
  }
}
```

Zur Analyse des Verhaltens gibt ein Objekt der Klasse *Runtime* genauere Auskunft. Die Methode *maxMemory()* gibt die Anzahl der Bytes zurück, die die virtuelle Maschine maximal allokieren wird. Mit der Methode *freeMemory()* wird der freie und mit *totalMemory()* der bisher allokierte Speicher zurückgegeben. Sollte der freie Speicher nicht mehr reichen, dann wird weiterer Speicher allokiert, bis die maximale Speichergröße erreicht ist. Wird auch diese überschritten, gibt es einen OutOfMemory-Fehler. Im folgenden Programmablauf wird deutlich, wie nach und nach neuer Speicher angefordert wird, wodurch die Ausgabe von *freeMemory()* sogar mal kleiner und mal größer werden kann, da nur die Differenz zum bisher allokierten Speicher berechnet wird. Am Ende wird der maximale Speicher überschritten.

```
maximaler Speicher:        66650112
Array mit wieviel Elementen: 1000000
freier Speicher:            4993696
gesamter Speicher:         13180928
Array mit wieviel Elementen: 2000000
freier Speicher:            6546040
gesamter Speicher:         30736384
Array mit wieviel Elementen: 2000000
freier Speicher:            3139440
gesamter Speicher:         43364352
Array mit wieviel Elementen: 2000000
freier Speicher:           10404592
gesamter Speicher:         66650112
Array mit wieviel Elementen: 1000000
Exception in thread "main" java.lang.OutOfMemoryError: Java heap space
    at system.Speichernutzung.main(Speichernutzung.java:19)
```

Beim Start des Java-Programms gibt es zur Speichernutzung zwei wichtige Optionen. Mit –Xms wird die Größe des am Programmanfang allokierten Speichers übergeben. Mit –Xmx wird die Größe des maximal allokierten Speichers festgelegt, wobei dieser Wert größer-gleich dem ersten Wert sein muss. Abb. 12.5 zeigt, wie diese Parameter auch in Eclipse einstellbar sind. Dabei wird der Speicher fest auf ein Gigabyte gesetzt, die nach den Zahlen stehenden Buchstaben stehen für Gigabyte (g), Megabyte (m) und Kilobyte (k). Eine Programmausführung kann dann wie folgt aussehen – man beachte, dass jetzt statt einer Million am Anfang gleich zwanzig Millionen Elemente allokiert werden:

```
maximaler Speicher:       1065484288
Array mit wieviel Elementen: 20000000
freier Speicher:           904163048
gesamter Speicher:        1065484288
Array mit wieviel Elementen: 30000000
freier Speicher:           664163032
gesamter Speicher:        1065484288
Array mit wieviel Elementen: 40000000
freier Speicher:           344163016
gesamter Speicher:        1065484288
Array mit wieviel Elementen: 50000000
Exception in thread "main" java.lang.OutOfMemoryError: Java heap space
    at system.Speichernutzung.main(Speichernutzung.java:19)
```

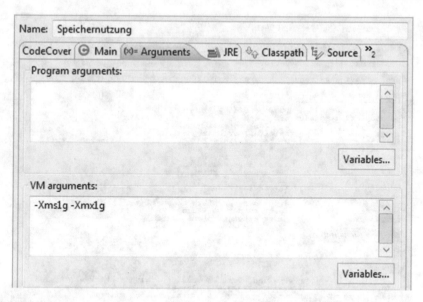

Abb. 12.5 Einstellungen zur Speichernutzung

Es ist erkennbar, dass gleich am Anfang der als maximal angegebene Speicher angefordert wird. Verfolgt man das Programm mit einem Beobachter für Betriebssystemprozesse, wie dem Task-Manager in Windows, erkennt man auch, dass sofort ein Gigabyte an Hauptspeicher belegt ist. Generell ist die Nutzung der beiden Optionen sehr sinnvoll, wobei ein möglichst kleiner Wert gefunden werden muss, der den maximal benötigten Speicherplatz festlegt.

Beim Start der virtuellen Maschine können einige weitere Parameter übergeben werden, die bei der Performance-Analyse hilfreich sind. Mit –Xclassgc wird der Garbage Collector ganz ausgeschaltet, sodass er bei Analysen nicht mehr das zu betrachtende Programm ausbremsen kann. Da sich dies allerdings auf den Speicherverbrauch auswirkt, sollte das Programm dann auch gleich mit dem maximalen Speicher starten. Mit –Xincgc wird die Ausführung des Garbage Collectors verzögert, sodass keine größeren Unterbrechungen für einen Programmnutzer spürbar sind, was auch eine Performance-Untersuchung präziser machen kann.

Die erste echte Option zum Profiling eines Java-Programms, also zur genauen Untersuchung des Laufzeitverhaltens, bietet die Option –Xprof, wesentlich detailliertere Informationen die Option –Xrunhprof. Abb. 12.6 zeigt die Möglichkeit, sich direkt über die Parameter für diese Information zu informieren.

Generell ist zu beachten, dass man entweder am Speicherverbrauch oder an der Laufzeit interessiert ist. Misst man beides zusammen, beeinflussen sich die Messungen soweit, dass Fehlschlüsse möglich wären. Lässt man das Programm von Seite 364 zur Analyse der Set-Implementierungen laufen, reduziert den Wert von ANZAHL auf nur 1000 und ergänzt die Option –Xrunhprof:cpu=times,depth=3 für den Fokus auf das Zeitverhalten, wobei Methodenaufrufe nur bis zur Tiefe drei im hier nicht betrachteten Stack Trace angezeigt werden sollen, erhält man die folgende Ausgabe:

Abb. 12.6 Optionen von Xrunhprof

```
Analyse von: class java.util.HashSet
   einfuegen:    2457 ms
   iterieren:    102903 ms
   suchen:       4850 ms
   loeschen:     5403 ms
Analyse von: class java.util.LinkedHashSet
   einfuegen:    2542 ms
   iterieren:    143764 ms
   suchen:       4848 ms
   loeschen:     5367 ms
Analyse von: class java.util.TreeSet
   einfuegen:    805 ms
   iterieren:    122666 ms
   suchen:       1600 ms
   loeschen:     983 ms
```

```
Analyse von: class java.util.concurrent.CopyOnWriteArraySet
   einfuegen:    10713 ms
   iterieren:    82232 ms
   suchen:       15651 ms
   loeschen:     4628 ms
Analyse von: class java.util.concurrent.ConcurrentSkipListSet
   einfuegen:    1279 ms
   iterieren:    82429 ms
   suchen:       2081 ms
   loeschen:     1420 ms
Dumping CPU usage by timing methods ... done.
```

Zunächst erkennt man, dass die Laufzeiten trotz wesentlich weniger Daten deutlich länger geworden sind; Zeit, die für das Profiling genutzt wird. Weiterhin wird eine Datei java. hprof.txt angelegt, die als letzte Zeilen folgende Einträge enthält.

```
CPU TIME (ms) BEGIN (total = 1100567) Sat Jul 21 19:20:54 2012
rank   self   accum    count trace method
   1  22.46% 22.46%        2 301079 java.lang.Object.wait
   2  22.46% 44.93%        4 301090 java.lang.ref.ReferenceQueue.remove
   3  16.15% 61.08%    50000 301295 entities.Abteilung.suchen
   4   3.88% 64.96% 25000000 301294 entities.Mitarbeiter.getId
   5   2.92% 67.88%  5000000 301393 java.util.TreeMap$PrivateEntryItera-
                                                           tor.nextEntry
   6   2.90% 70.79%  5000000 301358 java.util.LinkedHashMap$KeyIterator.
                                                                   next
   7   2.90% 73.69%  5000000 301293 java.util.HashMap$KeyIterator.next
   8   1.88% 75.57%  5000000 301356 java.util.LinkedHashMap$LinkedHashI-
                                                          terator.nextEntry
   9   1.86% 77.43%  5010000 301354 java.util.LinkedHashMap$LinkedHashI-
                                                           terator.hasNext
  10   1.85% 79.28%  5000000 301394 java.util.TreeMap$KeyIterator.next
  11   1.84% 81.13%  5000000 301503 java.util.concurrent.ConcurrentSki-
                                                   pListMap$KeyIterator.next
  12   1.84% 82.97%  5000000 301442 java.util.concurrent.CopyOnWriteAr-
                                                   rayList$COWIterator.next
  13   0.82% 83.79%  5000000 301392 java.util.TreeMap.successor
  14   0.82% 84.61%  5200000 301252 java.lang.Double.doubleToLongBits
  15   0.82% 85.43%  5000000 301291 java.util.HashMap$HashIterator.next-
                                                                   Entry
  16   0.80% 86.23%  5000000 301502 java.util.concurrent.ConcurrentSki-
                                                   pListMap$Iter.advance
  17   0.79% 87.02%  5000000 301357 java.util.HashMap$Entry.getKey
  18   0.79% 87.81%  5010000 301501 java.util.concurrent.ConcurrentSki-
                                                   pListMap$Iter.hasNext
```

```
19  0.79% 88.59%   10000 301445 java.util.concurrent.CopyOnWrite-
                                               ArrayList.indexOf
20  0.78% 89.38% 5010000 301290 java.util.HashMap$HashIterator.has-
                                                             Next
21  0.78% 90.16% 5000000 301355 java.util.LinkedHashMap.access$100
22  0.78% 90.93% 5010000 301440 java.util.concurrent.CopyOnWrite-
                                      ArrayList$COWIterator.hasNext
23  0.77% 91.71% 5010000 301353 java.util.LinkedHashMap.access$100
24  0.77% 92.48% 5000000 301391 java.util.TreeMap.access$100
25  0.77% 93.25% 5000000 301441 java.util.concurrent.CopyOnWrite-
                                      ArrayList$COWIterator.hasNext
26  0.76% 94.01% 5000000 301292 java.util.HashMap$Entry.getKey
27  0.76% 94.77% 5010000 301390 java.util.TreeMap$PrivateEntryItera-
                                                      tor.hasNext
28  0.59% 95.36% 3731738 301444 entities.Mitarbeiter.equals
29  0.48% 95.84%   22000 301325 java.util.Arrays.hashCode
30  0.47% 96.30% 1252000 301433 java.util.concurrent.CopyO n W r i t e-
                                                    ArrayList.eq
31  0.43% 96.73%   20000 301307 java.util.Arrays.hashCode
32  0.27% 97.00%    5000 301430 java.util.concurrent.CopyOnWrite-
                                            ArrayList.addIfAbsent
33  0.22% 97.22%   10000 301253 java.util.Arrays.hashCode
34  0.20% 97.42% 1252000 301432 entities.Mitarbeiter.equals
35  0.16% 97.57%  434680 301452 java.util.concurrent.CopyOnWrite-
                                                    ArrayList.eq
36  0.15% 97.72%  243000 301070 java.util.Random.next
37  0.12% 97.84%  320632 301118 java.lang.Integer.equals
38  0.11% 97.95%   11000 301455 java.util.concurrent.CopyOnWrite-
                                                ArrayList.remove
39  0.07% 98.02%    1500 301120 java.util.ArrayList.remove
40  0.07% 98.08%  434680 301451 entities.Mitarbeiter.equals
41  0.07% 98.15%  417658 301365 entities.Mitarbeiter.getId
42  0.06% 98.21%       5 301338 analyse.PerformanceAnalyse.loeschen
43  0.05% 98.26%  100000 301071 java.util.Random.nextDouble
44  0.05% 98.32%       5 301314 analyse.PerformanceAnalyse.suchen
45  0.05% 98.37%       5 301296 analyse.PerformanceAnalyse.iterieren
46  0.05% 98.42%  320632 301117 java.lang.Integer.intValue
47  0.04% 98.46%  122392 301506 entities.Mitarbeiter.compareTo
48  0.04% 98.51%  118688 301395 entities.Mitarbeiter.compareTo
49  0.04% 98.55%  122392 301505 entities.Mitarbeiter.compareTo
50  0.04% 98.59%  243000 301068 java.util.concurrent.atomic.Atomic-
                                                        Long.get
51  0.04% 98.63%  100000 301072 java.lang.Math.random
52  0.04% 98.66%  243000 301069 java.util.concurrent.atomic.Atomic-
                                              Long.compareAndSet
53  0.03% 98.70%   55000 301321 java.util.AbstractList$Itr.next
```

```
54  0.03% 98.73%   88342 301396 entities.Mitarbeiter.compareTo
55  0.03% 98.77%   50000 301303 java.util.AbstractList$Itr.next
56  0.03% 98.80%   10000 301507 java.util.concurrent.ConcurrentSki-
                                            pListMap.doGet
57  0.03% 98.83%   87365 301486 entities.Mitarbeiter.compareTo
58  0.03% 98.86%   50000 301275 java.util.AbstractList$Itr.next
59  0.03% 98.88%  180003 301241 java.util.ArrayList.RangeCheck
60  0.03% 98.91%       5 301262 analyse.PerformanceAnalyse.einfuegen
61  0.02% 98.93%    1000 301073 entities.Mitarbeiter.<init>
62  0.02% 98.96%   50000 301274 java.util.ArrayList.get
63  0.02% 98.98%   50000 301306 java.util.ArrayList.get
64  0.02% 99.00%   55005 301318 java.util.AbstractList$Itr.hasNext
65  0.02% 99.02%   55000 301333 entities.Abteilung.loeschen
66  0.02% 99.04%   22000 301330 java.util.HashMap.removeEntryForKey
67  0.02% 99.06%   57177 301487 entities.Mitarbeiter.compareTo
68  0.02% 99.08%   10000 301397 java.util.TreeMap.getEntry
69  0.02% 99.10%   50005 301272 java.util.AbstractList$Itr.hasNext
70  0.02% 99.12%   55000 301320 java.util.ArrayList.get
71  0.02% 99.14%   22000 301327 entities.Mitarbeiter.hashCode
72  0.02% 99.16%   55000 301324 java.util.ArrayList.get
73  0.02% 99.18%   20000 301310 java.util.HashMap.getEntry
74  0.02% 99.20%       1 301539 analyse.PerformanceAnalyse.<init>
75  0.02% 99.22%   50000 301302 java.util.ArrayList.get
76  0.02% 99.24%   50000 301313 entities.Abteilung.suchen
77  0.02% 99.25%   50005 301300 java.util.AbstractList$Itr.hasNext
78  0.02% 99.27%   16000 301427 java.util.concurrent.locks.Reentrant-
                                            Lock$Sync.tryRelease
79  0.02% 99.29%   20000 301309 entities.Mitarbeiter.hashCode
80  0.01% 99.30%   41535 301367 entities.Mitarbeiter.compareTo
81  0.01% 99.31%   41535 301366 entities.Mitarbeiter.compareTo
82  0.01% 99.33%    5000 301463 java.util.concurrent.ConcurrentSki-
                                            pListMap.findPredecessor
83  0.01% 99.34%   11000 301515 java.util.concurrent.ConcurrentSki-
                                            pListMap.doRemove
84  0.01% 99.36%   21500 301112 java.util.Random.nextDouble
85  0.01% 99.37%   25000 301243 java.util.AbstractList$Itr.next
86  0.01% 99.38%   25000 301242 java.util.ArrayList.get
87  0.01% 99.39%   28111 301514 entities.Mitarbeiter.compareTo
88  0.01% 99.41%   28111 301513 entities.Mitarbeiter.compareTo
89  0.01% 99.42%   20000 301289 java.util.HashSet.iterator
90  0.01% 99.43%    5000 301363 java.util.TreeMap.put
91  0.01% 99.44%   25000 301246 java.util.ArrayList.get
92  0.01% 99.45%   30188 301511 entities.Mitarbeiter.compareTo
93  0.01% 99.46%   10000 301256 java.util.HashMap.put
94  0.01% 99.47%   30346 301400 entities.Mitarbeiter.compareTo
CPU TIME (ms) END
```

Die Daten sind nach dem Gesamtzeitverbrauch der Methoden sortiert. Dabei wird nur die für die Methode selbst benötigte Zeit, nicht die Zeit, die darin aufgerufene Methoden benötigen, angegeben. Man überlege sich, welche Informationen ein Profiler benötigt, um hierzu Aussagen tätigen zu können.

Das Ergebnis zeigt, dass zunächst zwei Methoden angegeben werden, die nur bei der Nutzung von Threads eine Rolle spielen. Da zwei der betrachteten Set-Implementierungen für die Nutzung in Threads konzipiert sind, muss das nicht überraschen, da auch die Datenerfassung in einem eigenen Thread passiert. In der dritten Zeile sieht man, dass Aufrufe der Methode *entities.Abteilung.suchen()* 16,15 % der Gesamtlaufzeit benötigt haben. Danach folgt die Summe der bis dahin gezeigten Prozente. Genauer führten 50.000 Aufrufe dieser Methode zum Zeitverbrauch. Man erkennt an der Ausgabe, dass viele Informationen sich auf nicht selbst entwickelte Methoden beziehen, sodass es notwendig ist, die Textdatei systematisch zu analysieren. Dazu gibt es einige Programme, die solche Ausgaben etwas lesbarer gestalten. Aus der Ausgabe kann man als Entwickler entnehmen, dass es sinnvoll ist, Methoden, die in diesem Ranking oben stehen, zu optimieren und über alternative Realisierungen nachzudenken. Weiterhin gibt die Aufrufanzahl an, wie oft eine Methode genutzt wurde. Neben einer Reimplementierung kann man auch darüber nachdenken, ob man die Anzahl der Aufrufe reduzieren kann. Dies ist recht einfach möglich, wenn die gleiche Methode mehrfach aufgerufen wird und man dies durch eine Hilfsvariable, die einmalig das Ergebnis des Aufrufs speichert, ersetzen kann.

Die virtuelle Maschine bietet als weiterer Parameter –agentlib an, der den Anschluss einer eigenen Implementierung eines Messwerkzeugs erlaubt. Hierbei wird das Java Virtual Machine Tool Interface (JVMTI) genutzt, mit Hilfe dessen man auf Methodenaufrufe reagieren und Klassen verändern kann, bevor sie geladen werden [@JTI].

12.4 Performance-Analyse mit NetBeans

Die im letzten Abschnitt erwähnte Möglichkeit, einen eigenen Profiler an die Java-Ausführung anzuhängen, ist in NetBeans sehr gut umgesetzt. Der Profiler wird hier als Beispiel für eine grafisch aufbereitete Analyse eines Laufzeitverhaltens und des Speicherverbrauchs vorgestellt. Bei allen Einstellungsmöglichkeiten, die meist zu verschiedenen Äquivalenzklassen der Analyse des Programmverhaltens gehören, ist kritisch zu prüfen, welche man für ein Projekt individuell wählen soll. Als Beispiel wird wieder die Set-Implementierungsanalyse aus dem vorherigen Abschnitt genutzt, wobei die einzelnen Implementierungen getrennt betrachtet werden sollen. Dazu kann man die nicht gewünschten Implementierungen z. B. einfach im Programmcode auskommentieren.

Abb. 12.7 zeigt das Projekt in NetBeans. Der Profiler wird durch die Uhr rechts oben gestartet.

Neben der Beobachtung der zu analysierenden Software wird getrennt die Analyse der Laufzeit (CPU) und des Speicherverbrauchs (Memory) angeboten. Bei der zunächst betrachteten Laufzeit in Abb. 12.8 wird das Auswahlmenü „Configure Session" nach unten

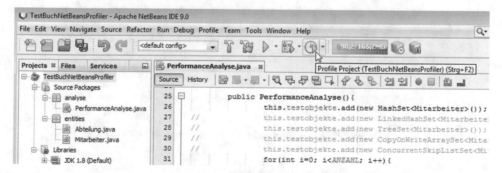

Abb. 12.7 NetBeans-Projekt zur Performance-Analyse

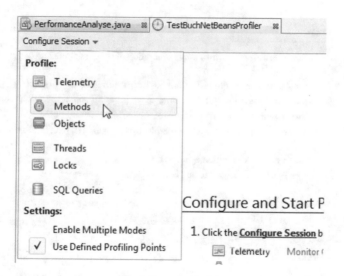

Abb. 12.8 Einstellungsmöglichkeiten des Profilers

geklappt und „Methods" ausgewählt. Generelle Einstellungen zum Verhalten sind unter „Tools > Options > Java > Profiler" möglich, wo u. a. mit Filtern festgelegt werden kann, welche Klassen nicht beobachtet werden sollen.

Der eigentliche Start des Profilings passiert durch einen Klick auf den „Profile"-Knopf, wie es in Abb. 12.9 zu erkennen ist.

Beim ersten Start des Profilers wird eine kurze in Abb. 12.10 erwähnte Kalibrierung durchgeführt, bei der das Verhalten der aktuell eingesetzten virtuellen Maschine analysiert wird.

Abb. 12.11 zeigt das Ergebnis einer Kalibrierung, mit der konkret bestimmt wurde, wie viel Zeit durchschnittlich bei einem Aufruf und einem Verlassen einer Methode benötigt wird. Diese Zeiten kann man von der reinen Laufzeit einer Methode abziehen, was gerade bei der Analyse sehr häufig aufgerufener Methoden sinnvoll ist.

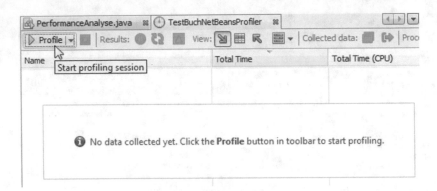

Abb. 12.9 Start des Profilings

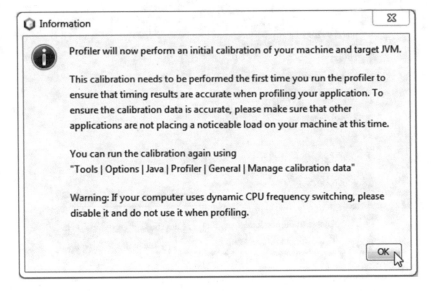

Abb. 12.10 Kalibrierung des Profilers

Das Messergebnis gibt detaillierte und grafisch gut aufbereitete Informationen zum einzelnen Zeitverbrauch der Methoden, wie es Abb. 12.12 für eine Analyse der Klasse *HashSet* zeigt. Man erkennt z. B. für die Methode *iterieren()*, dass insgesamt 18942 ms verbraucht wurden und die Methode einmal aufgerufen wurde. In dieser Zeit wurde 100.000-mal die Methode *suchen(int)* von Objekten der Klasse *Abteilung* genutzt, was 10.177 ms benötigte. Die Methode *iterieren()* selbst (Self time) hat nur 9,88 ms verbraucht. Die rechte Spalte würde nur von der linken abweichen, wenn weitere Prozesse den Ablauf beeinflussen und die CPU blockieren.

Besteht Interesse daran, welche Klassen für den Zeitverbrauch verantwortlich sind, kann man oben in der Mitte die „Aggregation" auf „Classes" umstellen. Das zum Beispiel passende Ergebnis ist in Abb. 12.13 dargestellt.

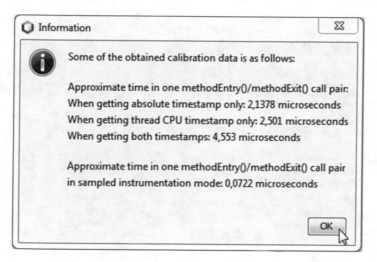

Abb. 12.11   Beispielergebnis einer Kalibrierungsmessung

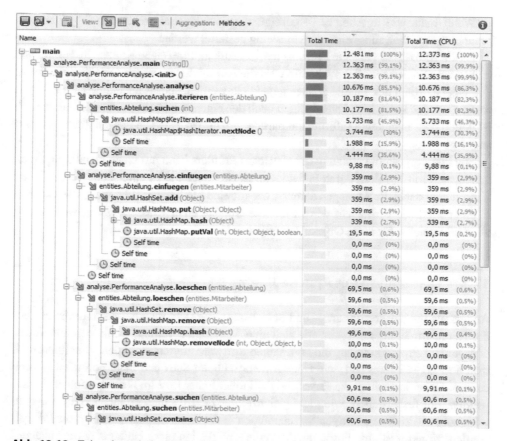

Abb. 12.12   Zeitverbrauch der Methoden

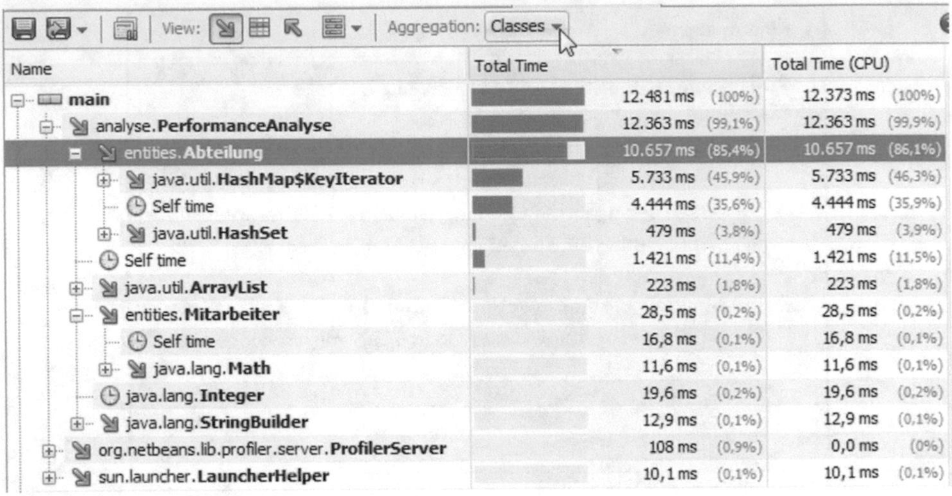

Abb. 12.13 Zeitverbrauch einzelner Klassen

Wählt man, wie in Abb. 12.14 gezeigt, die Speicheranalyse für von Objekten ver-
brauchten Speicher, muss eine neue Messung gestartet werden.

Das in Abb. 12.15 gezeigte Ergebnis macht deutlich, für welche Klassen insgesamt wie
viel Bytes allokiert wurden. Weiterhin wird die Anzahl der erzeugten Objekte angegeben.
Die Überschriften der Tabelle können angeklickt werden, sodass nach dieser Eigenschaft
sortiert werden kann. Man kann dadurch nach den eigenen Klassen suchen. Etwas kritisch
ist dabei, dass man keine Information darüber erhält, wo z. B. die ganzen double-Arrays
angelegt werden.

Die hier vorgestellte Nutzung des NetBeans Profilers kann nur einen kleinen Eindruck
geben, was mit Profilern durch individuelle Einstellungen alles untersucht werden kann.
Zentral sind dabei die Aussagen darüber, wie oft eine Methode genutzt wird, wie viel Zeit
in einer Methode verbraucht wird, wie viele Objekte einer Klasse angelegt werden und
wie viel Speicher für diese Objekte benötigt wird.

12.5   Lastanalyse mit Apache JMeter

Anders als bei der Performance- und Speicheranalyse steht man bei der Lastanalyse vor
der Herausforderung zu testen, wie sich eine Applikation verhält, wenn mehrere Nutzer
oder andere Programme auf die zu testende Software zugreifen wollen. Detaillierter ist
man an Fragen interessiert, wie lange Antworten beim Start und beim normalen Betrieb
dauern. Dabei kann auch die Zuverlässigkeit unter hoher Last im Dauerbetrieb analysiert
werden, um festzustellen, wie viele gleichzeitige Zugriffe man erlauben kann. Begriffe
wie „normal" in den vorherigen Sätzen müssen in der Anforderungsspezifikation definiert
werden. Konkret ist eine Forderung, dass die Applikation unter Nutzung der anzugeben-
den Hard- und Softwareumgebung bei einer maximalen parallelen Nutzeranzahl von
100 in 90 % der Fälle innerhalb von 50 ms antwortet.

Abb. 12.14 Einstellungen zur Messung des Speicherverbrauchs

Name	Live Bytes	Live Objects
double[]	8.160.520 B (37,5%)	10.008 (2,3%)
java.lang.**Integer**	3.411.328 B (15,7%)	213.208 (49,3%)
java.util.**HashMap$KeyIterator**	3.200.000 B (14,7%)	100.000 (23,1%)
char[]	1.868.256 B (8,6%)	34.936 (8,1%)
java.lang.**Object[]**	1.506.128 B (6,9%)	1.597 (0,4%)
byte[]	1.409.272 B (6,5%)	557 (0,1%)
java.lang.**String**	557.440 B (2,6%)	34.840 (8%)
java.util.**HashMap$Node**	291.528 B (1,3%)	12.147 (2,8%)
int[]	279.168 B (1,3%)	968 (0,2%)
entities.**Mitarbeiter**	240.000 B (1,1%)	10.000 (2,3%)
java.lang.**Class**	160.016 B (0,7%)	1.629 (0,4%)

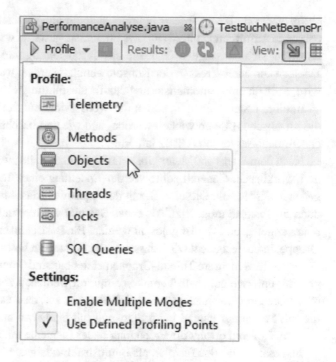

Abb. 12.15 Speicherverbrauch der Objekte

Generell bietet Java mit den Threads, eventuell ergänzt um ein Test-Framework wie Selenium, schon einige Möglichkeiten, Lasttests wieder selbst zu stricken. Dabei sind einige Erkenntnisse erreichbar, aber richtig zuverlässige Aussagen sind selten zu gewinnen. Mit Apache JMeter [@JMe] steht zum Beispiel ein Werkzeug zur Verfügung, das bei der Entwicklung von Lasttests in einigen Bereichen, wie dem Zugriff mehrerer Nutzer auf eine Datenbank, dem mehrfachen Zugriff auf einen Webservice und der gleichzeitigen Nutzung einer Web-Applikation, sehr gut unterstützen kann.

Zur Installation wird einfach Apache JMeter heruntergeladen und das Zip-Verzeichnis ausgepackt. Dabei sollten im Verzeichnisnamen keine Leerzeichen stehen. Weiterhin muss die Variable *JAVA_HOME*, siehe auch Scite 317, gesetzt sein.

Im Verzeichnis von JMeter befindet sich ein bin-Verzeichnis, in dem JMeter über die passende Aufrufdatei, unter Windows jmeter.bat, gestartet werden kann (siehe Abb. 12.16). Es öffnet sich eine eigene GUI, die zur Testerstellung und Durchführung genutzt wird. JMeter kann auch direkt in der Konsole genutzt werden, was hier nicht weiter betrachtet wird, aber für eine Automatisierung der Testausführung relevant ist.

In einer ersten Fallstudie sollen die Webservices auf Performance untersucht werden, die im Abschn. 11.4 entwickelt wurden, und wie dort beschrieben auf einem lokalen Apache Tomcat-Server mit AXIS2 laufen.

Nach dem Start von JMeter gibt es auf der linken Seite zwei zentrale Elemente: Testplan und Workbench. Generell sollte vor der Erstellung eines Tests überlegt werden, was wie getestet werden soll. Dieser z. B. mit der Äquivalenzklassenanalyse ausgewählte Test wird dann im Testplan umgesetzt. Als erstes Beispiel soll hier mit nur einem Nutzer ein Mitarbeiter angelegt und wieder gelöscht werden. Ein Basiselement des Testplans ist die Thread-Gruppe, in der festgelegt wird, dass mehrere Nutzer ein bestimmtes Verhalten haben sollen. Dadurch, dass mehrere Thread-Gruppen erstellbar sind, können verschiedene Nutzergruppen mit unterschiedlichem Verhalten simuliert werden. Abb. 12.17 zeigt die Möglichkeit, eine Nutzergruppe anzulegen. Dabei fällt sofort auf, dass es auch spezielle Gruppen gibt, die mit Set-up nur einmal beim Start und mit tearDown nur einmal am Ende ausgeführt werden. Generell erfolgt die Erzeugung neuer Elemente mit einem Rechtsklick.

Insgesamt wird der Testplan als Baumstruktur dargestellt, wobei sich Einträge der höheren Ebene auf Einträge der unteren Ebenen auswirken. Abb. 12.18 zeigt die Erstellung einer Thread-Gruppe, der ein Name gegeben werden kann. Weiterhin wird festgelegt, wie viele Nutzer die spezifizierten Aktionen durchführen sollen und wie viel Zeit zum Starten (Ramp-Up Period) der Nutzer, genauer der zugehörigen Threads, zur Verfügung steht. Durch das Einschalten der Wiederholung werden alle Aktionen der Thread-Gruppe immer wieder durchgeführt, wodurch ein Verhalten unter Dauerlast simuliert werden kann. In der Kopfzeile steht dann ein X in einem roten Kreis zum Beenden der Analyse zur Verfügung.

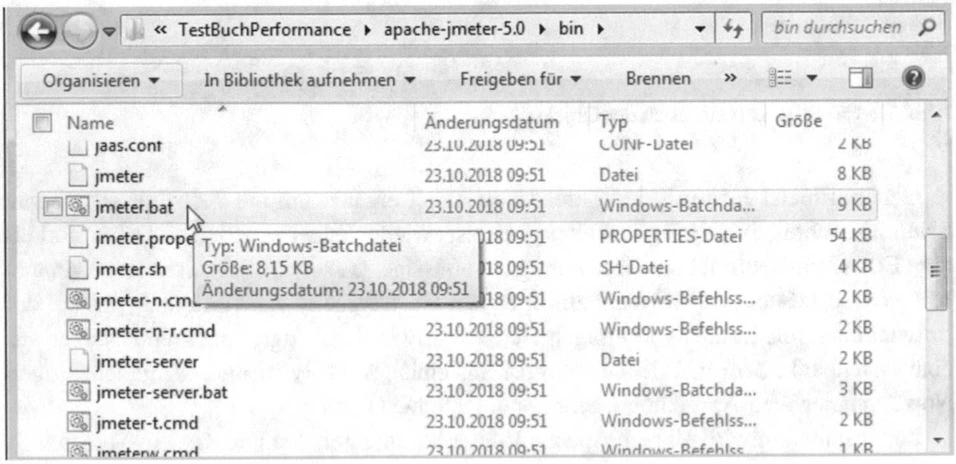

Abb. 12.16 Start von Apache JMeter

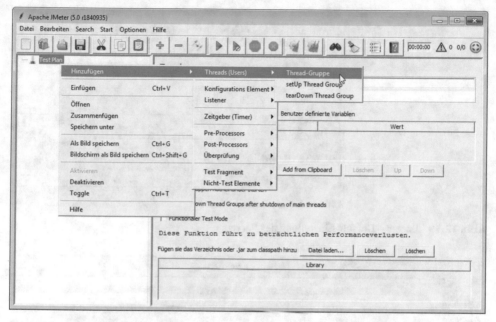

Abb. 12.17   JMeter – Einrichten einer Thread-Gruppe

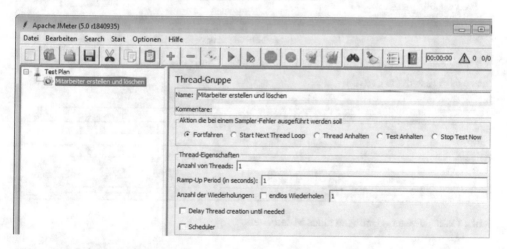

Abb. 12.18   JMeter – Spezifikation einer Thread-Gruppe

Im nächsten Schritt wird festgelegt, dass alle Aktionen auf einem Server, hier localhost auf Port 8080, stattfinden sollen. Dazu wird mit einem Rechtsklick auf „Test Plan" mit „Hinzufügen > Konfigurations Element > HTTP Request Default Einstellungen" ein solches Element hinzugefügt. Abb. 12.19 zeigt, dass in dem Element der localhost eingestellt wird.

Nun wird mit einem Rechtsklick auf die Thread-Gruppe mit „Hinzufügen > Sampler > HTTP-Request" eine Anfragemöglichkeit ergänzt und der Aufruf zum Anlegen eines Mitarbeiters in der in Abb. 12.20 gezeigten Form spezifiziert. Der Pfad beschreibt den Zugriff auf den Webservice, in den Parametern sind die zu übertragenden Werte festgelegt.

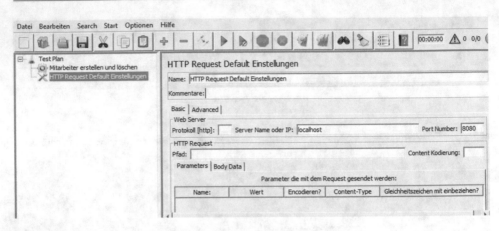

Abb. 12.19   JMeter – Default-Einstellung des Servers

HTTP Request

Name: Mitarbeiter erstellen

Kommentare:

Basic | Advanced |

┌ Web Server
Protokoll [http]: [   ]   Server Name oder IP: [   ]   Port Number: [   ]

┌ HTTP Request
Methode: [GET ▼]   Pfad: [/axis2/services/Mitarbeiterverwaltung/neuerMitarbeiter]   Content Kodierung: [   ]

☐ Automatisch Redirects folgen ☑ Folge Redirects ☑ Benutze KeepAlive ☐ Use multipart/form-data ☐ Browser-compatible headers

Parameters | Body Data | Files Upload |

Parameter die mit dem Request gesendet werden:

Name:	Wert	Encodieren?	Content-Type	Gleichheitszeichen mit einbeziehen?
minr	42	☐	text/plain	☑
vorname	Olga	☐	text/plain	☑
nachname	Schmidt	☐	text/plain	☑

Detail | Hinzufügen | Add from Clipboard | Löschen | Up | Down

Abb. 12.20   JMeter – Einfügen eines Mitarbeiters

Der zweite HTTP Request löscht den gerade angelegten Mitarbeiter wieder, die relevanten Daten sind Abb. 12.21 zu entnehmen.

Generell kann der Test jetzt ausgeführt werden, wobei man dann keine Ergebnisse sehen würde. Damit Ergebnisse sichtbar werden, gibt es unter „Hinzufügen -> Listener" einige Visualisierungsmöglichkeiten, die teilweise die gemessenen Daten auch gleich grafisch darstellen können. Die Listener können einer Thread-Gruppe hinzugefügt werden, um nur diese zu betrachten, oder zum gesamten Testplan ergänzt werden. Bei der Entwicklung von Tests ist der „View Results Tree" sehr hilfreich, da er genau ausgibt,

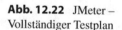

HTTP Request

Name: Mitarbeiter loeschen

Kommentare:

Basic | Advanced |

Web Server

Protokoll [http]: [   ]   Server Name oder IP: [   ]   Port Number: [   ]

HTTP Request

Methode: [GET ▼]   Pfad: [/axis2/services/Mitarbeiterverwaltung/mitarbeiterLoeschen]   Content Kodierung: [   ]

☐ Automatisch Redirects folgen ☑ Folge Redirects ☑ Benutze KeepAlive ☐ Use multipart/form-data ☐ Browser-compatible headers

Parameters | Body Data | Files Upload |

Parameter die mit dem Request gesendet werden:

Name:	Wert	Encodieren?	Content-Type	Gleichheitszeichen mit einbeziehen?
minr	42	☐	text/plain	☑

[Detail] [Hinzufügen] [Add from Clipboard] [Löschen] [Up] [Down]

Abb. 12.21 JMeter – Löschen eines Mitarbeiters

Abb. 12.22 JMeter –
Vollständiger Testplan

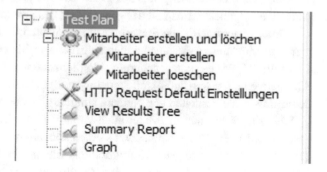

welche Anfragen gestellt wurden und welche zugehörigen Antworten es gibt. Gerade im Fehlerfall ist hier erkennbar, welche Aufrufe nicht funktionieren. Da jeder Listener das Ergebnis etwas verfälschen kann, da er während der Messung aktualisiert werden muss, ist es am Ende der Entwicklung sinnvoll, nicht benötigte Listener wieder zu deaktivieren oder zu löschen. Ein minimaler Listener ist der Summary Report, der pro aufgerufener Seite misst, wie oft auf die Seite zugegriffen wurde und die zugehörigen Antwortzeiten bezüglich minimaler, durchschnittlicher und maximaler Werte aufbereitet. Der Listener Graph bietet neben einer grafischen Aufbereitung auch noch einen 90 %-Wert an, der angibt, wie lange maximal 90 % der Aufrufe gedauert haben. Abb. 12.22 zeigt den entwickelten Testplan, der mit Strg-R oder dem grünen Pfeil gestartet werden kann. Bei jedem Neustart werden die neuen Messwerte hinzugefügt. Ist dies nicht gewünscht, gibt es unter „Optionen > Alle Löschen" die Möglichkeit, die Messungen zurückzusetzen.

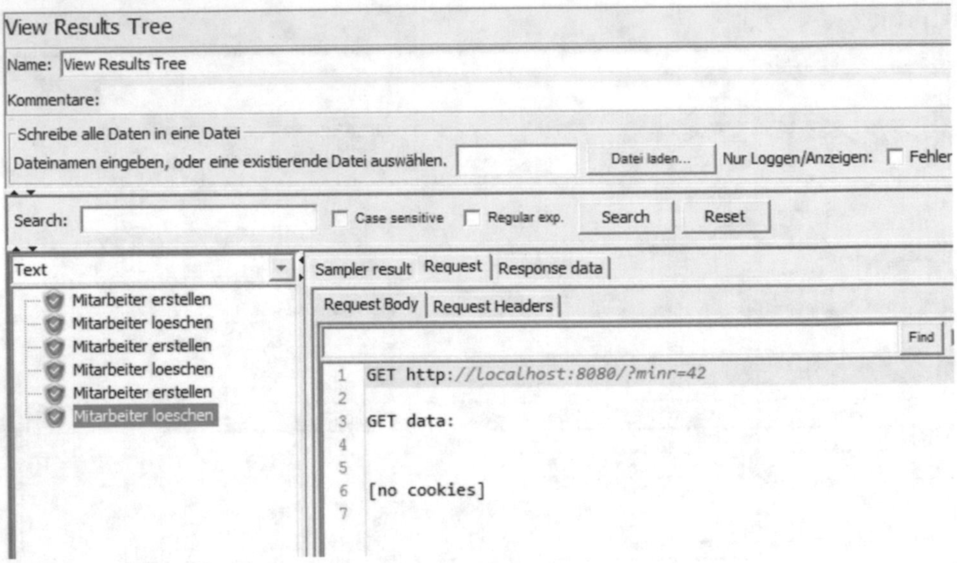

Abb. 12.23 JMeter – Aufbereitung des Ergebnisses

Abb. 12.23 zeigt ein Ergebnis des „View Results Tree", bei dem erkennbar ist, dass die Aufrufe erfolgreich waren und der genaue Text des zweiten Aufrufs dargestellt ist.

JMeter bietet noch viele Steuerungsmöglichkeiten; bisher wurde ein einfaches „Nutzerprogramm" mit zwei sequenziellen Schritten spezifiziert. Unter „Hinzufügen -> Logik Controller" gibt es unter anderem Möglichkeiten zur Spezifikation von Schleifen, Alternativen mit if und zufälligen Steuerungsmöglichkeiten, mit denen das typische nicht-deterministische Verhalten von Nutzern simuliert werden kann.

Weiterhin kann man in JMeter auch Variablen definieren, die dann an verschiedenen Stellen in JMeter-Elementen genutzt werden können, was über einen Rechtsklick auf den Testplan und „Hinzufügen > Konfigurations Element > Random Variable" möglich ist. Abb. 12.24 zeigt die Möglichkeit, eine Zufallszahl zu erzeugen, für die der Wertebereich angegeben und festgelegt wird, dass jeder Nutzer der Thread-Gruppe eine eigene Zufallszahl erhalten soll. Auf eine Variable x kann mit ${x} zugegriffen werden.

Abb. 12.25 zeigt die Struktur eines Testplans, mit dem 300 (Anzahl von Threads) in fünf Sekunden (Ramp-Up Period) gestartete Nutzer immer wieder einen Mitarbeiter mit zufälliger Nummer erzeugen und gleich wieder löschen. In der zweiten Thread-Gruppe versuchen 500 Nutzer immer wieder, die Informationen über alle vorhandenen Nutzer zu erhalten. Die Baumstruktur macht auch deutlich, dass es unwichtig ist, ob die Zufallsvariable sich weiter oben oder unten in der Thread-Gruppe befindet. Alle Angaben zur Konfiguration werden vor dem Ablauf abgearbeitet. Die Reihenfolge der Abarbeitung der eigentlichen Anweisungen findet aber pro Thread-Gruppe von oben nach unten statt.

Der Test wurde als Lasttest laufen gelassen und manuell gestoppt. Abb. 12.26 zeigt die Ergebnisse, wobei bereits erste Fehler bei der spezifizierten Last auftreten können. Weiterhin

Random Variable

Name: Random Variable

Kommentare:

Output variable

Variable Name: Nummer

Output Format:

Configure the Random generator

Minimum Value: 1

Maximum Value: 10000

Seed for Random function:

Options

Per Thread(User) ?: True

Abb. 12.24 JMeter – Einfügen einer Zufallsvariablen

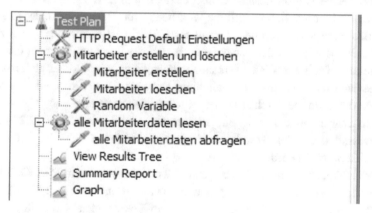

Test Plan
  HTTP Request Default Einstellungen
  Mitarbeiter erstellen und löschen
    Mitarbeiter erstellen
    Mitarbeiter loeschen
    Random Variable
  alle Mitarbeiterdaten lesen
    alle Mitarbeiterdaten abfragen
  View Results Tree
  Summary Report
  Graph

Abb. 12.25 JMeter – Aufbau des Lasttests

Label	Anz. der Proben	Durchschnitt	Min	Max	Std. Dev.	% Fehler	Durchsatz	KB/sek	Sent KB/sec	Durchschnittliche Bytes ⊽
alle Mitarbeiterdaten abfragen	500	5134	163	11859	2995.61	0.20%	36.9/sec	74.75	5.72	2076.9
Mitarbeiter loeschen	300	2984	8	10881	2305.17	0.00%	21.8/sec	5.50	3.92	258.0
Mitarbeiter erstellen	300	5032	33	11832	3130.02	0.00%	21.8/sec	5.37	4.50	252.0
Gesamt	1100	4520	8	11859	3014.45	0.09%	79.9/sec	84.47	14.03	1083.1

Abb. 12.26 JMeter – Beispiel für ein Lastprotokoll

zeigt das Serverprotokoll, dass es kleine Probleme mit der Datenbank gab, da es kein ordentliches Transaktionsmanagement und keine Synchronisation gibt. Das ist für dieses Beispiel in Ordnung, da hier eine embedded Datenbank sehr ungewöhnlich eingesetzt wurde, die nicht für einen Massenbetrieb geeignet ist. Realistisch würde man die Datenbank unter Transaktionskontrolle des Servers stellen.

Bei einem Lasttest kann man z. B. den obigen Test laufen lassen und beobachten, ob sich die Werte in der Tabelle festigen und nur noch minimal verändern. Zu diesem Zeitpunkt kann der Test beendet werden, da man jetzt für die konkrete Ausgangssituation valide Daten unter Last erhält.

Als zweite Fallstudie wird die Web-Applikation, die im Abschn. 11.1 vorgestellt wurde, genauer betrachtet. Dabei wird hier als Spezialfall unter localhost weiterhin ein Server genutzt, der auf dem gleichen Rechner läuft. Realistisch werden solche Tests mit einer Umgebung gemacht, die vergleichbar mit dem endgültigen Installationsort der zu analysierenden Software ist. Da aber hier der Fokus auf dem Konzept liegt, reicht das Szenario aus.

Das Programm ist, wie im Abschnitt zur Applikation beschrieben, auf einem Apache Tomcat-Server installiert. Es stellt sich die Frage, wie viele Leute fast gleichzeitig geheime Nachrichten einstellen und wie viele sie lesen können. Wieder wird eine Äquivalenzklassenanalyse gemacht, um spezielle Situationen (wie viele Leute gleichzeitig Nachrichten verfassen oder wie viele Leute gleichzeitig eine Nachricht lesen) zu definieren. Es werden die besonders für die Praxis interessanten Fälle herausgesucht und ein Lastszenario dafür aufgebaut.

Möchte man eine Web-Applikation nutzen, ist der Ansatz prinzipiell der gleiche wie für Webservices; wieder findet die Spezifikation des gewünschten Verhaltens unter „Testplan" statt. Anders als bei Webservices ist es aber etwas komplizierter, die richtigen Aufrufe zu spezifizieren. Bei diesem Schritt hilft die Workbench von JMeter, die in der Lage ist, Aufrufe von Browsern aufzuzeichnen. Der nächste Schritt ist dann, diese aufgezeichneten Elemente durch Kopieren oder Verschieben in den gewünschten Testplan einzuarbeiten. Damit JMeter Aufrufe eines Browsers aufzeichnen kann, wird JMeter als Proxy genutzt. Die Idee ist dann, dass man in einem beliebigen Browser diesen Proxy einstellt, sodass alle Anfragen und Ergebnisse durch JMeter als Proxy geleitet werden.

Im ersten Schritt wird der Proxy eingerichtet. Dazu wird, wie in Abb. 12.27 gezeigt, mit einem Rechtsklick auf den Testplan und dann „Hinzufügen > Nicht-Test Elemente > HTTP(S) Test Script Rekorder" geklickt.

Da hier ein Apache Tomcat-Server genutzt wird, der unter dem Port 8080 läuft, wird der Proxy-Server so konfiguriert, dass er unter localhost und dem Port 8888 läuft, wie es in Abb. 12.28 erkennbar ist. Unter der Drop-Down-Box zum Ziel-Controller in der Mitte muss die gezeigte Einstellung gewählt werden. Generell wird hier die Thread-Gruppe ausgewählt, in der die Zugriffe aufgezeichnet werden sollen. Der Proxy wird über den „Start"-Knopf gestartet und ist auf dieser Seite mit „Stop" auch wieder anhaltbar.

Dann muss der Proxy in einem Browser, hier Firefox, eingestellt werden. Dazu wählt man, wie in Abb. 12.29 gezeigt, den Punkt „Einstellungen > Menüpunkt Allgemein > auf der Seite unter Netzwerk-Proxy Knopf Einstellungen …". Es wird die Auswahl „Manuelle Proxy-Konfiguration:" angeklickt, als HTTP-Proxy „localhost" und als Port 8888 eingetragen. Sollte unter dem Punkt „Kein Proxy für:" localhost oder 127.0.0.1 eingetragen sein, werden diese Einträge gelöscht.

Danach werden alle Aufrufe im Browser aufgezeichnet. Konkret wird hier in Firefox die Applikation unter http://localhost:8080/SecretSafe aufgerufen, eine geheime Nachricht mit genau einer Abrufmöglichkeit übertragen und dann zweimal, also einmal erfolgreich und einmal erfolglos, abgerufen. Die Aufzeichnung ist über die bereits gezeigte Seite oder über

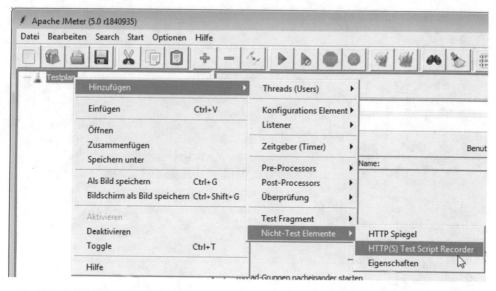

Abb. 12.27 Proxy in JMeter einfügen

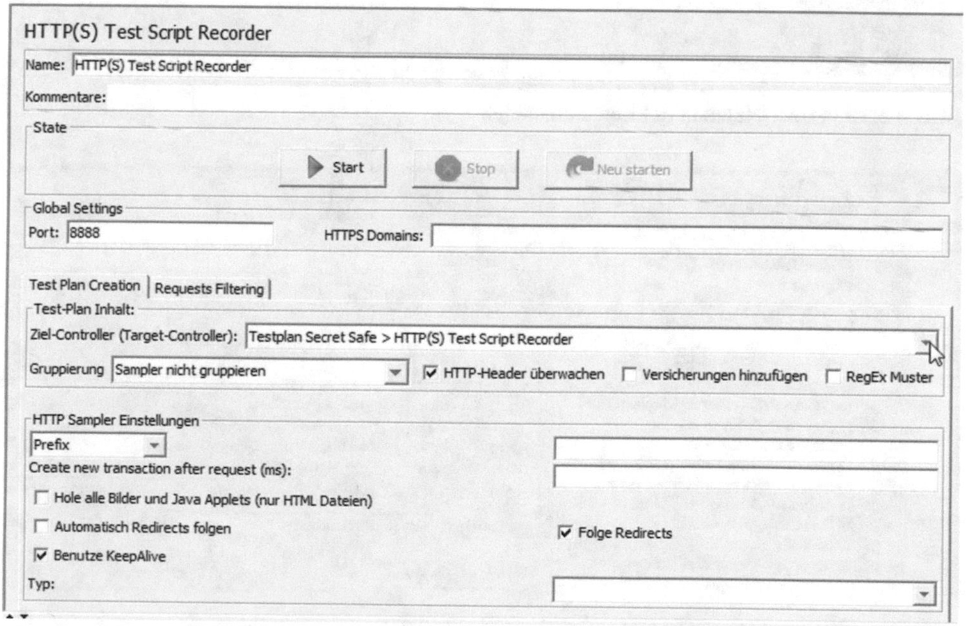

Abb. 12.28 Konfiguration des Proxy-Servers

ein zusätzlich von JMeter eingeblendetes Menü mit einem „Stop"-Knopf zu beenden. Die resultierenden Schritte sieht man links in Abb. 12.30. Nach der Aufzeichnung ist der Proxy-Server über „Stop" wieder zu becnden. Letztendlich muss die Proxy-Einstellung dann auch im Browser gelöscht werden.

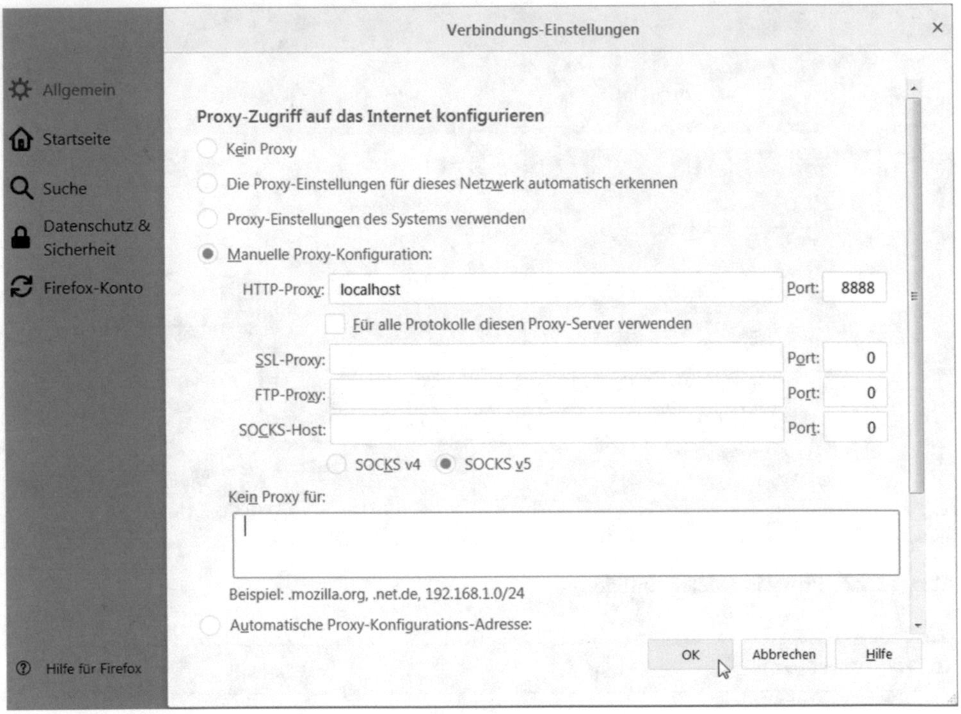

Abb. 12.29 Proxy-Nutzung in Firefox einstellen

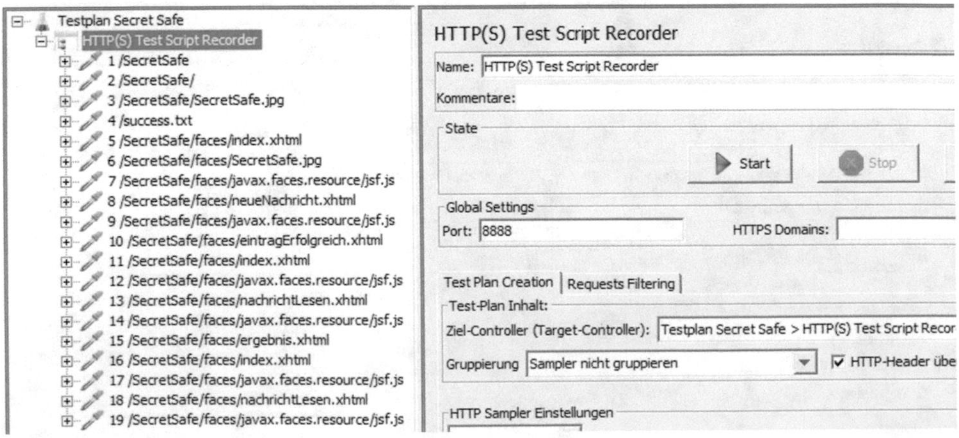

Abb. 12.30 Aufgezeichnete Nutzung der Web-Applikation

Die einzelnen aufgezeichneten Punkte enthalten die realen Aufrufe der Software. Abb. 12.31 zeigt die Daten, die beim Eintragen der geheimen Nachricht übertragen werden. Grundsätzlich werden diese in der Workbench befindlichen Schritte jetzt in einen Testplan eingearbeitet. Betrachtet man die Abbildung allerdings genauer, gibt es einen Parameter javax.faces.ViewState, der als typisches Beispiel für einen Wert genommen

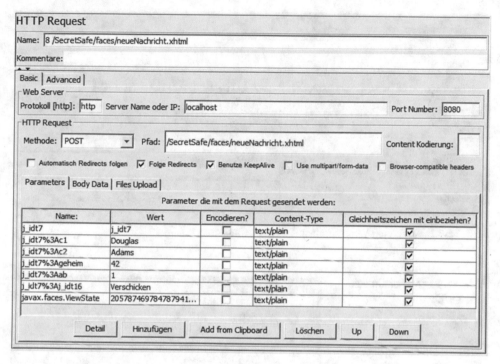

Abb. 12.31   Erstellen der geheimen Nachricht

werden kann, mit dem ein Nutzer in der aktuellen Session identifiziert wird. Es gilt also, dass bei einem anderen Aufruf dieser Wert einen anderen Inhalt hat, er aber für eine aktive Nutzung weiter genutzt werden muss.

Der Wert der Variablen wird nach der ersten Verbindung mit der Applikation als Antwort übertragen. Um auf solche Ergebnisse zugreifen zu können, gibt es in JMeter die Möglichkeit, Ergebnisse mit „Post-Processors" zu bearbeiten. Hier gibt es wieder verschiedene Varianten. Häufig werden reguläre Ausdrücke genutzt, um aus der übertragenen Antwort den interessierenden Wert zu berechnen, was über „Hinzufügen > Post-Processors > Regular Expression Extractor" erreichbar sind. Abb. 12.32 zeigt so eine Möglichkeit. Es wird eine Variable mit Namen *jsfViewState* angelegt und ein regulärer Ausdruck angegeben. Genauer nach einem Ausdruck in Klammern gesucht, der hier beliebige Zeichen enthalten darf. Es wird ein Template 1 gesetzt, das definiert, dass der gefundene Wert ohne Ergänzungen genutzt wird und festgelegt, dass ein beliebiges Vorkommen eines zum regulären Ausdruck passenden Wertes ausgewählt werden soll. Da der Wert typischerweise nur einmal und sonst immer mit dem gleichen Inhalt übertragen wird, ist die Auswahl sinnvoll.

Die Variable muss am Anfang, nach dem ersten Aufruf gesetzt werden. Dazu wird der reguläre Ausdruck, wie in Abb. 12.33 gezeigt, dem ersten HTTP-Request untergeordnet.

Weiterhin wird dem gesamten Testplan eine Cookie-Verwaltung unter „Konfigurationselement" mit Namen „HTTP Cookie Manager" zugeordnet. Bei jedem Aufruf muss dann der Wert aus dem aufgezeichneten Skript durch die Variable *${jsfViewState}* ersetzt werden, wie es in Abb. 12.34 gezeigt wird.

Regular Expression Extractor

Name:	Regular Expression Extractor
Comments:	

Apply to:
- ⦿ Main sample and sub-samples ○ Main sample only ○ Sub-samples only ○ JMeter Variable Name to use [   ]

Field to check
- ⦿ Body ○ Body (unescaped) ○ Body as a Document ○ Response Headers ○ Request Headers ○ URL ○ Response Code

Name of created variable:	jsfViewState
Regular Expression:	id=\"javax\.faces\.ViewState\" value=\"(.+?)\"
Template (i where i is capturing group number, starts at 1):	1
Match No. (0 for Random):	0
Default Value:	nichtGefunden ☐ Use empty default value

Abb. 12.32   Konkreten Wert aus einer Antwort herauslesen

Abb. 12.33   Ausschnitt aus
dem Testplan

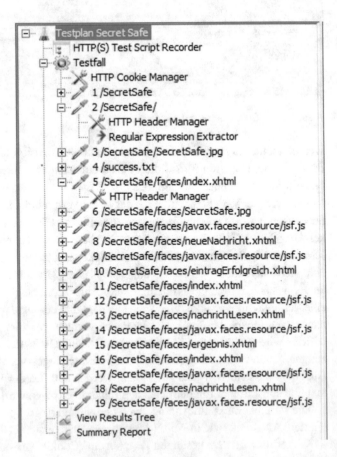

Abb. 12.34 Nutzung einer Variablen

1 /SecretSafe	100	72	7	704	74.40	0.00%	93.5/sec	108.15	60.38	1183.8
2 /SecretSafe/	100	5	1	126	14.74	0.00%	98.7/sec	95.22	37.02	987.8
3 /SecretSafe/SecretSafe.jpg	100	9	0	190	33.80	0.00%	98.9/sec	910.01	34.00	9421.0
4 /success.txt	100	708	139	1418	375.68	0.00%	69.5/sec	26.06	19.95	384.0
5 /SecretSafe/faces/index.xhtml	100	578	33	925	265.77	0.00%	81.9/sec	119.23	50.45	1490.8
6 /SecretSafe/faces/SecretSafe.jpg	100	22	1	278	62.84	0.00%	75.8/sec	700.09	27.74	9463.0
7 /SecretSafe/faces/javax.faces.resource/jsf.js	100	3	3	17	1.79	0.00%	75.6/sec	7886.98	31.08	106849.0
8 /SecretSafe/faces/neueNachricht.xhtml	100	3119	274	6347	1799.28	0.00%	15.5/sec	17.43	10.91	1148.8
9 /SecretSafe/faces/javax.faces.resource/jsf.js	100	6	3	205	19.92	0.00%	16.4/sec	1708.05	6.86	106849.0
10 /SecretSafe/faces/eintragErfolgreich.xhtml	100	3	2	15	1.31	0.00%	16.4/sec	15.82	10.61	989.7
11 /SecretSafe/faces/index.xhtml	100	3	2	11	1.24	0.00%	16.4/sec	22.03	10.50	1377.7
12 /SecretSafe/faces/javax.faces.resource/jsf.js	100	3	2	5	0.60	0.00%	16.4/sec	1708.89	6.73	106849.0
13 /SecretSafe/faces/nachrichtLesen.xhtml	100	3	2	7	0.71	0.00%	16.4/sec	18.93	10.94	1183.7
14 /SecretSafe/faces/javax.faces.resource/jsf.js	100	3	2	5	0.60	0.00%	16.4/sec	1709.45	6.88	106849.0
15 /SecretSafe/faces/ergebnis.xhtml	100	2	2	6	0.70	0.00%	16.4/sec	15.84	10.51	989.7
16 /SecretSafe/faces/index.xhtml	100	3	2	9	1.00	0.00%	16.4/sec	22.05	10.35	1377.7
17 /SecretSafe/faces/javax.faces.resource/jsf.js	100	3	3	12	1.01	0.00%	16.4/sec	1710.01	6.74	106849.0
18 /SecretSafe/faces/nachrichtLesen.xhtml	100	3	2	10	1.00	0.00%	16.4/sec	19.17	10.96	1196.1
19 /SecretSafe/faces/javax.faces.resource/jsf.js	100	3	3	23	2.01	0.00%	16.4/sec	1712.25	6.89	106849.0
Gesamt	1900	240	0	6347	825.25	0.00%	246.0/sec	8500.99	125.93	35383.6

Abb. 12.35 Problemloser Start mit 100 Nutzern

Insgesamt kann man so ein Skript erstellen, mit dem mehrere Nutzer Einträge in der Applikation vornehmen, während andere diese wiederum abfragen oder erfolglose Anfragen stellen. Da es sich um eine Applikation zum Experimentieren handelt, die u. a. Ausgaben auf der Konsole des Servers erzeugt, kann man mit einigen Durchläufen schnell erkennen, dass die Antwortzeiten immer langsamer werden, bis letztendlich Fehler auftreten. Abb. 12.35 zeigt die ersten Ergebnisse, wenn die Nutzer ganz einfach nur neue geheime Nachrichten speichern. Der erste Durchlauf mit 100 Nutzern und einer Startzeit von 5 Sekunden ist problemlos. Geht man dann vom einmaligen Start in den Dauerbetrieb über, in dem man die endlosen Wiederholungen einschaltet, und stoppt die Ergebnisse

Label	Anz. der Proben	Durchschnitt	Min	Max	Std. Dev.	% Fehler	Durchsatz	KB/sek	Sent KB/sec	Durchschnittliche Bytes
1 /SecretSafe	801	105	3	2151	203.49	0.12%	7.8/sec	8.58	5.66	1122.6
2 /SecretSafe/	800	7	1	1830	71.33	0.00%	7.9/sec	7.62	2.96	987.8
3 /SecretSafe/SecretSafe.jpg	800	3	0	293	21.97	0.00%	7.9/sec	72.69	2.72	9421.0
4 /success.txt	800	3188	124	7783	1777.46	1.38%	7.8/sec	3.17	2.22	414.4
5 /SecretSafe/faces/index.xhtml	789	437	6	1411	310.88	0.13%	7.8/sec	11.77	4.83	1536.2
6 /SecretSafe/faces/SecretSafe.jpg	788	38	0	733	127.02	1.78%	7.8/sec	71.51	2.82	9340.9
7 /SecretSafe/faces/javax.faces.resource/jsf.js	774	4	2	186	9.32	0.39%	7.7/sec	800.62	3.15	106444.9
8 /SecretSafe/faces/neueNachricht.xhtml	771	2705	9	8197	1811.24	8.43%	7.7/sec	9.52	4.93	1270.5
9 /SecretSafe/faces/javax.faces.resource/jsf.js	706	34	3	1084	130.78	0.57%	7.0/sec	730.64	2.93	106258.3
10 /SecretSafe/faces/eintragErfolgreich.xhtml	702	37	2	4007	317.51	0.00%	7.0/sec	6.80	4.56	989.7
11 /SecretSafe/faces/index.xhtml	702	7	2	671	47.18	0.00%	7.0/sec	9.47	4.51	1377.8
12 /SecretSafe/faces/javax.faces.resource/jsf.js	702	4	2	90	5.77	0.00%	7.0/sec	734.14	2.89	106849.0
13 /SecretSafe/faces/nachrichtLesen.xhtml	702	3	2	104	4.27	0.00%	7.0/sec	8.14	4.70	1184.7
14 /SecretSafe/faces/javax.faces.resource/jsf.js	702	5	2	793	30.03	0.14%	7.0/sec	729.24	2.93	106699.3
15 /SecretSafe/faces/ergebnis.xhtml	701	3	2	65	2.77	0.00%	7.0/sec	6.79	4.51	989.7
16 /SecretSafe/faces/index.xhtml	701	3	2	77	3.46	0.00%	7.0/sec	9.45	4.44	1377.8
17 /SecretSafe/faces/javax.faces.resource/jsf.js	701	6	2	327	18.45	0.00%	7.0/sec	733.65	2.89	106849.0
18 /SecretSafe/faces/nachrichtLesen.xhtml	701	18	2	4102	189.45	0.14%	7.0/sec	8.45	4.69	1230.2
19 /SecretSafe/faces/javax.faces.resource/jsf.js	701	9	2	1402	63.30	0.00%	7.0/sec	733.68	2.95	106849.0
Gesamt	14044	370	0	8197	1110.12	0.72%	137.0/sec	4586.02	69.83	34267.0

Abb. 12.36   Erste Probleme beim Dauerbetrieb

nach einiger Zeit, sieht man in Abb. 12.36, dass Fehler auftreten und die Antwortzeiten drastisch zurückgehen. Ein anderes Ergebnis kann auch sein, dass der Server abstürzt. Durch solche Experimente kann man versuchen, die maximal erträgliche Last zu bestimmen, um dann darauf aufbauend zu entscheiden, ob man mit dem Ergebnis leben kann, versucht die Software oder die Hardware des Servers zu optimieren oder einen Load Balancer vor den eigentlichen Aufruf zu setzen, um Anfragen auf mehrere Server zu verteilen. Um solche Analysen durchführen zu können, müssen möglichst realistische Testszenarien vorliegen, wobei man hier sehr gut über eine Verknüpfung mit anderen Werkzeugen wie dem Generierungswerkzeug Benerator nachdenken kann.

12.6   Fazit

Performance- und Lastanalysen werden typischerweise getrennt von der Untersuchung der funktionalen Korrektheit durchgeführt. Es werden eigenständige Werkzeuge benötigt, die oft eng mit der zu testenden Software oder dem Betriebssystem zusammenarbeiten müssen.

Generell sollen Untersuchungen des Laufzeitverhaltens und des Speicherverbrauchs getrennt voneinander durchgeführt werden, da jede Abweichung der Programmausführung von der realen Umgebung zu verfälschten Testergebnissen führen kann. Gute Testwerkzeuge sind in der Lage, diese Änderungen entweder herauszurechnen oder dafür zu sorgen, dass die Ergebnisse trotzdem auf die Realität übertragbar bleiben.

Bei Web-Applikationen beziehungsweise generell Programmen, die Server nutzen, stellt sich die weitere Frage, wie viele Nutzer maximal zugelassen werden können. Dabei muss detaillierter analysiert werden, wie das typische Nutzerverhalten aussieht, sodass man die übliche Nutzung getrennt von Extremfällen prüfen kann.

Vergleichbar mit funktionalem Testen stellt sich auch bei der Performance- und Lastanalyse die Frage nach guten Testszenarien. Diese sind teilweise noch schwieriger als bei funktionalen Tests zu bestimmen, da sich Parameter oft im Laufe der Zeit ändern. Eine sehr frühe Festlegung auf einen bestimmten Server in einer konkreten Version, auf einem bestimmten Rechnertyp mit vorgegebenem Hauptspeicher, macht zwar als Minimalanforderung Sinn, allerdings sollte man gerade in diesem Bereich offen für Änderungen sein. Trotzdem müssen auch Performanceanforderungen möglichst genau spezifiziert sein, da sie sonst unüberprüfbar sind.

Für die hier betrachteten Tests ist es sehr wichtig, möglichst genau die späteren Einsatzbereiche der zu testenden Software zu kennen. Es muss eine Testarchitektur bestehend aus Hard- und Software zur Verfügung stehen, die sich gut mit der realen Umgebung vergleichen lässt, wenn möglich sogar identisch ist.

Literatur

Webseiten zugegriffen am 18.10.2018

[@han] Handle v3.5. http://technet.microsoft.com/de-de/sysinternals/bb896655.aspx
[@JMe] Apache JMeter. http://jmeter.apache.org/
[@JTI] The JVM Tool Interface (JVM TI): How VM Agents Work. https://www.oracle.com/technetwork/articles/javase/index-140680.html
[Kle18] Kleuker, S.: Grundkurs Software-Engineering mit UML, 4. aktualisierte Aufl. Springer Vieweg, Wiesbaden (2018)

Ausblick

In den vorherigen Kapiteln wurde beschrieben, warum man was wie testen kann. Dies ist eine Grundlage, wenn man in den systematischen Test einsteigen möchte, da man zunächst wissen muss, was überhaupt möglich ist. Eine systematische Fundierung der Prozesse der Qualitätssicherung kann z. B. durch die in Kap. 1 erwähnten ISTQB-Kurse erreicht werden.

Der nächste Schritt ist der Aufbau einer zu einem Projekt passenden Qualitätssicherung. Dabei wurde hier der nullte Schritt zum Erfolg, eine gute Ausbildung der QS-Verantwortlichen, betont. Auch mit Erfahrung ist es nicht leicht, den passenden QS-Prozess aufzusetzen. Wie im Qualitätsmanagement [CMM06, Wal01] gelehrt, muss auch dieser Prozess kontinuierlich analysiert und lokal verbessert werden. Dabei müssen die konsequente Einhaltung elementarer Arbeitsschritte und eine gewisse Flexibilität zusammenkommen [DeM01].

Für die Überlegung, welche Werkzeuge man wann einsetzt, spielen die genutzten Technologien eine zentrale Rolle. Der im Abschn. 6.1 vorgestellte Ansatz, möglichst erst kleine, unabhängige und dann unmittelbar darauf aufbauende Bausteine zu testen, muss immer der Ausgangspunkt sein. Abweichungen sind zu begründen, können aber aus vielfältigen Quellen kommen, wobei man immer über die Konsequenzen der Entscheidung nachdenken muss. Begründungen können im technischen Umfeld liegen, da ein Baustein alleine schwer testbar oder der Aufbau einer Testumgebung zu aufwändig oder zu teuer ist. Theoretisch keine Begründung, in der Praxis aber auch verständlich, ist das Problem, dass kein passendes Werkzeug oder kein Mitarbeiter mit passenden Erfahrungen zur Verfügung steht. Auch betriebswirtschaftliche Begründungen, in denen eine niedrigere Qualität als akzeptabel eingestuft wird, sind denkbar.

In diesem Buch werden exemplarisch einige Werkzeuge und Frameworks vorgestellt, die bei der Testentwicklung und Testdurchführung sehr hilfreich sein können. Alle Werkzeuge wurden und werden erfolgreich in größeren Projekten eingesetzt; dabei haben

© Springer Fachmedien Wiesbaden GmbH, ein Teil von Springer Nature 2019
S. Kleuker, *Qualitätssicherung durch Softwaretests*,
https://doi.org/10.1007/978-3-658-24886-4_13

Selenium und Apache JMeter die größte Verbreitung. Eine weitere wichtige Erkenntnis dieses Buchs ist, dass die Werkzeuge oft helfen können, es aber immer wieder Bereiche gibt, die man mit diesen Werkzeugen nicht oder nicht sinnvoll bearbeiten kann, da der Aufwand zu groß wäre. Das Fazit ist, dass es oft nicht das eine Werkzeug gibt, das alle Tests automatisiert, sondern dass man Werkzeugkombinationen nutzen sollte und für spezielle Tests auf manuelle Prüfungen zurückgreifen muss. Für die Kombination von Werkzeugen muss ihre Integration in Build-Management-Werkzeuge wie Ant, Maven und Jenkins, die im Abschn. 2.5 kurz angesprochen wurden, analysiert werden. Da diese meist gegeben ist, wird so eine automatische Übersetzung der Software mit integrierter automatischer Testausführung umsetzbar. Der Entwurf eines solchen Vorgehens ist Teil des Software-Entwicklungsprozesses, wobei die Erkenntnisse auf ähnliche Projekte sehr gut übertragbar sind und nicht immer bei Null angefangen werden muss.

Generell spielt die Werkzeugauswahl eine wichtige Rolle für die Effizienz von Testverfahren, sodass eine kritische Evaluation der möglichen Varianten immer Teil des Aufbaus einer Entwicklungs- und Testumgebung ist. In diesem Buch wurde konsequent mit Werkzeugen gearbeitet, die frei verfügbar sind und auch in kommerziellen Projekten eingesetzt werden, wobei man immer die aktuellen Lizenzen beachten muss. Diese Werkzeuge erlauben den Einstieg in die jeweilige Thematik und können zum Vergleich in Werkzeugevaluationen genutzt werden. Kommerzielle QS-Werkzeuge haben teilweise den Vorteil, für Spezialgebiete entwickelt worden zu sein, die mit freien Werkzeugen noch nicht zu bearbeiten sind. Weiterhin kann der Support oft besser garantiert werden. Teilweise sind kommerzielle Werkzeuge etwas intuitiver nutzbar, wobei man generell den Fokus auf die Funktionalität legen sollte, da kleinere Bedienungshürden kein Ausschlusskriterium sein sollten. Generell sollte man sich Evaluationskriterien ausdenken, die man für alle Werkzeuge formulieren kann, die sich aber auch auf projektindividuelle Situationen beziehen können.

In diesem Buch wurde mehrfach der Begriff der Testarchitektur betont, der beinhaltet, dass man sich für Tests eine eigene Software-Architektur ausdenkt, die bei Änderungen der zu testenden Software garantiert, dass die Tests einfach angepasst werden können. In der Zukunft ist zu erwarten, dass bei der Erstellung von Software noch mehr über die Testbarkeit nachgedacht und dies durch Frameworks unterstützt wird.

Literatur

Webseiten zugegriffen am 18.10.2018

[CMM06] CMMI Product Team, CMMI for Development, Improving processes for better products, Version 1.2, CMU/SEI-2006-TR-008. Carnegie Mellon University (2006)

[DeM01] DeMarco, T.: Spielräume – Projektmanagement jenseits von Burn-out, Stress und Effizienzwahn. Carl Hanser, München/Wien (2001)

[Wal01] Wallmüller, E.: Software-Qualitätsmanagement in der Praxis, 2. Aufl. Carl Hanser, München/Wien (2001)

Stichwortverzeichnis

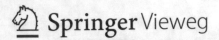

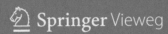

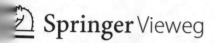

Printed in the United States
By Bookmasters